商务部十三五规划教材

全国高等院校财经类专业统编教材

高 级 财 务 会 计

（2016 版）

主 编 杨 良

中国商务出版社

图书在版编目（CIP）数据

高级财务会计：2016 版／杨良主编．— 2 版．—
北京：中国商务出版社，2016.7（2018.1 重印）
商务部十三五规划教材　全国高等院校财经类专业统
编教材
ISBN 978 – 7 – 5103 – 1585 – 5

Ⅰ．①高…　Ⅱ．①杨…　Ⅲ．①财务会计—高等学校—
教材　Ⅳ．①F234.4

中国版本图书馆 CIP 数据核字（2016）第 169942 号

商务部十三五规划教材
全国高等院校财经类专业统编教材

高级财务会计（2016 版）
GAOJI CAIWU KUAIJI

主　编　杨　良

出　　　版：中国商务出版社	
地　　　址：北京市东城区安外东后巷 28 号　　　邮　　　编：100710	
责任部门：财经事业部（010 – 64515163）	
责任编辑：汪　沁	
总 发 行：中国商务出版社发行部（010-64266193　64515150）	
网　　　址：http://www. cctpress. com	
邮　　　箱：cctp@ cctpress. com	
排　　　版：北京科事洁技术开发有限责任公司	
印　　　刷：北京玥实印刷有限公司	
开　　　本：787 毫米 ×1092 毫米　　　1/16	
印　　　张：24　　　　　　　　　　字　　数：530 千字	
版　　　次：2016 年 7 月第 2 版　　　印　　次：2018 年 1 月第 2 次印刷	
书　　　号：ISBN 978 – 7 – 5103 – 1585 – 5	
定　　　价：49.00 元	

《高级财务会计》编委会

主　　编　杨　良

副 主 编　秦玉霞　史晓娟　冯　霞

参编人员　（按汉语拼音排序）

白　姿　程　鹏　韩　怡　郝亚楠
贺　晨　惠显杰　冀雪琴　李文悦
李哲宁　李子留　刘思彤　谈汝坤
王丹红　王　君　吴俊岭　野天昱
张秉恒　赵厚才　赵　慧

前　言

　　面对全球经济一体化的趋势、中国市场经济的发展，大家必须承认，会计人才的培养要适应经济与社会的发展变化，尤其要适应建设社会主义市场经济的需要。在这一背景下，本教材以我国财政部最近几年来陆续修订和实施的最新企业会计准则为基本依据，并适当参考国际财务报告准则和美国财务会计准则进行编写。在选材时，尽可能考虑进一步与最新企业会计准则体系进行对比与分析；同时尽可能与国际会计接轨，反映国际会计理论与实务发展的潮流。为了更好地适应学生参加注册会计师考试和各类职称考试的需要，本教材尽可能以我国的具体会计准则为主线安排全书的内容。并根据高等院校培养本科应用型、技能型、复合型，具有综合素质和创新型的会计人才的要求而编写。

　　《高级财务会计》是继《基础会计》和《中级财务会计》之后开设的一门重要的专业课程。《中级财务会计》解决的是所有企业一般都要遇到的财务会计问题，即企业一般财务会计问题。而《高级财务会计》解决的则是企业一般财务会计问题以外的特殊的财务会计问题，这些特殊的财务会计问题如债务重组、外币业务会计、所得税会计、租赁会计、企业合并会计、合并财务报表、中期财务报告、分部报告、衍生工具与套期保值会计、企业年金基金会计等。

　　本教材是专门为高等院校本科会计学与财务管理等专业学生撰写的教材，同时，也可以作为广大会计实务工作者的实务操作以及高等教育自学考试和参加各类职称考试中涉及会计部分的参考学习用书。

　　本教材的特点在于：（1）中国特色与国际化相结合。内容新，严格按照新企业会计准则编写。参考国际财务报告准则和美国财务会计准则，并与我国新企业会计准则体系进行对比与分析。同时尽可能与国际会计接轨，反映国际会计理论与实务发展的潮流。（2）理论与实践相结合。简明实用，突出应用，有较强的适用性和实用性。在理论分析基础上，通过大量案例分析，提高学生的实务操作能力。（3）结构清晰，重点突出。力求深入浅出，高级财务会计作为经济应用学科，其教材既要讲清理论，又要注重应用。教材编写既要从理论高度进行概括和解释，又要运用基本原理去解决

1

实际问题，提高学生分析、解决问题的能力。（4）教学与科研相结合。教材建设要吸取相关领域的最新科研成果，使教材内容反映本课程的最新研究状况。科研工作要为教学服务，针对教学中的问题和教学改革的要求进行专题研究。通过教学与科研互动，完善教材内容，提高教材质量。（5）不仅有理论阐述，同时在每章后还附有思考题、练习题、案例与分析。

　　本教材由杨良任主编，负责拟定全书编写大纲，组织编写以及对全书的初稿修改、补充和总纂后定稿。秦玉霞、史晓娟、冯霞任副主编。本教材共十章，其中第一、二、三、四、五、六、九章由杨良编写，第七章由秦玉霞编写，第八章由冯霞编写，第十章由史晓娟编写。王君、吴俊岭、野天昱、白雯、李哲宁、程鹏、李子留、惠显杰、张秉恒、贺晨、郝亚楠、李文悦、谈汝坤、王丹红、刘思彤、冀雪琴、韩怡、赵厚才、赵慧参与了部分章节的编写以及全书资料的搜集整理和课后习题的整理编写。

　　本教材是在借鉴了许多高级财务会计教材、教学科研成果以及在尊重、参考前人劳动成果的基础上编写的。在此，向那些给予本教材提供参考的一系列国内外优秀教材的编者表示深深的敬意。本教材编写、出版过程中得到了中国商务出版社的大力支持，在此表示感谢。

　　由于时间紧迫及编者水平有限，书中难免存在不足和疏漏之处，敬请各位专家、学者和广大读者批评指正，以便再版时及时修订。

杨　良

2016 年 6 月

目录

第一章 债务重组

学习目标

➡ 1. 了解债务重组的原因、债务重组日的确定。

➡ 2. 掌握债务重组的概念、各种重组业务债权人的会计处理、各种重组业务债务人的会计处理。

➡ 3. 了解债务重组的信息披露。

第一节 债务重组概述

随着市场经济的不断发展、资本市场的逐渐完善以及企业生产经营所处法律环境的不断改善，债务重组逐渐成为企业在高风险，强竞争的市场环境下解决债权债务问题的一种有效方法。《企业会计准则第 12 号——债务重组》（以下简称债务重组准则）规范了债务重组的确认、计量和相关信息的披露。

一、债务重组的概念

债务重组是指在债务人发生财务困难的情况下，债权人按照其与债务人达成的协议或者法院的裁定做出让步的事项。债务重组涉及债权人与债务人，对债权人而言，为"债权重组"，对债务人而言，为"债务重组"。为便于表述，统称为"债务重组"。

从该定义可以看出，债务重组强调了债务人处于财务困难的前提条件，并突出了债权人做出让步的实质，从而排除了债务人未处于财务困难条件下的债务重组、处于清算或改组时的债务重组以及虽然修改了债务条件，但实质上债权人并未做出让步的债务重组事项，如在债务人发生财务困难时，债权人同意债务人用等值库存商品抵偿到期债务，但不调整偿还金额，实质上债权人并未做出让步，不属于债务重组准则规范的内容。也就是说，债务人发生财务困难和债权人做出让步是债务重组的基本特征。

债务人发生财务困难，是指因债务人出现资金周转困难、经营陷入困境或者其他原因，导致其无法或者没有能力按原定条件偿还债务。

债权人做出让步，是指债权人同意发生财务困难的债务人现在或者将来以低于重组债务账面价值的金额或者价值偿还债务。"债权人做出让步"的情形包括：债权人减免债务人部分债务本金或者利息、降低债务人应付债务的利率等。该定义突出了债务人发生财务困难的前提和债权人最终让步的业务实质。本章着重讲解了在持续经营条件下债权人做出让步的债务重组的确认、计量及其会计处理问题。

在认定债务重组时，应当遵循实质重于形式的原则，综合考虑债权人和债务人是否在自愿基础上达成重组协议、是否有法院做出裁定、债权人和债务人是否相互独立、是否构成关联方关系或者关联方关系是否对债务重组产生实质影响等情形加以判断。

下列情况不能按债务重组进行会计处理：①在正常交易中，企业以非现金资产抵偿债务；②债权人受偿的现金、非现金资产或债权转为股权的公允价值等于或大于重组债权的账面价值；③债务人发行的可转换债券按正常条件转为股权；④债务人破产清算时发生的债务重组；⑤债务人改组，债权人将债权转为对债务人的股权投资；⑥债务人以借新债偿还旧债；⑦企业重组。

二、债务重组方式

企业债务重组的方式主要包括：以资产清偿债务、将债务转为资本、修改其他债务条件以及以上三种方式的组合。

（一）以资产清偿债务

以资产清偿债务，是指债务人转让其资产给债权人以清偿债务的债务重组方式。债务人通常用于偿债的资产主要包括现金及非现金资产，主要有：现金、债券投资、股权投资、存货、固定资产、无形资产等。这里所指的现金，包括库存现金、银行存款和其他货币资金。

（二）将债务转为资本

将债务转为资本，是指债务人将债务转为资本，同时，债权人将债权转为股权的债务重组方式。债务转为资本时，对股份有限公司而言，是将债务转为股本，对其他企业而言，是将债务转为实收资本。其结果是，债务人因此而增加股本（或实收资本），债权人因此而增加长期股权投资等。

（三）修改其他债务条件

修改其他债务条件，是指修改不包括上述两种情形在内的债务条件进行债务重组的方式，如减少债务本金、降低利率、免去应付未付的利息、延长偿还期限等。

（四）以上三种方式的组合

以上三种方式的组合是指采用以上三种方式共同清偿债务的债务重组方式，也称混合重组方式。例如，以转让资产清偿某项债务的一部分，另一部分通过修改其他债务条件进行债务重组，主要包括以下可能的方式：①债务的一部分以资产清偿，另一部分则转为资本；②债务的一部分以资产清偿，另一部分则修改其他债务条件；③债务的一部分转为资本，另一部分则修改其他债务条件；④债务的一部分以资产清偿，一部分转为资本，另一部分则修改其他债务条件。在债务重组中涉及的金融负债和金融资产只有在满足《企业会计准则第 22 号——金融工具确认和计量》所规定的金融负债和金融资产终止确认条件时，才能终止确认。

第二节　债务重组的会计处理

债务重组的会计处理涉及债务人的会计处理和债权人的会计处理。

债务重组的会计处理原则问题主要集中在以下几个方面：①债务重组的收益或损失如何入账？②债权人收到的非现金资产按照什么价值入账？③债权人因放弃债权而享有的股权按什么入账？④在以修改其他债务条件进行债务重组的情况下，如果涉及或有事项，也就是视债务人状况不同而采用不同的债务条件，则该或有事项如何处理？

这些原则问题有的是所有债务重组方式所共有的，有的则是某些债务重组方式所独有的，下面分别对这些不同的问题进行讲解。

一、以资产清偿债务

（一）债务人以现金偿还债务的会计处理

债务人以现金偿还债务的，债务人应当将重组债务的账面价值与实际支付现金之间的差额，确认为债务重组利得，计入营业外收入。重组债务的账面价值，一般为债务的面值或本金、原值，如应付账款；如有利息的，还应加上应计未付利息，如长期借款等。

以现金偿还债务的，债权人应当将重组债权的账面余额与收到的现金之间的差额，确认为债务重组损失，计入营业外支出。分别情况进行处理：债权人已对债权计提减值准备的，应当先冲减减值准备，冲减后尚有余额的，计入营业外支出，冲减后减值准备仍有余额的，应予转回并抵减当期资产减值损失。未对债权计提减值准备的，应直接将该差额确认为债务重组损失。

【例 1 - 1】甲企业于 2013 年 1 月 20 日销售一批材料给乙企业，不含税价格为 200 000 元，增值税税率为 17%，按合同规定，乙企业应于 2013 年 4 月 1 日前偿付货款。由于乙企业发生财务困难，无法按合同规定的期限偿还债务，经双方协议于 7 月 1 日进行债务重组。债务重组协议规定，甲企业同意减免乙企业 30 000 元债务，余额用现金立即偿清。乙企业于当日通过银行转账支付了该笔剩余款项，甲企业随即收到了通过银行转账偿还的款项。甲企业已为该项应收债权计提了 20 000 元的坏账准备。

（1）乙企业的账务处理：

借：应付账款		234 000
贷：银行存款		204 000
营业外收入——债务重组利得		30 000

（2）甲企业的账务处理：

借：银行存款		204 000
营业外支出——债务重组损失		10 000
坏账准备		20 000
贷：应收账款		234 000

假如甲企业已为该项应收账款计提了 40 000 元坏账准备：

甲企业的账务处理：

借：银行存款		204 000
坏账准备		40 000
贷：应收账款		234 000
资产减值损失		10 000

（二）以非现金资产清偿债务的会计处理

企业以非现金资产清偿债务的，非现金资产类别不同，其会计处理也略有不同。

1. 债务人的会计处理

以非现金资产清偿债务的，债务人应分清债务重组利得与资产转让损益的界限，并于债务重组当期予以确认。

债务重组利得是指重组债务的账面价值超过非现金资产（即抵债资产）的公允价值之间的差额，应计入营业外收入。

非现金资产的公允价值应当按照下列规定进行计量：

（1）非现金资产属于企业持有的股票、债券、基金等金融资产，且该金融资产存在活跃市场的，应当以金融资产的市价作为非现金资产的公允价值。

（2）非现金资产属于金融资产但该金融资产不存在活跃市场的，应当采用《企业会计准则第 22 号——金融工具确认和计量》规定的估值技术等合理的方法确定其公允价值。

（3）非现金资产属于存货、固定资产、无形资产等其他资产，且存在活跃市场的，应当以其市场价格为基础确定其公允价值；不存在活跃市场但与其类似资产存在活跃市场的，应当以类似资产的市场价格为基础确定其公允价值；在上述两种情况下仍不能确定非现金资产公允价值的，应当采用估值技术等合理的方法确定其公允价值。

资产转让损益，是指抵债的非现金资产的公允价值与其账面价值之间的差额。非现金资产公允价值与账面价值的差额，应按照相关准则规定处理，如：①非现金资产为存货的，应作为销售处理；②非现金资产为固定资产的，应视同固定资产处置处理；③非现金资产为无形资产的，视同无形资产处置处理。

非现金资产的账面价值，一般为非现金资产的账面余额扣除其资产减值准备后的金额。其中，非现金资产的账面余额，是指非现金资产账户在期末未扣除其资产减值准备之前的余额。未计提减值准备的非现金资产，其账面价值就是账面余额。

2. 债权人的会计处理

对债权人来说，以非现金资产清偿债务的，债权人应当对受让的非现金资产按其公允价值入账，重组债权的账面余额与受让的非现金资产的公允价值之间的差额，确认为债务重组损失，计入营业外支出。重组债权已经计提了减值准备的，分别以下情况进行处理：

债权人对重组债权个别计提减值准备的，只需要将上述差额冲减已计提的减值准备，减值准备不足以冲减的部分作为债务重组损失，计入营业外支出，如果减值准备冲完该差额后，仍有余额，应予转回并抵减当期资产减值损失，不再确认债务重组损失。如果债权人对重组债权不是个别计提减值准备，而是采取组合计提减值准备的方法，则债权人应将对应于该债务人的损失准备倒算出来，再确定是否确认债务重组损失。

【例1-2】甲公司欠乙公司购货款350 000元。由于甲公司财务发生困难，短期内不能支付已于2012年5月1日到期的货款。2012年7月1日，经双方协商，乙公司同意甲公司以其生产的产品偿还债务。该产品的公允价值为200 000元，实际成本为120 000元。甲公司为增值税一般纳税人，适用的增值税税率为17%。乙公司于2012年8月1日收到甲公司抵债的产品，并作为库存商品入库；乙公司对该项应收账款计提了50 000元的坏账准备。

（1）甲公司的账务处理：

①计算债务重组利得：

应付账款的账面余额	350 000
减：所转让产品的公允价值	200 000
增值税销项税额	34 000（200 000×17%）
债务重组利得	116 000

②应作会计分录如下：

借：应付账款	350 000
贷：主营业务收入	200 000
应交税费——应交增值税（销项税额）	34 000
营业外收入——债务重组利得	116 000
借：主营业务成本	120 000
贷：库存商品	120 000

在本例中，甲公司销售产品取得的利润体现在营业利润中，债务重组利得作为营业外收入处理。

（2）乙公司的账务处理：

①计算债务重组损失：

应收账款账面余额	350 000
减：受让资产的公允价值	200 000

增值税进项税额	34 000
差额	116 000
减：已计提坏账准备	50 000
债务重组损失	66 000

②应作会计分录如下：

借：库存商品　　　　　　　　　　　　　　　　　200 000
　　应交税费——应交增值税（进项税额）　　　 34 000
　　坏账准备　　　　　　　　　　　　　　　　　 50 000
　　营业外支出——债务重组损失　　　　　　　　 66 000
　　　贷：应收账款　　　　　　　　　　　　　　　　　　350 000

假如乙公司向甲公司单独支付增值税

（1）甲公司的账务处理

借：应付账款　　　　　　　　　　　　　　　　　350 000
　　银行存款　　　　　　　　　　　　　　　　　 34 000
　　　贷：主营业务收入　　　　　　　　　　　　　　　　200 000
　　　　　应交税费——应交增值税（销项税额）　　　　　 34 000
　　　　　营业外收入——债务重组利得　　　　　　　　　150 000
借：主营业务成本　　　　　　　　　　　　　　　120 000
　　　贷：库存商品　　　　　　　　　　　　　　　　　　120 000

（2）乙公司的账务处理

借：库存商品　　　　　　　　　　　　　　　　　200 000
　　应交税费——应交增值税（进项税额）　　　 34 000
　　坏账准备　　　　　　　　　　　　　　　　　 50 000
　　营业外支出——债务重组损失　　　　　　　　100 000
　　　贷：应收账款　　　　　　　　　　　　　　　　　　350 000
　　　　　银行存款　　　　　　　　　　　　　　　　　　 34 000

假如乙公司计提坏账准备 120 000 元（不单独支付增值税）

借：库存商品　　　　　　　　　　　　　　　　　200 000
　　应交税费——应交增值税（进项税额）　　　 34 000
　　坏账准备　　　　　　　　　　　　　　　　　120 000
　　　贷：应收账款　　　　　　　　　　　　　　　　　　350 000
　　　　　资产减值损失　　　　　　　　　　　　　　　　 4 000

【例1-3】甲公司于2012年1月1日销售给乙公司一批材料，价值400 000元（包括应收取的增值税税额），按购销合同约定，乙公司应于2012年10月31日前支付货款，但至2013年1月31日乙公司尚未支付货款。由于乙公司财务发生困难，短期内不能支付货款。2013年2月3日，与甲公司协商，甲公司同意乙公司以一台设备偿还债务。该项设备的账面原价为350 000元，已提折旧50 000元，设备的公允价值为310 000元（应交增值税52 700元）。

甲公司对该项应收账款已提取坏账准备40 000 元。抵债设备已于2013 年3 月10 日运抵甲公司。假定不考虑该项债务重组相关的税费。

（1）乙公司的账务处理：

将固定资产净值转入固定资产清理：

借：固定资产清理 300 000

累计折旧 50 000

贷：固定资产 350 000

确认债务重组利得：

借：应付账款 400 000

贷：固定资产清理 310 000

应交税费——应交增值税（销项税额） 52 700

营业外收入——债务重组利得 37 300

确认固定资产处置利得：

借：固定资产清理 10 000

贷：营业外收入——处置固定资产利得 10 000

（2）甲公司的账务处理：

借：固定资产 310 000

应交税费——应交增值税（进项税额） 52 700

坏账准备 40 000

贷：应收账款 400 000

资产减值损失 2 700

二、以债务转为资本

将债务转为资本，应分以下情况处理：

1. 债务人的会计处理。将债务转为资本，应当将债权人放弃债权而享有股份的面值总额（或者股权份额）确认为股本（或者实收资本），股份（或者股权）的公允价值总额与股本（或者实收资本）之间的差额确认为股本溢价（或者资本溢价）计入资本公积。

重组债务账面价值超过股份的公允价值总额（或者股权的公允价值）的差额，确认为债务重组利得，计入当期营业外收入。

对于上市公司，其发行的股票有市价，因此，通常应以市价作为股份或者股权的公允价值；对于其他企业，债权人因放弃债权而享有的股份或者股权可能没有市价，因此，应当采用恰当的估值技术确定其公允价值。

2. 债权人的会计处理。将债务转为资本，应当将因放弃债权而享有股份的公允价值确认为对债务人的投资，重组债权的账面余额与股份的公允价值之间的差额，确认为债务重组损失，计入营业外支出。债权人已对债权计提减值准备的，应当先将该差额冲减减值准备，减值准备不足以冲减的部分，确认为债务重组损失计入营业外支出。

发生的相关税费，分别按照长期股权投资或者金融工具确认和计量等准则的规定进行处理。

【例1-4】 2013年7月1日,甲公司应收乙公司账款的账面余额为60 000元,由于乙公司发生财务困难,无法偿付应付账款。经双方协商同意,采取将乙公司所欠债务转为乙公司股本的方式进行债务重组,假定乙公司普通股的面值为1元,乙公司以20 000股抵偿该项债务,股票每股市价为2.5元。甲公司对该项应收账款计提了坏账准备2 000元。股票登记手续已办理完毕,甲公司对其作为长期股权投资处理。

(1) 乙公司的账务处理:

借:应付账款   60 000
  贷:股本   20 000
     资本公积——股本溢价   30 000
     营业外收入——债务重组利得   10 000

(2) 甲公司的账务处理:

借:长期股权投资   50 000
  营业外支出——债务重组损失   8 000
  坏账准备   2 000
  贷:应收账款   60 000

假如计提坏账准备12 000元

借:长期股权投资   50 000
  坏账准备   12 000
  贷:应收账款   60 000
     资产减值损失   2 000

三、以修改其他债务条件清偿债务

修改其他债务条件清偿债务,是指债务人不以其资产清偿债务,也不将其债务转为资本,而是与债权人达成债务重组协议,以减少未来债务本金、降低利率、减少或免除债务利息等方式清偿债务。

企业采用修改其他债务条件进行债务重组的,应当区分是否涉及或有应付(或应收)金额进行会计处理。

所谓或有应付(或应收)金额,是指需要根据未来某种事项出现而发生的应付(或应收)金额,而且该未来事项的出现具有不确定性。

(一) 不涉及或有应付金额的债务重组

1. 债务人的会计处理。如修改后的债务条款中不涉及或有应付金额,则重组债务的账面价值大于重组后债务的入账价值(即修改其他债务条件后债务的公允价值)的差额为债务重组利得,计入营业外收入。

2. 债权人的会计处理。如修改后的债务条款中不涉及或有应收金额,债权人应当将修改其他债务条件后的债权的公允价值作为重组后债权的账面价值,重组债权的账面余额与重组后债权的账面价值之间的差额为债务重组损失,计入营业外支出。如债权人已对该债权计提减值准备的，应当先将该差额冲减减值准备，减值准备不足以冲减的部分，作为债务重组损失，计入营业外支出。

【例 1-5】A 公司 2013 年 1 月 1 日与 B 公司进行债务重组，A 公司应收 B 公司账款 120 万元，已提坏账准备 30 万元。协议规定，豁免 20 万元，剩余债务在 2013 年 12 月 31 日支付。但附有一条件，若 B 公司在 2013 年度获利，则需另付 10 万元。若 B 公司 2013 年很可能获利。

1. B 公司（债务人）

（1）2013 年 1 月 1 日

借：应付账款	120	
贷：应付账款——债务重组		100
预计负债		10
营业外收入		10

（2）2013 年 12 月 31 日

若 B 公司 2013 年获利

借：应付账款——债务重组	100	
预计负债	10	
贷：银行存款		110

若 B 公司 2013 年未获利

借：应付账款——债务重组	100	
贷：银行存款		100
借：预计负债	10	
贷：营业外收入		10

2. A 公司（债权人）

（1）2013 年 1 月 1 日

借：应收账款——债务重组	100	
坏账准备	30	
贷：应收账款		120
资产减值损失		10

（2）2013 年 12 月 31 日

若 B 公司 2013 年获利

借：银行存款	110	
贷：应收账款——债务重组		100
营业外收入		10

若 B 公司 2013 年未获利

借：银行存款	100	
贷：应收账款——债务重组		100

（二）涉及或有应付金额的债务重组

1. 债务人的会计处理。如果修改后的债务条款中涉及或有应付金额，且该或有应付金额符合或有事项准则中有关预计负债确认条件的，债务人应当将该或有应付金额确认为预计负债，并根据或有事项准则的规定确定其金额。重组债务的账面价值与重组后债务的入账价值（即重组后债务的公允价值）和预计负债金额之和的差额，作为债务重组利得，计入营业外收入。上述或有应付金额在随后会计期间没有发生的，企业应当冲销已确认的预计负债，同时确认营业外收入。

2. 债权人的会计处理。以修改其他债务条件进行债务重组，修改后的债务条款中涉及或有应收金额的，不应当确认或有应收金额，不得将其计入重组后债权的账面价值。根据谨慎性原则，或有应收金额属于或有资产，或有资产不予确认。只有在或有应收金额实际发生时，才计入当期损益。

【例 1-6】2009 年 6 月 30 日，乙公司从某银行取得年利率 10%、三年期的贷款 1 000 000 元。现因乙公司发生财务困难，各年贷款利息均未偿还，遂于 2011 年 12 月 31 日进行债务重组，银行同意延长到期日至 2015 年 12 月 31 日，利率降至 7%，免除积欠利息 250 000 元，本金减至 800 000 元，利息按年支付，但附有一条件：债务重组后，如乙公司自第二年起有盈利，则利率回复至 10%；若无盈利，利率仍维持 7%。债务重组协议于 2011 年 12 月 31 日签订。贷款银行已对该项贷款计提了 30 000 元的贷款损失准备。假定实际利率等于名义利率。

乙公司（债务人）的会计处理如下：

1. 计算债务重组利得

债务重组利得 = 长期借款的账面余额 1 250 000 - 重组贷款的公允价值 800 000 - 或有应付金额 72 000[800 000 ×（10% -7%）×3] = 378 000

2. 会计分录

2011 年 12 月 31 日债务重组时

借：长期借款		1 250 000
贷：长期借款——债务重组		800 000
预计负债		72 000
营业外收入——债务重组利得		378 000

2012 年 12 月 31 支付利息时

借：财务费用		56 000
贷：银行存款（800 000 ×7%）		56 000

假设乙公司自债务重组后的第二年起盈利，2013 年 12 月 31 日和 2014 年 12 月 31 日支付利息时，乙公司应按 10% 的利率支付利息，则每年需支付利息 80 000 元（800 000 ×10%），其中含或有应付金额 24 000 元。

借：财务费用		56 000
预计负债		24 000
贷：银行存款		80 000

2015 年 12 月 31 日支付最后一次利息 80 000 元和本金 800 000 元时

借：长期借款——债务重组		800 000
财务费用		56 000

预计负债	24 000
贷：银行存款	880 000

假设乙公司自债务重组后的第二年起仍没有盈利，2013 年 12 月 31 日和 2014 年 12 月 31 日支付利息时

借：财务费用	56 000
贷：银行存款	56 000

同时

借：预计负债	24 000
贷：营业外收入	24 000

四、以组合方式清偿债务

（一）债务人的处理

债务重组以现金、非现金资产、债务转为资本、修改其他债务条件等方式组合偿债的，对债务人来说，应当依次以支付的现金、转让的非现金资产公允价值、债权人享有股份的公允价值冲减重组债务的账面价值，修改其他债务条件的，应当将修改其他债务条件后债务的公允价值作为重组后债务的入账价值。重组债务的账面价值与重组后债务的入账价值之间的差额，作为债务重组利得，计入营业外收入。修改后的债务条款如涉及或有应付金额，且该或有应付金额符合预计负债确认条件的，债务人应当将该或有应付金额确认为预计负债。重组债务的账面价值，与重组后债务的入账价值和预计负债金额之和的差额，计入营业外收入。以上所产生的债务重组利得、资产转让损益等均于债务重组当期确认。

（二）债权人的处理

债务重组采用以现金、非现金资产、债务转为资本、修改其他债务条件等方式组合偿债的，对债权人来说，应先以收到的现金、受让非现金资产的公允价值、因放弃债权而享有的股权的公允价值冲减重组债权的账面余额，差额与将来应收金额进行比较，据此计算债务重组损失。债权人已对债权计提减值准备的，应当先将该差额冲减减值准备，减值准备不足以冲减的部分，作为债务重组损失，计入营业外支出。以上产生的债务重组损失于债务重组当期确认。

【例1-7】乙公司和甲公司均为增值税一般纳税人。乙公司于 2010 年 6 月 30 日向甲公司出售产品一批，产品销售价款 1 000 000 元，应收增值税税额 170 000 元；甲公司于同年 6 月 30 日开出期限为 6 个月、票面年利率为 4% 的商业承兑汇票，抵充购买该产品价款。在该票据到期日，甲公司未按期兑付，乙公司将该应收票据及其计提的利息全部转入应收账款，不再计算利息。至 2011 年 12 月 31 日，乙公司对该应收账款提取的坏账准备为 5 000 元。甲公司由于发生财务困难，短期内资金紧张，于 2011 年 12 月 31 日经与乙公司协商，达成债务重组协议如下：

1. 甲公司以一批产品偿还部分债务。该批产品的账面价值为 20 000 元，公允价值

为 30 000 元，应交增值税税额为 5 100 元。甲公司开出增值税专用发票，乙公司将该产品作为商品验收入库。

2. 乙公司同意减免甲公司所负全部债务扣除实物抵债后剩余债务的 40%，其余债务的偿还期延至 2012 年 12 月 31 日。

甲公司（债务人）的会计处理如下：

（1）计算债务重组时应付账款的账面余额 = (1 000 000 + 170 000) × (1 + 4% ÷ 2)

$$= 1\ 193\ 400\ （元）$$

（2）计算债务重组后债务的公允价值 = [1 193 400 - 30 000 × (1 + 17%)] × 60%

$$= (1\ 193\ 400 - 35\ 100) × 60\% = 694\ 980$$

$$（元）$$

（3）计算债务重组利得 = 应付账款账面余额 1 193 400 - 所转让资产的公允价值 35 100 - 重组后债务公允价值 694 980 = 463 320

（4）会计分录

借：应付账款	1 193 400
贷：主营业务收入	30 000
应交税费——应交增值税（销项税额）	5 100
应付账款——债务重组	694 980
营业外收入——债务重组利得	463 320
借：主营业务成本	20 000
贷：库存商品	20 000

乙公司（债权人）的会计处理如下：

（1）计算债务重组损失 = 应收账款账面余额 1 193 400 - 受让资产的公允价值 35 100[300 00 × (1 + 17%)] - 重组后债权公允价值 694 980[(1 193 400 - 35 100) × 60%] - 坏账准备 5 000 = 458 320

（2）会计分录

借：库存商品	30 000
应收账款——债务重组	694 980
应交税费——应交增值税（进项税额）	5 100
坏账准备	5 000
营业外支出——债务重组损失	458 320
贷：应收账款	1 193 400

第三节　债务重组的信息披露

按照《企业会计准则第 12 号——债务重组》的规定，债权人和债务人应当分别披露下列与债务重组相关的信息。

一、债务人应当披露的信息

债务人应当披露下列与债务重组有关的信息：

（一）债务重组方式。

债务重组方式包括以资产清偿债务、债务转为资本、修改其他债务条件以及混合重组方式等。债务人需要披露债务重组是以哪一种方式进行的。

（二）确认的债务重组利得总额。

债务人可能发生多项债务重组，并确认多项债务重组利得总额。债务重组准则仅要求披露确认的债务重组利得总额，不要求分别披露每项债务重组确认的债务重组利得。

（三）将债务转为资本所导致的股本（实收资本）增加额。

对于股份有限公司，披露债务转为资本所导致的股本增加额；对于其他企业，披露债务转为资本而导致的实收资本增加额。债务人可能有多项债务重组涉及债务转为资本，债务重组准则仅要求披露债务转为资本所导致的股本（实收资本）总增加额，不要求分别披露每项债务重组所导致的股本（实收资本）增加额。

（四）或有应付金额。

债务人可能有多项债务重组涉及或有应付金额，债务重组准则仅要求汇总披露或有应付金额，不要求分别披露每项或有应付金额。

（五）债务重组中转让的非现金资产的公允价值、由债务转成的股份的公允价值和修改其他债务条件后债务的公允价值的确定方法及依据。

二、债权人应当披露的信息

债权人应当披露的信息包括：

（一）债务重组方式。

该债务重组方式与债务人披露的债务重组方式相同。债权人也应当披露债务重组方式。

（二）确认的债务重组损失总额。

在债务重组交易中，债权人会发生债务重组损失。债务重组准则仅要求披露产生的债务重组损失总额，不要求分别披露每项债务重组的损失金额。

（三）债权转为股权所导致的长期投资增加额及长期股权投资占债务人股权的比例。

在债权转股权的方式下，债务重组准则要求披露因此而导致的长期股权投资增加额及长期股权投资总额占债务人股权的比例。

（四）或有应收金额。

债权人可能有多项债务重组涉及或有应收金额，债务重组准则仅要求汇总披露或有应收金额，不要求分别披露每项或有应收金额。

（五）债务重组中受让的非现金资产的公允价值、由债务转成的股份的公允价值和修改其他债务条件后债权的公允价值的确定方法及依据。

【思考题】

1. 企业为什么要进行债务重组？债务重组会对重组双方带来什么影响？
2. 举例说明债务重组的含义及债务重组的方式。
3. 《企业会计准则第 12 号——债务重组》是如何界定债务重组的？请对这种界定做出简要评价。
4. 你认为债务重组涉及的会计问题主要是什么？
5. 在债务重组协议涉及或有应付款项的情况下，债务方与债权方应当如何处理？
6. 你认为企业会计准则允许债务方确认债务重组收益有何意义？可能存在什么问题？

【练习题】

一、单项选择题

1. 甲公司欠乙公司 600 万元货款，到期日为 2013 年 10 月 30 日。甲公司因财务困难，经协商于 2013 年 11 月 15 日与乙公司签订债务重组协议，协议规定甲公司以价值 550 万元的商品抵偿欠乙公司上述全部债务（假定不考虑相关税费的影响）。2013 年 11 月 20 日，乙公司收到第一批商品并验收入库，2013 年 12 月 31 日收到第二批商品并验收入库，同时办理了有关债务解除手续。该债务重组的重组日为（   ）。
   A. 2013 年 10 月 30 日
   B. 2013 年 11 月 15 日
   C. 2013 年 11 月 20 日
   D. 2013 年 12 月 31 日

2. 以非现金资产清偿债务的，债权人应当对受让的非现金资产按（   ）入账。
   A. 债务的账面价值
   B. 资产的账面价值
   C. 资产的公允价值
   D. 资产的账面净值

3. 在债务重组中，将债务转为资本的，债务人应当将债权人放弃债权而享有股份的面值总额确认为股本，股份的公允价值总额与股本之间的差额确认为（   ）。
   A. 营业外收入
   B. 营业外支出
   C. 资本公积
   D. 未分配利润

4. 债务重组采用以现金清偿债务、非现金资产清偿债务、债务转为资本、修改其他债务条件等方式的组合进行的，债权人冲减重组债权的账面余额的顺序是（   ）。
   A. 非现金资产公允价值——股份的公允价值——修改其他债务条件——现金
   B. 现金——非现金资产公允价值——股份的公允价值——修改其他债务条件
   C. 现金——股份的公允价值——非现金资产公允价值——修改其他债务条件
   D. 现金——非现金资产公允价值——修改其他债务条件——股份的公允价值

5. 甲公司由于购买固定资产于 2011 年 1 月 1 日产生应付乙公司账款 300 万元，贷款偿还期限为 6 个月。2011 年 7 月 1 日，甲公司发生财务困难，无法偿还到期债务，经与乙公司协商进行债务重组。双方同意：以甲公司的一批存货抵偿应付乙公司债务。这批存货成本为 280 万元，公允价值为 260 万元。假定上述资产均未计提减值准备，不考虑相关税费。则乙公司应确认营业外支出（   ）万元。

A. 0   B. 20   C. 40   D. 60

6. 甲公司欠乙公司货款 600 万元，因发生财务困难货款已逾期半年未还。经与乙公司协商进行债务重组，双方同意甲公司以一台设备抵偿应付乙公司债务。该设备原价为 600 万元，已提折旧为 120 万元，账面净值为 480 万元，公允价值为 360 万元。假定上述资产均未计提减值准备，不考虑相关税费。则甲公司因该债务重组事项应确认的损益为（ ）万元。

A. 0   B. 120   C. 360   D. 240

7. 2012 年 3 月 10 日，甲公司销售一批材料给乙公司，开出的增值税专用发票上注明的销售价款为 200 000 元，增值税销项税额为 34 000 元，款项尚未收到。2012 年 6 月 4 日，甲公司与乙公司进行债务重组。重组协议如下：甲公司同意豁免乙公司债务 80 000 元；延长期间，每月加收余款 2% 的利息，利息和本金于 2012 年 9 月 4 日一同偿还。假定甲公司为该项应收账款计提坏账准备 2 000 元，整个债务重组交易没有发生相关的税费。在债务重组日，甲公司应确认的债务重组损失为（ ）元。

A. 68 760   B. 78 000   C. 63 960   D. 0

8. 债务重组的方式不包括（ ）。

A. 债务人以低于债务账面价值的现金清偿债务

B. 修改其他债务条件

C. 借新债还旧债

D. 债务转为资本

9. 以现金清偿债务的，债务人应当在满足金融负债终止确认条件时，终止确认重组债务，并将重组债务的账面价值与实际支付现金之间的差额计入（ ）。

A. 资本公积   B. 营业外收入   C. 营业外支出   D. 管理费用

10. 甲公司应收乙公司货款 800 万元，经磋商，双方同意按 600 万元结清该笔货款。甲公司已经为该笔应收账款计提了 100 万元的坏账准备，在债务重组日，该事项对甲公司和乙公司的影响分别为（ ）。

A. 甲公司资本公积减少 200 万元，乙公司资本公积增加 200 万元

B. 甲公司营业外支出增加 100 万元，乙公司资本公积增加 200 万元

C. 甲公司营业外支出增加 200 万元，乙公司营业外收入增加 200 万元

D. 甲公司营业外支出增加 100 万元，乙公司营业外收入增加 200 万元

11. 甲公司为增值税一般纳税人，适用的增值税税率为 17%。甲公司与乙公司就其所欠乙公司购货款 450 万元进行债务重组。根据协议，甲公司以其产品抵偿债务，甲公司交付产品后双方的债权债务结清。甲公司已将用于抵债的产品发出，并开出增值税专用发票。甲公司用于抵债产品的账面余额为 300 万元，已计提的存货跌价准备为 30 万元，公允价值（计税价格）为 350 万元。甲公司对该债务重组应确认的债务重组利得为（ ）万元。

A. 40.5   B. 100   C. 120.5   D. 180

12. M 公司销售给 N 公司一批商品，价款 100 万元，增值税税额 17 万元，款未收到。因 N 公司资金困难，已无力偿还 M 公司的全部货款，经协商，20 万元延期收回，

不考虑货币时间价值，剩余款项 N 公司分别用一批材料和长期股权投资予以抵偿。已知，原材料的账面余额 25 万元，已提存货跌价准备 1 万元，公允价值 30 万元，长期股权投资账面余额 42.5 万元，已提减值准备 2.5 万元，公允价值 45 万元。N 公司应该计入营业外收入的金额为（　　）万元。

A. 16　　　　　B. 16.9　　　　　C. 26.9　　　　　D. 0

13. 2012 年 5 月 15 日，甲股份有限公司因购买材料而欠乙企业购货款及税款合计为 50 000 000 元，由于甲公司无法偿付应付账款，经双方协商同意，甲公司以普通股偿还债务，普通股每股面值为 1 元，市场价格每股为 3 元，甲公司以 16 000 000 股抵偿该项债务（不考虑相关税费）。乙企业以应收账款提取坏账准备 3 000 000 元。假定乙企业将债权转为股权后，长期股权投资按照成本法核算。甲公司应确认的债务重组利得为（　　）元。

A. 1 000 000　　　B. 8 000 000　　　C. 6 000 000　　　D. 2 000 000

14. 甲公司应付乙公司账款 90 万元，甲公司由于发生严重财务困难，与乙公司达成债务重组协议：甲公司以一台设备抵偿债务。该设备的账面原价为 120 万元，已提折旧 30 万元，已提减值准备 10 万元，公允价值为 65 万元，甲公司该项债务重组的净损益为（　　）万元。

A. 0　　　　　B. 10　　　　　C. 20　　　　　D. 30

15. 以修改其他债务条件进行债务重组的，如果债务重组协议中附有或有应付金额的，该或有应付金额最终没有发生的，应（　　）。

A. 冲减营业外支出

B. 冲减已确认的预计负债，同时确认营业外收入

C. 冲减财务费用

D. 不作账务处理

二、多项选择题

1. 以下属于用资产清偿债务的有（　　）。

A. 以固定资产清偿债务　　　　　B. 以债务转为资本

C. 以存货清偿债　　　　　　　　D. 以现金清偿债务

E. 以股票、债券等金融资产清偿债务

2. 企业会计准则中界定的债务重组的基本特征包括（　　）。

A. 债务人发生财务困难　　　　　B. 债权人做出让步

C. 以资产清偿债务　　　　　　　D. 修改债务条件

E. 将债务转为资本

3. 下列情况不能按债务重组准则进行会计处理的有（　　）。

A. 在正常交易中企业以非现金资产抵偿债务

B. 债务人发行的可转换债券按正常条件转为股权

C. 非持续经营下的债务重组

D. 债务人以借新债偿还旧债

E. 债务人即可能处于持续经营状况，也可能处于清算状况

4. 2013 年 3 月 31 日，甲公司应收乙公司的一笔货款 500 万元到期，由于乙公司发生财务困难，该笔货款预计短期内无法收回。甲公司已为该项债权计提坏账准备 100 万元。当日，甲公司就该债权与乙公司进行协商。下列协商方案中，属于债务重组的有（　　）。

A. 减免 100 万元债务，其余部分立即以现金偿还

B. 减免 80 万元债务，其余部分延期两年偿还

C. 以公允价值为 500 万元的固定资产偿还

D. 以现金 100 万元和公允价值为 400 万元的无形资产偿还

E. 以 400 万元现金偿还

5. 关于债务重组准则中以非现金清偿债务的，下列说法中正确的有（　　）。

A. 债务人以非现金资产清偿债务的，债务人应当将重组债务的账面价值与转让的非现金资产公允价值之间的差额，确认为资本公积，计入所有者权益

B. 债务人以非现金资产清偿债务的，债务人应当将重组债务的账面价值与转让的非现金资产公允价值之间的差额，确认为营业外支出，计入当期损益

C. 债务人以非现金资产清偿债务的，债务人应当将重组债务的账面价值与转让的非现金资产公允价值之间的差额，计入当期损益

D. 债务人转让的非现金资产公允价值与其账面价值之间的差额，计入当期损益

E. 债务人应将转让非现金资产的公允价值与其账面价值的差额确认为资产转让损益

6. 债务重组是指在债务人发生财务困难的情况下，债权人按照其与债务人达成的协议或者法院的裁定做出让步的事项。其中，债权人做出的让步包括（　　）。

A. 债权人减免债务人部分债务本金

B. 允许债务人延期支付债务，但不减少债务的账面价值

C. 降低债务人应付债务的利率

D. 债权人减免债务人部分债务利息

E. 在正常交易中债权人减免债务人部分债务本金

7. 债务人以非现金资产抵偿债务的，非现金资产公允价值与账面价值之间的差额，应计入（　　）。

A. 投资收益　　　　B. 营业外收入　　　　C. 营业外支出　　　　D. 主营业务成本

E. 投资损失

8. 下列有关债务重组时债务人会计处理的表述中，正确的有（　　）。

A. 以现金清偿债务时，债务人实际支付的现金低于债务账面价值的差额计入当期损益

B. 以非现金资产清偿债务时，转让的非现金资产公允价值低于重组债务账面价值的差额计入资本公积

C. 以非现金资产清偿债务时，转让的非现金资产公允价值低于重组债务账面价值的差额计入当期损益

D. 以非现金资产清偿债务时，转让的非现金资产公允价值与其账面价值之间的差额计入当期损益

E. 以固定资产清偿债务时，转让的非现金资产公允价值低于重组债务账面价值的差额计入资本公积

9. 以债务转为资本的方式进行债务重组时，以下处理方法正确的是（　　　）。

A. 债务人应将债权人因放弃债权而享有的股份的面值总额确认为股本或实收资本

B. 债务人应将股份公允价值总额与股本或实收资本之间的差额确认为资本公积

C. 债权人应当将享有股份的公允价值确认为对债务人的投资

D. 债权人已对债权计提减值准备的，应当先将该差额冲减减值准备，冲减后尚有余额的，计入营业外支出（债务重组损失）；冲减后减值准备仍有余额的，应予转回并抵减当期资产减值损失

E. 债务人应按股权所对应的股票总面值计入长期股权投资

10. 下列各项中，属于债务重组修改其他债务条件的方式一般有（　　　）。

A. 债务转为资本　　　　　　　　B. 减少债务本金

C. 降低利率　　　　　　　　　　D. 延长债务偿还期限并加收利息

E. 免除债务利息

三、判断题

1. 债务人发生财务困难，是债务重组的前提条件。　　　　　　　　（　　　）

2. 债权人收到的非现金资产应以其公允价值入账。　　　　　　　　（　　　）

3. 债务重组的认定及其处理应当考虑关联方关系的影响。　　　　　（　　　）

4. 债务人重组债务的账面价值与偿债资产公允价值之间的差额，应确认为资本公积。　　　　　　　　　　　　　　　　　　　　　　　　　（　　　）

5. 以非现金资产清偿债务的，债务人可以将债务重组利得和转让资产损益一起作为营业外收支核算。　　　　　　　　　　　　　　　　　　（　　　）

6. 债务人抵债资产公允价值与账面价值之间的差额，按照资产处置的原则处理。　　　　　　　　　　　　　　　　　　　　　　　　　　　　　（　　　）

7. 只要债权人对债务人的债务做出了让步，不管债务人是否发生财务困难，都属于准则所定义的债务重组。　　　　　　　　　　　　　　　　　（　　　）

8. 债务人发生财务困难是指因债务人出现资金周转困难、经营陷入困境或者其他方面的原因等，导致其无法或者没有能力按原定条件偿还债务。　（　　　）

9. 以现金清偿债务的，债务人应当在满足金融负债终止确认条件时，终止确认重组债务，并将重组债务的账面价值与实际支付现金之间的差额，计入当期损益（其他业务收入）。　　　　　　　　　　　　　　　　　　　（　　　）

10. 以非现金资产偿还债务，非现金资产为长期股权投资的，其公允价值和账面价值的差额，计入营业外收入。　　　　　　　　　　　　　　　　（　　　）

11. 以非现金资产偿还债务，非现金资产为存货的，应当视同销售处理，按非现金资产的账面价值确认销售商品收入，同时按照非现金资产的公允价值结转相应的成本。　　　　　　　　　　　　　　　　　　　　　　　　　（　　　）

12. 将债务转为资本的债务重组中，债务人应将股份的公允价值总额与股本（或实收资本）之间的差额确认为投资收益。　　　　　　　　　　　　（　　　）

四、计算与账务处理题

1. 2013 年 3 月 10 日，乙公司销售一批材料给甲公司，不含税价格为 100 000 元，增值税税率为 17%。按合同规定，甲公司应于 2013 年 5 月 1 日前偿还货款。由于甲公司发生财务困难，无法按合同规定的期限偿还债务，经双方协商于当年 8 月 20 日进行债务重组。债务重组协议规定，乙公司同意减免甲公司 20 000 元债务，余额用现金立即偿清。乙公司对该债权计提坏账准备 500 元。

   要求：分别为甲、乙公司做出与上述债务重组业务有关的账务处理。

2. 甲公司欠乙公司购货款 350 000 元。由于甲公司财务发生困难，短期内不能支付已于 2011 年 5 月 1 日到期的货款。2013 年 7 月 10 日，经双方协商，乙公司同意甲公司以其生产的产品偿还债务。该产品的公允价值为 200 000 元，实际成本为 120 000 元。甲公司为增值税一般纳税人，适用的增值税税率为 17%。乙公司于 2013 年 8 月 10 日收到甲公司抵债的产品，并作为产成品入库；乙公司对该项应收账款计提了 50 000 元的坏账准备。

   要求：分别为甲、乙公司做出与上述债务重组业务有关的账务处理。

3. 2013 年 2 月 10 日，乙公司销售一批材料给甲公司，价值 200 000 元（包括应收取的增值税税额），按购销合同规定，甲公司应于当年 8 月 31 日前支付货款，但至 2013 年 12 月 31 日甲公司尚未支付货款。由于甲公司发生财务困难，短期内不能支付货款。2014 年 1 月 5 日，经双方协议，乙公司同意甲公司用一台设备抵偿该债务。这台设备的账面原价为 180 000 元，累计折旧为 30 000 元，设备的公允价值为 170 000 元（假定转让该项设备不需要交纳增值税）。乙公司对该项应收账款提取坏账准备 10 000 元。设备已于 2014 年 2 月 1 日运抵乙公司。假定不考虑其他相关税费。

   要求：分别为甲、乙公司做出与上述债务重组业务有关的账务处理。

4. 乙公司于 2013 年 7 月 1 日销售给甲公司一批产品，价值 450 000 元（包括应收取的增值税税额），甲公司于当日开出 6 个月承兑的商业汇票。甲公司于 2013 年 12 月 31 日尚未支付货款。由于甲公司发生财务困难，短期内不能支付货款。经与乙公司协商，乙公司同意甲公司以其所拥有并作为以公允价值计量且其变动计入当期损益的某公司股票抵偿债务。该股票的账面价值 400 000 元（为取得时的成本），公允价值 380 000 元。假定乙公司为该项应收账款提取了坏账准备 40 000 元。用于抵债的股票已于 2014 年 1 月 22 日办理了相关转让手续；乙公司将取得的某公司股票作为以公允价值计量且其变动计入当期损益的金融资产。乙公司已将该项应收票据转入应收账款；甲公司已将应付票据转入应付账款。

   要求：分别为甲、乙公司做出与上述债务重组业务有关的账务处理。

5. 2013 年 7 月 1 日，乙公司应收甲公司账款的账面余额为 60 000 元，由于甲公司发生财务困难，短期内无法偿付该应付账款。经双方协商同意，甲公司以其普通股抵偿该项债务。假定普通股的面值为每股 1 元，甲公司以 20 000 股抵偿该项债务，股票每股市价为 2.5 元。乙公司对该项应收账款计提了坏账准备 2 000 元。股票登记手续已于 2013 年 8 月 10 日办理完毕，乙公司将其作为长期股权投资核算。

   要求：分别为甲、乙公司做出与上述债务重组业务有关的账务处理。

【案例与分析】

甲公司为上市公司，于 2011 年 1 月 1 日销售给乙公司产品一批，价款为 2 000 万元，增值税税率为 17%。双方约定 3 个月付款。乙公司因财务困难无法按期支付。至 2011 年 12 月 31 日甲公司仍未收到款项，甲公司未对该应收账款计提坏账准备。2011 年 12 月 31 日乙公司与甲公司协商，达成债务重组协议如下：

（1）乙公司以现金偿还债务 100 万元。

（2）乙公司以设备 2 台抵偿债务 280 万元，设备账面原价为 350 万元，已提折旧为 100 万元，计提的减值准备为 10 万元，公允价值为 280 万元，设备已于 2011 年 12 月 31 日运抵甲公司，假定设备转让时不需要交纳增值税。

（3）乙公司以 A、B 两种产品按公允价值抵偿部分债务，A、B 产品账面成本分别为 150 万元和 80 万元，公允价值（计税价格）分别为 200 万元和 100 万元，增值税税率为 17%。乙公司单独向甲公司收取增值税款。产品已于 2011 年 12 月 31 日运抵甲公司。

（4）将上述债务中的 600 万元转为乙公司 200 万股普通股，每股面值 1 元，每股市价均为 3 元。乙公司已于 2011 年 12 月 31 日办妥相关手续。

（5）甲公司同意免除乙公司剩余债务的 20% 并延期至 2013 年 12 月 31 日偿还，并从 2012 年 1 月 1 日起按年利率 4% 计算利息。但如果乙公司从 2012 年起，年实现利润总额超过 200 万元，则年利率上升为 5%。如果乙公司年利润总额低于 200 万元，则仍按年利率 4% 计算利息。乙公司于每年末支付利息。估计在债务重组后乙公司很可能利润超过 200 万元。

问题：根据上述资料，回答下列问题。（单位以万元表示）

（1）该债务重组属于什么形式的债务重组？

（2）甲公司未来应收的金额及应确认的债务重组损益分别为多少？

（3）乙公司未来应付的金额及应该确认的债务重组损益分别为多少？

（4）假如乙公司 2012 年实现利润总额 220 万元，乙公司应确认的利息费用为多少？（资料来源：www.examda.com）

分析思路：该项债务重组方式属于混合重组，涉及以现金清偿债务、以非现金资产清偿债务、债务转为资本、修改债务条件，并涉及或有应付金额。进行会计处理时，注意债权人冲减重组债权的账面价值的顺序是：现金——非现金资产公允价值——股份的公允价值——修改其他债务条件。

第二章　外币业务会计

学习目标

➡ 1. 了解外币、外币交易、外币折算、记账本位币等相关概念。
➡ 2. 重点掌握外币交易会计的两种观点、记账方法、汇兑损益的确认标准、计算方法以及外币交易的会计处理。
➡ 3. 掌握外币交易会计中的外币折算损益的处理方法、外币会计报表折算的基本方法以及境外经营企业外币会计报表折算的方法。

第一节　外币折算概述

随着经济全球化的快速发展，资本的跨国流动和国际贸易不断扩大。外资企业不断地在我国内地开办外商独资、合资企业，向内资企业或国内市场不断注入外币资本。内资企业与国际市场之间的业务往来逐渐增加，逐步向国际市场拓展业务，参与国际资本市场竞争的程度和规模呈增长趋势，正在由资本输入向资本输出转变，在这种情况下，使会计核算不可避免地涉及外币、外汇等相关概念，汇兑损益、外币报表折算、合并境外经营的外币报表构成外币交易会计。《企业会计准则第 19 号——外币折算》（以下简称"外币折算准则"）主要规范了外币交易的会计处理、外币财务报表的折算和相关信息的披露。

本章着重讲解了外币、外汇等相关概念、记账本位币的确定、外币交易的会计处理和外币财务报表的折算等问题。

一、外币、外币交易与外币折算

按照《会计准则第 19 号——外币折算》将外币定义为：外币是指企业记账本位币

以外的货币。它通常用于企业因贸易、投资等经济活动所引起的对外结算业务。

外币交易，则是以外币计价或结算的交易。相对应地，外币折算是建立在外币、外币交易基础之上的一种会计业务。比如，某集团（母公司）有在境外经营的子公司，而这一子公司采用所在地的货币，亦即母公司的外币进行计价和结算，会计期末也使用外币编制财务报表，那么以外币反映的财务报表即为外币财务报表，而将外币财务报表转换为非外币的财务报表，即为外币折算。

二、记账本位币的确定

由上述的解释可以看出，外币交易与一般交易之间的区别主要是以外币作为交易手段，而外币则是相对于记账本位币而言的其他货币。

记账本位币是指企业经营所处的主要经济环境中的货币。通常这一货币是企业取得和支出现金的经济环境中的货币。国内企业通常应选择人民币作为记账本位币，如果企业的业务收支大部分以人民币以外的货币计价，也可以选用某种外国货币作为记账本位币。国际会计准则中的功能货币实质就是我国会计上所称的记账本位币。本章将主要采用记账本位币术语。

（一）企业记账本位币的确定

按照我国《会计法》中的规定，会计核算以人民币为记账本位币。业务收支以人民币以外的货币为主的单位，可以选定其中一种货币作为记账本位币，但是，财务会计报告应当折算为人民币。对于如何选择记账本位币，在外币折算准则中做出了规范。企业选定记账本位币，应当考虑下列因素：

1. 该货币主要影响商品和劳务销售价格，通常以该货币进行商品和劳务销售价格的计价和结算；

2. 该货币主要影响商品和劳务所需人工、材料和其他费用，通常以该货币进行上述费用的计价和结算；

3. 该货币是融资活动获得的货币以及保存从经营活动中收取款项所使用的货币。

按照上述要求确定记账本位币时依然要依据企业的实际情况而定。比如，某主要从国外进口原材料且其产品主要销往国外的企业，其所需原材料的采购价格主要受美元影响，销售产品的价格也主要采用美元进行计价和结算，而其在银行存放的款项也主要以美元为主，在这种情况下，该企业即可选用美元作为记账本位币。但是，若该企业只是在采购和销售环节受美元的影响，但是在融资环节主要是取得人民币，而销售产品及存在银行中的款项也主要是人民币，则该公司应当将人民币确定为记账本位币。

需要说明的是，在确定企业的记账本位币时，上述因素的重要程度因企业具体情况不同而不同，需要企业管理层根据实际情况进行判断，但是，这并不能说明企业管理层可以根据需要随意选择记账本位币，而是根据实际情况确定的记账本位币只能有一种货币。

（二）境外经营记账本位币的确定

按照企业会计准则的要求，确定企业是否为境外经营，不是以企业的位置是否在境外，而是要看企业选定的记账本位币是否与其母公司等使用的记账本位币相同。比如，企业在境外的子公司、合营企业、联营企业、分支机构等，一般采用所在国（地区）的货币为记账本位币，这样的单位即为境外经营单位。但是，企业在境内的子公司、合营企业、联营企业、分支机构等，若与其母公司采用的记账本位币不同，也应当视同境外经营。境外经营记账本位币在确定时除考虑上述因素外，还应考虑以下因素：

1. 境外经营对其所从事的活动是否拥有很强的自主性。
2. 境外经营活动中与企业的交易是否在境外经营活动中占有较大比例。
3. 境外经营活动产生的现金流量是否直接影响企业的现金流量，是否可以随时汇回。
4. 境外经营活动产生的现金流量是否足以偿还其现有债务和可预期的债务。

综合上述，企业确定本企业记账本位币或其境外经营记账本位币时，在多种因素混合在一起记账本位币不明显的情况下，应当优先考虑（一）中的一、二项因素，然后考虑融资活动获得的货币、保存从经营活动中收取款项时所使用的货币，以及（二）中的因素，以确定记账本位币。

（三）记账本位币的变更

企业记账本位币一经确定，不得随意变更，除非与确定记账本位币相关的主要经济环境发生了重大变化。企业因经营所处的经营环境发生重大的变化，确需变更记账本位币时，应当采用变更当日的即期汇率将所有项目折算为变更后的记账本位币，折算后的金额作为新的记账本位币的历史成本。如果发生记账本位币的变更，要在报表附注中进行充分的披露。

三、外币交易及其不同类型

（一）外币交易的构成

外币交易，亦称外币业务，主要有下列以外币计价或者结算的交易：

1. 买入或卖出以外币计价的商品、劳务或者设备等；
2. 借入或借出外币资金以及接受外币投资；
3. 进行货币之间的相互兑换；
4. 在会计期末将以外币计价的交易事项进行期末汇率的折算调整；
5. 其他以外币计价或结算的交易。

一般来看，企业外币交易应发生于国际交往的经济业务中，但是，若本国内企业间的交易约定以某一非记账本位币结算，其相关的交易活动也属外币业务；而企业与境外的企业交易按照本企业的记账本位币结算时，则不作为该企业的外币业务。

（二）外币交易的不同类型

外币交易可以按照其发生时的具体情况划分如下。

1. 货币兑换。亦即以本企业的记账本位币购买某种外币，或者将手中的某种外币卖出，取得记账本位币，也包括通过外币市场将一种外币转换成另一种外币的业务活动。

2. 取得或支付外币资金。这类事项既包括取得以外币表现的权益、债务以及经营活动收入，也包括以外币对外支付的所有事项。

3. 通过结汇、购汇等方式销售或者采购以外币计价的商品、劳务等。这是我国企业现阶段有着特殊性的业务类型，亦即企业发生的通过金融机构进行人民币与外币结算的业务。

4. 外币折算。与上述诸项外币业务相比，外币折算是指并没有实际的外币收取、支付事项，但是却因为汇率变动、报表转换等原因，在会计报表上对外币业务事项进行计算、调整，并将调整的差异计入损益等的业务活动。

四、外币交易的相关概念

（一）外汇与汇率

1. 外汇

外汇即国际汇兑，"汇"是货币异地转移，"兑"是货币之间进行转换。从动态上讲，外汇就是把一国货币转换成另一国货币，并在国际流通用以清算因国际经济往来而产生的债权债务。也就是说，只有在国际上可以流通使用的外国货币才能作为外汇。

国际货币基金组织对外汇的定义为："外汇是货币行政当局（中央银行、货币管理机构、财政部门）以银行存款、财政部库券、长短期政府证券等形式，以确保在国际收支逆差时可以使用的债权"。

我国《外汇管理条例》所称的外汇，是指下列以外币表示的可以用作国际清偿的支付手段和资产：①外国货币，包括纸币、铸币；②外币支付凭证，包括票据、银行存款凭证、邮政储蓄凭证等；③外币有价证券，包括政府债券、公司债券、股票等；④特别提款权、欧洲货币单位；⑤其他外汇资产。

2. 汇率及其标价方法

汇率，是指企业在发生外币交易时，在会计核算时需要将外币金额按一定的比率或比价折算成记账本位币金额，这种折算所用的比率或比价，称为汇率，也称为汇价。所以，汇率就是两种不同货币之间的比价，即将一国的货币兑换成另一国货币的折算比例。汇率有两种标价方法，即直接标价法和间接标记法。

（1）直接标价法，又称应付标价法，是以一定单位的外国货币为标准，折算为一定数额的本国货币的标价方法。这种方法被包括我国在内的大多数国家所采用。在这种方法下，外国货币的数额固定不变，本国货币的数额随外币或本国货币价值的变化而变化。例如，以我国人民币为记账本位币，美元为外币，则 1 美元 = 6.96 元人民币。

（2）间接标价法，也称收进标价法，是以一定的本国货币为标准，折算为若干单位外币的标价方法。在间接标价法下，本国货币的数额固定不变，外币的数额随本国货币和外国货币的币值变动而变化。例如，直接标价法下的 1 美元 = 6.96 元人民币，用间接标价法则表示为：1 元人民币 = 0.143 7 美元。采用直接标价法时，外汇汇率的升降与本国货币币值的升降呈反比例变化；而用间接标价法时，外汇汇率的升降则与本国货币币值呈正比例变化。

3. 汇率的分类。汇率的分类可按照不同的标准进行。

（1）市场汇率和法定汇率。这是按照汇率的制定和使用方式进行的分类。

①市场汇率，是指外汇市场上由交易双方的供求关系形成的汇率，这种汇率经常随市场行情的变化而上下波动。

②法定汇率又称官方汇率，是由各国政府根据发展经济的政策和交易性质而制定的汇率。

（2）现行汇率和历史汇率。这是按照汇率记入账中的时间对汇率进行的分类。

①现行汇率，是指企业将外汇款项记入账中，或者是编制财务报表时采用的汇率，因此又被称为记账汇率。

②历史汇率，是相对于现行汇率而言的，指最初取得外币资产、承担外币负债时记入账中的汇率，因此又被称为账面汇率。

（3）买入汇率、卖出汇率和中间汇率。这是按照从事外汇经营的银行和经纪人的角度对汇率进行的分类。

①买入汇率。又称买入价，是指外汇银行向客户或同业买进外汇时使用的价格。一般地，外币折合本币数较少的那个汇率是买入汇率，它表示买入一定数额的外汇需要付出多少本国货币。

②卖出汇率。又称卖出价，是指外汇银行向客户或同业卖出外汇时所使用的价格。一般地，外币折合本币数较多的那个汇率是卖出汇率，它表示银行卖出一定数额的外汇需要收回多少本国货币。

买入卖出价，是根据外汇交易中所处的买方或卖方的地位而定的。买卖价之间的差额一般为 1% ~ 5% 左右，这是外汇银行的手续费收益。

③中间汇率。又称中间价，它是买入价和卖出价的平均数。

（4）即期汇率、近似汇率和远期汇率。这是按照外汇交易的交割期限长短进行的分类。

①即期汇率，是指即期外汇买卖的汇率。即外汇买卖成交后，买卖双方在当天或在两个营业日内进行交割所使用的汇率。即期汇率就是现汇汇率。即期汇率是由当场交货时货币的供求关系情况决定的。一般在外汇市场上挂牌的汇率，除特别标明远期汇率以外，一般指即期汇率。

②近似汇率，是指按照系统合理的方法确定的、与交易发生日即期汇率近似的汇率，通常采用当期平均汇率或加权平均汇率等。企业通常应当采用即期汇率进行折算，汇率变动不大的，也可以采用即期汇率的近似汇率进行折算。

③远期汇率，是指在未来一定时期进行交割，而事先由买卖双方签订合同，达成

协议的汇率。到了交割日期，由协议双方按预订的汇率、金额进行交割，即远期外汇买卖。远期外汇买卖是一种预约性交易，是由于外汇购买者对外汇资金需要的时间不同，以及为了避免外汇风险而引进的。远期汇率以即期汇率为基础，用即期汇率的"升水"、"贴水"、"平价"来表示。如果远期汇率比即期汇率贵，高出的差额称作升水；如果远期汇率比即期汇率便宜，低出的差额称作贴水；如果远期汇率与即期汇率相等，则没有升水和贴水，称作平价。

即期汇率、远期汇率与互换汇率的关系，可用如下计算公式表示：

在直接标价法下：远期汇率 = 即期汇率 + 升水

远期汇率 = 即期汇率 − 贴水

在间接标价法下：远期汇率 = 即期汇率 − 升水

远期汇率 = 即期汇率 + 贴水

（二）外币折算与外币兑换

1. 外币折算。外币折算，是指将以外币编制的财务报表转换为记账本位币的财务报表的折合换算过程。从实际情况来看，这样的业务也存在于日常的外币交易的账务处理中。但是，这种折算只是货币表述形式的改变。其主要表现有二：一是将在收支过程实际使用的外币折合为等值的记账本位币；二是将以外币表示的财务报表转换为由记账本位币表示。这样的转换业务没有相伴的货币转换，即不是真正的货币兑换，只是一种会计处理程序。

2. 外币兑换。外币兑换，是指企业根据需要，并在规定允许的情况下，将一种货币兑换为另一种货币的实际交易活动。外币兑换主要发生在一些需要用外币结算的交易中，比如用本国货币换取外国货币，或将外国货币换为本国货币等。

3. 二者关系的分析。外币折算只是一种在账户和财务报表上利用特定的汇率对账户数据或者是报表数据的调整，不见得有实际的外币交易事项发生；而货币兑换则必定是将一种货币转换为另一种货币，是一种实际发生的外币交易事项。从另一个角度来分析，按照我国现阶段会计准则的规定，外币折算一般发生在会计期末，是在企业对外报出财务报表时对某些外币项目的必要调整以及对非以本国货币编制的财务报表的调整；而外币兑换则一般发生在会计期中，是对实际经济业务进行的会计处理。

（三）汇兑损益

汇兑损益，是指将同一项目的外币资产或负债折合为记账本位币时，由于汇率变动而形成的差异额。这样的差异额要作为企业的利得或损失处理。在实际会计业务中，汇兑损益是由交易型损益和报表折算型汇兑损益两部分内容构成的。

1. 交易型汇兑损益，是指发生以外币计价或结算的商品交易中，因兑换、收回或偿付债权债务而产生的交易汇兑损益。它包括兑换汇兑损益和调整汇兑损益。

（1）兑换汇兑损益，是指在发生外币与记账本位币，或一种外币与另一种外币进行兑换时由于买入汇率不同与卖出汇率所产生的汇兑损益。

（2）调整汇兑损益，是指在会计期末，企业需要将所有的外币性债权债务及货币资金账户余额按照期末汇率进行调整，调整后的记账本位币金额与原账面记账本位币金额之差。

2. 报表折算型汇兑损益，指在会计期末，为了编制财务报表将财务报表项目由一种货币折算为记账本位币时由于汇率变动所产生的汇兑损益。

（四）货币性项目

货币性项目是指企业拥有的货币和应以货币结算的项目。其主要表现为企业的货币资金、应收账款、应收票据、其他应收款、长期应收款以及有固定利息收入的长期证券投资等货币性资产；也表现为企业的短期借款、应付账款、应付票据、其他应付款、应付职工薪酬、长期借款、应付债券、长期应付款以及其他可由固定货币金额表现的货币性负债。相对应而言，货币性项目以外的项目，即非上述项目的资产与负债等，如存货、长期股权投资、固定资产、无形资产，则为非货币性项目。将两者综合起来可知，货币性项目是企业持有的货币资金和将以固定或可确定金额的货币收取的资产或者偿付的负债。

在外币业务会计中，外币货币性项目还可以进一步划分为短期货币性项目和长期货币性项目。通常的处理方式是，短期货币性项目由于汇率变动而发生的转换为记账本位币的差额计入本期损益；而长期货币性项目由于汇率变动而发生的转换为记账本位币的差额则可视具体情况计入本期损益、作为资本性支出，或作为递延项目处理。

（五）其他相关概念

1. 结汇与售汇。这是相对于我国现阶段实际业务的一组重要概念。

（1）结汇，是指企业或个人按照外汇牌价，将经营收入、接受捐赠收入、罚没收入、转让资产收入等取得的外汇全部结售给外汇指定银行。

（2）售汇，是指企业或个人按照外汇牌价，将需要在进口产品、货物，购买无形资产，以及保证金及垫付款项、赔付款项中支付的外汇到外汇指定银行兑付。这是我国的特有事项，是人民币与外币转换支付的一种控制方式，或者说是在人民币并没有全部放开时进行外币业务处理的一种特殊规定。

2. 现钞与现汇。这也是企业在进行外币业务交易时必须要了解的问题。

（1）外汇现钞，是指的是企业或个人手中直接持有的外币钞票。

（2）外汇现汇，是指境外寄来后直接存储于银行的汇款。

二者在银行有着不同的汇价，在汇往境外时也有不同的汇率要求。比如，一般情况下，经营外汇业务的银行其现汇买入价高于现钞买入价；而现钞与现汇的卖出价则一般是相等的；但是若企业将现钞汇往境外，就需要将现钞的汇率调整至现汇的汇率。

3. 经常性项目与资本性项目。这是一国货币全面实现可兑换过程的两个显著标志，或者说是两个必要环节。

（1）经常性项目，是指国际收支中经常发生的交易项目，包括贸易收支、劳务收支、单方面转移等。

（2）资本性项目，是指国际收支中因资本输出与输入而产生的资产与负债的增减项目，包括直接投资、各类贷款、证券投资等。就目前的情况而言，我国企业和居民已经在结汇、售汇的条件下基本上实现了人民币经常性项目可兑换，尚未实现资本性项目可兑换。

五、有关外币折算业务的会计准则

（一）国际财务报告准则

《国际会计准则第 21 号——汇率变动的影响》，是专门关于如何将外币交易和国外经营反映在主体的财务报表中，以及如何将财务报表折算为列报货币的会计准则。其主要解决使用何种汇率以及如何在财务报表中报告汇率变动的影响。该准则对外币折算业务的处理要求主要表现为以下几个方面：

1. 在编制财务报表时，每个个别主体，无论是独立的主体，还是拥有国外经营的主体或国外经营单位，都应该按照该准则的规定确定其功能货币（即为该准则的记账本位币）；主体应按照该准则的规定将外币项目折算成其功能货币并报告这种折算的影响。

2. 许多报告主体会包括多个个别主体，如企业集团等，必须将集团内每个个别主体的经营成果和财务状况折算成报告主体列报其财务报表的货币。准则允许采用任意一种（或几种）货币作为报告主体的列报货币；如果报告主体内任何个别主体的功能货币不同于列报货币，都应当按照准则的规定进行折算。

3. 准则允许某一主体采用一种或几种货币列报其财务报表，如果主体的列报货币不同于其功能货币，其经营成果和财务状况则需要折算。比如，当集团由使用不同功能货币的多个个别主体构成时，所有主体的经营成果需要按同一种货币表述以便于列报合并会计报表。

（二）美国财务会计准则

在美国的财务会计准则中有多项准则直接、间接与外币折算业务有关。比如，从《美国财务会计准则第 1 号——外币交易信息的披露》到《美国财务会计准则第 8 号——外币交易和外币报表折算的会计处理》（后者取代了前者），再到《美国财务会计准则第 52 号——外币折算》（又替代了第 8 号会计准则），体现其对外币折算业务会计处理的重视程度。

就美国财务会计准则规范的内容来看，应当说是与国际财务报告准则大同小异。但必须说明的是，美国会计界对此方面的研究起步较早，比如，《美国财务会计准则第 1 号——外币交易信息的披露》的公布日为 1973 年 12 月，《美国财务会计准则第 8 号——外币交易和外币报表折算的会计处理》的公布日为 1975 年 10 月，《美国财务会计准则第 52 号——外币折算》的公布日为 1981 年 12 月；而《国际会计准则第 21 号——汇率变动的影响》是于 1983 年 7 月公布的。

（三）我国会计准则

我国最早 1985 年 3 月 4 日发布的《中外合资经营企业会计制度》，就对外币业务的会计处理及其报表信息披露有了较为明确的规定。而在此后期间的每一次会计制度公布、修订中也都有关于外币折算业务会计处理的零散规定。所有这些，都是我国进行外币业务会计处理的依据。

在 2006 年 2 月 15 日首次发布的《企业会计准则第 19 号——外币折算》中，分总则、记账本位币的确定、外币交易的会计处理、外币财务报表的折算、披露五个部分对不含外币套期、借款费用及其现金流量表的外币业务进行了全面、具体的规范，为我们更好地处理外币折算业务提供了详细、具体、与国际惯例基本一致的会计规范。

第二节　外币交易的会计处理

一、会计准则对外币交易处理的要求

根据《企业会计准则第 19 号——外币折算》可将外币交易的具体会计处理要求概括如下：

（一）汇率的选用

企业发生外币交易，应当在初始确认时按照交易发生日记账本位币与外币之间的即期汇率将外币交易金额折算为记账本位币金额入账；汇率变动不大的，也可以采用即期汇率的近似汇率进行折算。具体来说，如果本期汇率变化不大，可将其视为近似汇率；但是如果上月的汇率与交易发生日的汇率变动幅度较大，即应全部采用交易发生日的即期汇率。在实际应用上，若汇率波动导致企业采用近似汇率进行折算不适当时，企业应当采用交易发生日的即期汇率进行折算。由此可以看出，企业进行外币交易的会计处理，主要是采用即期汇率，近似汇率只应用于汇率变化不大时的情况。

（二）外币货币性项目

对于外币货币性项目，应采用资产负债表日的即期率折算，因结算或采用资产负债表日的即期汇率折算而产生的汇兑差额，计入当期损益，同时调增或调减外币货币性项目的记账本位币金额。

【例 2 - 1】2013 年 11 月 30 日甲企业在银行存款——美元户账面余额为 100 万美元，当日即期汇率为 1 美元 = 6.7 元人民币，折成人民币为 670 万元人民币；12 月份没有发生相关外币业务，当年 12 月 31 日银行存款——美元户账面余额为 100 万美元，当日即期汇率为 1 美元 = 6.6 元人民币，折成人民币为 660 万元人民币，则发生汇兑损失10 万元人民币（670 - 660）。

甲公司会计处理如下：

借：财务费用　　　　　　　　　　　　　　　　　　　　100 000

　　贷：银行存款——美元户

　　　　　　　　　　　　　　　　　　　　　　　　　　　　100 000

（三）外币非货币性项目

有历史成本计量和公允价值计量两种方式如下。

1. 以历史成本计量的外币非货币性项目，由于已在交易发生日按当时即期汇率折算，资产负债表日不应改变其原记账本位币金额，产生汇兑差额。

【例 2 - 2】P 上市公司以人民币为记账本位币。2012 年 11 月 2 日，从英国 W 公司采购国内市场尚无的 A 商品 10 000 件，每件价格为 1 000 英镑，当日即期汇率为 1 英镑＝15 元人民币。2012 年 12 月 31 日，尚有 1 000 件 A 商品未销售出去，国内市场仍无 A 商品供应，A 商品在国际市场的价格降至 900 英镑。12 月 31 日的即期汇率是 1 英镑＝15.5 元人民币。假定不考虑增值税等相关税费。

本例中，由于存货在资产负债表日采用成本与可变现净值孰低计量，因此，在以外币购入存货并且该存货在资产负债表日确定的可变现净值以外币反映时，计提存货跌价准备应当考虑汇率变动的影响。因此，该公司应做会计分录如下：

11 月 2 日，购入 A 商品：

借：库存商品——A   150 000 000

　　贷：银行存款——英   150 000 000（10 000 × 1 000 × 15）

12 月 31 日，计提存货跌价准备：

借：资产减值损失   1 050 000

　　贷：存货跌价准备   1 050 000

1 000 × 1 000 × 15 - 1 000 × 900 × 15.5 = 1 050 000（元人民币）。

2. 以公允价值计量的外币非货币性项目，如投资性房地产，采用公允价值确定日的即期汇率折算，折算后的记账本位币金额与原记账本位币金额差额，作为公允价值变动（含汇率变动）处理，计入当期损益。

【例 2 - 3】甲公司的记账本位币为人民币。2010 年 12 月 5 日以每股 3.5 港元的价格购入乙公司 H 股 10 000 股作为交易性金融资产，当日汇率为 1 港元＝1 元人民币，款项已付。2010 年 12 月 31 日，由于市价变动，当月购入的乙公司 H 股的市价变为每股 3 港元，当日汇率为 1 港元＝0.9 元人民币。假定不考虑相关税费的影响。

2010 年 12 月 5 日，甲公司应对上述购入交易做以下会计处理：

借：交易性金融资产（10 000 × 3.5 × 1）   35 000

　　贷：银行存款——港元（10 000 × 3.5 × 1）   35 000

根据《企业会计准则第 22 号——金融工具确认和计量》，交易性金融资产以公允价值计量。由于该项交易性金融资产是以外币计价，在资产负债表日，不仅应考虑港元市价的变动，还应一并考虑港元与人民币之间汇率变动的影响，上述交易性金融资产在资产负债表日的人民币金额按 27 000（即 10 000 × 3 × 0.9）元入账，与原账面价值 35 000 元的差额为 8 000 元人民币，计入公允价值变动损益。相应的会计处理如下：

借：公允价值变动损益   8 000

　　贷：交易性金融资产   8 000

这里的8 000元人民币既包含甲公司所购乙公司H股股票公允价值变动的影响，又包含人民币与港元之间汇率变动的影响。

【例2－4】假定上述甲公司在2011年2月27日，将所购乙公司H股股票按当日市价每股4港元全部售出，所得价款为40 000港元，按当日汇率1港元＝0.8元人民币折算为人民币金额为32 000元（4×10 000×0.8），与其原账面价值人民币金额27 000元（35 000－8 000）的差额为5 000元人民币，对于汇率的变动和股票市价的变动不进行区分，均作为投资收益进行处理。因此，售出当日，甲公司应做会计处理如下：

借：银行存款——港元（40 000×0.8）　　　　　　　　　　　32 000
　　贷：交易性金融资产　　　　　　　　　　　　　　　　　　　27 000
　　　　投资收益　　　　　　　　　　　　　　　　　　　　　　　5 000

（四）外币投入资本

企业收到投资者以外币投入的资本，应当采用交易发生日即期汇率折算，不得采用合同约定汇率和即期汇率的近似汇率折算，外币投入资本与相应的货币性项目的记账本位币金额之间不产生外币资本折算差额。

【例2－5】甲公司8月10日，收到某外商投入的外币资本50万美元，当日的即期汇率为1美元＝6.7元人民币，投资合同约定的汇率为1美元＝7元人民币，款项已由银行收存。

甲公司收到某外商投入的外币资本，会计处理如下：

借：银行存款——美元（500 000×6.7）　　　　　　　　　3 350 000
　　贷：实收资本　　　　　　　　　　　　　　　　　　　　3 350 000

（五）实质上构成对境外经营净投资的外币货币性项目

企业编制合并财务报表涉及境外经营的，如有实质上构成对境外经营净投资的外币货币性项目，因汇率变动而产生的汇兑差额，应列入所有者权益"外币报表折算差额"项目；处置境外经营时，计入处置当期损益。

二、外币业务会计处理的两种观点

（一）单项交易观

单项交易观也称一笔交易观，是指把购销业务及以后的账款结算视为单一交易的两个阶段，因此，一项交易必须在款项结算之后才算完成。此间由于汇率变化引起的汇兑损益作为销售收入或购货成本调整项目。

【例2－6】甲公司于2009年12月1日向某境外公司赊销商品，账款约定按美元结算，收入是10 000美元，双方约定于下一年初结算货款。甲公司以人民币为记账本位币。

在销售和结算期间，汇率几经变动，发出货物日的汇率为1美元＝7.01元人民币；12月31日的汇率为1美元＝6.98元人民币；收取货款日的汇率为1美元6.99元人民币。

如果甲公司采用单一交易观点进行会计处理，会计分录如下：

（1）发出货物时。

借：应收账款（＄10 000×7.01）　　　　　　　　　　　　70 100

　　贷：主营业务收入　　　　　　　　　　　　　　　　　　　　70 100

（2）年末时。（7.01 − 6.98 = 0.03）

借：主营业务收入　　　　　　　　　　　　　　　　　　　　300

　　贷：应收账款　　　　　　　　　　　　　　　　　　　　　　300

此时，应收账款的汇率已从7.01调整为6.98。

（3）收取货款时。

借：库存现金（美元）（＄10 000×6.99）　　　　　　　　69 900

　　贷：应收账款（＄10 000×6.99）　　　　　　　　　　　　69 900

此时，应收账款的汇率已从6.98调整为6.99。

月末时。

借：应收账款　　　　　　　　　　　　　　　　　　　　　100

　　贷：主营业务收入　　　　　　　　　　　　　　　　　　　　100

（二）两项交易观

两项交易观也称两笔交易观，是指外币交易的发生与日后的款项结算是两个独立的事项，汇率变动不影响销售收入或购货成本，而应作为汇兑损益确认。但是，在两项交易观下，未实现汇兑损益有两种会计处理方法：第一种是当期确认，将未实现汇兑损益当期确认为汇兑损益，计入当期的利润表。第二种是递延确认，将未实现汇兑损益记入"递延汇兑损益"账户，列入资产负债表，结算时才确认汇兑损益。

但是，若甲公司采用两项交易观点，则会计分录为：

（1）发出货物时。

借：应收账款（＄10 000×7.01）　　　　　　　　　　　　70 100

　　贷：主营业务收入　　　　　　　　　　　　　　　　　　　　70 100

（2）年末时。

借：财务费用——汇兑损益　　　　　　　　　　　　　　　300

　　贷：应收账款　　　　　　　　　　　　　　　　　　　　　　300

此时，应收账款的汇率已从7.01调整为6.98。

（3）收取货款时。

借：库存现金（美元）（＄10 000×6.99）　　　　　　　　69 900

　　贷：应收账款（＄10 000×6.99）　　　　　　　　　　　　69 900

此时，应收账款的汇率已从6.98调整为6.99。

月末时。

借：应收账款　　　　　　　　　　　　　　　　　　　　　100

　　贷：财务费用——汇兑损益　　　　　　　　　　　　　　　　100

（三）两种会计处理方法的比较与选择

从上述会计处理的比较中可看出：

（1）在采用"单一交易"观点时，最终确认的营业收入为 69 900 元人民币，以实际收到货款日汇率计算美元折合为记账本位币的数额。汇率变化形成的差额计入主营业务收入，实际上遵循的是收付实现制原则。

（2）而在采用"两项交易"观点时，确认的主营业务收入为 70 100 元人民币，是以发出货物日汇率计算美元折合为记账本位币的数额，汇率变化形成的差额 200 元人民币计入财务费用的汇兑损益，遵循的是权责发生制原则。

通过对比可知，"两项交易"观点不仅理论上更加严谨，计算也更为清晰简便，因此这种观点已被绝大多数国家所采用，是国际惯例的主要方式。

三、外币交易业务会计处理

（一）外币兑换业务

外币兑换业务，是指企业从银行等金融机构购入外币（对于银行来说，则是卖出外币）或向银行等金融机构售出外币（对于银行来说，则是买入外币）。在记录外币兑换时，应当采用实际的兑换汇率。例如，当企业从银行购入外币时，应当按银行卖出汇率将收到的外币金额折算为记账本位币金额，因为这是企业实际支付的记账本位币金额。而当企业向银行出售外币时，应当按银行买入汇率将出售的外币金额折算为记账本位币金额，因为这是企业实际收到的记账本位币金额。

1. 企业购入外币

企业购入外币时，一方面登记向银行支付的按外币卖出价折算的记账本位币金额；另一方面登记将购入的外币当日的市场汇率折算成为记账本位币的金额，二者之间的差额，作为汇兑损益。

【例 2 - 7】甲公司外币业务采用发生时的市场汇率折算，且该公司以人民币作为记账本位币。本期因为外币支付需要，从银行购入 10 000 美元，银行当日的美元卖出价是 1 美元 = 6.80 元人民币，当日市场汇率为 1 美元 = 6.75 元人民币。根据上述资料，编制会计分录：

借：银行存款——美元户（10 000 × 6.75）　　　　　　　67 500
　　财务费用——汇兑差额　　　　　　　　　　　　　　　　 500
　　贷：银行存款——人民币户（10 000 × 6.80）　　　　　　　　68 000

2. 企业卖出外币

企业卖出外币时，一方面按实际收取的记账本位币登记入账，另一方面将付出的外币按照当日市场汇率折算成记账本位币登记入账，二者之间的差额，作为汇兑损益。

【例 2 - 8】甲公司外币业务按发生时的市场汇率折算。本期 20 000 美元到银行兑换成人民币，银行当日的美元买入价是 1 美元 = 6.77 元人民币，当日市场汇率为 1 美元 = 6.80 元人民币。根据上述资料，编制会计分录：

借：银行存款——人民币户（20 000×6.77）　　　　　　　135 400

　　财务费用——汇兑差额　　　　　　　　　　　　　　　　600

　　贷：银行存款——美元户（20 000×6.80）　　　　　　　136 000

（二）外币购销业务的会计处理

企业从国外或境外购进原材料、商品或引进设备，按照当日的市场汇率将支付的外币或应支付的外币折算为人民币记账，以确定购入原材料等货物及债务的入账价值，同时按照外币的金额登记有关外币账户，如外币银行存款和外币应付账款账户等。

【例2-9】乙公司外币业务采用业务发生时的市场汇率折算。本期从境外购入不需要安装的设备一台，设备价款为100 000美元，购入该设备时市场汇率为1美元=6.75元人民币，款项尚未支付。根据上述资料，编制会计分录：

借：固定资产——机器设备　　　　　　　　　　　　　　675 000

　　贷：应付账款——美元户（100 000×6.75）　　　　　　675 000

【例2-10】甲公司属于增值税一般纳税企业，其外币业务采用业务发生时的市场汇率折算。本期从美国购入100 000美元的商品，当日的市场汇率为1美元=7.87元人民币，进口关税为411 500元人民币，支付进口增值税133 790元人民币，货款尚未支付，进口关税及增值税由银行存款支付。根据上述资料，编制会计分录：

借：存货（100 000×7.87+411 500）　　　　　　　　1 198 500

　　应交税金——应交增值税（进项税额）　　　　　　　133 790

　　贷：应付账款——美元户（100 000×7.87）　　　　　　787 000

　　　　银行存款　　　　　　　　　　　　　　　　　　545 290

企业出口商品或产品时，按照当日的市场汇率将外币销售收入折算为人民币入账；对于出口销售取得的款项或发生的债权，按照折算为人民币的金额入账，同时按照外币金额登记有关外币账户，如外币银行存款账户和外币应付账款账户等。

【例2-11】甲公司外币业务按发生时的市场汇率折算。该企业本期出口销售商品150 000美元，当日的市场汇率为1美元=6.93元人民币。假定不考虑相关税费，货款尚未收到。根据上述资料，编制会计分录：

借：应收账款——美元户（150 000×6.93）　　　　　　1 039 500

　　贷：主营业务收入　　　　　　　　　　　　　　　　1 039 500

（三）外币借款业务的会计处理

企业借入外币时，按照借入外币时的市场汇率折算为记账本位币入账，同时按照借入外币的金额登记相关的外币账户。

【例2-12】甲公司外币业务按发生时的市场汇率折算。该企业从中国银行借入港币500 000元，期限为6个月，到期时还本付息，年利率6%，借入时的市场汇率为1港币=1.06元人民币。根据上述资料，编制会计分录：

借入时：

借：银行存款——港币户（500 000×1.06）　　　　　　530 000

　　贷：短期借款——港币户　　　　　　　　　　　　　　　530 000

到期还本付息时：（设当日的市场汇率为1港币=1.04元人民币）

借：短期借款——港币户（500 000×1.04）　　　　　　520 000

　　财务费用——利息支出（500 000×6%×6/12×1.04）　15 600

　　贷：银行存款——港币户　　　　　　　　　　　　　　535 600

四、接受外币投资的会计处理

企业接受外币资本投资时，应当采用交易发生日的即期汇率将外币金额折算为记账本位币金额入账，从而确认资产账户的金额和"实收资本"账户的金额，不能采用合同利率和即期汇率近似的汇率折算。

【例2-13】甲公司的注册货币为美元，记账本位币为人民币。现与某公司签订投资合同，共投入1 000 000美元，款项分两次投入，每次500 000美元。第一次出资时的市场汇率为1美元=7.10元人民币，第二次出资时的市场汇率为1美元=6.90元人民币。根据上述资料，编制会计分录：

第一次出资时的会计分录为：

借：银行存款——美元户（500 000×7.10）　　　　　　3 550 000

　　贷：实收资本　　　　　　　　　　　　　　　　　　　3 550 000

第二次出资时的会计分录为：

借：银行存款——美元户（500 000×6.90）　　　　　　3 450 000

　　贷：实收资本　　　　　　　　　　　　　　　　　　　3 450 000

第三节　外币报表的折算

一、外币报表折算的意义

（一）所谓外币报表的折算，是指将按一种货币表述的财务报表折算为按另一种货币表述的财务报表。需要进行外币报表折算的情况通常如下：

1. 跨国公司的母公司为了在年末编制集团公司的合并会计报表，必须首先将以外币反映的子公司财务报表折算为与母公司整体财务报表相同货币反映的财务报表。

2. 采用外币分账制核算的企业，在资产负债表日将外币财务报表折算为以记账本位币反映的财务报表。

3. 我国《企业会计准则》（基本准则）规定，境外企业向国内有关部门编报会计报表，应当折算为人民币反映。可见，外币报表折算不仅在跨国公司编制合并会计报表时需要应用，而且在跨国经营，以及国内经营但涉及外币业务时也需要应用。对某些跨国公司来说，上述三种情况可能同时存在，外币报表折算更是不可回避。

（二）外币报表折算主要目的，一是为编制合并报表而进行的外币报表换算。这主要适用于跨国经营的控股公司与其在国外附属公司财务报表折算后合并的需要，也是合并报表的先决条件。二是为信息使用者提供特种财务报表。这主要是为满足从事国际投资、融资业务的有关要求，将一种货币单位表述的财务报表，折算成其要求的另一种货币单位表述的财务报表，有助于国外投资者了解企业状况，做出投资决策。

二、外币报表折算的主要会计问题

外币报表折算的难点主要在于汇率的变动，外币报表折算主要有两大会计问题：

（一）外币报表折算选用何种汇率

由于外汇汇率不断变化，在编制合并报表时就存在着历史汇率、现行汇率和平均汇率。其中，历史汇率是报表中各项目发生日的汇率，由于各项目发生的时间不同，所以各项目历史汇率的具体值也各不相同；现行汇率是报表编制日的汇率；平均汇率一般指某一历史汇率与现行汇率的平均值。对于外币财务报表而言，不同的报表项目如资产和负债、货币性项目和非货币性项目等性质上的差异对汇率变化反映的程度不同，选择不同的汇率，报表的折算结果不同。因此，如何恰当地选择折算汇率，多年来一直成为理论界和实务界争论的焦点，至今各国尚未形成一致的国际惯例。

（二）外币报表折算损益如何处理

由于外汇汇率的变动，在编制财务报表时，把国外子公司或分支机构以所在国家货币编制的财务报表折算成以记账本位币表述的财务报表时，由于报表项目采用不同汇率折算会产生外币折算差额，即外币折算汇兑损益。这一汇兑损益打破了资产负债表的平衡，也就带来了会计处理上需要解决的又一个问题。

三、外币报表折算方法

从目前世界各国外币报表折算的情况来看，所采用的外币报表折算方法基本上可以分为单一汇率法和多种汇率法两大类。单一汇率法主要有现行汇率法一种折算方法；多种汇率法主要包括：流动性与非流动性项目法、货币性与非货币性项目法和时态法等三种折算方法。

（一）流动性与非流动性项目法

流动性与非流动性项目法是20世纪30年代早期在美国普遍使用的一种方法，其主要依据是认为非流动资产在短期内不会转化为现金或需要偿还，因此不受现行汇率的影响。

采用流动性与非流动性项目法，要将外币资产负债表中各项目按流动性划分为流动性项目和非流动性项目两大类，对于流动资产和流动负债各项目的金额按照报表编制日的现行汇率折算。对于非流动资产与非流动负债按照原入账时的历史汇率折算。所有者权益项目中的实收资本、资本公积按照收到资本时的汇率折算，资产负债表中的留存收益属于平衡数，可以倒挤确定。利润表中的项目，除了固定资产折旧和摊销费用按相关资产入账时的历史汇率进行折算外，其他收入、费用项目按当期平均汇率进行折算。对于折算过程中发生的外币折算差额，在资产负债表中所有者权益项目下单列"外币报表折算差额"项目反映。

采用这种方法折算报表，报表中的流动资产和流动负债项目均采用现行汇率折算，所以折算结果有利于对子公司营运资金进行分析。但是，划分流动项目和非流动项目并使其分别采用现行汇率和历史汇率进行折算缺乏理论依据；按历史汇率折算属于非流动负债的长期借款、应付债券、长期应付款掩盖了它们所承受的汇率变动的影响，同时，对流动资产按期末汇率进行折算，意味着应收账款、存货等都应承受汇率变动的风险，这对以历史成本计价的存货是不恰当的，因为存货与固定资产一样，在按取得日的历史成本和历史汇率折算后，就与以后的汇率变动没有关系了。因此，这种方法可能在一定程度上歪曲企业的经营业绩。在当今世界上，只有南非、新西兰、伊朗等七个国家采用流动与非流动法对外币报表进行折算。

（二）货币性与非货币性项目法

货币性与非货币性项目法是美国学者赫普华斯于 1956 年在流动性与非流动性项目法的基础上进行改进而提出的。主要区别在于存货的项目的折算。这一方法能够反映汇率变动对不同资产、负债项目的影响，如对非货币性项目的存货按历史汇率折算，可以避免存货价值在折算后产生的不合理情况，对于货币性项目的长期负债按现行汇率折算，能够及时在本期反映汇率变动对企业负债额的影响。

采用货币性与非货币性项目法要将资产负债表中的项目划分为货币性项目和非货币性项目，分别采用不同的汇率折算。货币性项目是企业持有的货币和将来以固定或可确定的金额收回的资产或可偿付的负债，如现金、银行存款、应收账款、应收票据、应付账款、应付票据、应付债券等货币性项目。对于货币性项目应按编制报表时的现行汇率进行折算。因此，属于流动资产的存货就被排除在货币性项目外，与长期投资、固定资产、无形资产等非流动资产，以及需要在将来以商品或劳务偿付的负债等项目，同属于非货币性项目。非货币性项目按其发生时的历史汇率折算。实收资本等所有者权益项目按历史汇率折算；留存收益为报表折算的轧差平衡数；利润表中除折旧和摊销费用按资产取得时的历史汇率折算，其他收入和费用项目按平均汇率折算；销售成本项目按照"期初存货 + 当期购货 – 期末存货 = 当期销货"公式所确定，期初存货与期末存货按各自的历史汇率折算，当期购货按当期的平均汇率折算；报表折算过程中形成的折算差额计入当期损益。

但是，这一方法在确定各项目的折算汇率时所依据的仍是对报表项目的分类，而没有充分的依据说明这种分类与不同折算汇率的选择之间的直接关系。外币报表的折算涉及的主要是会计计量问题，而不是分类，因此，货币性与非货币性项目法没有解决外币报表折算的实质问题。在当今世界上，只有瑞典、芬兰、韩国和菲律宾等少数国家和地区采用货币与非货币法对外币报表进行折算。

（三）时态法

时态法也称为时间度量法，是由美国会计学家 L. 洛伦森于 1972 年在其研究报告中针对货币性与非货币性项目法的不足而提出来的，并于 1975 年为美国财务会计准则委员会的第 8 号财务会计准则正式规定采用这种方法。

在时态法下，外币会计报表的现金、银行存款、应收账款、应付账款项目按现行汇率折算，其他资产负债类项目根据其性质不同分别按历史汇率和现行汇率折算。采用时态法对报表折算时，分别按其计量属性日期的汇率进行折算。具体讲：对外币资产负债表中的现金、应收或应付（包括流动与非流动）项目的外币金额，按编制资产负债表日的现行汇率折算为母公司的编报货币。对外币资产负债表中按历史成本表示的非货币性资产和负债项目要按历史汇率折算，按现行成本表示的非货币性资产和负债项目要按现行汇率折算。对外币资产负债表中的实收资本、资本公积等项目按形成时的历史汇率折算；未分配利润为轧算的平衡数字。对外币利润表及利润分配表项目，收入和费用项目要按交易发生日的实际汇率折算。但因为导致收入和费用的交易是经常且大量地发生的，可以应用平均汇率（加权平均或简单平均）折算。对固定资产折旧费和无形资产摊销费，则要按取得有关资产日的历史汇率或现行汇率折算。报表折算过程中形成的折算差额计入当期损益，在报表上单独列示。

时态法，其实质在于仅改变了外币报表各项目的计量单位，而没有改变其计量属性。它以各资产、负债项目的计量属性作为选择折算汇率的依据。它不是对货币与非货币法的否定，而是对后者的进一步完善，在完全的历史成本计量模式下，时态法和货币与非货币法折算结果完全相同，只有在存货和投资以现行成本计价时，这两种方法才有区别。但是，它把折算损益包括在当期收益中，一旦汇率发生了变动，可能导致收益的波动，甚至可能使得原外币报表的利润折算后变为亏损，或亏损折算后变为利润；对存在较高负债比率的企业，汇率较大幅度波动时，会导致折算损益发生重大波动，不利于企业利润的平稳。

时态法具有较强的理论依据，折算汇率的选择有一定的灵活性，使折算后的会计报表的数据更恰当和有意义，容易被人们接受。与此同时，时态法又改变了原外币报表中各项目之间的比例关系，使得据此计算的财务比率产生不符合实际的情况。

时态法多适用于作为母公司经营的有机组成部分的国外子公司，这类公司的经营活动是母公司在国外经营的延伸，它要求折算后的会计报表应尽可能保持国外子公司的外币项目的计量属性，因此采用时态法可以满足这一要求。采用时态法对外币报表进行折算的国家有美国、英国、加拿大、巴拿马以及哥伦比亚等许多南美国家。

（四）现行汇率法

现行汇率法又称单一汇率法或期末汇率法，在这一方法下对于所有的资产、负债、收入、费用项目均按照编表日的现行汇率进行折算，只有所有者权益项目按收到时的历史汇率进行折算。报表折算过程中形成的折算差额，在资产负债表所有者权益项目下单独列示，不应计入当期损益。

现行汇率法简单易行，对所有资产、负债项目乘上一个常数，折算后资产负债表的各个项目之间仍能保持原有的外币报表中各项目之间的比例关系和各种财务比率，折算过程中，不体现会计政策，不改变报表性质，仅仅改变表述形式。但是，此方法假定附属公司以所在国货币表示的外币资产和负债项目都要承受汇率变动的风险，而实际上长期资产并不一定承受外汇汇率变动的风险，这显然是不合理的。其次，在历史成本模式下，以现行汇率折算一项以历史成本计价的项目，折算后的金额既不是以母公司所在国货币表示的历史成本，也不是外币的历史成本，既不是现行市价，也不是可变现净值，因此，在理论上缺乏依据，并导致外币报表的某些项目的实际价值受到歪曲，从而影响合并会计报表的真实性。

现行汇率法一般适用于国外独立经营的经营实体及国内以某种外币作为记账本位币的企业外币会计报表的折算。这类企业一般不是母公司经营的有机组成部分，其汇率变动不会直接影响到母公司的现金流量，报表折算的目的主要是便于报表使用者的理解，因此，要求折算后的会计报表应尽可能地保持国外子公司外币报表所反映的比例关系。在当今会计实务中现行汇率法被世界各国普遍采用，如美国、英国、法国、德国、加拿大、澳大利亚、日本、新加坡、瑞士、荷兰、爱尔兰等。

（五）外币报表折算的上述四种方法比较

上述四种折算方法中，流动性与非流动性项目法、货币性与非货币性项目法、时态法属于多汇率法，现行汇率法属于单一汇率法。不同折算方法折算汇率的比较如表 2 - 1 和表 2 - 2。

表 2 - 1 外币资产负债表折算汇率比较

项　　目	流动与非流动项目法	货币与非货币项目法	时态法	现行汇率法
货币资金	现行汇率	现行汇率	现行汇率	现行汇率
应收账款	现行汇率	现行汇率	现行汇率	现行汇率
存货				
按成本计价	现行汇率	历史汇率	历史汇率	现行汇率
按市价计价	现行汇率	历史汇率	现行汇率	现行汇率
长期投资				
按成本计价	历史汇率	历史汇率	历史汇率	现行汇率
按市价计价	历史汇率	历史汇率	现行汇率	现行汇率
固定资产	历史汇率	历史汇率	历史汇率	现行汇率
应付账款	现行汇率	现行汇率	现行汇率	现行汇率
长期借款	历史汇率	现行汇率	现行汇率	现行汇率
实收资本	历史汇率	历史汇率	历史汇率	历史汇率
未分配利润	折算轧差平衡数	折算轧差平衡数	折算轧差平衡数	折算轧差平衡数

表 2 – 2   外币利润表及所有者权益变动表折算汇率

项　目	流动与非流动项目法	货币与非货币项目法	时态法	现行汇率法
营业收入 营业成本	平均汇率	平均汇率	历史汇率＼平均汇率	现行汇率＼平均汇率
固定资产折旧成本	历史汇率	历史汇率	历史汇率＼平均汇率	现行汇率＼平均汇率
存货成本	平均汇率	历史汇率	历史汇率＼平均汇率	现行汇率＼平均汇率
其他成本 期间费用	平均汇率	平均汇率	历史汇率＼平均汇率	现行汇率＼平均汇率
固定资产折旧费用	历史汇率	历史汇率	历史汇率＼平均汇率	现行汇率＼平均汇率
存货费用	平均汇率	历史汇率	历史汇率＼平均汇率	现行汇率＼平均汇率
其他费用	平均汇率	平均汇率	历史汇率＼平均汇率	现行汇率＼平均汇率
营业外支出	平均汇率	平均汇率	历史汇率＼平均汇率	现行汇率＼平均汇率
所得税费用	平均汇率	平均汇率	历史汇率＼平均汇率	现行汇率＼平均汇率
分配利润	平均汇率	平均汇率	历史汇率＼平均汇率	现行汇率＼平均汇率
未分配利润	折算轧差平衡数	折算轧差平衡数	折算轧差平衡数	折算轧差平衡数

　　根据上述几种外币报表折算的方法比较，我国《企业会计准则第19号——外币折算》中规定，企业对境外经营的财务报表进行折算时，资产负债表中的资产和负债项目，采用资产负债表日的即期汇率折算，所有者权益项目除"未分配利润"项目外，其他项目采用发生时的即期汇率折算；利润表中的收入和费用项目，采用交易发生日的即期汇率折算，也可以采用按照系统合理的方法确定的、与交易发生日即期汇率近似的汇率折算；上述折算产生的外币财务报表折算差额，在资产负债表中所有者权益项目下单独列示。

　　从这一规定可以看出，在进行外币财务报表折算时，所使用的汇率具有不同的时点。具体来说，包括以下几种汇率：

　　1. 资产负债表日的即期汇率。指进行外币财务报表折算时采用的最近时期的汇率，主要用于资产负债表中的资产负债项目，而非用于所有者权益项目。

　　2. 资产负债表中项目发生时的即期汇率。资产负债表中的实收资本（股本）、资本公积和盈余公积项目，使用这些项目发生时的历史汇率。

　　3. 利润表中费用和收入项目交易发生日的即期汇率。在会计年度内，收入和费用项目的发生是非常频繁的，因此计算这类数据时一般是采用年度内的平均汇率，而不是将每一笔交易的汇率汇总起来计算的汇率（但是，若采用计算机进行系统处理，则要按照每笔交易发生时的汇率计算并调整）。

　　由此可见，我国外币财务报表的折算实质上采用的是现行汇率法。下面将举例说明现行汇率法的应用。

　　【例 2 – 14】国内甲公司，采用人民币为记账本位币。该公司外国经营的子公司，

采用美元为记账本位币。子公司的年度资产负债表和利润表如表 2 – 3 和表 2 – 4
所示。

表 2 – 3　　　　　　　　　　　　**资产负债表**

编制单位：×境外子公司　　　　　2010 年 12 月 31 日　　　　　　　单位：美元

资产	期末数	负债与所有者权益	期末数
货币资金	4 000	短期借款	10 000
应收账款	13 500	应付账款	27 000
存货	27 900	长期应付款	8 000
长期股权投资	9 700	实收资本	50 000
固定资产	43 600	资本公积	13 000
无形资产	11 200	留存收益	1 900
资产合计	109 900	负债与所有者权益合计	109 900

表 2 – 4　　　　　　　　　　　　**利润表**

编制单位：×境外子公司　　　　　2010 年 12 月 31 日　　　　　　　单位：美元

项　目	金　额
一、营业收入	110 000
减：营业成本	74 300
营业税金及附加	2 100
销售费用	9 600
管理费用	15 900
财务费用	3 600
二、营业利润	4 500
加：营业外收入	1 300
减：营业外支出	3 700
三、利润总额	2 100
减：所得税费用	200
四、净利润	1 900

　　说明：按照美元对人民币的汇率标价，资产负债表日的即期汇率为 1∶6.92；年度
内的平均汇率为 1∶6.98；实收资本和资本公积发生日的汇率为 1∶7.11；子公司所有的
收入与费用项目均在年内均匀发生，期末未对外分配利润。

　　按照会计准则对外币财务报表折算的要求，境内母公司在合并财务报表时对子公
司的外币财务报表进行了折算。

　　因为在现行汇率法下，报表折算差额列入资产负债表而不是利润表。所以，先
折算利润及留存收益表，然后再折算资产负债表。折算的过程与结果见表 2 – 5 和表
2 – 6。

表 2 - 5   利润表（折算表）

2010 年 12 月   单位：元

项 目	美 元	折算汇率	折算为人民币
一、营业收入	110 000	6.98	767 800
减：营业成本	74 300	6.98	518 614
营业税金及附加	2 100	6.98	14 658
销售费用	9 600	6.98	67 008
管理费用	15 900	6.98	110 982
财务费用	3 600	6.98	25 128
二、营业利润	4 500		31 410
加：营业外收入	1 300	6.98	9 074
减：营业外支出	3 700	6.98	25 826
三、利润总额	2 100		14 658
减：所得税费用	200	6.98	1 396
四、净利润	1 900		13 262

注：由于没有进行利润分配，期末的净利润额即为未分配利润总额；按照我国会计准则的要求，在进行外币财务报表折算时，按净利润的 10% 计提盈余公积。

表 2 - 6   资产负债表（折算表）

2010 年 12 月 31 日   单位：元

资 产	期末数（美元）	折算汇率	折算为人民币	负债与所有者权益	期末数（美元）	折算汇率	折算为人民币
货币资金	4 000	6.92	27 680	短期借款	10 000	6.92	69 200
应收账款	13 500	6.92	93 420	应收账款	27 000	6.92	186 840
存货	27 900	6.92	193 068	长期应付款	8 000	6.92	55 360
长期股权投资	9 700	6.92	67 124	实收资本	50 000	7.11	355 500
固定资产	43 600	6.92	301 712	资本公积	13 000	7.11	92 430
无形资产	11 200	6.92	77 504	盈余公积	190	6.98	1 326
				未分配利润	1 710	6.98	11 936
				外币报表折算差额			- 12 084
资产合计	109 900		760 508	负债与所有者权益合计	109 900		760 508

对上述外币财务报表折算过程进行分析，我们可以看到：在利润表的折算过程中，由于所有项目都采用了年度的平均汇率，因此没有计算上的差额；但是在产负债表部分，由于资产、负债项目和所有者权益项目采用不同的汇率，因此计算出不同汇率产生的折算差异，并将其计入所有者权益的专设项目之中。

我们还应看到，经过了这样的转换后，外币财务报表无论在报表项目上，还是在计价单位上，都与境内企业的财务报表保持一致，这就为将境外经营与境内经营业务的财务报表进行合并创造了条件。关于合并财务报表业务，在本书的其他章节中专门介绍。

第四节　外币业务的信息披露

一、会计准则对于信息披露的要求

会计信息披露一直是会计处理的需要解决的问题之一。在我国上市公司成为社会经济活动的重要力量之后，这方面的工作显得尤为重要。

我国《企业会计准则第 19 号——外币折算》规定，对外币业务的披露主要着重于与记账本位币有关的事项和汇兑损益差额在本期的变动情况，具体来说主要有以下两方面。

（1）对企业应当披露的与记账本位币有关事项的要求。主要有：①企业及其境外经营选定的记账本位币及选定的原因，记账本位币发生变更的，说明变更理由。②采用近似汇率的，说明近似汇率的确定方法。

（2）对企业应当披露的汇兑损益差额在本期变动情况的要求，即企业应当披露包括在当期损益中的汇兑差额以及处置境外经营对外币报表折算差额的影响。

二、外币业务信息披露实际业务说明

按照我国会计准则的要求，公司应当在会计期末进行与外币业务相关信息的披露。此处以我国某上市公司为实例，对这种情况予以说明。

（一）关于记账本位币与外币交易情况的披露

在该上市公司 2009 年的年报中，对"记账本位币及外币交易"进行了如下说明：

1. 记账本位币：采用人民币为记账本位币。

2. 外币业务核算方法：外币业务采用交易发生日的即期汇率作为折算汇率，折合成人民币记账。资产负债表日，外币货币性项目余额按资产负债表日即期汇率折合成人民币金额进行调整，因资产负债表日即期汇率与初始确认时或者前一资产负债表日即期汇率不同而产生的汇兑差额，计入当期损益，同时调增或调减外币货币性项目的记账本位币金额。对于以历史成本计量的外币非货币性项目，仍采用交易发生日的即期汇率折算，不改变其记账本位币金额。

3. 外币财务报表的折算：资产负债表中的资产和负债项目，采用资产负债表日的即期汇率折算，所有者权益项目除"未分配利润"外，共他项目采用发生时的即期汇率折算。利润表中的收入和费用项目，采用交易发生口的即期汇率折算。按照上述折算产生的外币财务报表折算差额，在资产负债表中所有者权益项目下单独列示。

（二）关于外币及汇兑损益情况的披露

在该公司 2008 年末的资产负债表数据中，外币资金是与整体的货币资金情况一起披露的，如表 2 - 7 所示。

表 2 - 7 　　　　　　　　　　　　整体货币资金情况表　　　　　　　　　　单位：元

资金项目	2009 年 12 月 31 日	2008 年 12 月 31 日
库存现金	511 452	422 923
银行存款	656 809 716	605 998 360
其他货币资金	10 133 125	19 962 055
合　计	667 454 293	626 383 338

有关外币资金的数据情况如表 2 - 8 所示。

表 2 - 8 　　　　　　　　　　　　外币资金情况表

外币项目	2009 年 12 月 31 日			2008 年 12 月 31 日		
	外币金额	汇率	折合人民币	外币金额	汇率	折合人民币
美元	1 144 270	6. 937 6	7 938 487	1 836 480	7. 304 6	13 414 752
港元	45 665 617	0. 912 5	41 669 875	33 240 930	0. 936 4	31 126 807
合　计			49 608 362			44 541 559

在该公司利润表的有关数据中，有关财务费用中汇兑损益的数据如表 2 - 9 所示。

表 2 - 9 　　　　　　　　　　　　财务费用情况表　　　　　　　　　　单位：元

财务费用项目	2009 年	2008 年
利息支出——借款利息	18 158 700	19 151 514
——票据贴现利息	1 554 562	851 290
利息收入	(12 111 916)	(11 249 575)
汇兑收益	(12 208 713)	(6 286 979)
其他	1 665 600	55 989
合　计	(2 941 767)	2 522 239

　　通过上述实例可以看到，在 2008 年的财务费用中，汇兑收益占据了最大比重。就此而论，对于一个跨国经营，或者是持有外币资产、负债数额较大、外币交易数额较大的企业来说，对外披露有关外币业务的相关信息有着较为重要的意义。还应看到的是，随着经济全球化的扩展、我国有关外币业务会计准则的深入实施，以及我国在外币业务方面与国际化趋同程度的不断加深，还需要我们对有关外币业务有更透彻的了解。

【思考题】

1. 什么是外币业务？外币业务有哪几种类型？

2. 何为记账本位币？何为列报货币？企业在选定记账本位币时应考虑哪些因素？

3. 记账本位币变动时应根据哪些规定进行处理？

4. 外汇汇率的基本标价方法有几种？其特点是什么？

5. 什么是汇兑损益？它有几种类型？对其如何进行确认？

6. 我国企业会计准则对汇兑损益的处理有哪些规定？

7. 外币交易的基本会计处理方法有哪些？各自有哪些特点？

8. 会计期末对外币货币性项目应如何折算？

9. 会计期末对外币非货币性项目应如何折算？

10. 外币财务报表折算的基本方法有哪些？各种方法的适用范围和优缺点是什么？

11. 对外币财务报表折算差额应如何处理？

12. 我国企业会计准则对外币财务报表的折算有哪些规定？

13. 如何对恶性通货膨胀下合并境外经营进行处理？

14. 在处置境外经营时如何进行会计处理？

15. 在财务报表附注中，怎样披露折算信息？

【练习题】

一、单项选择题

1. 将一种货币兑换为另一种货币的业务是（　　）。
   A. 外币交易　　　　 B. 外币兑换　　　　 C. 外币信贷　　　　 D. 外币折算

2. 资产负债表日本国货币与外币之间的比率是（　　）。
   A. 现行汇率　　　　 B. 历史汇率　　　　 C. 即期汇率　　　　 D. 远期汇率

3. 某中外合资经营企业注册资本为 400 万美元，合同约定分两次投入，约定折算汇率为 1：6.5。中、外投资者分别于 2013 年 1 月 1 日和 3 月 1 日投入 300 万美元和 100 万美元。2013 年 1 月 1 日、3 月 1 日、3 月 31 日和 12 月 31 日美元对人民币的汇率分别为 1：6.20、1：6.25、1：6.24 和 1：6.30。假定该企业采用人民币作为记账本位币，外币业务采用业务发生日的汇率折算。该企业 2013 年年末资产负债表中"实收资本"项目的金额为（　　）万元人民币。
   A. 2 600　　　　 B. 2 485　　　　 C. 2 480　　　　 D. 2 520

4. 企业在资产负债表日将所有外币货币性账户按期末即期汇率进行调整时而产生的汇兑损益是（　　）。
   A. 交易损益　　　　 B. 折算损益　　　　 C. 调整损益　　　　 D. 兑换损益

5. 按照两项交易观点，确认的购货成本或销售收入取决于（　　）的汇率。
   A. 交易日　　　　 B. 结算日　　　　 C. 决算日　　　　 D. 成交日

6. 对于投入外币资本业务，应当采用交易发生日即期汇率折算。不得采用合同约定汇率和即期汇率的近似汇率折算，外币投入资本与相应的货币性项目的记账本位币金额之间不产生（　　）。
   A. 盈余公积　　　　 B. 资本折算差额　　　　 C. 汇兑损益　　　　 D. 财务费用

7. 企业应将借入的外币按交易发生（　　）的即期汇率折合为人民币记账。

A. 当日　　　　　　B. 当年　　　　　　C. 年末　　　　　　D. 月末

8. 在编制合并报表前,需要对（　　）公司的外币报表进行折算。

A. 母公司　　　　　B. 子公司　　　　　C. 关联方　　　　　D. 债权方

9. 在采用流动与非流动项目法时,对于非流动资产应按（　　）进行折算。

A. 现行汇率　　　　B. 历史汇率　　　　C. 即期汇率　　　　D. 远期汇率

10. 美国财务会计准则委员会在第6号财务会计准则公告中,将（　　）确立为外币报表折算的唯一公认原则。

A. 流动与非流动项目法　　　　　　　B. 货币与非货币项目法

C. 现行汇率法　　　　　　　　　　　D. 时间量度法

二、多项选择题

1. 按照我国外汇管理暂行条例规定,下列项目中属于外汇的项目有（　　）。

A. 外国货币　　　　B. 外币有价证券　　C. 外汇收支凭证　　D. 外国纸币

E. 外国铸币

2. 下列项目中属于外币业务类型的有（　　）。

A. 外币兑换　　　　B. 外币信贷　　　　C. 外币标价　　　　D. 外币交易

E. 外币折算

3. 对于企业发生的汇兑差额,下列说法中正确的有（　　）。

A. 外币交易性金融资产发生的汇兑差额计入财务费用

B. 外币专门借款发生的汇兑差额,应计入购建固定资产期间的财务费用

C. 企业因外币交易业务所形成的应收应付款发生的汇兑差额,应计入当期财务费用

D. 企业的外币银行存款发生的汇兑差额,应计入当期财务费用

E. 企业的外币兑换业务所发生的汇兑差额,应计入当期营业外支出

4. 下列项目中属于经常性汇兑损益的有（　　）。

A. 交易损益　　　　B. 兑换损益　　　　C. 调整损益　　　　D. 折算损益

E. 核算损益

5. 企业的外币货币性项目有（　　）。

A. 外币现金　　　　B. 外币银行存款　　C. 外币债权　　　　D. 外币债务

E. 存货

6. 对外币报表进行折算所采用的汇率有（　　）。

A. 现行汇率　　　　B. 平均汇率　　　　C. 历史汇率　　　　D. 远期汇率

E. 浮动汇率

7. 目前世界各国对外币报表进行折算的方法通常有（　　）。

A. 平均汇率法　　　B. 现行汇率法　　　C. 历史汇率法　　　D. 时态法

E. 货币与非货币项目法

8. 在流动与非流动项目法下,下列项目中属于流动项目的有（　　）。

A. 现金　　　　　　B. 银行存款　　　　C. 应收账款　　　　D. 存货

E. 短期借款

9. 在流动与非流动项目法下,下列项目中属于非流动项目的有（　　）。

A. 长期投资　　　　B. 长期借款　　　　C. 实收资本　　　　D. 存货

E. 固定资产

10. 在货币与非货币项目法下，下列项目中属于货币性项目的有（　　）。

A. 银行存款　　　　B. 应收票据　　　　C. 长期借款　　　　D. 应付账款

E. 存货

三、判断题

1. 根据我国《企业会计准则第 19 号——外币折算》的有关规定，企业必须以人民币作为记账本位币。　　　　　　　　　　　　　　　　　　　　　　　　　　　　（　　）

2. 汇率是将一国货币换算成另一国货币的比率。　　　　　　　　　　　　（　　）

3. 外币交易应当在初始确认时，采用交易发生日的即期汇率将外币金额折算为记账本位币，也可以采用按照系统合理的方法确定的，与交易日即期汇率近似汇率折算。

（　　）

4. 一般来说，交易损益属于未实现损益。　　　　　　　　　　　　　　　（　　）

5. 单一交易观点在理论上虽然符合在取得时确认资产价值，但在实务上却不可行。

（　　）

6. 在两项交易观点下，购货成本与销售收入的确定，与交易日的汇率无关。　（　　）

7. 在外币报表折算中，只需处理好对外币报表中的各个项目选择什么汇率进行折算的问题。　　　　　　　　　　　　　　　　　　　　　　　　　　　　　　　（　　）

8. 现行汇率法假设所有的外币资产都将受汇率变动的影响，这与实际情况是不符的。

（　　）

9. 采用时态法，对于存货项目，如果在子公司报表上以历史成本计价，则按历史汇率折算；如果在子公司报表上以现行成本计价，则按现行汇率折算。对于所有者权益项目也是这样。　　　　　　　　　　　　　　　　　　　　　　　　　　　（　　）

10. 外币报表折算差额，是指在外币报表折算时，由于不同项目所采用的汇率不同而产生的差额，它是一种未实现汇兑损益。　　　　　　　　　　　　　　　（　　）

四、计算与账务处理题

1. 某公司采用当日的市场汇率对外币业务进行核算，并按月计算汇兑损益。

期初美元对人民币市场汇率为 1∶6.95。期初有关外币账户的数额如下：

外币账户情况表

项　目	外币金额（美元）	汇率	人民币金额（元）
银行存款	25 000	6.95	173 750
应收账款	40 000	6.95	278 000
应付账款	30 000	6.95	208 500

该公司本期发生的有关经济业务如下：

（1）用美元现汇归还应付账款 15 000 美元，当日的市场汇率为 1∶6.92。

（2）用人民币购买 10 000 美元，当日的市场汇率为 1∶6.91，经营外汇银行的买入价为 1:6.90，卖出价为 1:6.92。

(3) 用美元现汇买入原材料一批，价款为 5 000 美元，当日的市场汇率为 1:6.88，价款尚未支付。

(4) 收回应收账款 30 000 美元，当日的市场汇率为 1:6.87。

(5) 用美元现汇兑换人民币，支付 20 000 美元，当日的市场汇率为 1:6.86，经营外汇银行的买入价为 1:6.82，卖出价为 1:6.90。

(6) 取得美元短期借款 20 000 美元，取得日的市场汇率为 1:6.87。期末美元对人民币市场汇率为 1:6.85。

要求：根据上述资料编制该公司的外币账户情况表，计算应调整的汇兑损益数额，并编制所有业务的会计分录。

2. 某公司，在第一年年初借入长期借款 50 000 美元，为期 2 年，第一年全部美元借款用于固定资产的建造，固定资产于第一年年末完工并投入使用。该公司于第二年归还了全部美元借款。另，该公司还于第一年年初与外商签订合约，接受外商投资 100 000 美元；该笔款项于第一年年末收到。在第一年末，该公司收到投资款项后即支付 50 000 美元用于原材料的购买。相关的汇率数据见下表：

日　期	市场价格	银行卖出价	银行买入价
第一年年初	6.98	7.00	6.96
第一年年末	6.93	6.95	6.91
第二年年末	6.89	6.91	6.87

要求：根据上述数据做出相关业务的全部会计分录。

【案例与分析】

A 股份有限公司（以下简称 A 公司）的记账本位币为人民币，对外币交易采用发生时的汇率折算，按月计算汇兑损益。20 ×1 年 7 月 31 日的即期汇率为 1 美元 = 7.8元人民币，当日有关外币账户期末余额如下表所示。

有关外币账户期末余额表

项目	外币（美元）金额	折算汇率	折合人民币金额
银行存款	100 000	7.80	780 000
应收账款	500 000	7.80	3 900 000
应付账款	200 000	7.80	1 560 000

A 公司 20 ×1 年 8 月份发生以下外币交易：

(1) 8 月 10 日，收到某外商投入的外币资本 500 000 美元，当日的即期汇率为 1 美元 = 8.10 元人民币，投资合同约定的汇率为 1 美元 = 8 元人民币，款项已由银行收存。

(2) 8 月 15 日，进口一台机器设备，设备价款为 400 000 美元，货款已通过银行存款支付，当日的即期汇率为1美元 = 8元人民币。该设备入境后发生运输费20 000元人民币，安装调试费10 000元人民币。

（3）8月20日，对外销售产品一批，价款共计200 000美元（不含增值税税额），当日的即期汇率为1美元 = 8.05元人民币，款项尚未收到。

（4）8月31日，收到7月份发生的应收账款300 000美元，当日的即期汇率为1美元 = 8.12元人民币。

假定不考虑增值税等相关税费，且A公司在银行开设有美元账户。

问题：（1）编制8月份发生的外币业务的会计分录；

（2）分别计算8月份发生的汇兑损益净额及其计入财务费用的汇兑损益金额，并列出计算过程；

（3）编制期末记录汇兑损益的会计分录。（不要求写出明细科目）

分析思路：将各外币账户按期末汇率折算，并与原来账面金额相比较，计算出汇兑损益，注意考虑期初余额。

（资料来源：杨有红. 高级财务会计. 北京：经济科学出版社，2008）

第三章 所得税会计

学习目标

➡ 1. 掌握资产负债表债务法下所得税核算的程序。
➡ 2. 掌握计税基础和暂时性差异的概念。
➡ 3. 掌握递延所得税资产和递延所得税负债的确认和计量。
➡ 4. 掌握所得税费用的确定和计量。

预 备 知 识

◇应交所得税的计算

应交所得税 = 应纳税所得额 × 所得税税率

应纳税所得额 = 税前会计利润 + 纳税调整增加额 – 纳税调整减少额

（一）纳税调整增加额

1. 按会计准则规定核算时不作为收益计入财务报表，但在计算应纳税所得额时作为收益需要交纳所得税。

☆甲公司 2012 年税前会计利润为 720 万元，2012 年 12 月 12 日向 A 公司销售一批商品，开出的增值税专用发票上注明的销售价格为 200 万元，增值税税额为 34 万元，款项尚未收到；该批商品成本为 120 万元。甲公司在销售时已知 A 公司资金周转发生困难，但为了减少存货积压，同时也为了维持与 A 公司长期建立的商业关系，甲公司仍将商品发往 A 公司且办妥托收手续。甲公司适用的所得税税率为 25%，不考虑其他纳税调整事项。

应交所得税 = [720 + (200 – 120)] × 25% = 200（万元）。

2. 按会计准则规定核算时确认为费用或损失计入财务报表，但在计算应纳税所得额时则不允许扣减。

☆乙公司 2012 年税前会计利润为 780 万元，2012 年 12 月 31 日计提存货跌价准备 20 万元。乙公司适用的所得税税率为 25%，不考虑其他纳税调整事项。

应交所得税 = (780 + 20) × 25% = 200（万元）。

（二）纳税调整减少额

1. 按会计准则规定核算时作为收益计入财务报表，但在计算应纳税所得额时不确认为收益。

☆丙公司 2012 年税前会计利润为 820 万元，2012 年取得国债利息收入 20 万元。丙公司适用的所得税税率为 25%，不考虑其他纳税调整事项。

应交所得税 = (820 - 20) × 25% = 200（万元）。

2. 按会计准则规定核算时不确认为费用或损失，但在计算应纳税所得额时则允许扣减。

☆丁公司 2012 年税前会计利润为 820 万元，2012 年发生研究阶段支出 40 万元计入管理费用。丁公司适用的所得税税率为 25%，不考虑其他纳税调整事项。

应交所得税 = (820 - 40 × 50%) × 25% = 200（万元）。

第一节　所得税会计概述

企业的会计核算和税收处理分别遵循不同的原则，服务于不同的目的。在我国，会计的确认、计量、报告应当遵从企业会计准则的规定，目的在于真实、完整地反映企业的财务状况、经营成果和现金流量等，为投资者、债权人以及其他会计信息使用者提供对其决策有用的信息。税法则是以课税为目的，根据国家有关税收法律、法规的规定，确定一定时期内纳税人应交纳的税额，从所得税的角度，主要是确定企业的应纳税所得额，以对企业的经营所得征税。

所得税会计的形成和发展是所得税法规和企业会计准则规定相互分离的必然结果，两者分离的程度和差异的种类、数量直接影响和决定了所得税会计处理方法的改进。《企业会计准则第 18 号——所得税》（以下简称"所得税准则"）是从资产负债表出发，通过比较资产负债表上列示的资产、负债按照会计准则规定确定的账面价值与按照税法规定确定的计税基础，对于两者之间的差异分别应纳税暂时性差异与可抵扣暂时性差异，确认相关的递延所得税负债与递延所得税资产，并在此基础上确定每一会计期间利润表中的所得税费用。

所得税会计采用资产负债表债务法核算所得税，资产负债表债务法是从资产负债表出发，通过比较资产负债表上列示的资产、负债按照企业会计准则规定确定的账面价值与按照税法规定确定的计税基础，对于两者之间的差异分别应纳税暂时性差异与可抵扣暂时性差异，确认相关的递延所得税负债与递延所得税资产，并在此基础上确定每一期间利润表中的所得税费用。

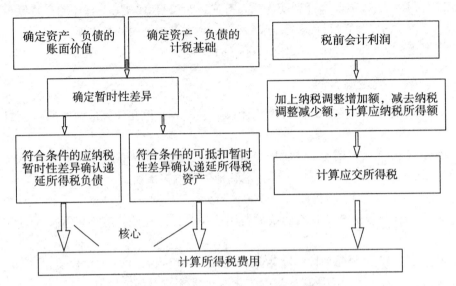

图 3 - 1　所得税费用计算示意图

【举例1】2012 年 12 月 1 日取得一批存货，成本为 100 万元。2012 年 12 月 31 日，计提存货跌价准备 20 万元。税法规定，企业计提的资产减值损失在发生实质性损失允许税前扣除。2013 年将上述存货全部对外销售，2013 年由税前会计利润计算应纳税所得额时应纳税调减 20 万元，由此 2013 年会少交所得税 = 20 × 25% = 5（万元）。

站在 2012 年 12 月 31 日看，由于此项存货的存在，以后会少交所得税 5 万元，应确认递延所得税资产 5 万元。

2012 年 12 月 31 日：

存货的账面价值 = 100 - 20 = 80（万元）

存货的计税基础为 100 万元

【举例2】2012 年 12 月 31 日预提产品质量保证费用 100 万元，2013 年发生产品质量保证费用 100 万元。税法规定，企业计提的质量保证费在实际发生时允许税前扣除。2013 年由税前会计利润计算应纳税所得额时应纳税调减 100 万元，2013 年少交所得税 = 100 × 25% = 25（万元）。

站在 2012 年 12 月 31 日看，以后少交所得税 25 万元，应确认递延所得税资产 25 万元。

2012 年 12 月 31 日，

负债（预计负债）账面价值 100 万元

负债（预计负债）计税基础 0

一、所得税概念

所得税的核算是会计核算中的重点和难点，"所得税" 是个统称，在具体核算时可分成两条线：应交所得税和所得税费用。

（一）应交所得税

应交所得税有三个特点：一是按照税法的相关规定计算；二是在会计六要素中作为负债要素，通过"应交税费——应交所得税"科目进行核算；三是在编制会计报表时，列示在资产负债表的"应交税费"项目中。

（二）所得税费用

所得税费用也有三个特点：一是按照会计的相关规定计算的，在执行《企业会计准则》的企业中，按照《企业会计准则第18号——所得税》的规定来确定所得税；二是在会计六要素中属于费用要素，通过"所得税费用"科目进行核算；三是在编制会计报表时，列示在利润表中，即利润总额减去所得税费用等于净利润。

只有明确了应交所得税和所得税费用是二个不同的概念，在会计处理时才不会混淆。值得说明的是，本章的最终目标是要确定所得税费用。

二、所得税会计核算方法

按照企业会计制度计算的税前会计利润与按照税法规定计算的应纳税所得额之间的差异，在会计核算中可采用两种不同的方法进行处理，即应付税款法和纳税影响会计法。

（一）应付税款法

应付税款法是将本期税前会计利润与应税所得之间产生的差异均在当期确认所得税费用，它的特点是本期所得税费用等于本期应交所得税。（收付实现制）

由于会计和税收的目的不同，所计算的税前会计利润和应纳税所得额之间存在差异，这个差异可分为两类，即永久性差异和时间性差异

1. 永久性差异，是指某一会计期间，由于会计制度和税法在计算收益、费用或损失时的口径不同，所产生的税前会计利润与应纳税所得额之间的差异。这种差异在本期发生，不会在以后各期转回。比如，国债利息收入在会计上计入损益增加了税前利润，但按税法规定，企业取得的国债利息收入可以免税，二者形成永久性差异；又如，超过规定标准的工资性支出；超过比例提取的职工工会经费、职工福利费、职工教育经费；规定额度之外的给非营利社会团体捐赠，以及直接给受赠人的捐赠；超标准的业务招待费；违法经营的罚款和被没收财物的损失；各项税收的滞纳金、罚金和罚款；各种非广告性质的赞助支出，等等。在财务报表上确认为费用或损失，但税法规定不允许在税前扣除，从而形成永久性差异。

2. 时间性差异：是指税法与会计制度在确认收益、费用或损失时的时间不同而产生的税前会计利润与应纳税所得额的差异。时间性差异发生于某一会计期间，但在以后一期或若干期内能够转回。比如，计提的坏账损失在会计上计入了资产减值损失，减少了税前利润；按照税法规定，在计算应纳税所得额时不得抵扣，但可以在实际发生损失时在税前抵扣，从而形成时间性差异。

值得说明的是，在应付税款法下，对于永久性差异和时间性差异不作区分，在将税前会计利润调整为应纳税所得额后，乘以适用的所得税税率，得到应交所得税，也就确定了所得税费用。

（二）纳税影响会计法

纳税影响会计法是将本期由于时间性差异产生的所得税影响金额，递延和分配到以后各期。采用纳税影响会计法，所得税被视为企业在获得收益时发生的一项费用，并应随同有关的收入和费用计入同一期间，以达到收入和费用的配比。在具体运用纳税影响会计法核算时，有递延法和债务法。

1. 递延法是将本期时间性差异产生的影响所得税的金额，递延和分配到以后各期，并同时转回原已确认的时间性差异对本期所得税的影响金额。递延法的特点如下：

（1）采用递延法核算时，资产负债表上反映的递延税款余额，并不代表收款的权利或付款的义务，称为递延税款借项或递延税款贷项。

（2）本期发生的时间性差异影响所得税的金额，用现行税率计算，以前发生而在本期转回的各项时间性差异影响所得税的金额，一般用当初的原有税率计算。递延法下产生的递延税款余额因为不符合"资产负债观"，这种方法已经过时。

2. 债务法可以从利润表的角度看会计和税收的差异，对"时间性差异"进行处理，称为利润表债务法；也可以从资产负债表的角度看会计与税收的差异，对"暂时性差异"进行处理，称为资产负债表债务法。

（1）利润表债务法是将本期由于时间性差异产生的影响所得税的金额，递延和分配到以后各期，并同时转回已确认的时间性差异的所得税影响金额，在税率变动或开征新税时，需要调整递延税款的账面余额。利润表债务法的特点是：①本期的时间性差异预计对未来所得税的影响金额，在资产负债表上作为未来应付税款的债务，或者作为代表预付未来税款的资产。②在采用债务法时，本期发生或转回的时间性差异的所得税影响金额，均应采用现行税率计算确定。在国际上，由于"收入费用观"被"资产负债观"所代替，利润表债务法已经被资产负债表债务法代替。

（2）资产负债表债务法是从资产负债表出发，通过比较资产负债表上列示的资产、负债按照企业会计准则规定确定的账面价值与按照税法规定确定的计税基础，对于两者之间的差额（即暂时性差异）分别应纳税暂时性差异与可抵扣暂时性差异，确认相应的递延所得税负债与递延所得税资产，并在此基础上确定每一会计期间利润表中的所得税费用。我国财政部有关规章规定，执行《企业会计准则》（2006）的企业，应采用资产负债表债务法核算所得税。

资产负债表债务法较为完全地体现了资产负债观，在所得税的会计核算方面贯彻了资产、负债的界定。从资产负债表角度考虑，资产的账面价值代表的是企业在持续持有及最终处置某项资产的一定期间内，该项资产为企业带来的未来经济利益，而其计税基础代表的是在这一期间内，就该项资产按照税法规定可以税前扣除的金额。一项资产的账面价值小于其计税基础的，表明该项资产于未来期间产生的经济利益流入低于按照税法规定允许税前扣除的金额，产生可抵减未来期间应纳税所得额的因素，减少未来期间以应交所得税的方式流出企业的经济利益，从其产生时点来看，应确认为资产。反之，一项资产的账面价值大于其计税基础的，两者之间的差额将会于未来期间产生应税金额，增加未来期间的应纳税所得额及应交所得税，对企业形成经济利益流出的义务，应确认为负债。基于此，本章着重介绍资产负债表债务法。

三、所得税会计核算的一般程序

在采用资产负债表债务法核算所得税的情况下，企业一般应于每一资产负债表日进行所得税的核算。发生特殊交易或事项时（如企业合并），在确认因交易或事项取得的资产、负债时即应确认相关的所得税影响。在资产负债表债务法下，如何最终确定所得税费用，应按照如下程序进行处理：

（一）在资产负债表日，按照会计的规定确定资产、负债的账面价值。例如，固定资产的账面价值（即固定资产净额）＝固定资产原价－累计折旧－固定资产减值准备。

（二）在资产负债表日，按照税法的规定确定资产、负债的计税基础。

（三）按照税法的规定，计算会计期间应交所得税。某一会计期间应交所得税，是该期间应纳税所得额乘以适用所得税税率得到的金额。

（四）按照会计准则的规定，计算递延所得税。在资产负债表日，比较资产、负债的账面价值和计税基础之间的差异，确定暂时性差异，并分类为可抵扣暂时性差异和应纳税暂时性差异。对于可抵扣暂时性差异，一般应确认递延所得税资产；对于应纳税暂时性差异一般应确认递延所得税负债。由于资产负债表日递延所得税资产和递延所得税负债对比期初递延所得税资产和递延所得税负债发生了增减变动，从而调整所得税费用，即递延所得税，它构成利润表中所得税费用的一个组成部分。

（五）确定所得税费用。某一会计期间的所得税费用，由二部分组成：当期所得税（即当期应交所得税）和递延所得税。在前面确定了应交所得税和递延所得税的基础上，二者相加就得到所得税费用。

从以上步骤可以看出，由账面价值与计税基础确定暂时性差异；由暂时性差异确定递延所得税资产和递延所得税负债；由递延所得税资产和递延所得税负债确定递延所得税；最后，由应交所得税和递延所得税确定所得税费用。鉴于资产、负债的账面价值是企业会计核算的结果，在中级财务会计中已经论述，在此不再赘述；下面就从计税基础说起。

本章着重讲解了资产负债表债务法的原理，资产、负债的计税基础及暂时性差异的计算，递延所得税资产和递延所得税负债以及所得税费用的确认和计量等问题。

第二节　资产、负债的计税基础和暂时性差异

所得税会计的关键在于确定资产、负债的计税基础。在确定资产、负债的计税基础时，应严格遵循税收法规中对于资产的税务处理以及可税前扣除的费用等的规定进行。

一、资产的计税基础

资产的计税基础，指企业收回资产账面价值的过程中，计算应纳税所得额时按照税法可以自应税经济利益中抵扣的金额。

资产的计税基础 = 未来可税前列支的金额

某一资产负债表日的计税基础 = 成本 - 以前期间已税前列支的金额

资产在初始确认时，其计税基础一般为取得成本，即企业为取得某项资产支付的成本在未来期间准予税前扣除。比如，购入库存商品100万元，将来出售时可以抵税的金额为100万元，即该资产的计税基础为100万元。

在资产持续持有的过程中，其计税基础是指资产的取得成本减去以前期间按照税法规定已经税前扣除的金额后的余额，该余额代表的是按照税法规定，就涉及的资产在未来期间计税时仍然可以税前扣除的金额。例如，固定资产、无形资产等长期资产在某一资产负债表日的计税基础是指其成本扣除按照税法规定已在以前期间税前扣除的累计折旧额或累计摊销额后的金额。下面对有关不同资产项目计税基础的确定举例说明。

（一） 应收账款

企业在销售商品时，如果是赊销，一般按照销售合同确定的合同价款计入应收账款，同时确认销售收入，缴纳所得税。因此，在将来收回应收账款时，无须缴纳所得税，即应收账款的计税基础为其入账价值。

【例3-1】甲公司在2013年8月销售一批商品给乙公司，发生应收账款500万元，在当期已缴纳所得税。则该应收账款的计税基础为500万元。

（二） 存货

企业购入存货所发生的成本，按照税法规定，出售存货时可以在税前抵扣，因此，存货的计税基础一般是其取得成本。

【例3-2】甲公司2013年12月1日购入存货100万元（不含增值税），存货的成本为100万元，则存货的计税基础为100万元。

（三） 固定资产

企业以各种方式取得的固定资产，初始确认时按照会计准则规定确定的入账价值基本上是被税法认可的，即取得时其账面价值一般等于计税基础。

固定资产在持有期间进行后续计量时，会计准则规定按照"成本 - 累计折旧 - 固定资产减值准备"进行计量，税收是按照"成本 - 按照税法规定已在以前期间税前扣除的折旧额"进行计量。由于会计与税收处理规定的不同，固定资产的账面价值与计税基础的差异主要产生于折旧方法、折旧年限的不同以及固定资产减值准备的提取。

1. 折旧方法、折旧年限的差异。会计准则规定，企业应当根据与固定资产有关的经济利益的预期实现方式合理选择折旧方法，如可以按直线法计提折旧，也可以按照双倍余额递减法、年数总和法等计提折旧，前提是有关的方法能够反映固定资产为企业带来经济利益的消耗情况。税法一般会规定固定资产的折旧方法，除某些按照规定可以加速折旧的情况外，基本上可以税前扣除的是按照直线法计提的折旧。

另外，税法还就每一类固定资产的折旧年限做出了规定，而会计处理时按照准则规定折旧年限是由企业根据固定资产的性质和使用情况合理确定的。如企业进行会计处理时确定的折旧年限与税法规定不同，也会产生固定资产持有期间账面价值与计税基础的差异。

2. 因计提固定资产减值准备产生的差异。持有固定资产的期间内，在对固定资产计提了减值准备以后，因税法规定按照会计准则规定计提的资产减值准备在资产发生实质性损失前不允许税前扣除，也会造成固定资产的账面价值与计税基础的差异。

【例3-3】 A企业于2011年12月20日取得的某项固定资产，原价为750万元，使用年限为10年，会计上采用年限平均法计提折旧，净残值为零。税法规定该类（由于技术进步、产品更新换代较快的）固定资产采用加速折旧法计提的折旧可予税前扣除，该企业在计税时采用双倍余额递减法计列折旧，净残值为零。2013年12月31日，企业估计该项固定资产的可收回金额为550万元。

分析：2013年12月31日，该项固定资产的账面净值 = 750 − 75 × 2 = 600（万元），该账面净值大于其可收回金额550万元，两者之间的差额应计提50万元的固定资产减值准备。

2013年12月31日，该项固定资产的账面价值 = 750 − 75 × 2 − 50 = 550（万元）

其计税基础 = 750 − 750 × 20% − 600 × 20% = 480（万元）

该项固定资产的账面价值550万元与其计税基础480万元之间的70万元差额，将于未来期间计入企业的应纳税所得额。

（四）无形资产

除内部研究开发形成的无形资产以外，以其他方式取得的无形资产，初始确认时按照会计准则规定确定的入账价值与按照税法规定确定的成本之间一般不存在差异。无形资产的账面价值与计税基础之间的差异主要产生于内部研究开发形成的无形资产以及使用寿命不确定的无形资产。

1. 对于内部研究开发形成的无形资产，会计准则规定有关内部研究开发活动区分两个阶段，研究阶段的支出应当费用化计入当期损益，开发阶段符合资本化条件以后至达到预定用途前发生的支出应当资本化作为无形资产的成本。对于研究开发费用的税前扣除，税法中规定企业为开发新技术、新产品、新工艺发生的研究开发费用，未形成无形资产计入当期损益的，在按照规定据实扣除的基础上，按照研究开发费用的50%加计扣除；形成无形资产的，按照无形资产成本的150%摊销。如该无形资产的确认不是产生于合并交易、同时在确认时既不影响会计利润也不影响应纳税所得额，则按照所得税会计准则的规定，不确认有关暂时性差异的所得税影响。

2. 无形资产在后续计量时，会计与税收的差异主要产生于对无形资产是否需要摊销及无形资产减值准备的提取。

会计准则规定，应根据无形资产使用寿命情况区分为使用寿命有限的无形资产与使用寿命不确定的无形资产。对于使用寿命不确定的无形资产，不要求摊销，但持有期间每年应进行减值测试。税法规定，企业取得的无形资产成本应在一定期限内摊销。即税法中没有界定使用寿命不确定的无形资产，除外购商誉外所有的无形资产成本均应在一定期间内摊销。

对于使用寿命不确定的无形资产，会计处理时不予摊销，但计税时其按照税法规定确定的摊销额允许税前扣除，造成该类无形资产的账面价值与计税基础的差异。

在对无形资产计提减值准备的情况下，因税法对按照会计准则规定计提的无形资产减值准备在形成实质性损失前不允许税前扣除，即无形资产的计税基础不会随减值准备的提取发生变化，但其账面价值会因资产减值准备的提取而下降，从而造成无形资产的账面价值与计税基础的差异。

【提示】如果会计摊销方法、摊销年限和残值均符合税法规定，那么每期纳税调减的金额均为会计计入费用（研究阶段的支出、开发阶段不符合资本化条件的支出及形成无形资产后的摊销额）的50%

【例3-4】A企业当期为开发新技术发生研究开发支出计2 000万元，其中研究阶段支出400万元，开发阶段符合资本化条件前发生的支出为400万元，符合资本化条件后至达到预定用途前发生的支出为1 200万元。税法规定，企业为开发新技术、新产品、新工艺发生的研究开发费用，未形成无形资产计入当期损益的，按照研究开发费用的50%加计扣除；形成无形资产的，按照无形资产成本的150%摊销。假定开发形成的无形资产在当期期末已达到预定用途（尚未开始摊销）。

A企业当期发生的研究开发支出中，按照会计准则规定应予费用化的金额为800万元，形成无形资产的成本为1 200万元，即期末所形成无形资产的账面价值为1 200万元。

A企业当期发生的2 000万元研究开发支出，按照税法规定可在当期税前扣除的金额为1 200万元。所形成的无形资产在未来期间可予税前扣除的金额为1 800万元，其计税基础为1 800万元，形成暂时性差异600万元。

【例3-5】乙企业于2013年1月1日取得的某项无形资产，取得成本为1 500万元，取得该项无形资产后，根据各方面情况判断，乙企业无法合理预计其使用期限，将其作为使用寿命不确定的无形资产。2013年12月31日，对该项无形资产进行减值测试表明其未发生减值。企业在计税时，对该项无形资产按照10年的期限采用直线法摊销，摊销金额允许税前扣除。

会计上将该项无形资产作为使用寿命不确定的无形资产，因未发生减值，其在2013年12月31日的账面价值为取得成本1 500万元。

该项无形资产在2013年12月31日的计税基础为1 350（成本1 500 - 按照税法规定可予税前扣除的摊销额150）万元。

该项无形资产的账面价值1 500万元与其计税基础1 350万元之间的差额150万元将计入未来期间企业的应纳税所得额。

（五）以公允价值计量且其变动计入当期损益的金融资产

按照《企业会计准则第 22 号——金融工具确认和计量》的规定，对于以公允价值计量且其变动计入当期损益的金融资产，其于某一会计期末的账面价值为该时点的公允价值。税法规定，企业以公允价值计量的金融资产、金融负债以及投资性房地产等，持有期间公允价值的变动不计入应纳税所得额，在实际处置或结算时，处置取得的价款扣除其历史成本后的差额应计入处置或结算期间的应纳税所得额。按照该规定，以公允价值计量的金融资产在持有期间市价的波动在计税时不予考虑，有关金融资产在某一会计期末的计税基础为其取得成本，从而造成在公允价值变动的情况下，对以公允价值计量的金融资产账面价值与计税基础之间的差异。

企业持有的可供出售金融资产计税基础的确定，与以公允价值计量且其变动计入当期损益的金融资产类似，可比照处理。

会计：公允价值（期末按公允价值计量，公允价值变动计入公允价值变动损益）

税法：取得时的成本

【例 3-6】2013 年 10 月 20 日，甲公司自公开市场取得一项权益性投资，支付价款 2 000 万元，作为交易性金融资产核算。2013 年 12 月 31 日，该投资的市价为 2 200 万元。

该项交易性金融资产的期末市价为 2 200 万元，其按照会计准则规定进行核算的、在 2013 年资产负债表日的账面价值为 2 200 万元。

因税法规定以公允价值计量的金融资产在持有期间公允价值的变动不计入应纳税所得额，其在 2013 年资产负债表日的计税基础应维持原取得成本不变，为 2 000 万元。

该交易性金融资产的账面价值 2 200 万元与其计税基础 2 000 万元之间产生了 200 万元的暂时性差异，该暂时性差异在未来期间转回时会增加未来期间的应纳税所得额。

（六）长期股权投资

企业持有的长期股权投资，按照会计准则规定区别对被投资单位的影响程度及是否存在活跃市场、公允价值能否可靠取得等分别采用成本法及权益法进行核算。

税法中对于投资资产的处理，要求按规定确定其成本后，在转让或处置投资资产时，其成本准予扣除。因此，税法中对于长期股权投资并没有权益法的概念。长期股权投资取得后，如果按照会计准则规定采用权益法核算，则一般情况下在持有过程中随着应享有被投资单位净资产份额的变化，其账面价值与计税基础会产生差异，该差异主要有以下三种情况：

1. 初始投资成本的调整。采用权益法核算的长期股权投资，取得时应比较其初始投资成本与按比例计算应享有被投资单位可辨认净资产公允价值的份额，在初始投资成本小于按比例计算应享有被投资单位可辨认净资产公允价值份额的情况下，应当调整长期股权投资的账面价值，同时确认为当期收益。因该种情况下在确定了长期股权投资的初始投资成本以后，按照税法规定并不要求对其成本进行调整，计税基础维持原取得成本不变，其账面价值与计税基础会产生差异。

2. 投资损益的确认。对于采用权益法核算的长期股权投资，持有投资期间在被投资单位实现净利润或发生净损失时，投资企业按照持股比例计算应享有的部分，一方面应调整长期股权投资的账面价值，同时确认为各期损益。在长期股权投资的账面价值因确认投资损益变化的同时，其计税基础不会随之发生变化。按照税法规定，居民企业直接投资于其他居民企业取得的投资收益免税，即作为投资企业，其在未来期间自被投资单位分得有关现金股利或利润时，该部分现金股利或利润免税，在持续持有的情况下，该部分差额对未来期间不会产生计税影响。

3. 应享有被投资单位其他权益的变化。采用权益法核算的长期股权投资，除确认应享有被投资单位的净损益外，对于应享有被投资单位的其他权益变化，也应调整长期股权投资的账面价值，但其计税基础不会发生变化。

【例 3 - 7】A 公司于 2013 年 1 月 2 日以 6 000 万元取得 B 公司 30% 的有表决权股份，拟长期持有并能够对 B 公司施加重大影响，该项长期股权投资采用权益法核算。投资时 B 公司可辨认净资产公允价值总额为 18 000 万元（假定取得投资时 B 公司各项可辨认资产、负债的公允价值与账面价值相同）。B 公司 2013 年实现净利润 2 300 万元，为发生影响权益变动的其他交易或事项。A 公司及 B 公司均为居民企业，适用的所得税税率均为 25%，双方采用的会计政策及会计期间相同。税法规定，居民企业之间的股息红利免税。

A 公司的会计处理：

借：长期股权投资　　　　　　　　　　　　　　　　　　　　　　6 000
　　贷：银行存款　　　　　　　　　　　　　　　　　　　　　　　　6 000

因该项长期股权投资的初始投资成本（6 000 万元）大于按照持股比例计算应享有 B 公司可辨认净资产公允价值的份额（5 400 万元），其初始投资成本无须调整。

确认投资损益：

借：长期股权投资——损益调整（2300 × 30%）　　　　　　　　690
　　贷：投资收益　　　　　　　　　　　　　　　　　　　　　　　　690

该项长期股权投资的计税基础如下：

（1）取得时成本为 6 000 万元；

（2）期末因税法中没有权益法的概念，对于应享有被投资单位的净损益不影响长期股权投资的计税基础，其于 2013 年 12 月 31 日的计税基础仍为 6 000 万元。

（七）其他资产

因会计准则规定与税收法规规定不同，企业持有的其他资产可能造成其账面价值与计税基础之间存在差异的，如计提了资产减值准备的相关资产、采用公允价值模式计量的投资性房地产等。

【例 3 - 8】A 公司 2013 年购入原材料成本为 4 000 万元，因部分生产线停工，当年未领用任何该原材料，2012 年资产负债表日考虑到该原材料的市价及用其生产产成品的市价情况，估计其可变现净值为 3 200 万元。假定该原材料在 2012 年的期初余额为 0。该项原材料因期末可变现净值低于其成本，应计提存货跌价准备，其金额 = 4 000 -

3 200 = 800 万元，计提该存货跌价准备后，该项原材料的账面价值为 3 200 万元。

因计算交纳所得税时，按照会计准则规定计提的资产减值准备不允许税前扣除，该项原材料的计税基础不会因存货跌价准备的提取而发生变化，其计税基础应维持原取得成本 4 000 万元不变。该存货的账面价值 3 200 万元与其计税基础 4 000 万元之间产生了 800 万元的暂时性差异，该差异会减少企业在未来期间的应纳税所得额和应交所得税。

【例 3 - 9】A 公司 2013 年 12 月 31 日应收账款余额为 5 000 万元，该公司期末对应收账款计提了 500 万元的坏账准备。税法规定，不符合国务院财政、税务主管部门规定的各项资产减值准备不允许税前扣除。假定该公司期初应收账款及坏账准备的余额均为 0。

该项应收账款在 2013 年资产负债表日的账面价值为 4 500（5 000 - 500）万元，因有关的坏账准备不允许税前扣除，其计税基础 5 000 万元，该计税基础与其账面价值之间产生 500 万元暂时性差异，在应收账款发生实质性损失时，会减少未来期间的应纳税所得额。

二、负债的计税基础

负债的计税基础，是指负债的账面价值减去未来期间计算应纳税所得额时按照税法规定可予抵扣的金额。用公式表示即：

负债的计税基础 = 账面价值 - 未来期间按照税法规定可予税前扣除的金额

负债的确认与偿还一般不会影响企业的损益，也不会影响其应纳税所得额，未来期间计算应纳税所得额时按照税法规定可予抵扣的金额为 0，计税基础即为账面价值。如企业的短期借款、应付账款等。但是，某些情况下，负债的确认可能会影响企业的损益，进而影响不同期间的应纳税所得额，使得其计税基础与账面价值之间产生差额，如按照会计规定确认的某些预计负债。下面根据新税法的规定，讨论负债的计税基础。

（一）企业因销售商品提供售后服务等原因确认的预计负债

按照或有事项准则规定，企业对于预计提供售后服务将发生的支出在满足有关确认条件时，销售当期即应确认为费用，同时确认预计负债。如果税法规定，与销售产品相关的支出应于发生时税前扣除。因该类事项产生的预计负债在期末的计税基础为其账面价值与未来期间可税前扣除的金额之间的差额，如有关的支出实际发生时可全部税前扣除，其计税基础为 0；如果税法规定对于费用支出按照权责发生制原则确定税前扣除时点，所形成负债的计税基础等于账面价值。

因其他事项确认的预计负债，应按照税法规定的计税原则确定其计税基础。某些情况下，因有些事项确认的预计负债，税法规定其支出无论是否实际发生均不允许税前扣除，即未来期间按照税法规定可予抵扣的金额为 0，账面价值等于计税基础。

【例 3 - 10】某公司 2010 年因销售产品承诺提供 3 年的保修服务，在当年度利润表中确认了 100 万元的销售费用，同时确认为预计负债，当年度未发生任何保修支出。

假定按照税法规定，与产品售后服务相关的费用在实际发生时允许税前扣除。该项预计负债在某公司 2010 年 12 月 31 日资产负债表中的账面价值为 100 万元。因税法规定与产品保修相关的支出在未来期间实际发生时允许税前扣除，则该项负债的计税基础＝账面价值－未来期间计算应纳税所得额时按照税法规定可予抵扣的金额，未来期间计算应纳税所得额时按照税法规定可予抵扣的金额为 100 万元，该项负债的计税基础＝100 万元－100 万元＝0。

（二）预收账款

企业在收到客户预付的款项时，因不符合收入确认条件，会计上将其确认为负债。税法中对于收入的确认原则一般与会计规定相同，即会计上未确认收入时，计税时一般亦不计入应纳税所得额，该部分经济利益在未来期间计税时可予税前扣除的金额为 0，计税基础等于账面价值。

某些情况下，因不符合会计准则规定的收入确认条件未确认为收入的预收款项，按照税法规定应计入当期应纳税所得额时，有关预收账款的计税基础为 0，即因其产生时已经计算交纳所得税，未来期间可全额税前扣除。

【例 3 – 11】大海公司 2012 年 12 月 31 日收到客户预付的款项 100 万元。

（1）若预收的款项不计入当期应纳税所得额

2012 年 12 月 31 日预收账款的账面价值为 100 万元。

2012 年 12 月 31 日预收账款的计税基础＝账面价值 100 – 可从未来经济利益中扣除的金额 0 = 100（万元）。

（2）若预收的款项计入当期应纳税所得额

2012 年 12 月 31 日预收账款的账面价值为 100 万元。

因按税法规定预收的款项已计入当期应纳税所得额，所以在以后年度减少预收账款确认收入时，由税前会计利润计算应纳税所得额时应将其扣除。

2012 年 12 月 31 日预收账款的计税基础＝账面价值 100 – 可从未来经济利益中扣除的金额 100 = 0

（三）应付职工薪酬

按照企业会计准则规定和财务会计核算的要求，企业为获得职工提供的服务给予的各种形式的报酬以及其他相关支出均应作为企业的成本费用，在未支付之前确认为负债。税法中对于合理的职工薪酬基本允许税前扣除，但税法中如果规定了税前扣除标准的，按照会计准则规定计入成本费用的金额超过规定标准部分，应进行纳税调整。因超过部分在发生当期不允许税前扣除，在以后期间也不允许税前扣除，即该部分差额对未来期间计税不产生影响，所产生应付职工薪酬负债的账面价值等于计税基础。

需要说明的是，对于以现金结算的股份支付，企业在每一个资产负债表日确认的应付职工薪酬，税法规定，实际支付时可计入应纳税所得额，未来期间可予税前扣除的金额为其账面价值，因此计税基础为 0。

【例 3 – 12】某公司 2011 年 12 月计入成本费用的职工工资总额为 3 200 万元，至 2011 年 12 月 31 日尚未支付，体现为资产负债表中的应付职工薪酬负债。假定按照适用税法规定，当期计入成本费用的 3 200 万元工资支出中，按照计税工资标准的规定，可予税前扣除的金额为 2 400 万元。

企业会计准则规定，企业为获得职工提供的服务给予的各种形式的报酬以及其他相关支出均应作为成本费用，在未支付之前确认为负债。该项应付职工薪酬负债的账面价值为 3 200 万元。

公司实际发生的工资支出 3 200 万元与允许税前扣除的金额 2 400 万元之间所产生的 800 万元差额在发生当期即应进行纳税调整，并且在以后期间不能够再税前扣除，该项应付职工薪酬负债的计税基础 = 账面价值 3 200 万元 − 未来期间计算应纳税所得额时按照税法规定可予抵扣的金额 0 = 3 200（万元）。

该项负债的账面价值 3 200 万元与其计税基础 3 200 万元相同，不形成暂时性差异。

（四）其他负债

除了上述提及的负债项目可能导致账面价值和计税基础不一致以外，还有其他一些负债项目，如应交的罚款和滞纳金等，在尚未支付之前按照会计规定确认为费用，同时作为负债反映。税法规定，罚款和滞纳金不能税前扣除，即该部分费用无论是在发生当期还是在以后期间均不允许税前扣除，其计税基础为账面价值减去未来期间计税时可予税前扣除的金额之间的差额，即计税基础等于账面价值。其他交易或事项产生的负债，其计税基础应当按照适用税法的相关规定确定。

【例 3 − 13】A 公司 2012 年 12 月因违反当地有关环保法规的规定，接到环保部门的处罚通知，要求其支付罚款 200 万元。税法规定，企业因违反国家有关法律法规规定支付的罚款和滞纳金，计算应纳税所得额时不允许税前扣除。至 2012 年 12 月 31 日，该项罚款尚未支付。

对于该项罚款，A 公司应计入 2011 年利润表，同时确认为资产负债表中的负债。

因按照税法规定，企业违反国家有关法律法规规定支付的罚款和滞纳金不允许税前扣除，与该项负债相关的支出在未来期间计税时按照税法规定准予税前扣除的金额为 0，其计税基础 = 账面价值 200 万元 − 未来期间计算应纳税所得额时按照税法规定可予抵扣的金额 0 = 200（万元）。

该项负债的账面价值 200 万元与其计税基础 200 万元相同，不形成暂时性差异。

三、特殊交易或事项中产生资产、负债计税基础的确定

除企业在正常生产经营活动过程中取得的资产和负债以外，对于某些特殊交易中产生的资产、负债，其计税基础的确定应遵从税法规定，如企业合并过程中取得资产、负债计税基础的确定。

《企业会计准则第 20 号——企业合并》中，视参与合并各方在合并前及合并后是否为同一方或相同的多方最终控制，分为同一控制下的企业合并与非同一控制下的企业合并两种类型。对于同一控制下的企业合并，合并中取得的有关资产、负债基本上维持其原账面价值不变，合并中不产生新的资产和负债；对于非同一控制下的企业合并，合并中取得的有关资产、负债应按其在购买日的公允价值计量，企业合并成本大

于合并中取得可辨认净资产公允价值的份额部分确认为商誉，企业合并成本小于合并中取得可辨认净资产公允价值的份额部分计入合并当期损益。

对于企业合并的税收处理，通常情况下，被合并企业应视为按公允价值转让、处置全部资产，计算资产的转让所得，依法缴纳所得税。合并企业接受被合并企业的有关资产，计税时可以按经评估确认的价值确定计税成本。另外，在考虑有关于企业合并是应税合并还是免税合并时，还需要考虑在合并中涉及的非股权支付的比例，具体划分标准和条件应遵从税法规定。

由于会计准则与税收法规对企业合并的划分标准不同，处理原则不同，某些情况下，会造成企业合并中取得的有关资产、负债的入账价值与其计税基础的差异。

四、暂时性差异

（一）暂时性差异的概念

暂时性差异，是指资产或负债的账面价值与其计税基础之间的差额。其中，资产的账面价值，是资产的账面余额减去资产减值准备后的金额。

【例 3 - 14】甲公司 2011 年 12 月 1 日购入存货 100 万元（不含增值税），存货的成本为 100 万元，则存货的计税基础为 100 万元；假设 2011 年末该存货的可变现净值为 90 万元，计提存货跌价准备 10 万元后，存货的账面价值为 90 万元。则暂时性差异 = 存货账面价值 100 - 存货计税基础 90 = 10（万元）。

暂时性差异的存在，或者说由于资产、负债的账面价值与其计税基础不同，产生了在未来收回资产或清偿负债的期间内，应纳税所得额增加或减少并导致未来期间应交所得税增加或减少的情况，形成企业的递延所得税资产和递延所得税负债。

值得说明的是，资产负债表债务法下，仅确认暂时性差异的所得税影响，原按照利润表下纳税影响会计法核算的永久性差异，因从资产负债表角度考虑，不会产生资产、负债的账面价值与其计税基础的差异，即不形成暂时性差异，对企业在未来期间计税没有影响，不产生递延所得税。

（二）暂时性差异的分类

根据暂时性差异对未来期间应税金额影响的不同，暂时性差异可分为应纳税暂时性差异和可抵扣暂时性差异。

1. 应纳税暂时性差异

应纳税暂时性差异，是指在确定未来收回资产或清偿负债期间的应纳税所得额时，将导致产生应税金额的暂时性差异，该差异在未来期间转回时，会增加转回期间的应纳税所得额，即在未来期间不考虑该事项影响的应纳税所得额的基础上，由于该暂时性差异的转回，会进一步增加转回期间的应纳税所得额和应交所得税金额。在应纳税暂时性差异产生当期，应当确认相关的递延所得税负债。

应纳税暂时性差异一般产生于以下两种情况：

（1）资产的账面价值大于其计税基础。一项资产的账面价值代表的是企业在持续使用或最终出售该项资产时将取得的经济利益的总额，而计税基础代表的是一项资产在未来期间可予税前扣除的金额。资产的账面价值大于其计税基础，该项资产未来期间产生的经济利益不能全部税前抵扣，两者之间的差额需要交税，产生应纳税暂时性差异。例如，一项资产账面价值为 500 万元，计税基础如果为 450 万元，两者之间的差额会造成未来期间应纳税所得额和应交所得税的增加。在应纳税暂时性差异产生当期，符合确认条件的情况下，应确认相关的递延所得税负债。

（2）负债的账面价值小于其计税基础。一项负债的账面价值为企业预计在未来期间清偿该项负债时的经济利益流出，而其计税基础代表的是账面价值在扣除税法规定未来期间允许税前扣除的金额之后的差额。因负债的账面价值与其计税基础不同产生的暂时性差异，本质上是税法规定就该项负债在未来期间可以税前扣除的金额（即与该项负债相关的费用支出在未来期间可予税前扣除的金额）。负债的账面价值小于其计税基础，则意味着就该项负债在未来期间可以税前抵扣的金额为负数，即应在未来期间应纳税所得额的基础上调增，增加未来期间的应纳税所得额和应交所得税金额，产生应纳税暂时性差异，应确认相关的递延所得税负债。

【例 3 - 15】2011 年 12 月 1 日甲公司购入股票 100 万元，作为交易性金融资产；2011 年 12 月 31 日该股票的收盘价为 110 万元。则该资产的账面价值为 110 万元，其计税基础为 100 万元，产生应纳税暂时性差异 10 万元。可以理解为：资产的账面价值为 110 万元，将来可以税前抵扣的金额为 100 万元，有 10 万元不能抵扣，应调增应纳税所得额，将来应多交所得税，故称为"应纳税暂时性差异"。

2. 可抵扣暂时性差异

可抵扣暂时性差异，是指在确定未来收回资产或清偿负债期间的应纳税所得额时，将导致产生可抵扣金额的暂时性差异。该差异在未来期间转回时会减少转回期间的应纳税所得额，减少未来期间的应交所得税。在可抵扣暂时性差异产生当期，符合确认条件的情况下，应当确认相关的递延所得税资产。

【例 3 - 16】甲公司 2009 年 12 月 1 日购入存货 100 万元，2009 年末该存货的可变现净值为 90 万元。则 2009 年末该资产的账面价值为 90 万元，其计税基础为 100 万元，产生可抵扣暂时性差异 10 万元。可以理解为：资产的账面价值为 90 万元，将来可以税前抵扣的金额为 100 万元，将来可以多抵扣 10 万元，故称为"可抵扣暂时性差异"。

可抵扣暂时性差异一般产生于以下两种情况：

（1）资产的账面价值小于其计税基础，从经济含义来看，资产在未来期间产生的经济利益少，按照税法规定允许税前扣除的金额多，则就账面价值与计税基础之间的差额，企业在未来期间可以减少应纳税所得额并减少应交所得税，符合有关条件时，应当确认相关的递延所得税资产。例如，一项资产的账面价值为 100 万元，计税基础为 160 万元，则企业在未来期间就该项资产可以在其自身取得经济利益的基础上多扣除 60 万元。从整体上来看，未来期间应纳税所得额会减少，应交所得税也会减少，形成可抵扣暂时性差异，符合确认条件时，应确认相关的递延所得税资产。

（2）负债的账面价值大于其计税基础，负债产生的暂时性差异实质上是税法规定就该项负债可以在未来期间税前扣除的金额。即：

负债产生的暂时性差异 = 账面价值 - 计税基础

　　　　　　　　　 = 账面价值 - (账面价值 - 未来期间计税时按照税法规定可
　　　　　　　　　　　 予税前扣除的金额)

　　　　　　　　　 = 未来期间计税时按照税法规定可予税前扣除的金额

一项负债的账面价值大于其计税基础,意味着未来期间按照税法规定与该项负债相关的全部或部分支出可以自未来应税经济利益中扣除,减少未来期间的应纳税所得额和应交所得税。例如,企业对将发生的产品保修费用在销售当期确认预计负债200万元,但如果税法规定有关费用支出只有在实际发生时才能够税前扣除,其计税基础为0;企业确认预计负债的当期相关费用不允许税前扣除,但在以后期间有关费用实际发生时允许税前扣除,使得未来期间的应纳税所得额和应交所得税减少,产生可抵扣暂时性差异,符合有关确认条件时,应确认相关的递延所得税资产。

(三) 特殊项目产生的暂时性差异

1. 未作为资产、负债确认的项目产生的暂时性差异。某些交易或事项发生以后,因为不符合资产、负债的确认条件而未体现为资产负债表中的资产或负债,但按照税法规定能够确定其计税基础的,其账面价值。与计税基础之间的差异也构成暂时性差异。如企业发生的符合条件的广告费和业务宣传费支出,除另有规定外,不超过销售收入15%的部分准予扣除;超过部分准予向以后纳税年度结转扣除。该类费用在发生时按照会计准则规定即计入当期损益,不形成资产负债表中的资产。但按照税法规定可以确定其计税基础,两者之间的差异也形成暂时性差异。

【例3-17】A公司2010年发生了2 000万元广告支出,发生时已作为销售费用计入当期损益,税法规定,该类支出不超过当年销售收入15%的部分允许当期税前扣除,超过部分允许向以后纳税年度结转税前扣除。A公司2010年实现销售收入10 000万元。

该广告费用支出因按照会计准则规定在发生时已计入当期损益,不体现为资产负债表中的资产,如果将其视为资产,其账面价值为0。

因按照税法规定,该类支出税前列支有一定标准限制,根据当期A公司销售收入15%计算,当期可予税前扣除1 500万元(10 000×15%),当期未予税前扣除的500万元可以向以后纳税年度结转扣除,其计税基础为500万元。

该项资产的账面价值0与其计税基础500万元之间产生了500万元的暂时性差异,该暂时性差异在未来期间可减少企业的应纳税所得额,为可抵扣暂时性差异,符合确认条件时,应确认相关的递延所得税资产。

2. 可抵扣亏损及税款抵减产生的暂时性差异。对于按照税法规定可以结转以后年度的未弥补亏损及税款抵减,虽不是因资产、负债的账面价值与计税基础不同产生的,但本质上可抵扣亏损和税款抵减与可抵扣暂时性差异具有同样的作用,均能减少未来期间的应纳税所得额和应交所得税,视同可抵扣暂时性差异,在符合确认条件的情况下,应确认与其相关的递延所得税资产。

【例3-18】甲公司于2010年因政策性原因发生经营亏损2 000万元,按照税法规定，该亏损可用于抵减以后 5 个年度的应纳税所得额。该公司预计其于未来 5 年期间能够产生足够的应纳税所得额弥补该亏损。

该经营亏损不是资产、负债的账面价值与其计税基础不同产生的，但从性质上可以减少未来期间企业的应纳税所得额和应交所得税，属于可抵扣暂时性差异。企业预计未来期间能够产生足够的应纳税所得额利用该可抵扣亏损时，应确认相关的递延所得税资产。

2007 年税率33% ，从 2008 年开始税率为 25%

（1）未来 5 年有足够应纳税所得额可利用

2010 年 12 月 31 日应确认递延所得税资产 = 2 000 × 25% = 500（万元）

以未来暂时性差异转回期间的税率计算递延所得税资产。

（2）未来 5 年税前会计利润为 600 万元

2010 年 12 月 31 日应确认递延所得税资产 = 600 × 25% = 150（万元）

（3）未来 5 年无利润

不确认递延所得税资产

第三节　递延所得税负债及递延所得税资产的确认和计量

在资产负债表债务法下，对于可抵减暂时性差异的影响额一般应确认为递延所得税资产；对于应纳税暂时性差异的影响额一般应确认为递延所得税负债。在确认递延所得税资产和递延所得税负债时，应遵循谨慎性原则，不得高估递延所得税资产，不得低估递延所得税负债。

一、递延所得税负债的确认和计量

递延所得税负债产生于应纳税暂时性差异。因应纳税暂时性差异在转回期间将增加企业的应纳税所得额和应交所得税，导致企业经济利益的流出，在其发生当期，构成企业应支付税金的义务，应作为负债确认。

确认应纳税暂时性差异产生的递延所得税负债时，交易或事项发生时影响到会计利润或应纳税所得额的，相关的所得税影响应作为利润表中所得税费用的组成部分；与直接计入所有者权益的交易或事项相关的，其所得税影响应减少所有者权益；与企业合并中取得资产、负债相关的，递延所得税影响应调整购买日应确认的商誉或是计入合并当期损益的金额。

（一）递延所得税负债的确认

企业在确认因应纳税暂时性差异产生的递延所得税负债时，应遵循以下原则：

1. 除所得税准则中明确规定可不确认递延所得税负债的情况以外，企业对于所有的应纳税暂时性差异均应确认相关的递延所得税负债。

一般原则

除所得税准则中明确规定可不确认递延所得税负债的情况以外，企业对于所有的应纳税暂时性差异均应确认相关的递延所得税负债。除直接计入所有者权益的交易或事项以及企业合并中取得资产、负债相关的以外，在确认递延所得税负债的同时，应增加利润表中的所得税费用。

【例3-19】A企业于2011年12月6日购入某项设备，取得成本为500万元，会计上采用年限平均法计提折旧，使用年限为10年，净残值为零，因该资产长年处于强震动状态，计税时按双倍余额递减法计列折旧，使用年限及净残值与会计相同。A企业适用的所得税税率为25%。假定该企业不存在其他会计与税收处理的差异。

2012年12月31日

资产账面价值 = 500 - 500 ÷ 10 = 450（万元）

资产计税基础 = 500 - 500 × 20% = 400（万元）

递延所得税负债余额 = (450 - 400) × 25% = 12.5（万元）

借：所得税费用　　　　　　　　　　　　　　　　　　　　　12.5

　　贷：递延所得税负债　　　　　　　　　　　　　　　　　　　　12.5

2013年12月31日

资产账面价值 = 500 - 500 ÷ 10 × 2 = 400（万元）

资产计税基础 = 500 - 500 × 20% - 400 × 20% = 320（万元）

递延所得税负债余额 = (400 - 320) × 25% = 20（万元）

借：所得税费用　　　　　　　　　　　　　　　　　　　　　7.5

　　贷：递延所得税负债　　　　　　　　　　　　　　7.5 (20 - 12.5)。

2. 不确认递延所得税负债的特殊情况

有些情况下，虽然资产、负债的账面价值与其计税基础不同，产生了应纳税暂时性差异，但出于各方面考虑，所得税准则中规定不确认相应的递延所得税负债，主要包括：

（1）商誉的初始确认。非同一控制下的企业合并中，企业合并成本大于合并中取得的被购买方可辨认净资产公允价值份额的差额，按照会计准则规定应确认为商誉。

因会计与税收的划分标准不同，按照税收法规定作为免税合并的情况下，计税时不认可商誉的价值，即从税法角度，商誉的计税基础为0，两者之间的差额形成应纳税暂时性差异。对于商誉的账面价值与其计税基础不同产生的该应纳税暂时性差异，准则中规定不确认与其相关的递延所得税负债，原因在于：

一是确认该部分暂时性差异产生的递延所得税负债，则意味着购买方在企业合并中获得的可辨认净资产的价值量下降，企业应增加商誉的价值，商誉的账面价值增加以后，可能很快就要计提减值准备，同时其账面价值的增加还会进一步产生应纳税暂时性差异，使得递延所得税负债和商誉价值量的变化不断循环。

二是商誉本身即是企业合并成本在取得的被购买方可辨认资产、负债之间进行分配后的剩余价值，确认递延所得税负债进一步增加其账面价值会影响到会计信息的可靠性。

【例 3 - 20】A 企业以增发市场价值为 15 000 万元的自身普通股为对价购入 B 企业 100% 的净资产，对 B 企业进行吸收合并。假定该项合并符合税法规定的免税合并条件，购买日 B 企业各项可辨认资产、负债的公允价值及其计税基础如表 3 - 1 所示。

表 3 - 1 　　　　　　　　B 企业购买日各项可辨认资产、负债的
公允价值及其计税基础　　　　　　　　单位：万元

	公允价值	计税基础	暂时性差异
固定资产	6 750	3 875	2 875
应收账款	5 250	5 250	
存货	4 350	3 100	1 250
其他应付款	(750)	0	(750)
应付账款	(3 000)	(3 000)	0
不包括递延所得税的可辨认资产、负债的公允价值	12 600	9 225	3 375

B 企业适用的所得税税率为 25%，预期在未来期间不会发生变化，该项交易中应确认递延所得税负债及商誉的金额计算如下：

可辨认净资产公允价值	12 600
递延所得税资产（750 × 25%）	187.5
递延所得税负债（2 875 + 1 250 × 25%）	1 031.25
考虑递延所得税后可辨认资产、负债的公允价值	11 756.25
商誉	3 243.75
企业合并成本	15 000

不考虑递延所得税的商誉 = 15 000 - 12 600 = 2 400（万元）

借：递延所得税资产　　　　　　　　　　　　　　　187.5
　　　贷：商誉　　　　　　　　　　　　　　　　　　　　　　187.5
借：商誉　　　　　　　　　　　　　　　　　　　　 1 031.25
　　　贷：递延所得税负债　　　　　　　　　　　　　　　　　 1 031.25

考虑递延所得税后的商誉 = 2 400 - 187.5 + 1 031.25 = 3 243.75（万元）

因此，企业合并时递延所得税资产和递延所得税负债对应科目为商誉。

因该项合并符合税法规定的免税合并条件，当事各方选择进行免税处理的情况下，购买方在免税合并中取得的被购买方有关资产、负债应维持其原计税基础不变。被购买方原账面上未确认商誉，即商誉的计税基础为零。

该项合并中所确认的商誉金额 3 243.75 万元与其计税基础零之间产生的应纳税暂时性差异，按照准则中规定，不再进一步确认相关的所得税影响。

需要说明的是，非同一控制下的企业合并形成的商誉，并且按照所得税法规定商

誉在初始确认时计税基础等于账面价值的（即应税合并形成的商誉），该商誉在后续计量过程中因计提减值准备，使得商誉的账面价值小于计税基础，会产生可抵扣暂时性差异，应确认相关的所得税影响。

3. 与子公司、联营企业、合营企业投资等相关的应纳税暂时性差异，一般应确认相应的递延所得税负债，但同时满足以下两个条件的除外：一是投资企业能够控制暂时性差异转回的时间；二是该暂时性差异在可预见的未来很可能不会转回。满足上述条件时，投资企业可以运用自身的影响力决定暂时性差异的转回，如果不希望其转回，则在可预见的未来该项暂时性差异即不会转回，对未来期间的计税不产生影响，从而无须确认相应的递延所得税负债。

对于权益法核算的长期股权投资，其计税基础与账面价值产生的有关暂时性差异是否应确认相关的所得税影响，应当考虑该项投资的持有意图：

（1）如果企业拟长期持有，则因初始投资成本的调整产生的暂时性差异预计未来期间不会转回，对未来期间没有所得税的影响；因确认投资收益产生的暂时性差异，如果在未来期间逐期分回现金股利或利润时免税，也不存在对未来期间的所得税影响；因确认应享有的被投资单位其他权益变动而产生的暂时性差异，在长期持有的情况下，预计未来期间也不会转回。因此，在准备长期持有的情况下，对于采用权益法核算的长期股权投资账面价值与计税基础之间的差异，投资企业一般不确认相关的所得税影响。

（2）在投资企业改变持有意图拟对外出售的情况下，按照税法规定，企业在转让或处置投资资产时，投资资产的成本准予扣除。在持有意图由长期持有转变为拟近期出售的情况下，因长期股权投资的账面价值与计税基础不同产生的有关暂时性差异，均应确认相关的所得税影响。

（二）递延所得税负债的计量

1. 所得税准则规定，资产负债表日，对于递延所得税负债，应当根据适用税法规定，按照预期清偿该负债期间的适用税率计量，即递延所得税负债应以相关应纳税暂时性差异转回期间按照税法规定适用的所得税税率计量。

在我国，除享受优惠政策的情况以外，企业适用的所得税税率在不同年度之间一般不会发生变化，企业在确认递延所得税负债时，可以现行适用税率为基础计算确定。对于享受优惠政策的企业，如经国家批准的经济技术开发区内的企业，享受一定期间的税率优惠，则所产生的暂时性差异应以预计其转回期间的适用所得税税率为基础计量。

2. 无论应纳税暂时性差异的转回期间如何，准则中规定递延所得税负债不要求折现。对递延所得税负债进行折现，企业需要对相关的应纳税暂时性差异进行详细的分析，确定其具体的转回时间表，并在此基础上，按照一定的利率折现后确定递延所得税负债的金额。实务中，要求企业进行类似的分析工作量较大、包含的主观判断因素较多，且很多情况下无法合理确定暂时性差异的具体转回时间，准则中规定递延所得税负债不予折现。

二、递延所得税资产的确认和计量

（一）递延所得税资产的确认

1. 确认递延所得税资产的一般原则

资产、负债的账面价值与其计税基础不同产生可抵扣暂时性差异的，在估计未来期间能够取得足够的应纳税所得额用以利用该可抵扣暂时性差异时，应当以很可能取得用来抵扣可抵扣暂时性差异的应纳税所得额为限，确认相关的递延所得税资产。应注意的是，确认递延所得税资产的同时，应调整所得税费用、资本公积或者商誉。

（1）确认递延所得税资产的同时，调整所得税费用

在一般情况下，由于确认了递延所得税资产，应相应调减所得税费用。下面举例说明常见的事项。

【例3－21】 说明存货事项产生的可抵扣暂时性差异确认递延所得税资产。

甲公司2011年年末存货账面余额100万元，已提存货跌价准备10万元。则存货账面价值为90万元，存货的计税基础为100万元，形成可抵扣暂时性差异为10万元。假设甲公司所得税税率为25%，对于可抵扣暂时性差异可能产生的未来经济利益，应以很可能取得用来抵扣可抵扣暂时性差异的应纳税所得额为限，确认相应的递延所得税资产：

递延所得税资产＝可抵扣暂时性差异×所得税税率＝10×25%＝2.5（万元）。在不考虑期初递延所得税资产的情况下，甲公司的账务处理是：

借：递延所得税资产 　　　　　　　　　　　　　　　25 000

　　贷：所得税费用 　　　　　　　　　　　　　　　　　　　25 000

【例3－22】 说明固定资产产生的可抵扣暂时性差异确认递延所得税资产。

甲公司2009年末支付100万元购入一项固定资产，预计使用年限5年，预计净残值为0，采用直线法计提折旧，税法计提折旧与会计一致。2008年末，该设备的账面余额为100万元，累计折旧20万元，如果该固定资产出现减值的迹象，经测试其可收回金额为60万元，则计提固定资产减值准备后，固定资产的账面价值为60万元；而固定资产的计税基础为80万元（100－20），则产生可抵扣暂时性差异20万元。假设甲公司2008年所得税税率为25%，对于可抵扣暂时性差异可能产生的未来经济利益，应以很可能取得用来抵扣可抵扣暂时性差异的应纳税所得额为限，确认相应的递延所得税资产：

递延所得税资产＝可抵扣暂时性差异×所得税税率＝20×25%＝5（万元）。在不考虑期初递延所得税资产的情况下，甲公司的账务处理是：

借：递延所得税资产 　　　　　　　　　　　　　　　50 000

　　贷：所得税费用 　　　　　　　　　　　　　　　　　　　50 000

【例3－23】 说明交易性金融资产产生的可抵扣暂时性差异确认递延所得税资产。

2009年12月1日甲公司购入股票500万元，作为交易性金融资产；2009年12月31日该股票的收盘价为460万元。则该资产的账面价值为460万元，其计税基础为500万元，产生可抵扣暂时性差异40万元。假设甲公司2009年所得税税率为25%，对于可抵扣暂时性差异可能产生的未来经济利益，应以很可能取得用来抵扣可抵扣暂时性

差异的应纳税所得额为限，确认相应的递延所得税资产：

递延所得税资产＝可抵扣暂时性差异×所得税税率＝40×25%＝10（万元）。在不考虑期初递延所得税资产的情况下，甲公司的账务处理是：

借：递延所得税资产　　　　　　　　　　　　　　100 000
　　贷：所得税费用　　　　　　　　　　　　　　　　　100 000

【例3-24】说明预计负债产生的可抵扣暂时性差异确认递延所得税资产。

甲公司2009年预计负债账面金额为100万元（预提产品保修费用），假设产品保修费用在实际支付时抵扣，该预计负债计税基础为0万元（负债账面价值100-其在未来期间计算应税利润时可予抵扣的金额100）。因此，预计负债账面价值100万元与计税基础0的差额，形成暂时性差异100万元；因负债的账面价值大于其计税基础，形成可抵扣暂时性差异。假设甲公司所得税税率为25%，对于可抵扣暂时性差异可能产生的未来经济利益，应以很可能取得用来抵扣可抵扣暂时性差异的应纳税所得额为限，确认相应的递延所得税资产：

递延所得税资产＝可抵扣暂时性差异×所得税税率＝100×25%＝25（万元）。在不考虑期初递延所得税资产的情况下，甲公司的账务处理是：

借：递延所得税资产　　　　　　　　　　　　　　250 000
　　贷：所得税费用　　　　　　　　　　　　　　　　　250 000

【例3-25】甲公司2009年发生亏损400万元，假设可以由以后年度税前弥补，2009年所得税税率为25%，则对于能够结转以后年度的未弥补亏损，应视同可抵扣暂时性差异，以很可能获得用来抵扣该部分亏损的未来应纳税所得额为限，确认相应的递延所得税资产：

递延所得税资产＝可抵扣暂时性差异×所得税税率＝400×25%＝100（万元）

在不考虑期初递延所得税资产的情况下，甲公司的账务处理是：

借：递延所得税资产　　　　　　　　　　　　　　1 000 000
　　贷：所得税费用　　　　　　　　　　　　　　　　　1 000 000

（2）确认递延所得税资产的同时，调整资本公积

与直接计入所有者权益的交易或事项相关的可抵扣暂时性差异，相应的递延所得税资产应计入所有者权益（资本公积）。如因可供出售金融资产公允价值下降产生可抵扣暂时性差异确认递延所得税资产的，应调增资本公积，不计入所得税费用。这样处理的原因，是因为可供出售金融资产公允价值的变动计入资本公积，其相应的所得税影响也应计入资本公积，这样才相互匹配。

【例3-26】说明可供出售金融资产产生可抵扣暂时性差异确认递延所得税资产。

甲公司持有丙公司股票，这些股票被归类为可供出售金融资产。购买该股票时的公允价值为300万元，2009年年末，该股票的公允价值为260万元。则资产账面价值260万元与资产计税基础300万元之间的差额，形成可抵扣暂时性差异，应确认相应的递延所得税资产（甲公司2009年所得税税率为25%），同时增加资本公积：

递延所得税资产＝可抵扣暂时性差异×所得税税率＝40×25%＝10（万元）。

甲公司的会计处理如下：

借：递延所得税资产   100 000
  贷：资本公积——其他资本公积   100 000

（3）确认递延所得税资产的同时，调整商誉

非同一控制下的企业合并中，按照会计规定确定的合并中取得各项可辨认资产、负债的公允价值与其计税基础之间形成可抵扣暂时性差异的，应确认相应的递延所得税资产，同时调整合并中应予确认的商誉。参见本章【例 3-20】。

2. 不确认递延所得税资产的特殊情况

某些情况下，如果企业发生某项交易或事项不是企业合并，并且交易发生时既不影响会计利润也不影响应纳税所得额，且该项交易中产生的资产、负债的初始确认金额与其计税基础不同，产生可抵扣暂时性差异的，企业会计准则规定在交易或事项发生时不确认相应的递延所得税资产。如果确认递延所得税资产，就会相应减少资产的成本，违背了历史成本原则，所以不能确认。

例如，甲公司进行新产品开发，在开发阶段发生的可以资本化的支出为 100 万元，形成无形资产账面价值 100 万元；按照税法规定，可以按照无形资产历史成本的 150% 摊销，其计税基础为 150 万元，其产生的可抵扣暂时性差异 50 万元，在无形资产初始确认时不确认递延所得税资产。

注意：上述例子中存货、固定资产、股票等事项确认递延所得税资产，都是在初始确认后，在后续计量中因计提减值、折旧、公允价值变动导致资产的账面价值与其计税基础不同而确认递延所得税资产。

（二）递延所得税资产的计量

1. 适用税率的确定，同递延所得税负债的计量原则相一致。应注意二点：

（1）递延所得税资产应采用可抵扣差异转回期间适用的所得税税率为基础计算确定。比如，2007 年所得税税率为 33%，2008 年起所得税税率为 25%，在 2007 年末确认递延所得税资产时，应采用转回时的税率即 25% 来计算确定。

（2）资产负债表日应对递延所得税资产进行复核，并可能调增或调减递延所得税资产。同其他资产的确认和计量原则相一致，递延所得税资产的账面价值应当代表其为企业带来未来经济利益的能力。企业在确认了递延所得税资产以后，因各方面情况变化，导致按照新的情况估计，在有关可抵扣暂时性差异转回的期间内，无法产生足够的应纳税所得额用以利用可抵扣暂时性差异，使得与递延所得税资产相关的经济利益无法全部实现的，对于预期无法实现的部分，应当减记递延所得税资产的账面价值。除原确认时记入所有者权益的递延所得税资产，其减记金额亦应记入所有者权益外，其他的情况应增加减记当期的所得税费用。例如，2007 年甲公司发生亏损 100 万元，估计未来 5 年可取得 100 万元以上的应纳税所得额用以弥补亏损，则在 2007 年末确认递延所得税资产 25 万元（100×25%）；如果 2008 年末确定发生变化，预计未来四年可取得弥补亏损的应纳税所得额仅为 60 万元，则 2008 年末应确认的递延所得税资产为 15 万元（60×25%），应减记递延所得税资产 10 万元，同时调增当年所得税费用 10 万元。

同理，因无法取得足够的应纳税所得额利用可抵扣暂时性差异而减记递延所得

资产账面价值的，继后期间根据新的环境和情况判断能够产生足够的应纳税所得额利用可抵扣暂时性差异，使得递延所得税资产包含的经济利益能够实现的，应相应恢复递延所得税资产的账面价值。

第四节　所得税费用的确认和计量

企业核算所得税，主要是为确定当期应交所得税以及利润表中应确认的所得税费用。按照资产负债表债务法核算所得税的情况下，利润表中的所得税费用由两个部分组成：当期所得税和递延所得税。

一、当期所得税

当期所得税，是指企业按照税法规定计算确定的针对当期发生的交易和事项，应交纳给税务部门的所得税金额，即应交所得税，当期所得税应以适用的税收法规为基础计算确定。

企业在确定当期所得税时，对于当期发生的交易或事项，会计处理与税收处理不同的，应在会计利润的基础上，按照适用税收法规的规定进行调整，计算出当期应纳税所得额，按照应纳税所得额与适用所得税税率计算确定当期应交所得税。一般情况下，应纳税所得额可在会计利润的基础上，考虑会计与税收之间的差异，按照以下公式计算确定：

1. 当期所得税 = 当期应交所得税 = 应纳税所得额 × 适用的所得税税率

2. 应纳税所得额 = 会计利润 + 按照会计准则规定计入利润表、但计税时不允许税前扣除

（一）纳税调整增加额

1. 按会计准则规定核算时不作为收益计入财务报表，但在计算应纳税所得额时作为收益需要交纳所得税。

2. 按会计准则规定核算时确认为费用或损失计入财务报表，但在计算应纳税所得额时则不允许扣减。

（二）纳税调整减少额

1. 按会计准则规定核算时作为收益计入财务报表，但在计算应纳税所得额时不确认为收益。

2. 按会计准则规定核算时不确认为费用或损失，但在计算应纳税所得额时则允许扣减。

二、递延所得税

递延所得税，是指按照企业会计准则规定应予确认的递延所得税资产和递延所得

税负债在期末应有金额相对于原已确认金额之间的差额，即递延所得税资产及递延所得税负债的当期发生额，但不包括直接计入所有者权益的交易或事项及企业合并的所得税影响（因为它们计入资本公积和商誉，不计入所得税费用）。

递延所得税 = 递延所得税负债增加额 − 递延所得税资产增加额

$\qquad$ = （期末递延所得税负债 − 期初递延所得税负债）−（期末递延所得税资产 − 期初递延所得税资产）

值得说明的是，企业因确认递延所得税资产和递延所得税负债产生的递延所得税，一般应当记入所得税费用。

三、所得税费用

计算确定了当期所得税及递延所得税以后，利润表中应予确认的所得税费用为两者之和，即：所得税费用 = 当期所得税 + 递延所得税

【例 3 − 26】A 公司 2012 年度利润表中利润总额为 3 000 万元，该公司适用的所得税税率为 25%。递延所得税资产及递延所得税负债不存在期初余额。与所得税核算有关的情况如下：

2012 年发生的有关交易和事项中，会计处理与税收处理存在差别的有：

（1）2012 年 1 月开始计提折旧的一项固定资产，成本为 1 500 万元，使用年限为 10 年，净残值为 0，会计处理按双倍余额递减法计提折旧，税收处理按直线法计提折旧。假定税法规定的使用年限及净残值与会计规定相同。

（2）向关联企业捐赠现金 500 万元。假定按照税法规定，企业向关联方的捐赠不允许税前扣除。

（3）当期取得作为交易性金融资产核算的股票投资成本为 800 万元，2012 年 12 月 31 日的公允价值为 1 200 万元。税法规定，以公允价值计量的金融资产持有期间市价变动不计入应纳税所得额。

（4）违反环保法规定应支付罚款 250 万元。

（5）期末对持有的存货计提了 75 万元的存货跌价准备。

分析：

（1）2012 年度当期应交所得税

应纳税所得额 = 3 000 + 150 + 500 − 400 + 250 + 75 = 3 575（万元）

应交所得税 = 3 575 × 25% = 893.75（万元）

（2）2012 年度递延所得税

递延所得税资产 = 225 × 25% = 56.25（万元）

递延所得税负债 = 400 × 25% = 100（万元）

递延所得税 = 100 − 56.25 = 43.75（万元）

（3）利润表中应确认的所得税费用

所得税费用 = 893.75 + 43.75 = 937.50（万元），确认所得税费用的账务处理如下：

借：所得税费用 $\qquad$ 9 375 000

$\quad$ 递延所得税资产 $\qquad$ 562 500

贷：应交税费——应交所得税   8 937 500

    递延所得税负债   1 000 000

该公司 2012 年资产负债表相关项目金额及其计税基础如表 3 - 2 所示。

表 3 - 2   A 公司 2012 年资产负债表相关项目金额及计税基础

单位：万元

项 目	账面价值	计税基础	差 异	
			应纳税暂时性差异	可抵扣暂时性差异
存货	2 000	2 075		75
固定资产				
固定资产原价	1 500	1 500		
减：累计折旧	300	150		
减：固定资产减值准备	0	0		
固定资产账面价值	1 200	1 350		150
交易性金额资产	1 200	800	400	
其他应付款	250	250		
总 计			400	225

沿用【例 3 - 26】中有关资料，假定 A 公司 2012 年当期应交所得税为 1 155 万元。资产负债表中有关资产、负债的账面价值与其计税基础相关资料如表 3 - 3 所示，除所列项目外，其他资产、负债项目不存在会计和税收的差异。

表 3 - 3   A 公司 2012 年资产负债表中有关资产负债的

账面价值及计税基础

单位：万元

项 目	账面价值	计税基础	差 异	
			应纳税暂时性差异	可抵扣暂时性差异
存货	4 000	4 200		200
固定资产				
固定资产原价	1 500	1 500		
减：累计折旧	540	300		
减：固定资产减值准备	50	0		
固定资产账面价值	910	1 200		290
交易性金额资产	1 675	1 000	675	
预计负债	250	0		250
总 计			675	740

分析：

（1）当期所得税 = 当期应交所得税 = 1 155 万元

（2）递延所得税

| ①期末递延所得税负债 | 168.75（675 × 25%） |

期初递延所得税负债　　　　　　　　　　　　　　　100

递延所得税负债增加　　　　　　　　　　　　　　　68.75

②期末递延所得税资产　　　　　　　　　185（740 × 25%）

期初递延所得税资产　　　　　　　　　　　　　　　56.25

递延所得税资产增加　　　　　　　　　　　　　　128.75

递延所得税 = 68.75 − 128.75 = −60（万元）（收益）

（3）确认所得税费用

所得税费用 = 1 155 − 60 = 1 095（万元），确认所得税费用的账务处理如下：

借：所得税费用　　　　　　　　　　　　　　　10 950 000

　　递延所得税资产　　　　　　　　　　　　　 1 287 500

　　　贷：递延所得税负债　　　　　　　　　　　　 687 500

　　　　　应交税费——应交所得税　　　　　　　11 550 000

四、合并财务报表中因抵销未实现内部销售损益产生的递延所得税

以上阐述的是资产负债表债务法在个别报表中的运用。在企业集团中，除了编制个别报表外，还需要编制合并报表。在编制合并报表时，应该考虑所得税因素，抵销相关所得税的影响。

按照《企业会计准则解释第1号》的规定，企业在合并财务报表时，因抵消未实现内部销售损益导致合并资产负债表中资产、负债的账面价值与其在纳入合并范围的企业按照适用税法规定确定的计税基础之间产生暂时性差异的，在合并资产负债表中应当确认递延所得税资产或递延所得税负债，同时调整合并利润表中的所得税费用，但与直接计入所有者权益的交易或事项及企业合并的递延所得税除外。因为直接计入所有者权益的交易或事项，在调整递延所得税资产或递延所得税负债的同时，调整资本公积；与企业合并的递延所得税资产和递延所得税负债，应当调整商誉。

【例 3-27】甲公司拥有乙公司80%有表决权股份，能够控制乙公司的生产经营决策。2013年9月甲公司以800万元将自产产品一批销售给乙公司，该批产品在甲公司的生产成本为500万元。至2013年12月31日，乙公司尚未对外销售该批商品。假定涉及商品未发生减值。甲、乙公司适用的所得税税率为25%，且在未来期间预计不会发生变化。税法规定，企业的存货以历史成本作为计税基础。

甲公司在编制合并财务报表时，对于与乙公司发生的内部交易应进行以下抵消处理：

借：营业收入　　　　　　　　　　　　　　　8 000 000

　　贷：营业成本　　　　　　　　　　　　　　5 000 000

存货	3 000 000

经过上述抵消处理后，该项内部交易中涉及的存货在合并资产负债表中体现的价值为500万元，即未发生减值的情况下，为出售方的成本，其计税基础为800万元，两者之间产生了300万元可抵扣暂时性差异，与该暂时性差异相关的递延所得税在乙公司并未确认，为此在合并财务报表中应进行以下处理：

借：递延所得税资产   750 000

    贷：所得税费用   750 000

值得注意的是：

（1）合并报表中资产、负债的账面价值，是合并资产负债表中资产、负债的账面价值，而资产、负债的计税基础，往往是从个别报表的角度确定的计税基础。这是因为，资产、负债的账面价值是按照会计主体确定的，而计税基础是从纳税主体确定的，二者有所不同。

（2）在合并报表中考虑所得税影响，是通过编制抵销分录，调表不调账，不是母公司或子公司的会计分录，不记账；抵销分录属于合并工作底稿的范畴。

第五节　所得税会计信息的披露

企业通过所得税核算，确定了应交所得税、递延所得税资产、递延所得税负债和所得税费用，应当遵循会计准则的规定在财务报表中列报，包括表内列示和表外披露。

（一）表内列示

对于应交所得税，应该列示在资产负债表中的流动负债部分的"应交税费"项目；对于递延所得税资产和递延所得税负债一般应当分别作为非流动负债列示；所得税费用应当在利润表中单独列示。在相关项目列示时，应注意以下问题：

1. 同时满足以下条件时，企业应当将当期所得税资产（即多交所得税，反映在"应交税费——应交所得税"借方余额）及当期所得税负债（即应交所得税贷方余额）以抵消后的净额列示：①企业拥有以净额结算的权利；②意图以净额结算或失去的资产、清偿负债同时进行。

2. 同时满足以下条件时，企业应当将递延所得税资产及递延所得税负债以抵消后的净额列示：（1）企业拥有以净额结算当期所得税资产及当期所得税负债的法定权利；（2）递延所得税资产及递延所得税负债与同一税收征管部门对同一纳税主体征收的所得税相关或者是对不同的纳税主体相关，但在未来每一具有重要性的递延所得税资产及负债转回的期间内，涉及的纳税主体意图以净额结算递延所得税资产和负债或是同时取得资产、清偿负债。

一般情况下，在个别财务报表中，当期所得税资产与负债及递延所得税资产与递延所得税负债可以抵消后的净额列示。例如，甲公司在北京市海淀区纳税，对于应交所得税，如果预交多了，以后可以少交，在资产负债表中用"应交税费"负数列示。对于递延所得税资产和递延所得税负债，如果递延所得税资产为200万元，递延所得税负债为150万元，则在资产负债表中以抵销后的净额列示，即列示递延所得税资产50万元。

在合并财务报表中，纳入合并范围的企业中，一方的当期所得税资产或递延所得税资产与另一方的当期所得税负债或递延所得税负债一般不能予以抵消，除非所涉及的企业具有以净额结算的法定权利并且意图以净额结算。这是因为合并范围内的企业在各地交税，甲公司在北京市多交了，不能抵减乙公司在天津少交了，因此，合并报表中的递延所得税资产、递延所得税负债、应交所得税一般不能抵消。但是，如果是以整个企业集团合并纳税，则可以相互抵销。总之，会计主体和纳税主体一致时可以抵销；会计主体和纳税主体不一致时，不能抵消。

（二）表外披露

除了在会计报表内对所得税核算结果进行列示外，同时还应在附注中披露于所得税有关的信息。在附注中披露的所得税信息包括：

1. 所得税费用（收益）的主要组成部分。

2. 所得税费用（收益）与会计利润关系的说明。

3. 未确认递延所得税资产的可抵扣暂时性差异、可抵扣亏损的金额（如果存在到期日，还应披露到期日）。

4. 对每一类暂时性差异和可抵扣亏损，在列报期间确认的递延所得税资产或递延所得税负债的金额，确认递延所得税资产的依据。

5. 未确认递延所得税负债的，与对子公司、联营企业及合营企业投资相关的暂时性差异金额。

下面以万科公司为例，说明所得税的列报（摘自"万科企业股份有限公司2007年年度报告"）：

万科企业股份有限公司2007年年度报告附注（节选）

所得税费用

（1）本年所得税费用组成：

表3-4　　　　　　　　　　**本年所得税费用组成**　　　　　　　　单位：元

	2007 年	2006 年（已重述）
当期所得税费用	2 833 057 026. 08	1 221 304 400. 66
其中：当年产生的所得税费用	2 833 057 026. 08	1 222 003 903. 66
本年调整以前年度所得税金额	—	（699 503. 00）
递延所得税费用	（508 952 158. 57）	（209 806 791. 66）
合　计	2 324 104 867. 51	1 011 497 609. 00

（2）递延所得税费用分析如下：

表 3-5 递延所得税费用分析 单位：元

	2007 年	2006 年（已重述）
暂时性差异的转回	(36 405 437. 26)	(58 815 045. 00)
土地增值税递延影响	(314 905 728. 86)	(133 226 652. 66)
确认的以前年度未利用可抵扣亏损	(19 214 244. 29)	(17 765 094. 00)
公允价值变动	(138 426 748. 36)	—
合　计	(508 952 158. 77)	(209 806 791. 66)

（3）所得税费用与会计利润的关系如下：

表 3-6 所得税费用与会计利润的关系 单位：元

	集　团		本公司	
	2007 年	2006 年（已重述）	2007 年	2006 年（已重述）
税前利润/（亏损）	7 641 605 685. 33	3 434 494 660. 18	1 727 621 268. 51	2 297 956 801. 27
按税率15%计算的所得税费用	1 146 240 852. 80	515 174 199. 03	259 143 190. 28	344 693 520. 19
非应税收入 - 投资收益	(42 452 310. 71)	(7 766 585. 00)	(328 958 316. 16)	(420 533 980. 58)
不可抵扣的费用	122 838 653. 19	120 865 237. 00	56 144 228. 34	12 085 500. 00
未确认的暂时性差异	8 254 206. 12	(3 601 879. 98)	—	—
当年转回未确认亏损	(18 041 757. 14)	(17 765 094. 00)	—	—
未利用的可抵扣亏损	35 469 217. 12	11 104 193. 98	13 670 897. 54	63 827 995. 48
税率调整导致年初递延所得税资产/负债余额的变化	6 502 501. 10	—	—	—
税率调整导致当年递延所得税资产/负债余额的变化	20 406 250. 00	—	—	—
在其他地区的子公司税率不一致的影响	1 044 887 255. 03	405 291 234. 97	—	—
冲回以前年度多计所得税	—	(699 503. 02)		
本年所得税费用	2 324 104 867. 51	1 011 497 609. 00	—	73 035. 09

【思考题】

1. 资产负债表债务法的核算程序有哪些步骤？
2. 什么是资产的计税基础？什么是负债的计税基础？
3. 什么是暂时性差异？如何区分应纳税暂时性差异与可抵扣暂时性差异？
4. 如何确认递延所得税资产？
5. 所得税费用如何组成？
6. 简要概括所得税列报的具体内容。

【练习题】

一、单项选择题

1. 在企业收回资产账面价值的过程中，计算应纳税所得额时按照税法规定可以自应税经济利益中抵扣的金额，称为（   ）。

    A. 资产的计税基础 B. 资产的账面价值 C. 负债的计税基础 D. 应纳税所得额

2. 2011年购入库存商品800万元，年末该存货的账面余额为600万元，已计提存货跌价准备80万元，则存货的计税基础是（   ）万元。

    A. 800   B. 600   C. 520   D. 80

3. 下列各项负债中，其计税基础为零的是（   ）。

    A. 赊购商品

    B. 从银行取得的短期借款

    C. 因确认保修费用形成的预计负债

    D. 为其他单位提供债务担保确认的预计负债

4. 公司于2012年3月20日购入一台不需安装的设备，设备价款为200万元，增值税税额为34万元，购入后投入行政管理部门使用。会计采用年限平均法计提折旧，税法允许采用双倍余额递减法计提折旧，假定预计使用年限为5年（会计与税法相同），无残值（会计与税法相同），则2012年12月31日该设备产生的应纳税暂时性差异余额为（   ）万元。

    A. 35. 1   B. 170   C. 30   D. 140

5. 甲公司适用的所得税税率为25%，2012年12月31日因职工教育经费超过税前扣除限额确认递延所得税资产10万元，2013年度，甲公司工资薪金总额为4 000万元，发生职工教育经费90万元。税法规定，工资按实际发放金额在税前列支，企业发生的职工教育经费支出，不超过工资薪金总额2.5%的部分，准予扣除；超过部分，准予在以后纳税年度结转扣除。甲公司2013年12月31日下列会计处理中正确的是（   ）。

    A. 转回递延所得税资产10万元   B. 增加递延所得税资产22. 5万元

    C. 转回递延所得税资产2. 5万元   D. 增加递延所得税资产25万元

6. 对于可抵扣暂时性差异可能产生的未来经济利益，应以很可能取得月来抵扣可抵扣暂时性差异的应纳税所得额为限，确认相应的（　　　　）。

    A. 递延所得税资产　　　　　　　　　　B. 递延所得税负债

    C. 应交所得税　　　　　　　　　　　　D. 暂时性差异

7. 直接计入所有者权益的交易或事项，相关资产、负债的账面价值与计税基础之间形成暂时性差异的，在确认递延所得税资产或递延所得税负债的同时，应计入（　　　　）。

    A. 当期所得税　　　B. 所得税费用　　　C. 资本公积　　　D. 商誉

8. 某企业 2011 年因债务担保确认了预计负债 800 万元，担保方并未就该项担保收取与相应责任相关的费用，因产品质量保证确认预计负债 200 万元。假定税法规定与债务担保有关的费用不允许税前扣除。那么 2011 年末企业预计负债的计税基础为（　　　　）万元。

    A. 800　　　　　　　B. 600　　　　　　　C. 1 000　　　　　　D. 200

9. 某公司 2011 年 12 月因违反当地有关环保法规的规定，接到环保部门的处罚通知，要求其支付罚款 100 万元。税法规定，企业因违反国家有关法律法规支付的罚款和滞纳金，计算应纳税所得额时不允许税前扣除。至 2011 年 12 月 31 日，该项罚款尚未支付。甲公司适用所得税税率为 25%。2011 年末该公司产生的应纳税暂时性差异为（　　　　）万元。

    A. 0　　　　　　　　B. 100　　　　　　　C. −100　　　　　　D. 25

10. 在进行所得税会计处理时，下列各项交易或事项不会导致资产、负债产生暂时性差异的是（　　　　）。

    A. 计提日定资产折旧

    B. 期末计提坏账准备

    C. 期末按公允价值调整交易性金融资产的账面价值

    D. 企业确认的国债利息收入

二、多项选择题

1. 下列负债项目中，其账面价值与计税基础不会产生差异的有（　　　　）。

    A. 短期借款　　　B. 预收款项　　　C. 应付账款　　　D. 预计负债

    E. 应付职工薪酬

2. 按照会计准则规定，在确认递延所得税资产时，可能计入的项目有（　　　　）。

    A. 所得税费用　　　B. 预计负债　　　　C. 资本公积　　　　D. 商誉

    E. 资产减值准备

3. 下列关于企业所得税的表述中，正确的有（　　　　）。

    A. 如果未来期间很可能无法取得足够的应纳税所得额用以利用递延所得税资产的利益，应以可取得的应纳税所得额为限，确定相关的递延所得税资产

    B. 企业应以当期适用的所得税税率为基础计算确定递延所得税资产

    C. 企业应以当期适用的税率计算确定当期应交所得税

    D. 企业应以未来转回期间适用的所得税税率（未来的适用税率可以预计）为基础计算确定递延所得税资产

    E. 只要产生暂时性差异，就应该确认递延所得税资产或递延所得税负债

4. 下列项目中，产生应纳税暂时性差异的有 （ BCD ）。

    A. 期末预提产品质量保证费用

    B. 税法折旧大于会计折旧形成的差额部分

    C. 对可供出售金融资产，企业根据期末公允价值大于取得成本的部分进行了调整

    D. 对以公允价值模式进行后续计量的投资性房地产，企业根据期末公允价值大于账面价值的部分进行了调整

    E. 对无形资产，企业根据期末可收回金额小于账面价值的部分计提了减值准备

5. 下列资产项目中，可能产生应纳税暂时性差异的有 （ ）。

    A. 存货   B. 固定资产   C. 无形资产   D. 交易性金融资产

    E. 长期股权投资

6. 下列各项中，在计算应纳税所得额时可能调整的项目有 （ ）。

    A. 采用公允价值模式的投资性房地产资产转让的净收益

    B. 国债的利息收入

    C. 广告宣传费支出

    D. 持有的可供出售金融资产公允价值变动

    E. 权益法下长期股权投资确认的投资收益

7. 下列有关所得税会计处理的表述中，正确的有 （ ）。

    A. 应当谨慎地确认递延所得税资产和递延所得税负债

    B. 应当足额确认递延所得税资产和递延所得税负债

    C. 与直接计入所有者权益的交易或者事项相关的当期所得税和递延所得税的影响，应当计入所有者权益

    D. 资产负债表日，对于递延所得税资产和递延所得税负债，应当根据税法规定，按照预期收回该资产或清偿该负债期间适用的税率计量，如果未来期间税率发生变化的，应当按照变化后的新税率计算确定

    E. 无论应纳税暂时性差异的转回期间如何，相关的递延所得税负债都不要求折现

8. 下列各事项中，不会导致计税基础和账面价值产生差异的有 （ ）。

    A. 存货期末的可变现净值高于成本   B. 购买国债确认的利息收入

    C. 固定资产发生的维修支出   D. 超过税法标准的招待费

    E. 使用寿命不确定的无形资产期末进行减值测试

9. 下列资产和负债项目的账面价值与其计税基础之间的差额，不确认递延所得税的 （ ）。

    A. 企业自行研究开发的专利权

    B. 期末按公允价值调增可供出售金融资产的金额

    C. 因非同一控制下的企业合并初始确认的商誉

    D. 企业因销售商品提供售后服务确认的预计负债

    E. 期末按公允价值调减交易性金融资产的金额

10. 以下业务不影响"递延所得税资产"的有 （ ）。

    A. 资产减值准备的计提   B. 非公益性捐赠支出

C. 国债利息收入   D. 对产品计提产品质量保证金

E. 税务上对使用寿命不确定的无形资产执行不超过 10 年的摊销标准

三、判断题

1. 暂时性差异，是指资产或负债的账面价值与其计税基础之间的差额；此外，所有者权益的账面价值与其计税基础之间也可能形成暂时性差异。 （ ）

2. 固定资产的账面价值小于其计税基础所形成的暂时性差异，属于可抵扣暂时性差异。 （ ）

3. 购入交易性金融资产后，公允价值持续增加，这将形成可抵扣暂时性差异。 （ ）

4. 按照税法规定允许用以后年度的所得弥补的可抵扣亏损及可结转以后年度的税款抵减，按照可抵扣暂时性差异的原则处理。 （ ）

5. 企业合并中形成的暂时性差异，应在资产负债表日确认递延所得税资产或负债，同时调整所得税费用。 （ ）

6. 企业应当对递延所得税资产和递延所得税负债进行折现。 （ ）

7. 企业因政策性原因发生的巨额经营亏损，在符合条件的情况下，应确认与其相关的递延所得税资产。 （ ）

8. 企业对于其资产、负债的账面价值与计税基础的差异产生的可抵扣暂时性差异都要相应地确认递延所得税资产。 （ ）

9. 应付账款的计税基础即为账面价值。 （ ）

10. 企业确认的递延所得税资产或递延所得税负债对所得税的影响金额，均应构成利润表中的所得税费用。 （ ）

四．计算题与账务处理

1. A 公司 2008 年实现税前会计利润 1 000 000 元，其中含有国库券利息收入 80 000 元，罚款支出 30 000 元。假定无其他纳税调整因素，所得税税率为 25%。

   要求：编制 A 公司 2008 年的所得税会计分录。

2. B 公司 2011 年、2012 年所得税税率为 0%，2013 年、2014 年所得税税率为 25%。2011 年 1 月 1 日该公司某项固定资产的原价为 1 000 000 元（不考虑净残值因素），折旧年限为 4 年，会计采用年数总和法计提折旧，税收采用直线法计提折旧。该公司每年实现税前会计利润 1 000 000 元。假定无其他纳税调整因素，2011 年 1 月 1 日递延所得税资产和递延所得税负债余额为零。

   要求：编制 B 公司各年的所得税会计分录。

3. 假设 C 公司 2007 年发生亏损 100 000 元，所得税税率为 0%；2008 年实现税前利润 50 000 元，所得税税率为 15%；2009 年实现税前利润 100 000 元，所得税税率为 25%。假定无其他纳税调整因素，2007 年 1 月 1 日递延所得税资产和递延所得税负债余额为零。

   要求：编制 C 公司各年的所得税会计分录。

【案例与分析】

A 公司 2011 年有关所得税资料如下：

（1）甲公司所得税采用资产负债表债务法核算，所得税率一直为25%；年初递延所得税资产余额为37.5万元，其中存货项目余额22.5万元，年末弥补亏损项目余额15万元；年初递延所得税负债余额为0。

（2）本年度实现利润总额500万元，其中取得国债利息收入20万元，因发生违法经营被罚款10万元，因违反合同支付违约金30万元（可在税前抵扣），工资及相关附加超过计税标准60万元。

（3）年末计提产品保修费用40万元，计入销售费用，预计负债余额为40为万元。税法规定，产品保修费在实际发生时可以在税前抵扣。

（4）至2010年年末至尚有60万元亏损没有弥补，其递延所得税资产余额为15万元。

（5）年末计提固定资产减值准备50万元（年初减值准备为0），使固定资产账面价值比其计税基础小50万元。转回存货跌价准备70万元，使存货可抵扣暂时性差异由年初余额90万元减少到年末的20万元。税法规定，计提的减值准备不得在税前抵扣。

假设除上述事项外，没有发生其他纳税调整事项。

问题：计算甲公司2011年应交所得税、递延所得税资产余额、递延所得税负债余额和所得税费用，并进行账务处理。

分析思路：2011年应纳税所得额应调减国债利息收入20万元、存货跌价准备70万元；调增罚款10万元、超标工资60万元、计提产品保修费用40万元以及固定资产减值准备50万元，然后弥补亏损60万元。确认递延所得税资产的项目有预计负债、固定资产减值；存货跌价准备、可弥补亏损确认的递延所得税资产本期应转回。

（资料来源：张文贤．高级财务会计．大连：东北财经大学出版社，2009）

第四章 租赁会计

✎ 学习目标

➡ 1. 掌握租赁的相关概念与特征，了解有关租赁的分类及其各类别的具体内容。

➡ 2. 掌握租赁开始日、租赁期、租赁期开始日，以及资产余值、最低租赁付款额、最低租赁收款额、或有租金、履约成本、租赁内含利率的概念及其具体的应用内容等。

➡ 3. 掌握经营租赁和融资租赁中承租人的相关会计处理及售后租回形成融资租赁的会计处理。

➡ 4. 了解出租人在经营租赁和融资租赁中的会计处理原则。

第一节 租赁概述

伴随着中国经济的发展和租赁业的成长，我国租赁业务的会计规范也在不断地修订和完善，并逐渐向国际惯例靠拢。租赁业务作为企业融资的重要形式，需求日益增长，越来越多的企业通过租赁的形式获取相关资产的使用权。熟悉租赁业务的基本内容，了解我国与其他国家和地区有关租赁的会计规范显然既有必要也很重要。《企业会计准则第 21 号——租赁》（以下简称租赁准则）规范了租赁业务的确认、计量以及相关信息的披露。

一、租赁的相关概念

（1）租赁，是指在约定的期间内，出租人将资产使用权让与承租人，以获取租金的协议。租赁由出租人和承租人共同形成，通常以协议或合同的形式存在，是出租人和承租人这两个经济主体之间通过签订协议，约定转让资产使用权的时间、支付对价以及期满后的资产处理等内容的过程。因此，会计准则将租赁定义为一项协议。如

《国际会计准则第 17 号——租赁》将租赁定义为：在一个议定的期间内，出租人将某项资产的使用权让与承租人，以换取一项或一系列支付的协议。《美国会计准则公告第 13 号——租赁》将租赁定义为：在一个规定的期间转让固定资产（土地和/或可折旧资产）的使用权的协议。

租赁作为一项经济活动或一项协议，主要特征是，在租赁期内转移资产的使用权，而不是转移资产的所有权，这种转移是有偿的，取得使用权以支付租金为代价。某些情况下，企业签署的协议所包含的交易虽然未采取租赁的法律形式，但该交易或交易的组成部分就经济实质而言属于租赁业务。确定一项协议是否属于或包含租赁业务，应重点考虑以下两个因素：一是履行该协议是否依赖某特定资产；二是协议是否转移了资产的使用权。属于租赁业务的，按租赁准则进行会计处理；其他部分按相关会计准则处理。

采取租赁的法律形式的一系列交易，企业应当判断其是否相关联，是否应当作为一项交易进行处理。企业进行判断时，如果不把这一系列交易作为一个整体就无法理解其总体经济影响，那么，该涉及租赁法律形式的一系列交易是相关联的，应当作为一项交易进行会计处理。

（2）租赁期，是指租赁协议规定的不可撤销的租赁期间。如果承租人有权选择续租该资产，并且在租赁开始日就可以合理确定承租人将会行使这种选择权，不论是否再支付租金，续租期也包括在租赁期之内。

【例 4-1】假设 2003 年 9 月 1 日，甲公司与乙公司签订了一份租赁合同。合同规定：

（1）起租日：2004 年 1 月 1 日；

（2）租赁期：2004 年 1 月 1 日—2006 年 12 月 31 日，共 3 年；

（3）租金支付：于每年年末支付 100 000 元；

（4）租赁期届满后承租人可以每年 20 000 元的租金续租 2 年，即续租期为 2007 年 1 月 1 日—2008 年 12 月 31 日，估计租赁期届满时该项租赁资产每年的正常租金为 80 000 元。

根据上述资料，其租赁期计算如下：

（1）合同规定的租赁期为 3 年；

（2）续租租金占正常租金的百分比 = 续租租金/正常租金 = 20 000/80 000 × 100% = 25% 所以，几乎可以合理确定承租人将来会续租。

因此，在本例中的租赁期应为 5 年（3 年 + 2 年），即 2004 年 1 月 1 日—2008 年 12 月 31 日。

（3）租赁开始日，是指租赁协议日与租赁各方就主要条款作出承诺日中的较早者。在租赁开始日，承租人和出租人应当将租赁认定为融资租赁或经营租赁，并确定在租赁期开始日应确认的金额。

（4）租赁期开始日，是指承租人有权行使其使用租赁资产权利的日期，表明租赁行为的开始。在租赁期开始日，承租人应当对租入资产、最低租赁付款额和未确认融资费用进行初始确认；出租人应当对应收融资租赁款、未担保余值和未实现融资收益进行初始确认。

（5）担保余值，就承租人而言，是指由承租人或与其有关的第三方担保的资产余值；就出租人而言，是指就承租人而言的担保余值加上与独立于承租人和出租人的第三方担保的资产余值。其中，资产余值是指在租赁开始日估计的租赁期届满时租赁资产的公允价值。为了促使承租人谨慎地使用租赁资产，尽量减少出租人自身的风险和损失，租赁协议有时要求承租人或与其有关的第三方对租赁资产的余值进行担保，此时的担保余值是针对承租人而言的。除此以外，担保人还可能是独立于承租人和出租人的第三方，如担保公司，此时的担保余值是针对出租人而言的。

（6）未担保余值，指租赁资产余值中扣除就出租人而言的担保余值以后的资产余值。对出租人而言，如果租赁资产余值中包含未担保余值，表明这部分余值的风险和报酬并没有转移，其风险应由出租人承担，因此，未担保余值不能作为应收融资租赁款的一部分。

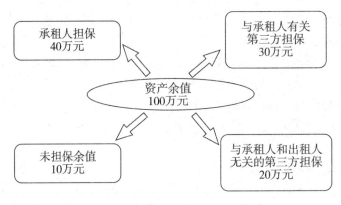

图 4-1　担保与未担保余值示意图

图 4-1 中，承租人担保余值 = 40 + 30 = 70（万元），出租人担保余值 = 70 + 20 = 90（万元）。

（7）最低租赁付款额，是指在租赁期内，承租人应支付或可能被要求支付的各种款项（不包括或有租金和履约成本），加上由承租人或与其有关的第三方担保的资产余值。

承租人有购买租赁资产选择权，所订立的购买价款预计将远低于行使选择权时租赁资产的公允价值，因而在租赁开始日就可以合理确定承租人将会行使这种选择权的，购买价款应当计入最低租赁付款额。

租赁合同没有规定优惠购买选择权时	最低租赁付款额 = 各期租金之和 + 承租人或与其有关的第三方担保的资产余值
租赁合同规定有优惠购买选择权时	最低租赁付款额 = 各期租金之和 + 承租人行使优惠购买选择权而支付的款项

会计准则中的最低租赁付款额是从承租人角度规定的一个概念，其中"最低"一词是相对或有租金和履约成本而言的、承租人将必须向出租人支付的最小金额，或者说是承租人在租赁开始日对出租人的最小负债。租赁合同规定的内容不同，最低租赁付款额的构成内容也不相同。如果承租人有购买租赁资产的选择权，所订立的购买价款预计将远低于行使选择权时租赁资产的公允价值，由此在租赁开始日就可以合理确定承租人将会行使这种购买权，那么购买价格也应当包括在最低租赁付款额以内。

或有租金，是指金额不固定、以时间长短以外的其他因素（如销售量、使用量、物价指数等）为依据计算的租金。或有租金在租赁开始是不确定的，不能作为最低租赁付款额。比如，双方约定按基本利率5%来收取租金，另外支付或有租金。

或有租金有以下两种形式：一是或有租金与物价指数相联系。如果物价指数在10%～15%之间，每年再付租金30万元；物价指数在15%～20%之间，每年再付租金50万元等等。这种或有租金，租入资产时是不能确定的，只能在实际支付时，借记"财务费用"，贷记"银行存款"（理解为物价上涨多付的利息）。二是或有租金与营业收入相联系。例如，协议规定，从租期的第二年起，每年按本项目营业收入的2%计算或有租金。显然，这种或有租金，租入资产时也是不能确定的，只能在实际支付时，借记"营业费用"，贷记"银行存款"（租金与营业收入相联系，理解为销售费用）。

履约成本，是指租赁期内为租赁资产支付的各种使用费用，如技术咨询和服务费、人员培训费、维修费、保险费等。

初始直接费用，是指承租人在租赁谈判和签订租赁合同过程中发生的，可归属于租赁项目的手续费、律师费、差旅费、印花税等初始直接费用，应当计入租入资产价值。因为初始直接费用在发生时，已用现金支付，所以不作为最低租赁付款额，不计入"长期应付款"中。

（8）最低租赁收款额，是指在租赁开始日能够预计的、租赁期内出租人能够收到的各种款项，它等于最低租货付款额加上独立于承租人和出租人的第三方对出租人担保的资产余值。

（9）租赁内含利率，是指在租赁开始日，使最低租赁收款额的现值与未担保余值的现值之和等于租赁资产原账面价值的折现率。它实质上是出租人提供融资租赁实际获取的融资收益，也是承租人在融资租赁中实际负担的融资费用。出租人采用实际利率法分配未实现融资收益时，应当将内含利率作为未实现融资收益的分配率。相对应而言，承租人在计算租赁最低付款额的现值时，也应将承租人的内含利率作为首选的依据。

二、租赁的分类

（一）融资租赁的定义及特征

根据租赁的目的，以与租赁资产所有权有关的风险和报酬是否转移给承租人为依据，可将租赁分为经营租赁和融资租赁两类。

融资租赁是指实质上转移了与租赁资产所有权有关的全部风险和报酬的租赁。租赁资产的所有权最终可能转移，也可能不转移。其中，租赁资产所有权有关的风险，是指由于资产技术陈旧，生产能力闲置等原因而发生的损失。所谓与租赁资产所有权有关的报酬，是指在资产有效使用年限内带来的收益，以及资产本身的增值或处置所实现的收益。

一项租赁只有在实质上转移了与资产所有权有关的全部风险和报酬，才能认定为融资租赁，否则就是经营租赁。在租赁业务中，风险和报酬的转移与所有权的转移并不一定是同时进行的，在租赁期届满后，如果承租人购买了租赁资产，则租赁资产所有权转移给承租人，否则，租赁资产所有权一般不会转移给承租人。在判断租赁类型时，应根据"实质重于形式"原则，以与租赁资产所有权有关的风险和报酬是否转移为标准，不应以租赁资产所有权是否转移给承租人为标准。

（二）融资租赁的具体标准

满足以下一条或数条标准的租赁，即应认定为融资租赁；除融资租赁以外的租赁为经营租赁。

1. 在租赁期届满时，租赁资产的所有权转移给承租人。如果在租赁协议中已经约定，或者根据其他条件在租赁开始日就可以合理地判断，租赁期届满时出租人会将资产的所有权转移给承租人，那么该项租赁应当认定为融资租赁。

2. 承租人有购买租赁资产的选择权，所订立的购买价款预计将远低于行使选择权时租赁资产的公允价值，因而在租赁开始日就可合理地确定承租人将会行使这种选择权。

例如，出租人和承租人签订了一项租赁协议，租赁期限为 3 年，租赁期届满时承租人有权以 10 000 元的价格购买租赁资产，在签订租赁协议时估计该租赁资产租赁期届满时的公允价值为 40 000 元，由于购买价格仅为公允价值的 25%（远低于公允价值 40 000 元），如果没有特别的情况，承租人在租赁期届满时将会购买该项资产。在这种情况下，在租赁开始日即可判断该项租赁应当认定为融资租赁。

3. 即使资产的所有权不转让，其租赁期也占租赁资产使用寿命的大部分。"大部分"一般是指租赁期占租赁开始日租赁资产尚可使用年限的 75% 以上。但是，如果租赁资产在租赁开始日前已使用年限超过该资产全新时可使用年限的大部分（75% 以上），则该项标准不能用以判断租赁的类别。

例如，某项租赁设备全新时可使用年限为 10 年，已经使用了 3 年，从第四年开始租出，租赁期为 6 年，由于租赁开始时该设备使用寿命为 7 年，租赁期占使用寿命 85.7%（6 年/7 年），符合第 3 条标准，因此，该项租赁应当归类为融资租赁；如果从第 4 年开始，租赁期为 3 年，租赁期占使用寿命的 42.9%，就不符合第 3 条标准，因此该项租赁不应认定为融资租赁（假定也不符合其他判断标准）。假如该项设备已经使用了 8 年，从第九年开始租赁，租赁期为 2 年，此时，该设备使用寿命为 2 年，虽然租赁期为使用寿命的 100%（2 年/2 年），但由于在租赁前该设备的已使用年限超过了可使用年限（10 年）的 75%（8 年/10 年 = 80% > 75%），因此，也不能采用这条标准来判断租赁的分类。

4. 就承租人而言，租赁开始日最低租赁付款额的现值几乎相当于租赁开始日租赁资产公允价值；就出租人而言，租赁开始日最低租赁收款额的现值几乎相当于租赁开始日租赁资产公允价值。这里的"几乎相当于"掌握在90%（含90%）以上。

5. 租赁资产性质特殊，如果不作较大改造，只有承租人才能使用。这条标准是指租赁资产是由出租人根据承租人对资产型号、规格等方面的特殊要求专门购买或建造的，具有专购、专用性质。这些租赁资产如果不作较大的重新改制，其他企业通常难以使用。这种情况下，该项租赁也应当认定为融资租赁。

对于同时涉及土地和建筑物的租赁，企业通常应当将土地和建筑物分开考虑。将最低租赁付款额根据土地部分的租赁权益和建筑物的租赁权益的相对公允价值的比例进行分配。在我国，由于土地的所有权归国家所有，土地租赁不能归类为融资租赁。对于建筑物的租赁按租赁准则的规定标准进行相应的分类。如果土地和建筑物无法分离和不能可靠计量的，应归类为一项融资租赁，除非两部分都明显是经营租赁，在后一种情况下，整个租赁应归类经营租赁。

（三）经营租赁

经营租赁主要是出于承租人经营上的临时需要或季节性需要。在经营租赁下，租赁资产的所有权不转移，租赁期届满后，承租人有退租或续租的选择权，而不存在优惠购买选择权；出租人保留了与资产使用权有关的大部分风险和报酬，租赁的租赁期一般也明显短于资产的使用年限。

在租赁的分类中，应该注意两个问题：其一，与资产所有权有关的风险和报酬的转移并不意味着所有权的必然转移。如果一项租赁的承租人在租赁资产使用寿命的大部分时期内，获得租赁资产在使用上的各种经济利益，同时，作为取得这项权利的代价，需支付大致相当于该项资产公允价值的金额和有关的财务费用；而出租人在资产使用寿命的大部分时期内让渡资产的使用权，同时取得相应的租金作为回报，那么，即便租赁资产最终归还给出租人，没有发生所有权的转移，由于此时这项资产的价值与其出租前相比已不重要，这项租赁也应认定为融资租赁。其二，租赁的分类应视租赁的经济实质而不是法律形式进行。一项租赁是否应认定为融资租赁，不在于租赁合同的形式，而应视出租人是否将与资产所有权有关的风险和报酬转移给了承租人。如果实质上转移了与资产所有权有关的全部风险和报酬，那么，无论租赁合同的称谓如何，都应当将其认定为融资租赁。

第二节　经营租赁的会计处理

一、经营租赁会计处理的基本规定

经营租赁在风险和报酬转移方面与融资租赁存在实质区别，按照实质重于形式的原则，其会计核算相应也存在明显差异。

（一）租赁资产的转移

与融资租赁不同，经营租赁中租赁资产只是实体暂时转移，与所有权有关的风险和报酬没有转移，因此，租赁资产的转移不需要在表内反映。但承租人应当将通过租赁取得的资产在表外账户进行登记，以反映和监督租赁资产的使用；出租人也应将租赁资产记入单独的明细账户进行反映。

（二）租金的收付

租金收付是经营租赁业务会计处理的主要内容。在经营租赁中，承租人没有实际控制或拥有租赁资产，资产不在表内确认，支付的租金也不需资本化，只需将租金确认为租赁期内各期的费用。相应地，出租人也应在租赁期内各个期间将收取的租金直接确认为业务收入。

（三）租赁相关费用

经营租赁同样会发生印花税、佣金、律师费、差旅费以及修理费、培训费等初始直接费用。与融资租赁不同的是，在经营租赁中，承租人和出租人发生的初始直接费用应当在发生当期确认为费用。经营租赁关于或有租金的会计处理则与融资租赁一样，承租人支付的或有租金在发生当期确认为费用，出租人收取的或有租金确认为当期收入。此外，对于固定资产租赁来说，由于租赁资产与所有权有关的风险和报酬仍然留在出租人一方，应当由出租人按期计提固定资产折旧。

（四）相关会计信息的披露

关于经营租赁的信息披露，应当遵循重要性原则，承租人应当对重大的经营租赁作如下披露：

1. 资产负债表日后连续三个会计年度每年将支付的不可撤销经营租赁的最低租赁付款额。

2. 以后年度将支付的不可撤销经营租赁的最低租赁付款额总额。

经营租赁的出租人应当按资产的性质，将用作经营租赁的资产包括在资产负债表的相关项目内，同时，按照资产类别披露租出资产在资产负债表日的账面价值。账面价值是指原值扣除已提折旧和已确认减值后的净值，如果租出资产进行了摊销，应披露其摊余价值。

二、承租人对经营租赁的会计处理

在经营租赁中，承租人的会计处理主要是租金的费用化，具体说，就是所付租金在租赁期内的各个会计期间进行分摊确认。我国会计准则规定，承租人应当将租金在租赁期内的各个期间按直线法确认为费用；如果其他方法更合理，也可以采用其他方法，比如根据租赁资产的使用量来确认租金费用。承租人确认的租金费用，可按实际情况记入"销售费用"、"管理费用"或"制造费用"等科目。

在某些情况下，出租人可能对经营租赁提供一些激励措施，如免租期、承担承租人的某些费用等。按照实质重于形式的原则，在出租人提供了免租期的情况下，承租人应将租金总额在整个租赁期内，而不是在租赁期扣除免租期后的期间内进行分摊；在出租人承担了应由承租人负担的某些费用的情况下，承租人应将该费用从租金总额中扣除，将实际承担的租金额在租赁期内进行分摊。

【例4-2】2011年1月1日，甲公司从乙公司租入全新建筑物一套，租期为3年。建筑物原账面价值为900 000元，预计使用年限为25年。甲公司向相关单位支付初始直接费用6 000元。租赁合同规定，租赁开始日甲公司向乙公司一次性预付租金36 000元，第一年末支付租金30 000元，第二年末支付租金30 000元，第三年末支付租金12 000元。租赁期满后预付租金不退回，乙公司收回办公用房使用权。

分析：该项租赁业务是临时的使用权转移，承租人没有实际拥有或控制该建筑物，租赁合同的约定也不符合融资租赁的任何一条标准，因此，应将其作为经营租赁进行会计处理。对于承租人而言，不能按各期实际支付的租金额来确定各期租金费用，而应按直线法在租赁期内平均分摊租金总额。此项租赁租金总额为108 000元（36 000 + 30 000 + 30 000 + 12 000），按直线法计算，3年租赁期内每年应分摊的租金为36 000元。

承租人（甲公司）的会计分录为：

2011年1月1日。

借：管理费用 6 000
　　贷：银行存款 6 000
借：长期待摊费用 36 000
　　贷：银行存款 36 000

2011年12月31日。

借：管理费用——租赁费 36 000
　　贷：银行存款 30 000
　　　　长期待摊费用 6 000

2011年12月31日。

借：管理费用——租赁费 36 000
　　贷：银行存款 30 000
　　　　长期待摊费用 6 000

2012年12月31日。

借：管理费用——租赁费 36 000
　　贷：银行存款 12 000
　　　　长期待摊费用 24 000

三、出租人对经营租赁的会计处理

与承租人租金的费用化相对应，经营租赁中，出租人应当将租金在租赁期内的各个期间按直线法确认为收入；当然，如果其他方法更合理，也可以采用其他方法。同样，如果出租人提供了免租期或承担了承租人的某些费用，应当将租金总额扣除这部分费用后的余额，在包含免租期在内的整个租赁期内进行分摊。

对于经营租赁的固定资产，出租人要计提折旧，一般是要求按出租人所拥有的其他类似资产奉行的折旧政策计提折旧；对于其他经营租赁资产，应当采用合理的方法进行摊销。

【例4-3】资料见例4-2，出租人（乙公司）在确认这项经营租赁的租金收入时，不能依据各期实际收到的租金额确认各期租金收入，而应按直线法在租赁期内平均分摊确认各期的租金收入。此项租赁租金总额为108 000元，按直线法计算，每年应确认的租金收入为36 000元。

会计分录为：

2011年1月1日。

借：银行存款	36 000	
贷：其他应收款		36 000

2011年12月31日。

借：银行存款	30 000	
其他应收款	6 000	
贷：其他业务收入——经营租赁收入		36 000

2012年12月31日。

借：银行存款	30 000	
其他应收款	6 000	
贷：其他业务收入——经营租赁收入		36 000

2013年12月31日。

借：银行存款	12 000	
其他应收款	24 000	
贷：其他业务收入——经营租赁收入		36 000

乙公司应当按照与本公司其他类似固定资产相同的方式对租赁资产计提折旧，由于会计处理与一般的固定资产折旧一致，此处略。

第三节　融资租赁的会计处理

一、融资租赁会计处理的基本规定

如前所述，融资租赁是指实质上转移了与资产所有权有关的全部风险和报酬的租赁。转移与资产所有权有关的全部风险和报酬，关键在于转移过程中所支付的代价和所获取的利益。也就是说，如果承租人承担支付大致等于租赁资产的公允价值和有关融资费用的责任，换取在租赁资产大部分经济寿命内获得使用租赁资产的经济利益，就可以认定与资产所有权有关的全部风险和报酬发生了转移，由此可以认定为融资租赁。融资租赁的另一个特性在于它的"融资"特征，即承租人实质上是通过出租人的融资才取得资产的有关利益，因此要承担相应的利息费用，而利息费用以及资产价值都将通过未来租金的支付来体现。所以，融资租赁的经济结果是，承租人实质上取得一项资产，同时承担了包含资产价值和相关利息的一项债务；出租人转出一项资产，同时获得了未来收取资产对价和相关利息的债权。

租赁业务包含租赁期内发生的一系列经济活动，这些经济活动都是会计要反映的对象。因此，对于融资租赁而言，其会计处理主要包括以下具体内容。

（一）租赁开始日

1. 租赁类型的确定。融资租赁和经营租赁在经济实质及其经济结果上存在较大差异，会计处理也有着明显的区别。对于租赁业务的核算，首先应当判断租赁的类型，只有符合融资租赁标准的租赁，才能按照融资租赁的原则和方法进行处理。租赁的类型应当在租赁开始日予以确定，而且对于同一项租赁，出租人和承租人所认定的租赁类型应当是一致的。

2. 租赁资产的转移。在融资租赁中，虽然租赁资产的所有权在法律形式上没有转移，但与租赁资产所有权有关的全部风险和报酬发生了转移，资产已经由承租人实际控制，这时，会计上本着实质重于形式的原则，应当将租赁资产由出租人账上转出，作为承租人资产。资产转移过程中资产的计价是一个关键，按照我国会计准则的规定，出租人应按资产账面价值予以转出，承租人则应遵循谨慎原则，按资产原账面价值和最低租赁付款额二者中较低者入账。

3. 债权债务的发生。资产的转移伴随着对价的支付，租赁资产的转移则伴随着未来支付租金的义务，由此承租人承担了一项债务；相应地，出租人取得一项债权。由于在融资租赁中，出租人为承租人提供了融资，相应地要收取利息，因此债权债务的计价不仅要考虑资产的价值，还要考虑利息的因素。

4. 初始直接费用。初始直接费用是指承租人在租赁谈判和签订租赁合同过程中发生的，可归属于租赁项目的手续费、律师费、差旅费、印花税等初始直接费用。与经营租赁不同的是，这样的费用在融资租赁中应当计入租入资产价值。

（二）租赁期间

1. 租金的支付。租赁期内租金的逐期支付相当于债务的分期偿付，它将减少承租人的债务和出租人的债权。租金包含债务本金和利息两部分，即资产价值和融资费用两部分。

2. 融资费用和收益的分摊。伴随租金的逐期支付，承租人应在各期确认融资费用，出租人则要确认相应的融资收益。融资费用或收益在各期的确认和分摊可以采用实际利率法、直线法以及年数总和法等。

3. 租赁资产的折旧。融资租赁一般都是固定资产租赁，需要按期计提折旧。由于租赁资产实际已成为承租人的资产，因此承租人应当采用与自有固定资产一致的折旧政策计提租赁资产折旧。能够合理确定租赁期届满时取得租赁资产所有权的，应当在租赁资产使用寿命内计提折旧；无法合理确定租赁期届满时能够取得租赁资产所有权的，应当在租赁期与租赁资产使用寿命两者中较短的期间内计提折旧。

4. 或有租金和履约成本。在租赁期内发生的或有租金应当在发生当期计入费用；为保证资产正常使用而发生的履约成本，其中受益期较长的资产改良支出、人员培训费等，可以按照受益期间进行递延和分摊，金额较小的经常性支出，如修理费、保险费等则可以直接计入当期费用。

（三）租赁期满

租赁期满时，对租赁资产的处理有返还、续租和留购三种情况。承租人和出租人应当根据具体情况，记录可能发生的资产转移和债权、债务清结。

二、承租人对融资租赁的会计处理

（一）租赁资产和相应负债的确认和计价

融资租赁的承租人以承担未来支付租金等款项的义务为代价，取得租赁资产大部分经济寿命中的经济利益，只有将这一租赁业务反映在资产负债表中，才能完整、恰当地反映其所拥有和控制的经济资源以及所承担的经济责任。因此，在租赁开始日，承租人应当将租赁资产在表内确认，同时确认一笔未来支付租赁款项的负债。按照实际成本原则，租赁资产的入账价值应当是对未来租赁付款额的资本化，它可以通过最低租赁付款额在租赁开始日的现值加以确定。根据国际会计准则的规定，承租人应当根据最低租赁付款额的现值确认租赁资产，但如果最低租赁付款额的现值高于租赁资产的公允价值，按照谨慎原则，承租人应当按照租赁资产的公允价值进行资产的计价。我国会计准则规定，在租赁期开始日，承租人应当将租赁开始日租赁资产公允价值与最低租赁付款额现值两者中较低者作为租入资产的入账价值，将最低租赁付款额作为长期应付款的入账价值，其差额作为未确认融资费用。

承租人在取得租赁资产的同时，其负债也增加，因此承租人在租赁开始日也需要进行负债的确认。对于负债的计价，国际会计准则与我国会计准则的规定存在着差异。按照国际会计准则的要求，承租人的负债应以与租赁资产相同的金额在资产负债表内予以确认。而按照我国会计准则的要求，承租人应按照最低租赁付款额确认一项长期负债；资产和负债入账价值的差额由于主要是因融资租赁而承担的、未来要支付的利息费用，因此被列入未确认融资费用而单独进行处理。

由于最低租赁付款额的现值是确定资产入账价值和未确认融资费用的关键，确定计算最低租赁付款额现值的折现率就显得非常重要。对于折现率的确定，我国会计准则也做出了规定，如果承租人知悉出租人的租赁内含利率，应当采用内含利率作为折现率；否则，应当采用租赁合同规定的利率作为折现率；如果租赁内含利率和租赁合同规定的利率均无法知悉，应当采用同期银行贷款利率作为折现率。

【例4-4】2007年12月1日，甲公司与租赁公司签订了一份租赁合同。合同主要条款如下：

1. 租赁标的物：生产设备。
2. 起租日：2008 年 1 月 1 日。
3. 租赁期：2008 年 1 月 1 日至 2010 年 12 月 31 日，共 3 年。
4. 租金支付方式：每年年初支付租金 54 000 元。
5. 租赁期届满时该生产线的估计余值：23 400 元。

其中：由甲公司担保的余值为 20 000 元；未担保余值为 3 400 元。

6. 该生产线的维护等费用由甲公司自行承担，每年 5 000 元。
7. 该生产设备在 2008 年 1 月 1 日的账面价值亦即其公允价值，为 167 000 元。
8. 租赁合同规定的年利率为 6%。
9. 该生产设备估计使用年限为 4 年。承租人采用年数总和法计提折旧。
10. 2010 年 12 月 31 日，甲公司将该生产设备交回租赁公司。

此外，假设该生产设备占甲公司资产总额的 30% 以上，且不需安装。

承租人（甲公司）在租赁开始日的会计处理如下：

第一步，判断租赁类型。

由于最低租赁付款额的现值 169 782 元（计算见后）大于租赁资产原账面价值 167 000 元的 90% 即 150 300 元（167 000 元 × 90%），符合融资租赁判断标准，所以这项租赁应当认定为融资租赁。

$$最低租赁付款额 = 各期租金之和 + 承租人担保的资产余值$$
$$= 54\ 000 \times 3 + 20\ 000 = 182\ 000（元）$$

第二步，计算租赁开始日最低租赁付款额的现值，确定租赁资产入账价值。

由于承租人不知悉出租人的租赁内含利率，所以选择租赁合同规定的利率 6% 作为折现率。

计算现值的过程如下：

$$三年租金的年金现值 = 54\ 000 + 54\ 000 \times (P/A，2，6\%)$$
$$= 54\ 000 + 54\ 000 \times 1.833$$
$$= 152\ 982（元）$$

$$担保余值 20\ 000 元的复利现值 = 20\ 000 \times (P/F，3，6\%)$$
$$= 20\ 000 \times 0.84$$
$$= 16\ 800（元）$$

查表得知：

$(P/A，2，6\%) = 1.833$

$(P/F，3，6\%) = 0.84$

现值合计 = 152 982 + 16 800 = 169 782（元）> 167 000（元）

由于最低租赁付款额的现值 169 782 元高于资产原账面价值 167 000 元，根据孰低原则，租赁资产的入账价值应为其原账面价值。

第三步，计算未确认融资费用。

未确认融资费用 = 最低租赁付款额 − 租赁开始日资产的入账价值

$$= 182\,000 - 167\,000 = 15\,000 \text{（元）}$$

第四步，编制会计分录。

2008 年 1 月 1 日。

借：固定资产——融资租入固定资产　　　　　　　　　　　167 000

　　未确认融资费用　　　　　　　　　　　　　　　　　　 15 000

　　　贷：长期应付款——应付融资租赁款　　　　　　　　　　182 000

（二）租金的支付和融资费用的分摊

租赁期内租金的逐期支付相当于债务的分期偿付，它将减少承租人的负债。租金既包括租赁资产的价值，也包括因融资租赁而承担的利息费用，这些利息费用应当伴随租金的支付在租赁期内的各个会计期间予以确认。按照我国会计准则的规定，在租赁开始日确定的未确认融资费用将在租赁期内分摊确认，分摊时应采用实际利率法。而按照国际会计准则的规定，在租赁开始日并不确认"未确认融资费用"，租金要按比例分摊计入融资费用并减少尚未结算的负债；此外，国际会计准则还要求融资费用的分摊应使各期的负债余额承担一个固定的利率，这实际上是要求按照实际利率法进行分摊。

【例 4 – 5】资料见例 4 – 4，在租赁期内各年支付租金并分摊融资费用。

1. 支付各年度租金（2008—2010 年每年 1 月 1 日）。

借：长期应付款——应付融资租赁款　　　　　　　　　　　　54 000

　　贷：银行存款　　　　　　　　　　　　　　　　　　　　 54 000

2. 融资费用的分摊。

第一步，确定融资费用分摊率。

由于租赁资产入账价值为其原账面价值，因此应重新计算融资费用分摊率，该分摊率应当使租赁开始日最低租赁付款额的现值等于租赁开始日租赁资产原账面价值。即

$$54\,000 \times (P/A，2，r) + 54\,000 + 20\,000 \times (P/A，3，r) = 167\,000$$

分摊率的计算可在多次测试的基础上，运用插值法加以确定。

当 r = 7% 时：

$$54\,000 \times (1.808 + 1) + 20\,000 \times 0.816 = 167\,952 > 167\,000$$

当 r = 8% 时：

$$54\,000 \times (1.783 + 1) + 20\,000) \times 0.794 = 166\,162 < 167\,000$$

因此，7% < r < 8%。用插值法计算如下：

$$(167\,952 - 167\,000)/(167\,952 - 1\,661\,627) = (7\% - r)/(7\% - 8\%)$$

r = 7.53%

即融资费用分摊率为 7.53%。

第二步，采用实际利率法，在租赁期内分摊未确认融资费用，见表 4 – 1。

表4-1 未确认融资费用分摊表（实际利率法） 单位：元

日 期	租 金	确认的融资费用	应付本金减少额	应付本金额
①	②	③=期初⑤×7.53%	④=②-上期③	期末⑤=期初⑤-④
2008年1月1日				167 000
2008年1月1日	54 000		54 000	113 000
2008年12月31日		8 508.9		113 000
2009年1月1日	54 000		45 491.1	67 508.9
20099年12月31日		5 083.4		67 508.9
2010年1月1日	54 000		48 916.6	18 592.3
2010年12月31日		1 407.7	-1 407.7	20 000
合 计	162 000	15 000	147 000	20 000

* 做尾数调整：1 407.7 = 20 000 - 18 592.3

第三步，编制会计分录。

2008年12月31日，确认本年应分摊的融资费用。

借：财务费用 8 508.9

　　贷：未确认融资费用 8 508.9

2009年12月31日，确认本年应分摊的融资费用。

借：财务费用 5 083.4

　　贷：未确认融资费用 5 083.4

2010年12月31日，确认本年应分摊的融资费用。

借：财务费用 1 407.7

　　贷：未确认融资费用 1 407.7

至租赁期满的2010年12月31日，未确认融资费用已全部分摊完毕，相应账户余额减记至零。

（三）租赁资产计提折旧

承租人融资租入一项固定资产后，应当对其计提折旧，折旧政策应与承租人自有资产的折旧政策一致。如果承租人或与其有关的第三方对租赁资产余值提供了担保，则应计折旧总额为租赁开始日固定资产的入账价值扣除担保余值后的余额；如果承租人或与其有关的第三方没有对租赁资产余值提供担保，则应计折旧总额为租赁开始日固定资产的入账价值。关于折旧年限，能够合理确定租赁期满时将会取得租赁资产所有权的，应当在租赁资产尚可使用年限内计提折旧；无法合理确定租赁期满时能够取得租赁资产所有权的，应当在租赁期和租赁资产尚可使用年限两者中较短的期间内计提折旧。

【例4-6】资料见例4-5，由于在租赁开始日，甲公司无法合理确定租赁期满时能够取得租赁生产设备的所有权，而生产线的估计使用年限为 6 年，租赁期为 3 年，公司应当按照其中较短者 3 年计提生产设备折旧。采用年数总和法计提折旧参见表 4 – 2。

表 4 – 2　　　　融资租入固定资产折旧计算表（年数总和法）　　　　单位：元

日　期	固定资产原价	担保余值	折旧率	当年折旧费	固定资产净值
2008 年 1 月 1 日	167 000	20 000			147 000
2008 年 12 月 31 日			3/6	73 500	93 500
2009 年 12 月 31 日			2/6	49 000	44 500
2010 年 12 月 31 日			1/6	24 500	20 000
合　　计	167 000	20 000	1	147 000	

会计分录如下：

2008 年，计提本年折旧。

借：制造费用——折旧费　　　　　　　　　　　　　　　73 500

　　贷：累计折旧　　　　　　　　　　　　　　　　　　　　73 500

2009 年，计提本年折旧。

借：制造费用——折旧费　　　　　　　　　　　　　　　49 000

　　贷：累计折旧　　　　　　　　　　　　　　　　　　　　49 000

2010 年，计提本年折旧。

借：制造费用——折旧费　　　　　　　　　　　　　　　24 500

　　贷：累计折旧　　　　　　　　　　　　　　　　　　　　24 500

（四）租赁相关费用和支出

在租赁业务中，除租金的支付外，承租人还可能发生一些相关的费用，主要是租赁期内应当计入租入资产价值的初始直接费用，还有按照销售百分比、资产使用量等具体因素支付的或有租金。按照我国会计准则的规定，或有租金等一般在发生的当期确认为费用，对于资产的其他支出也应当计入相关费用。

【例 4 – 7】资料见例 4 – 5，甲公司各年支付该生产设备的维护费，会计分录如下：

借：制造费用　　　　　　　　　　　　　　　　　　　　5 000

　　贷：银行存款　　　　　　　　　　　　　　　　　　　　5 000

（五）租赁期满

租赁期满时，对租赁资产的处理有返还、续租和留购。承租人需根据实际情况，记录可能发生的资产转移和债权、债务清结。

1. 返还。租赁期满，承租人向出租人返还租赁资产时，应减少公司资产，同时结清债务。

【例 4 – 8】资料见例 4 – 5，2010 年 12 月 31 日，公司将生产设备退还租赁公司。

在支付了 3 年租金后，公司的"长期应付款"账户余额即担保余值 20 000 元，在返还生产设备后，公司的债务全部结清，会计分录如下。

借：长期应付款——应付融资租赁款 20 000
　　累计折旧 147 000
　　贷：固定资产——融资租入固定资产 167 000

如果在租赁期满生产设备已经报废，公司应就其提供的担保向租赁公司支付相应的款项，会计分录如下：

借：长期应付款——应付融资租赁款 20 000
　　贷：银行存款 20 000

2. 优惠续租。如果承租人行使优惠续租选择权，则视同该项租赁一直存在进行会计处理；如果租赁期满没有续租，根据租赁合同承租人向出租人支付违约金时，应将其计入当期营业外支出核算。

3. 留购。如果承租人享有并行使优惠购买选择权，应当在行权支付价款时，结清债务，同时将固定资产进行重新分类，将其由"融资租入固定资产"明细科目转至其他有关明细科目。

（六）相关会计信息的披露

按照我国会计准则的要求，承租人应在财务报告中披露与融资租赁有关的事项，主要包括：

1. 各类租入固定资产的期初和期末原价、累计折旧额。

2. 资产负债表日后连续三个会计年度每年将支付的最低租赁付款额，以及以后年度将支付的最低租赁付款额总额。

3. 未确认融资费用的余额，以及分摊未确认融资费用所采用的方法。

三、出租人对融资租赁的会计处理

（一）租赁资产的转出和相应债权的确认

在融资租赁中，伴随租赁资产与所有权有关的风险和报酬的转移，出租人实际控制的资产减少，同时获得一项对承租人的债权。因此，在租赁开始日，出租人要在判断租赁类型的基础上，记录资产的转出和债权的增加。按照我国会计准则的要求，对于租赁资产的转出，一般按照资产的账面价值进行记录，租赁资产公允价值与其账面价值如有差额，应当计入当期损益。对于债权则应按租赁开始日最低租赁收款额予以确认，同时，还要确认租赁资产的未担保余值；对于资产公允价值与租赁开始日最低租赁收款额与未担保余值之和的差额，应确认为未实现融资收益，它是出租人提供融资租赁要收取的利息。值得说明的是，根据内含利率的定义，就出租人而言，资产的账面价值等于最低租赁收款额和未担保余值按照内含利率折现的现值之和，因此，租赁开始日确认的未实现融资收益金额也可以表述为最低租赁收款额和未担保余值之和与二者现值之和的差额。

对于出租人的会计核算，国际会计准则的规定也与我国存在一定差异。与承租人租赁债务的入账金额相对应，国际会计准则要求出租人的债权按照租赁项目的投资净额进行确认，投资净额即出租人的最低租赁收款额与未担保余值之和，减去未实现的融资收益，即最低租赁收款额和未担保余值按照内含利率折现的现值之和。也就是说，在租赁开始日，国际会计准则并不对未实现融资收益加以确认，这部分融资收益将伴随租金的支付逐期确认。

【例4-8】 资料见例4-5，按照我国会计准则，租赁公司在租赁开始日的会计处理如下：

第一步，判断租赁类型。

本例中，租赁开始日最低租赁收款额的现值为164 383.6元（计算过程在下面说明），大于租赁资产价值的90%（167 000×90% = 150 300元），符合融资租赁的判断标准，因此，这项租赁应认定为融资租赁。

第二步，计算最低租赁收款额。

$$最低租赁收款额 = 最低租赁付款额 + 第三方担保的余值$$
$$= 各期租金之和 + 承租人担保的资产余值 + 第三方担保的资产余值$$
$$= 54\,000 \times 3 + 20\,000 + 0 = 182\,000（元）$$

第三步，计算最低租赁收款额的现值和租赁内含利率。

计算最低租赁收款额的现值，需要计算租赁内含利率 r，它应使：最低租赁收款额的现值 + 未担保余值的现值 = 租赁资产原账面价值，即

$54\,000 \times (P/A, 2, r) + 54\,000 + 20\,000 \times (P/F, 3, r) + 3\,400 \times (P/F, 3, r) = 167\,000$（租赁资产的原账面价值）

由此：$54\,000[(P/A, 2, r) + 1] + 23\,400 \times (P/F, 3, r) = 167\,000$

当 r = 10% 时：

$54\,000 \times (1.736 + 1) + 23\,400 \times 0.751 = 165\,317.4 < 167\,000$

当 r = 9% 时：

$54\,000 \times (1.759 + 1) + 23\,400 \times 0.772 = 167\,050.8 > 167\,000$

因此，9% < r < 10%。用插值法计算如下：

$(167\,050.8 - 167\,000)/(167\,050.8 - 165\,317.4) = (9\% - r)/(9\% - 10\%)$

r = 9.03%

$$最低租赁收款额的现值 = 54\,000 + 54\,000 \times (P/A, 2, 9.03\%) + 20\,000 \times (P/F, 3, 9.03\%)$$
$$= 54\,000 \times (1 + 1.758\,4) + 20\,000 \times 0.7715$$
$$= 164\,383.6（元）$$

第四步，租赁开始日的会计处理如下：

借：长期应收款——应收融资租赁款——甲公司	182 000	
未担保余值	3 400	
贷：融资租赁资产		167 000

　　未实现融资收益　　　　　　　　　　　　　　　　　　　　　　　18 400

（二）租金的收取和融资收益的确认

　　根据租赁准则的规定，未实现融资收益应当在租赁期内各个期间进行分配，确认为各期的租赁收入。分配时，出租人应当采用实际利率法计算当期应当确认的租赁收入。出租人每期收到租金时，按收到的租金金额，借记"银行存款"科目，贷记"应收融资租赁款"科目。同时，每期确认租赁收入时，借记"未实现融资收益"科目，贷记"租赁收入"科目。

　　【例4-9】资料见例4-5，在租赁期内各年收取租金并分摊融资收益。

　　收到各年度租金时。（2008—2010年每年1月1日）。会计处理如下：

　　借：银行存款　　　　　　　　　　　　　　　　　　　　　　　54 000

　　　　贷：长期应收款——应收融资租赁款——甲公司　　　　　　　　54 000

　　【例4-10】资料见例4-5，以下说明出租人对未实现融资租赁收益的处理。

　　第一步，采用实际利率法分配未实现融资收益。计算租赁期内各期应分配的未实现融资收益，见表4-3。

表4-3　　　　　未实现融资收益分配表（实际利率法）　　　　　单位：元

日　期	租　金	确认的融资收入	租赁投资净额减少额	租赁投资净额余额
①	②	③＝期初⑤×9.03%	④＝②－③	期末⑤＝期初⑤－④
2008年1月1日				167 000
2008年1月1日	54 000		54 000	113 000
2008年12月31日		10 203.9		113 000
2009年1月1日	54 000		43 796.1	69 203.9
2009年12月31日		6 249.1		69 203.9
2010年1月1日	54 000		47 750.9	21 453
2010年12月31日		1 947*	－1 947	23 400
合计	162 000	18 400	143 600	23 400

　　* 做尾数调整：1 947＝23 400－21 453

　　第二步，确认融资收益的会计分录：

　　2008年12月31日，确认融资收入。

　　借：未实现融资收益　　　　　　　　　　　　　　　　　　　10 203.9

　　　　贷：租赁收入　　　　　　　　　　　　　　　　　　　　　　10 203.9

　　2009年12月31日，确认融资收入。

　　借：未实现融资收益　　　　　　　　　　　　　　　　　　　　6 249.1

　　　　贷：租赁收入　　　　　　　　　　　　　　　　　　　　　　6 249.1

2010 年 12 月 31 日，确认融资收入。

借：未实现融资收益　　　　　　　　　　　　　　1 947

　　贷：租赁收入　　　　　　　　　　　　　　　　　　　1 947

（三）未担保余值的估价变动

根据会计准则规定，出租人应当至少于每年年度终了，对未担保余值进行复核。未担保余值增加的，不做调整。有证据表明未担保余值已经减少的，应当重新计算租赁内含利率，将由此引起租赁投资净额的减少，计入当期损益；以后各期根据修正后的租赁投资净额（租赁投资净额是融资租赁中最低租赁收款额及未担保余值之和与未实现融资收益之间的差额）和重新计算的租赁内含利率确认融资收入。已确认损失的未担保余值得以恢复的，应当在原已确认的损失金额内转回，并重新计算租赁内含利率，以后各期根据修正后的租赁投资净额和重新计算的租赁内含利率确认融资收入。

【例 4 – 11】资料见例 4 – 5，假设 2008 年 12 月 31 日，租赁公司对未担保余值进行定期审核时，发现该生产设备的未担保余值发生了永久性减少，未担保余值由 3 400 元降为 1 400 元。

针对此情况，出租人应重新计算其租赁内含利率，由此引起的租赁投资净额的减少应确认为当期损失，并在 2009 年和 2010 年根据修正后的租赁投资净额和重新计算的租赁内含利率确定融资收益。

第一步，重新计算租赁内含利率。

$$最低租赁收款额 + 未担保余值 = (54\,000 \times 3 + 20\,000) + 1\,400$$
$$= 183\,400 \text{（元）}$$

$$最低租赁收款额现值 + 未担保余值现值 = 54\,000 \times (P/A,\ 2,\ r) + (54\,000 +$$
$$20\,000) \times (P/F,\ 3,\ r) + 1\,400 \times (P/$$
$$F,\ 3,\ r)$$
$$= 54\,000[(P/A,\ 2,\ r) + 1] + 21\,400 \times$$
$$(P/F,\ 3,\ r)$$

原账面价值 = 167 000（元）

$\therefore 54\,000[(P/A,\ 2,\ r) + 1] + 21\,400 \times (P/F,\ 3,\ r) = 167\,000$

当 r = 9% 时：

$54\,000 \times (1.759 + 1) + 21\,400 \times 0.772 = 165\,506.8 < 167\,000$

当 r = 8% 时：

$54\,000 \times (1.783 + 1) + 21\,400 \times 0.794 = 167\,273.6 > 167\,000$

8% < r < 9%。用插值法计算如下：

$(167\,273.6 - 167\,000)/(167\,273.6 - 165\,506.8) = (8\% - r)/(8\% - 9\%)$

r = 8.15%

即修正后的租赁内含利率为 8.15% 。

第二步，计算未实现融资收益。

未实现融资收益 = （最低租赁付款额 + 未担保余值）

－（最低租赁收款额的现值＋未担保余值的现值）

＝183 400－167 000＝16 400（元）

第三步，进行相关数据的计算。即计算因未担保余值发生永久性减少而引起的租赁投资净额的减少额，并重新计算租赁期内各期应分配的融资收益。具体内容见表4－4。

表4－4　　　　　　　　　　**未实现融资收益分配表（实际利率）**　　　　　　单位：元

日期	租金	确认的融资收入	租赁投资净额减少额	当期确认的损失	租赁投资净额余额
①	②	③＝期初⑥×8.15%	④＝②－③	⑤	期末⑥＝期初⑥－④
2008年1月1日					167 000
2008年1月1日	54 000		54 000		113 000
2008年12月31日		9 209.5 *		994.4 **	
2009年1月1日	54 000		44 709.5		68 209.5
2009年12月31日		5 559.07			
2010年1月1日	54 000		48 440.93		19 768.57
2010年12月31日		1 611.14 ***	－1 611.14 ***		21 379.71
合　计	162 000	16 379.71	145 539.29	994.4	

* 9 209.5＝113 000×8.15%

** 994.4＝10 203.9－9 209.5（10 203.9为已确认融资收益，计算见表4－4。）

*** 做尾数调整：1 611.14＝21 379.71－19 768.57

第四步，编制会计分录。

收取租金的会计分录同前，有关融资收入和未担保余值的相关分录如下：

2008年12月31日，确认融资收入

借：未实现融资收益　　　　　　　　　　　　　　　　　10 203.9

　　贷：主营业务收入——融资收入　　　　　　　　　　　　　10 203.9

2008年12月31日，调整未担保余值和未实现融资收益。

借：未实现融资收益　　　　　　　　　　　　　　　　　2 000

　　贷：未担保余值　　　　　　　　　　　　　　　　　　　2 000

2008年12月31日，确认未担保余值发生永久性减少所产生的损失。

借：营业外支出　　　　　　　　　　　　　　　　　　　994.4

　　贷：未实现融资收益　　　　　　　　　　　　　　　　　　994.4

2009年12月31日，确认融资收入。

借：未实现融资收益　　　　　　　　　　　　　　　　　5 559.05

  贷：主营业务收入——融资收入   5 559.05
2010 年 12 月 31 日，确认融资收入。

  借：未实现融资收益   1 431.45

    贷：主营业务收入——融资收入   1 431.45

（四）租赁期内发生的初始直接费用和收取的或有租金

出租人同承租人一样，可能在租赁谈判和合同签订中发生印花税、佣金、律师费、差旅费、谈判费等初始直接费用，根据我国会计准则的规定，出租人发生的初始直接费用应当与最低租赁收款额一起确认为应收融资租赁款的入账价值；而或有租金则应当在实际发生时计入当期损益。比如，出租人若在融资租赁时收到或有租金，就应在实际发生时贷记"主营业务收入——融资收入"等账户。

（五）租赁期满

租赁期届满时，出租人同样面临租赁资产返还、续租和留购等三种情况，出租人应区别情况进行会计处理。

1. 租赁期届满。这时，承租人将租赁资产交还出租人，有可能出现四种情况：

（1）存在担保余值，不存在未担保余值。在这种情况下，出租人收到承租人交还的租赁资产时，借记"融资租赁资产"科目，贷记"应收融资租赁款"科目。

（2）存在担保余值，同时存在未担保余值。在这种情况下，出租人收到承租人交还的租赁资产时，借记"融资租赁资产"科目，贷记"应收融资租赁款"、"未担保余值"等科目。

（3）存在未担保余值，不存在担保余值。在这种情况下，出租人收到承租人交还的租赁资产时，借记"融资租赁资产"科目，贷记"未担保余值"科目。

（4）担保余值和未担保余值均不存在。在这种情况下，出租人无须作账务处理，只作相应的备查登记。

2. 优惠续租租赁资产。如果承租人行使优惠续租选择权，则出租人应视同该项租赁一直存在而作相应的账务处理；如果租赁期届满时承租人没有续租，根据租赁合同规定应向承租人收取违约金时，借记"其他应收款"科目，贷记"营业外收入"科目。同时，将收回的租赁资产按上述规定进行处理。

3. 留购租赁资产。租赁期届满时，承租人行使了优惠购买选择权。出租人应按收到的承租人支付的购买资产的价款，借记"银行存款"等科目，贷记"应收融资租赁款"科目。

【例 4-12】资料见例 4-5，租赁期内，若生产设备未担保余值没有发生减少，2010 年 12 月 31 日，租赁公司收回该生产线，会计处理如下：

  借：融资租赁资产   20 000

    贷：应收融资租赁款——甲公司   20 000

  借：融资租赁资产   3 400

    贷：未担保余值   3 400

（六）相关会计信息的披露

根据会计准则的要求，出租人应在财务报告中披露与融资租赁有关的事项，主要包括：

1. 资产负债表日后连续三个会计年度每年将收到的最低租赁收款额，以及以后年度将收到的最低租赁收款额总额；

2. 未实现融资收益的余额，以及分摊未实现融资收益所采用的方法。

第四节　售后租回交易的会计处理

一、售后租回交易的概念

售后租回交易是一种特殊形式的租赁业务，是卖主（即承租人）将一项自制或外购资产出售，又将该项资产从买主（即出租人）那里租回的经济业务，习惯上称之为"回租"。在这种租赁方式下，资产的原所有者（即承租人）在保留对资产的占有权、使用权和控制权的前提下，将固定资本转化为货币资本，获得了所需的资金，由于在出售时可取得全部价款的现金，而租金则是分期支付的，因而增强资金的流动性，提高资金使用效率，从而解决企业流动资金不足的一种有效途径；而资产的新所有者（即出租人）则找到了一个风险小、回报有保障的投资机会。在售后租回交易中，资产的售价与租金是相互关联的，一般以一揽子方式谈判和计算，因此资产的出售和租回这两项经济活动并非相互独立，而是密切相关，甚至可以视为一项业务。在会计核算时，本着实质重于形式的原则，也应将两项活动联系起来进行会计处理。

二、售后租回交易的会计处理

对于售后租回交易的会计核算，同样要首先判断租赁的类型，即是融资租赁还是经营租赁。无论是承租人还是出租人，都应在租赁开始日对售后租回交易的类型进行认定，并且认定的结果应当一致。在认定了交易类型后，出租人一方面要对资产的购入进行记录，另一方面根据租赁类型进行相应的账务处理。一般来说，出租人对于售后租回业务的核算与其他租赁业务没有什么区别。但对于承租人来讲，它既是资产的承租人又是资产的出售者。由于在出售资产时会发生销售损益，承租人要将销售损益与资产租回的成本相联系进行核算，会计处理同其他租赁业务相比有所不同。

（一）售后租回交易形成融资租赁的会计处理

在形成融资租赁的售后租回交易方式下，对卖主（承租人）而言，与资产所有权有关的全部报酬和风险并未转移，并且售后租回交易的租金和资产的售价往往是以一揽子方式进行谈判的，应视为一项交易，出售资产的损益应与资产的金额相联系。因此，在这种情况下，无论卖主（承租人）出售资产的售价高于还是低于出售前资产的账面价值，所发生的收益或损失都不应立即确认为当期损益，而应将其作为未实现售后租回损益递延并按资产的折旧进度进行分摊，作为折旧费用的调整。其会计处理为：

承租人对售后租回交易中售价与资产账面价值的差额应通过"递延收益——未实现售后租回损益（融资租赁）"科目进行核算，分摊时，按既定比例减少未实现售后租回损益，同时相应增加或减少折旧费用。

【例 4 - 13】2007 年 12 月 1 日，乙公司签订合同，将某生产设备以 200 000 元的价格销售给丙公司。该生产设备的账面原价为 175 000 元，已提折旧 8 000 元；同时又签订了一份租赁合同将生产设备租回，合同条款同例 4 - 5。

卖主即承租人（乙公司）的会计处理：

第一步，判断租赁类型

根据前面的分析，该租赁合同可以认定为融资租赁，租赁开始日最低租赁付款额的现值及融资费用分摊率的计算过程与结果见例 4 - 5。

第二步，计算未实现售后租回损益：

乙公司未实现售后租回损益 = 售价 - 资产的账面价值

$$= 200\ 000 - (175\ 000 - 8\ 000) = 33\ 000\ （元）$$

第三步，在租赁期内分摊未确认融资费用，同时在折旧期内按折旧进度（年数总和法）分摊未实现售后租回损益，如表 4 - 5 所示。

表 4 - 5 未实现售后租回收益分摊表（年数总和法） 单位：元

日 期	售 价	固定资产原值	担保余值	折旧率	折旧额	分摊率	未实现售后租回损益摊销额
2008 年 1 月 1 日	200 000	167 000	20 000				
2008 年 12 月 31 日				3/6	73 500	3/6	16 500
2009 年 12 月 31 日				2/6	49 000	2/6	11 000
2010 年 12 月 31 日				1/6	24 500	1/6	5 500
合 计		167 000	20 000	1	147 000	1	

第四步，编制会计分录。

（1）2008 年 1 月 1 日，向丙公司出售生产设备。

借：银行存款　　　　　　　　　　　　　　　　　　　200 000

　　贷：固定资产清理　　　　　　　　　　　　　　　　　　167 000

　　　　递延收益——未实现售后租回损益（融资租赁）　　　33 000

（2）2008 年 1 月 1 日，结转出售固定资产的成本。

借：固定资产清理　　　　　　　　　　　　　　　　　167 000

　　累计折旧　　　　　　　　　　　　　　　　　　　　8 000

　　　　贷：固定资产　　　　　　　　　　　　　　　　　　　　　　　175 000

（3）2008 年 12 月 31 日，确认本年度应分摊的未实现售后租回损益

　　借：递延收益——未实现售后租回损益（融资租赁）　　　　　 16 500

　　　　贷：制造费用——折旧费　　　　　　　　　　　　　　　　　　16 500

　　借：制造费用——折旧费　　　　　　　　　　　　　　　　　　 73 500

　　　　贷：累计折旧　　　　　　　　　　　　　　　　　　　　　　　73 500

公司在租赁期第一年计提的折旧额为 73 500 元，但由于在出售固定资产时售价高于原账面价值出现了销售收益，销售收益递延分摊使公司当年实际承担的，折旧费用减少 16 500 元。

（二）售后租回交易形成经营租赁的会计处理

企业售后租回交易认定为经营租赁的，应当分别情况处理：在确凿证据表明售后租回交易是按照公允价值达成的，售价与资产账面价值的差额应当计入当期损益。如果售后租回交易不是按照公允价值达成的，有关损益应于当期确认；但若该损失将由低于市价的未来租赁付款额补偿的，应将其递延，并按与确认租金费用相一致的方法分摊于预计的资产使用期限内；售价高于公允价值的，其高于公允价值的部分应予递延，并在预计的资产使用期限内摊销。

【例 4 - 14】资料见例 4 - 2，2008 年 1 月 1 日，A 公司将全新办公用房一套，按照 310 000 元的价格售给 B 公司，并立即签订了一份租赁合同，该合同主要条款与例 4 - 2 的合同条款内容相同。

卖主即承租人（A 公司）的会计处理。

第一步，判断租赁类型。

根据前面例题的分析，该项租赁不符合融资租赁的标准，应认定为经营租赁。

第二步，计算未实现售后租回损益。

　　未实现售后租回损益 = 售价 - 资产的账面价值

　　　　　　　　　　　　 = 310 000 - 300 000

　　　　　　　　　　　　 = 10 000 （元）

第三步，未实现售后租回损益在租赁期内按租金支付比例分摊，如表 4 - 6 所示。

表 4 - 6　　　　　　　　　未实现售后租回收益分摊表　　　　　　单位：元

日　　期	售　　价	固定资产账面价值	支付的租金	租金支付比率	摊销额	未实现售后租回损益
2008 年 1 月 1 日	310 000	300 000				10 000
2008 年 12 月 31 日			22 000	63.77%	6 377	3 623
2009 年 12 月 31 日			10 000	28.99%	2 899	724
2010 年 12 月 31 日			2 500	7.24%	724	0
合　　计	310 000	300 000	34 500	100%	10 000	

第四步，会计分录。

（1）2008 年 1 月 1 日，向 B 公司出售办公用房。

借：银行存款   310 000
　　贷：固定资产清理   300 000
　　　　递延收益——未实现售后租回损益（融资租赁）   10 000

（2）2008 年 1 月 1 日，结转出售固定资产的成本。

借：固定资产清理   300 000
　　贷：固定资产——办公用房   300 000

（3）2008 年 12 月 31 日，确认本年应分摊的未实现售后租回损益。

借：递延收益——未实现售后租回损益（融资租赁）   6 377
　　贷：管理费用——租赁费   6 377

2008 年有关租金支付和分摊的会计分录：

借：长期待摊费用   12 000
　　贷：银行存款   12 000

借：管理费用——租赁费   11 500
　　贷：银行存款   10 000
　　　　长期待摊费用   1 500

在该项租赁中，A 公司 2008 年原本应承担的租赁费用为 11 500 元，而由于出售固定资产时取得了 10 000 元的收益，按租赁期 3 年分摊，公司 2008 年实际承担的租赁费用降低了 6 337 元。

出租人（B 公司）的会计处理与一般经营租赁业务的会计处理相同，此处略。

三、售后租回交易的披露

由于售后租回交易作为一种特殊交易，应特别加以披露。企业会计准则规定，承租人和出租人除应当按照一般情况下融资租赁或经营租赁对售后租回交易进行披露外，还应当对售后租回交易和售后租回合同中的重要条款做出披露。这里的"重要条款"是指售后租回合同中规定的区别于一般租赁交易的条款，比如租赁标的物的售价等。

【思考题】

1. 什么是租赁？租赁有什么特征？

2. 租赁有哪两类？区分的标志是什么？

3. 融资租赁的具体判断标准是什么？

4. 如何区分租赁开始日和租赁期开始日？

5. 融资租赁承租方如何确认最低租赁付款额？

6. 售后租回形成融资租赁的处理要点是什么？

【练习题】

一、单项选择题

1. 2010 年 8 月 5 日，甲公司与乙公司签订了一份租赁合同。合同规定：租赁期从 2010 年 9 月 1 日至 2013 年 9 月 1 日，共 3 年，每年年末支付租金 10 万元。上述合同中租赁期开始日为（   ）。

   A. 2010 年 8 月 5 日   B. 2010 年 9 月 1 日

   C. 2010 年 8 月 31 日   D. 2013 年 9 月 1 日

2. 乙公司 2013 年 1 月 10 日采用融资租赁方式出租一台大型设备。租赁合同规定：（1）该设备租赁期为 6 年，每年支付租金 8 万元；（2）或有租金为 4 万元；（3）履约成本为 5 万元；（4）承租人提供的租赁资产担保余值为 7 万元；（5）与承租人和乙公司均无关联关系的第三方提供的租赁资产担保余值为 3 万元。乙公司 2013 年 1 月 10 日对该租出大型设备确认的应收融资租赁款为（   ）万元。

   A. 51   B. 55   C. 58   D. 67

3. 对于出租人在经营租赁中发生的初始直接费用，应计入（   ）。

   A. 财务费用   B. 管理费用

   C. 营业外支出   D. 租入资产的账面价值

4. 2011 年 1 月 1 日，A 公司从 B 公司租入全新设备一套，租期为 3 年。设备账面价值为 50 万元，预计使用年限为 10 年。租赁合同规定，租赁开始日 A 公司向 B 公司一次性预付租金 3.6 万元，第一年年末支付租金 3 万元，第二年年末支付租金 3 万元，第三年年末支付租金 1.2 万元。租赁期满后预付租金不退回，B 公司收回设备使用权。则 A 公司第一年应确认的租金为（   ）万元。

   A. 3.6   B. 6.6   C. 10.8   D. 5

5. 初始直接费用是指承租人在租赁谈判和签订租赁合同过程中发生的，可归属于租赁项目的手续费、律师费、差旅费、印花税等初始直接费用。融资租赁中初始直接费用应（   ）。

   A. 在发生当期确认为费用   B. 作为费用在租赁期间平均计入各租赁期

   C. 作为长期待摊费用   D. 计入租入资产价值

6. 下列关于经营租赁的说法错误的是（   ）。

   A. 出租人应当按照资产类别披露租出资产在资产负债表日的账面价值

   B. 经营租赁的出租人应当按资产的性质，将用作经营租赁的资产包括在资产负债表上的相关项目内

   C. 经营租赁一般都是固定资产租赁，承租人需要对租入的固定资产按期计提折旧

   D. 在经营租赁中，承租人的会计处理主要是租金的费用化，具体一点说，就是所付租金在租赁期内的各个会计期间进行分摊确认

7. 承租人对融资租入的资产采用公允价值作为入账价值的，分摊未确认融资费用采用的分摊率是（   ）。

   A. 银行同期贷款利率

B. 租赁合同中规定的利率

C. 出租人出租资产的无风险利率

D. 使最低租赁付款额的现值与租赁资产公允价值相等的折现率

8. 某融资租赁合同,租赁期为 5 年,每年租金为 50 万元,承租人担保的资产余值为 5 万元,与承租人有关的第三方公司的担保余值为 3 万元,租赁期间履约成本为 2 万元、或有租金预计为 4 万元。就承租人而言,最低租赁付款额为 (   ) 万元。

A. 250　　　　　 B. 258　　　　　 C. 260　　　　　 D. 264

9. 承租人采用融资租赁方式租入一台设备,该设备尚可使用年限为 8 年,租赁期为 6 年,承租人租赁期满时以 1 万元的购价优惠购买该设备,该设备在租赁期满时的公允价值为 30 万元。则该设备计提折旧的期限为 (   ) 年。

A. 6　　　　　　 B. 8　　　　　　 C. 2　　　　　　 D. 7

10. 2008 年 12 月 31 日,某公司将一台设备以 60 万元的价格出售给甲公司,该设备的账面原值为 100 万元,已提取折旧 50 万元,未计提资产减值准备,公允价值为 50 万元,预计尚可使用 8 年,预计净残值为 0。2009 年 1 月 1 日,该公司与甲公司签订一份经营租赁合同,将该设备租回,租期 4 年,总共支付租金 40 万元。假定不考虑其他税费及其他相关因素,上述业务对该公司 2009 年利润总额的影响为 (   ) 万元。

A. 10　　　　　　 B. 12.5　　　　　 C. 705　　　　　 D. 205

二、多项选择题

1. 下列与租赁相关的概念中正确的有 (   )。

A. 或有租金为金额不固定、以时间长短以外的其他因素 (如销售量、使用量、物价指数等) 为依据计算的租金

B. 履约成本指在租赁期内为租赁资产正常工作所支付的各种使用费用,如维修费、服务费等

C. 租赁期是指承租人有权行使其使用资产的权利的期间

D. 租赁期开始日即租赁协议日与租赁各方就主要租赁条款做出承诺日中的较早者

E. 担保余值是指得到担保的那部分资产余值,租赁期满能够保证收回。它对于承租人和出租人来说是不完全一致的

2. 2011 年 1 月 1 日,甲公司与租赁公司签订一项经营租赁合同,向租赁公司租入一台设备。租赁合同约定:租赁期为 3 年,租赁期开始日为合同签订当日,月租金为 6 万元,每年末支付当年度租金;前 3 个月免交租金;如果市场平均月租金水平较上月上涨的幅度超过 10%,自次月起每月增加租金 0.5 万元。甲公司为签订上述经营租赁合同于 2011 年 1 月 5 日支付律师费 3 万元。已知租赁开始日租赁设备的公允价值为 980 万元。下列各项关于甲公司经营租赁会计处理的表述中,正确的有 (   )。

A. 或有租金在实际发生时计入当期损益

B. 为签订租赁合同发生的律师费用计入当期损益

C. 经营租赁设备按照租赁开始日的公允价值确认为固定资产

D. 经营租赁设备按照与自有资产相同的折旧方法计提折旧

E. 免租期内按照租金总额在整个租赁期内采用合理方法分摊的金额确认租金费

3. 融资租赁租赁期届满时，承租人通常对租赁资产的处理可以有（   ）。

    A. 对外销售   B. 返还   C. 优惠续租   D. 留购

    E 对外出租

4. 承租人在租赁业务中发生的下列费用中，属于履约成本的有（   ）。

    A. 佣金   B. 人员培训费   C. 维修费   D. 印花税

    E. 技术咨询和服务费

5. 关于未担保余值，下列说法正确的有（   ）。

    A. 出租人至少应当于每年度终了，对未担保余值进行复核

    B. 未担保余值增加的，不作调整

    C. 未担保余值增加的，应调整其账面价值

    D. 有证据表明未担保余值已经减少的，应当重新计算租赁内含利率，将由此引起的租赁投资净额的减少计入当期损益；以后各期根据修正后的租赁投资净额和重新计算的租赁内含利率确认融资收入

    E. 已确认损失的未担保余值得以恢复的，应在原已确认的损失金额内转回，并重新计算租赁内含利率；以后各期根据修正后的租赁投资净额和重新计算的租赁内含利率确认融资收入

6. 下列关于售后租回交易及其会计处理的说法正确的有（   ）。

    A. 如果售后租回交易被认定为经营租赁，一律应将售价与资产账面价值的差额，即销售损益予以递延

    B. 从交易的实质来看，在售后租回交易中，资产的售价和租金是相互独立的，因此资产的出售和租回这两项经济活动相互独立

    C. 售后租回交易是一种特殊形式的租赁业务，是卖主（即资产的所有者）将资产出售后，又将该项资产从买主（即资产的新所有者）那里租回的经济业务

    D. 我国《企业会计准则》规定，对于形成融资租赁的售后租回交易，卖主（即承租人）应将售价与资产账面价值的差额——销售损益予以递延，并按该项租赁资产的折旧进度进行分摊，作为折旧费用的调整

    E. 从交易的效果来看，可将固定资产转变为流动资产，增强资金的流动性，提高资金使用效率，从而解决企业流动资金不足的难题

7. 承租人在计算最低租赁付款额的现值时，可供选择的折现率有（   ）。

    A. 出租人租赁内含利率   B. 租赁合同规定的利率

    C. 银行同期贷款利率   D. 银行同期存款利率

    E. 承租人租赁内含利率

8. 在租赁业务中，与资产所有权有关的风险是指（   ）。

    A. 由于经营情况变化造成相关收益的减少

    B. 由于资产增加而实现的收益

    C. 由于资产闲置而造成的损失

    D. 未实现或有租金

E. 由于技术陈旧等造成的损失

9. 根据我国《企业会计准则》关于经营租赁的相关规定，对于出租方来说，下面说法正确的有（ ）。

    A. 出租人应当将收取的租金在经营期间内按照实际利率确认为各期收益

    B. 出租人应当将收取的租金在经营期间内按照内含利率确认为各期收益

    C. 出租人发生的初始直接费用，应当计入当期损益

    D. 对于出租的固定资产，应当按照同类资产的折旧政策计提折旧

    E. 出租人应当将收取的租金在经营期间内按照直线法确认为各期收益。

10. 由于租赁业务的特殊性，在进行租赁业务会计处理时，应当遵循以下原则（ ）。

    A. 严格区分各类租赁业务，按照不同的要求进行会计处理

    B. 严格按照会计准则的要求，准确揭示租赁业务中发生的费用和收益及其期末实有价值

    C. 严格遵守租约、合同的规定，处理好租赁期满后的各类事项

    D. 严格按照公允价值的计量要求，在会计期末进行全部项目公允价值的款项调整

    E. 严格按照银行规定的利息率等数据进行各类金额的计算并及时调整账项

三、判断题

1. 如果租赁合同约定承租人有权选择期满继续租赁该资产，而且续租的租金预计将远低于其当时的正常租金，由此在租赁开始日就可以合理确定承租人未来将会续租资产，这时，续租期不应当包括在租赁期内。　　　　　　　　　　　　　　（　　）

2. 最低租赁收款额与最低租赁付款额之间的关系：前者是对出租人而言；后者则是对承租人而言。前者应当大于后者，即不仅包括后者，还应包括独立于承租人和出租人的第三方担保的余值。但是，若出租人没有得到这样的担保，二者的数额则应当是一致的。　　　　　　　　　　　　　　　　　　　　　　　　　（　　）

3. 未担保余值是指租赁资产余值中扣除就出租人而言的担保余值后的资产余值。未担保余值应该作为应收融资租赁款的一部分。　　　　　　　　　　　　　（　　）

4. 判断一项租赁是否属于融资租赁的标准之一是租赁期占租赁资产使用寿命的75%以上。这里租赁资产使用寿命是指资产的全部可使用年限。　　　　　　（　　）

5. 在出租人提供了免租期的情况下，承租人应将租金总额在整个租赁期内，而不是在租赁期扣除免租期后的期间内进行分摊。　　　　　　　　　　　　　（　　）

6. 在租赁期开始日，承租人应当将租赁开始日租赁资产公允价值与最低租赁付款额现值两者中较高者作为租入资产的入账价值，将最低租赁付款额作为长期应付款的入账价值，其差额作为未确认融资费用。　　　　　　　　　　　　　　（　　）

7. 承租人融资租入一项固定资产后，应当对其计提折旧，折旧政策应与承租人自有资产的折旧政策相一致。　　　　　　　　　　　　　　　　　　　　（　　）

8. 租赁期内租金的逐期支付相当于债务的分期偿付，它将减少承租人的负债。租金既包括租赁资产的价值，也包括因融资租赁而承担的利息费用。　　　　　（　　）

9. 如果经营租赁资产属于固定资产，承租人应当对租入的资产采用类似资产所采用的折旧政策计提折旧。　　　　　　　　　　　　　　　　　　　　　（　　）

10. 出租人应当至少每年年度终了，对未担保余值进行复核。未担保余值增加的，不作调整。有证据表明未担保余值已经减少的，应当重新计算租赁内含利率，将由此引起租赁投资净额的减少，计入当期损益。　　　　　　　　　（　　）

四、计算与账务处理

1. 甲股份有限公司（以下简称甲公司）于 2005 年 1 月 1 日从乙租赁公司（以下简称乙公司）租入一台全新设备，用于行政管理。租赁合同的主要条款如下：

(1) 租赁起租日：2005 年 1 月 1 日。

(2) 租赁期限：2005 年 1 月 1 日至 2006 年 12 月 31 日。甲公司应在租赁期满后将设备归还给乙公司。

(3) 租金总额：120 万元。

(4) 租金支付方式：在起租日预付租金 80 万元，2005 年年末支付租金 20 万元，租赁期满时支付租金 20 万元。

起租日该设备在乙公司的账面价值为 500 万元，公允价值为 500 万元。该设备预计使用年限为 10 年。甲公司在 2005 年 1 月 1 日的资产总额为 1 200 万元。甲公司对于租赁业务所采用的会计政策是：对于融资租赁，采用实际利率法分摊未确认融资费用；对于经营租赁，采用直线法确认租金费用。

甲公司按期支付租金，并在每年年末确认与租金有关的费用。乙公司在每年年末确认与租金有关的收入。同期银行贷款年利率为 6%。假定不考虑在租赁过程中发生的其他相关税费。

要求：

(1) 判断此项租赁的类型，并简要说明理由。

(2) 编制甲公司与租金支付和确认租金费用有关的会计分录。

(3) 编制乙公司与租金收取和确认租金收入有关的会计分录。

（答案中的金额单位用万元表示）

2. 2006 年 1 月 1 日，A 公司向 B 公司（专门从事租赁业务）租入一台办公设备，租期为 4 年，设备价值为 2 000 000 元，预计可使用年限为 10 年。租赁合同规定，租赁开始日 A 公司向 B 公司一次性预付租金 150 000 元，第一年年末支付租金 200 000 元，第二年年末支付年金 250 000 元，第三年年末支付租金 300 000 元，第四年年末支付租金 300 000 元。租赁期届满后 B 公司收回设备，四年的租金总额为 1 200 000 元。（假定 A 公司和 B 公司均在年末确认租金费用和租金收入，并且不存在租金逾期支付的情况）

要求：对 A、B 公司发生的上述事项进行会计处理。

3. A 公司于 2005 年 12 月 10 日与 B 租赁公司签订了一份设备租赁合同。合同主要条款如下：

(1) 租赁标的物：甲生产设备。

(2) 起租日：2005 年 12 月 31 日。

(3) 租赁期：2005 年 12 月 31 日至 2009 年 12 月 31 日。

(4) 租金支付方式：2006 年至 2009 年每年年末支付租金 800 万元。

(5) 租赁期满时，甲生产设备的估计余值为 400 万元，其中 A 公司担保的余值为 300 万元，未担保的余值为 100 万元。

(6) 甲生产设备 2005 年 12 月 31 日的原账面原值为 3 500 万元，已提折旧 400 万元，已使用 3 年，预计还可使用 5 年。

(7) 租赁合同年利率为 6%。

(8) 2009 年 12 月 31 日，A 公司将甲生产设备归还给 B 租赁公司。

甲生产设备于 2005 年 12 月 31 日运抵 A 公司，当日投入使用。该租入设备的资产总额大于承租人资产总额的 30%，其固定资产均采用平均年限法计提折旧，与租赁有关的未确认融资费用均采用实际利率法摊销，并假定未确认融资费用在相关资产的折旧期限内摊销。

要求：

(1) 判断该租赁的类型，并说明理由。

(2) 编制 A 公司在起租日的有关会计分录。

(3) 编制 A 公司在 2006 年年末至 2009 年年末与租金支付以及其他与租赁事项有关的会计分录（假定相关事项均在年末进行账务处理）。（金额单位用万元表示）

（利率为 6%，期数为 4 期的普通年金现值系数为 3.465 1；利率为 6%，期数为 4 期的复利现值系数为 0.792 1。）

4. 2003 年 12 月 1 日 A 公司与 B 公司签订了一份租赁合同。合同主要条款如下：

(1) 租赁标的物：建筑构件生产线。

(2) 起租日：租赁物运抵 A 公司生产车间之日（2003 年 12 月 31 日）。

(3) 租赁期：2003 年 12 月 31 日–2006 年 12 月 31 日，共 3 年。

(4) 租金支付方式：每年年初支付租金 270 000 元。首期租金于 2003 年 12 月 31 日支付。

(5) 租赁期届满时建筑构件生产线的估计余值：117 000 元。

其中由 A 公司担保的余值为 100 000 元；未担保余值为 17 000 元。

(6) 该生产线的保险、维护等费用由 A 公司自行承担，每年 10 000 元。

(7) 该生产线在 2003 年 12 月 31 日的原账面价值为 835 000 元。

(8) 租赁合同规定的利率为 6%（年利率）。

(9) 该生产线估计使用年限为 6 年，采用年数总和法计提折旧。（按年）

(10) 2006 年 12 月 31 日，A 公司将该生产线交回 B 公司。

(11) 双方均按直线法摊销未确认融资费用及收益。（按年）

此外，假设该生产线占 A 公司资产总额的 30% 以上，且不需安装。

要求：

(1) 判断租赁类型；

(2) 分别 A、B 公司编制租赁开始日、2004 年 12 月 31 日及归还租赁资产日的会计分录。

注：(P/A, 2, 6%) = 1.833 (P/F, 3, 6%) = 0.84

5. 2005 年 1 月 1 日甲公司将一台账面价值为 390 万元的全新生产设备出售给乙公司

（该设备的公允价值为 400 万元），取得收入 425 万元，存入银行。同时又从乙公司租回该设备。设备可使用年限为 3 年，双方协商，租期 3 年，每年在年末支付租金 150 万元。到期时，预计设备的公允价值为 20 万元，甲公司担保的资产余值为 0 万元。到期时，设备归还出租方。本租赁合同属于不可撤销合同。

假设甲公司对该设备采用直线法计提折旧，按实际利率法分摊未确认融资费用，在签订合同时发生手续费、律师费等 10.72 万元。

要求：请对该项租赁业务进行会计处理。

【案例与分析】

2002 年 4 月 11 日，美国 SEC 发布了《第 17465 号民事诉讼公告》和《第 1542 号会计审计执法公告》，指控施乐公司进行财务舞弊，欺诈投资者。

SEC 的诉讼披露资料显示，施乐公司违规的会计处理主要与复印机的租赁安排有关。

从 20 世纪 90 年代中后期开始，销售型租赁成为施乐公司的主要经营模式。在与客户签订的一揽子销售型租赁业务协议中，施乐公司获得的收入包括三部分：箱体（施乐公司对复印机设备的别称）出售收入、设备维护收入和融资收入。按公认会计原则（CAAP）的规定，施乐公司应于租赁开始时将销售型租赁产生的销售利润（账面价值与公允价值之差）确认为箱体收入，应将维护及融资收入分摊记入整个租赁期间。

多数情况下，施乐公司与客户签订租赁协议，客户按月支付设备租金、维护和融资费用。施乐公司将这种方法称为捆绑租赁。依据美国《财务会计准则第 13 号——租赁》规定，对于捆绑租赁，必须选择合理的标准，将租赁协议中的收入总额在设备收入、融资收入和维护收入之间分摊。

1997 年至 2001 年，通过操纵融资业务的回报率，施乐公司在没有多销售一台复印机或其他产品的情况下，提前确认了 22 亿美元的设备销售收入和 301 亿美元的收益。下表表示了公司运用不正当的会计手段对相关财务指标的影响情况。

不正当会计手段对相关财务指标的影响

财务指标	2001 年	2000 年	1999 年	1998 年	1997 年
设备销售毛利率（%）					
——重编前	32.9	37.5	43.1	43.8	44.5
——重编后	30.5	31.2	37.2	40.5	39.5
设备维护毛利率（%）					
——重编前	39.4	37.6	42.8	44.4	47.4
——重编后	42.2	41.1	44.7	46.6	48.0
设备融资毛利率（%）					
——重编前	34.6	34.5	49.4	50.1	48.8
——重编后	59.5	57.1	63.0	58.2	44.8
总毛利率（%）					

财务指标	2001 年	2000 年	1999 年	1998 年	1997 年
——重编前	36.0	37.4	43.3	44.4	46.9
——重编后	38.2	37.4	42.3	44.3	44.8
销售、管理费用占收入比例（%）					
——重编前	29.1	30.2	27.0	27.3	28.7
——重编后	27.8	29.4	27.4	28.3	29.8

要求：

（1）1997—2001 年施乐公司对外报告的设备融资的平均毛利率为多少？更正后的毛利率为多少？

（2）问题（1）中二者之间的差异说明了什么问题？

（3）试分析施乐公司的目的是什么？你认为如何能达到该目的？

第五章 企业合并

学习目标

➡ 1. 理解企业合并的概念。

➡ 2. 熟悉企业合并的方式和类型。

➡ 3. 重点掌握同一控制下企业合并与非同一控制下企业合并的具体会计处理方法。

第一节　企业合并概述

随着全球经济快速发展，国际竞争力日益不断增强，跨国经营企业不断增多。为了减少同行业竞争、拓宽生产经营渠道、开辟新的投资领域或市场、降低成本等，企业寻求发展的有效途径之一就是进行企业之间的联合。企业合并无论是从宏观经济的角度还是从微观经济的角度来看，都有重大意义。同时，解决企业合并中产生的企业合并成本的确定、合并中取得有关资产、负债的确认和计量原则、合并差额的处理，以及在企业合并后形成母子公司关系情况下合并日或购买日财务报表的编制原则等问题。以企业合并准则为依据，《企业会计准则第 20 号——企业合并》（以下简称企业合并准则）主要规范了对不同类型企业合并的会计处理。

一、企业合并的概念

我国《企业会计准则第 20 号——企业合并》中规定：企业合并，是指将两个或两个以上单独的企业合并形成一个报告主体的交易或事项。

《国际财务报告准则第 3 号——企业合并》中的定义为：企业合并是将单独的主体或业务集合为一个报告主体。

而美国会计原则委员会颁布的于 1970 年 11 月生效的第 16 号意见书《企业合并》第一段对企业合并所下定义为：企业合并指一家公司与一家或几家公司或非公司组织

的企业合成一个会计主体。这个会计主体继续从事以前彼此分离、相互独立的企业的经营活动。

如上所述，企业合并的结果通常是一个企业取得了对一个或多个业务的控制权。一般构成企业合并至少包括两层含义。

一是取得对另一个或多个企业（或业务）的控制权；从企业合并的定义看，是否形成企业合并，关键要看有关交易或事项发生前后，是否引起报告主体的变化。

报告主体的变化产生于控制权的变化。在交易事项发生以后，一方能够对另一方的财务和生产经营决策实施控制，形成母子公司关系，涉及控制权的转移。该交易或事项发生以后，子公司需要纳入到母公司合并财务报表的范围中，从合并财务报告角度形成报告主体的变化；在交易事项发生以后，一方能够控制另一方的全部净资产，被合并的企业在合并后失去其法人资格，也涉及控制权的变化及报告主体的变化，形成企业合并。实务中，对于交易或事项发生前后是否形成控制权的转移，应当遵循实质重于形式原则，综合可获得的各方面情况进行判断。

二是合并的企业必须构成业务。业务是指企业内部某些生产经营活动或资产、负债的组合，该组合具有投入、加工处理过程和产出能力，能够独立计算其成本费用或所产生的收入，但不构成一个企业、不具有独立的法人资格。

有关资产、负债的组合要形成一项业务，通常应具备的要素包括：

（1）投入，指原材料、人工、必要的生产技术等无形资产以及构成生产能力的机器设备等其他长期资产的投入；

（2）加工处理过程，指具有一定的管理能力、运营过程，能够组织投入形成产出；

（3）产出，最为典型的是生产出产成品，也可以是通过为其他部门提供服务来降低企业整体的运行成本等其他带来经济利益的方式。有关资产或资产、负债的组合要构成一项业务，不一定要同时具备上述三个要素，某些情况下具备投入和加工处理过程两个要素即可认为构成一项业务。

有关资产或资产、负债的组合是否构成一项业务，应结合所取得资产、负债的内在联系及是否构成独立的投入、加工处理过程等进行综合判断。实务中出现的如一个企业对另一个企业某条具有独立生产能力的生产线的合并、一保险公司对另一保险公司寿险业务的合并等，一般构成业务合并。

如果一个企业取得了对另一个或多个企业的控制权，而被购买方（或被合并方）并不构成业务，则该交易或事项不形成企业合并。企业取得了不形成业务的一组资产或是净资产时，应将购买成本按购买日所取得各项可辨认资产、负债的相对公允价值基础进行分配，不按照企业合并准则进行处理。

二、企业合并的分类

企业合并可按不同的标准进行分类，最常见的分类方式有以下几种。

（一）按法律形式分类

企业合并按其法律形式进行分类，可以分为吸收合并、新设合并和控股合并。

1. 吸收合并，是指一家企业取得另一家或几家企业的全部净资产，参与合并的企业中，只有一家继续存在，其余企业都丧失其法律地位。丧失法律地位的企业，其经营活动可能继续进行，但只是作为够受企业的一部分而存在。例如，A 公司通过吸收合并取得 B 公司，合并后只留下 A 公司，则合并后的报告主体是 A 公司。这种合并形式可用如下公式表示：

A 公司 + B 公司 = A 公司

2. 新设合并，是指参与合并各方在合并后均注销其法人资格，重新注册成立一家新的企业，所以又称新创合并。例如，A 公司与 B 公司以新设合并的方式组建 C 公司，则这种合并形式可用如下公式表示：

A 公司 + B 公司 = C 公司

3. 控股合并，是指一家企业通过支付现金、发行股票或债券等方式取得另一家企业的全部或部分有表决权的股份，从而达到能够对被投资企业实施控制的程度，而参与合并的两家企业仍然保留其法律地位。在这种情况下，投资企业与被投资企业之间形成母子公司关系，需要编制合并报表。例如，A 公司取得了对 B 公司的控制权，则这种控股合并形式可用如下公式表示：

A 公司的财务报表 + B 公司的财务报表 = A 公司与 B 公司的合并财务报表

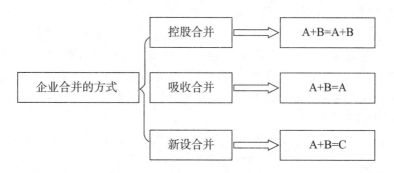

图 5 - 1 企业合并方式

依据法律形式对企业合并分类，是传统上讨论企业合并会计问题时采用的主要分类方法。吸收合并和新设合并的结果是形成单一的法律主体，不存在编制合并财务报表的问题。而控股合并后，合并企业与被合并企业仍然是两个独立的法律主体和会计主体。但是从经济角度看，由于控股事实的存在，两者已构成了一个经济实体。为了综合全面地反映这一经济实体的财务状况和经营成果，有必要将母子公司组成的整个企业集团视为单一的会计主体，编制集团的合并财务报表，反映整体的财务状况、经营成果和现金流量的情况。

（二）按照参与合并的企业在合并前后是否受同一方或相同的多方最终控制分类

企业合并按照参与合并的企业在合并前、合并后是否受同一方或相同的多方最终控制进行分类，可划分为同一控制下的企业合并与非同一控制下的企业合并两大类。

企业合并的类型划分不同，所遵循的会计处理原则也不同。

1. 同一控制下的企业合并

同一控制下的企业合并，是指参与合并的企业在合并前、合并后均受同一方或相同的多方最终控制且该控制并非暂时性的。

简而言之，同一控制下的企业合并，参与合并的各方在合并前与合并后均属于相同的一方最终控制方。

判断某一企业合并是否属于同一控制下的企业合并，有以下几个要点：

（1）关于"同一方"与"相同的多方"

同一方，是指对参与合并企业在合并前、合并后均实施最终控制的投资者。比如企业集团的母公司等。

同一控制下的企业合并一般发生于企业集团内部，如集团内母子公司之间、子公司与子公司之间等。因为该类合并从本质上是集团内部企业之间的资产或权益的转移，能够对参与合并企业在合并前后均实施最终控制的一方为集团的母公司。

相同的多方，通常是指根据合同或协议的约定，拥有最终决定参与合并企业的财务和经营政策，并从中获取利益的投资者群体。这就明确了一个非常重要的问题，投资是企业会计准则所称"控制"的前提。

（2）关于"控制"与"最终控制"

控制是指一个企业能够决定另一个企业的财务和经营政策，并能据以从另一个企业的经营活动中获取利益的权利。控制权的标志是"决策权"和"获取利益权"；控制的实施途径是一个企业直接或间接拥有另一个企业半数以上表决权，或者一个企业拥有另一个企业表决权不足半数以上，但是通过拥有的半数以下表决权和准则规定的其他方式达到控制。

如：上述，通过与其他投资者签订协议，实质上拥有被购买企业半数以上表决权。例如，A 公司拥有 B 公司 45% 的表决权资本，C 公司拥有 B 公司 25% 的表决权资本。A 公司与 C 公司达成协议，C 公司在 B 公司的权益由 A 公司代表。在这种情况下，A 公司实质上拥有 B 公司 70% 表决权资本的控制权，在 B 公司的章程等没有特别规定的情况下，表明 A 公司实质上控制 B 公司。

如上述来看，最终控制有两种情况，一是指在直接控制的情况下，控制方对被控制方的控制就应该是最终控制。二是在间接控制的情况下，间接控制方拥有对被控制方的最终控制权。实施最终控制的一方，通常是指企业集团中的母公司。

（3）关于"控制并非暂时性"

控制并非暂时性，是指参与合并各方在合并前、合并后较长的时间内受同一方或相同的多方控制，控制的时间通常在 1 年以上（含 1 年）。企业合并后所形成的报告主体在最终控制方的控制时间也应达到 1 年以上（含 1 年）。

（4）企业之间的合并是否属于同一控制下的企业合并，应综合构成企业合并交易的各方面情况，按照实质重于形式的原则进行判断。通常情况下，同一控制下的企业合并是指发生在同一企业集团内部企业之间的合并。同受国家控制的企业之间发生的合并，不应仅仅因为参与合并各方在合并前后均受国家控制而将其作为同一控制下的企业合并。

2. 非同一控制下的企业合并

非同一控制下的企业合并，是指参与合并各方在合并前后不受同一方或相同的多方最终控制的合并交易，即同一控制下企业合并以外的其他企业合并。

第二节　同一控制下企业合并的会计处理

同一控制下的企业合并，是从合并方出发，确定合并方在合并日对于企业合并事项应进行的会计处理。合并方，是指取得对其他参与合并企业控制权的一方；参与合并的其他企业为被合并方。其中，合并日是指合并方实际取得对被合并方控制权的日期。

一、同一控制下企业合并的会计处理原则

我国《企业会计准则第 20 号——企业合并》对同一控制下企业合并的确认和计量进行了详细的规范，规定采用的会计处理方法类似于权益结合法。

权益结合法，又称联营法、股权合并法，权益结合法是指将企业合并视为参与合并各方所有者权益的结合，双方的资产负债均按原来的账面价值记录，被并企业的留存收益全部并入其当年收益。权益结合法下，由于同一控制下的企业合并存在最终控制方，从最终控制方的角度考虑，该类企业合并一定程度上并不会造成构成企业集团整体的经济利益流入和流出，最终控制方在合并前后实际控制的经济资源并没有发生变化，因此，可以将这种企业合并看作是两个或多个参与合并企业权益的重新整合，有关交易事项不作为出售或购买。

合并方应遵循以下原则进行相关的处理：

（1）合并方在合并中确认取得的被合并方的资产、负债仅限于被合并方账面上原已确认的资产和负债，合并中不产生新的资产和负债。

同一控制下的企业合并，从最终控制方的角度来看，其在企业合并发生前后能够控制的净资产价值量并没有发生变化，因此即便是在合并过程中，取得的净资产入账价值与支付的合并对价账面价值之间存在差额，同一控制下的企业合并中一般也不产生新的商誉因素，即不确认新的资产，但被合并方在企业合并前账面上原已确认的商誉应作为合并中取得的资产确认。

（2）合并方在合并中取得的被合并方各项资产、负债应维持其在被合并方的原账面价值不变。

合并方在同一控制下企业合并中取得的有关资产和负债不应因该项合并而改变其账面价值，因为从最终控制方的角度来看，该项交易或事项仅仅是其原本已经控制的资产、负债空间位置的转移，原则上不应影响所涉及资产、负债的计价基础变化。

但是被合并方在企业合并前采用的会计政策与合并方不一致的，应基于重要性原

则，首先统一会计政策，即合并方应当按照本企业会计政策对被合并方资产、负债的账面价值进行调整，并以调整后的账面价值作为有关资产、负债的入账价值。因为该项合并中涉及的合并方及被合并方应当作为一个整体对待，对于一个完整的会计主体，其对相关交易、事项应当采用相对统一的会计政策，在此基础上反映其财务状况和经营成果。

（3）合并方在合并中取得的净资产的入账价值与为进行企业合并支付的对价账面价值之间的差额，应当调整所有者权益相关项目，不计入企业合并当期损益。合并方在同一控制下的企业合并，本质上不作为购买，而是两个或多个会计主体权益的整合。合并方在企业合并中取得的价值量相对于所放弃价值量之间存在差额的，应当调整所有者权益。在根据合并差额调整合并方的所有者权益时，应首先调整资本公积（资本溢价或股本溢价），资本公积（资本溢价或股本溢价）的余额不足冲减的，应冲减留存收益。

（4）对于同一控制下的控股合并，合并方在编制合并财务报表时，应视同合并后形成的报告主体自最终控制方开始实施控制时一直是一体化存续下来的，参与合并各方在合并以前期间实现的留存收益应体现为合并财务报表中的留存收益。合并财务报表中，应以合并方的资本公积（或经调整后的资本公积中的资本溢价部分）为限，在所有者权益内部进行调整，将被合并方在合并日以前实现的留存收益中按照持股比例计算归属于合并方的部分自资本公积转入留存收益。

二、同一控制下企业合并的会计处理

同一控制下的企业合并，视合并方式不同，应分别按照以下规定进行会计处理。

（一）同一控制下的控股合并

同一控制下的企业合并中，合并方在合并日需处理两个方面的问题：一是对于因该项企业合并形成的对被合并方的长期股权投资的确认和计量；二是合并日合并财务报表的编制。

1. 长期股权投资的确认和计量

对于同一控制下的企业合并，从能够对参与合并各方在合并前与合并后均实施最终控制的方面来看，最终控制方在企业合并前和合并后能够控制的资产并没有发生变化。合并方通过企业合并形成的对被合并方的长期股权投资，其成本代表的是在被合并方账面所有者权益中享有的份额。按照《企业会计准则第2号——长期股权投资》的规定，同一控制下企业合并形成的长期股权投资，合并方应以合并日应享有被合并方账面所有者权益的份额作为形成长期股权投资的初始投资成本。

（1）合并方以支付现金、转让非现金资产或承担债务方式作为合并对价的，应当在合并日按照取得被合并方所有者权益账面价值的份额作为长期股权投资的初始投资成本。长期股权投资的初始投资成本与支付的现金、转让的非现金资产及所承担债务账面价值之间的差额，应当调整资本公积（资本溢价或股本溢价）；资本公积（资本溢价或股本溢价）的余额不足冲减的，调整留存收益。比如，甲公司为合并乙公司支付了500万元，得到乙公司净资产的账面价值为400万元，则多支付的100万元应冲减资本公积（或留存收益）。

具体进行会计处理时，合并方在合并日按取得被合并方所有者权益账面价值的份额，借记"长期股权投资"科目。按应享有被投资单位已宣告但尚未发放的现金股利或利润，借记"应收股利"科目，按支付的合并对价的账面价值，贷记有关资产或借记有关负债科目，按其差额，贷记"资本公积——资本溢价或股本溢价"科目；如为借方差额，应借记"资本公积——资本溢价或股本溢价"科目，资本公积（资本溢价或股本溢价）不足冲减的，借记"盈余公积"、"利润分配——未分配利润"科目。

【例5-1】A公司于2013年6月30日支付1 000万元取得同一集团内C公司60%的股权，属于控股合并。合并日C公司资产的账面价值为2 400万元，负债账面价值为900万元，所有者权益账面价值为1 500万元；假设合并时，A公司资本公积为500万元。则合并日A公司的账务处理如下：

借：长期股权投资——C公司（1 500×60%）　　　　　900
　　资本公积　　　　　　　　　　　　　　　　　　100
　　贷：银行存款　　　　　　　　　　　　　　　　　　　1 000

（2）合并方以发行权益性证券作为合并对价的，应按发行股份的面值总额作为股本，长期股权投资初始投资成本与所发行股份面值总额之间的差额应当调整资本公积（资本溢价或股本溢价）；"资本公积"也可能在借方。当资本公积在借方时，表示冲减母公司的资本公积（资本溢价或股本溢价），资本公积（资本溢价或股本溢价）的余额不足冲减的，应冲减留存收益（盈余公积和未分配利润）。

具体进行会计处理时，合并方在合并日按取得被合并方所有者权益账面价值的份额，借记"长期股权投资"科目。按应享有被投资单位已宣告但尚未发放的现金股利或利润，借记"应收股利"科目，按发行权益性证券的面值贷记"股本"，按其差额，贷记"资本公积——资本溢价或股本溢价"科目；如为借方差额，应借记"资本公积——资本溢价或股本溢价"科目，资本公积（资本溢价或股本溢价）不足冲减的，借记"盈余公积"、"利润分配——未分配利润"科目。

合并费用的处理，合并方为进行企业合并发生的审计费用、评估费用、法律费用等各项直接相关费用，应当于发生时计入当期损益。合并方为进行企业合并发生的其他费用，分别以下两种情况进行处理：合并方为进行企业合并发行的债券或承担其他债务支付的手续费、佣金等，应当计入所发行债券或其他债务的初始计量金额，即构成有关债务的入账价值的组成部分；合并方在企业合并中发行权益性证券发生的手续费、佣金等，应当抵减权益证券溢价收入，溢价收入不足冲减的，冲减留存收益。

上述在按照合并日应享有被合并方账面所有者权益的份额确定长期股权投资的初始投资成本时，前提是合并前合并方与被合并方采用的会计政策应当一致。企业合并前合并方与被合并方采用的会计政策不同的，应首先按照合并方的会计政策对被合并方资产、负债的账面价值进行调整，在此基础上计算确定形成长期股权投资的初始投资成本。

【例5-2】2013年6月30日，甲公司向同一集团内乙公司的原股东定向增发2 000

万股普通股（每股面值为 1 元，市价为 16.32 元），取得乙公司 100% 的股权，并于当日起能够对乙公司实施控制。合并后乙公司仍维持其独立法人资格继续经营。甲、乙公司在企业合并前采用的会计政策一致。合并日，乙公司的账面所有者权益总额为 3 500 万元。

乙公司在合并后维持其法人资格继续经营，合并日甲公司在其账簿及个别财务报表中应确认对乙公司的长期股权投资，其会计处理为：

借：长期股权投资　　　　　　　　　　　　　　　　　　　35 000 000
　　贷：股本　　　　　　　　　　　　　　　　　　　　　　　20 000 000
　　　　资本公积——股本溢价　　　　　　　　　　　　　　　15 000 000

2. 合并日合并财务报表的编制

同一控制下的企业合并形成母子公司关系的，合并方一般应在合并日编制合并财务报表。编制合并日的合并财务报表时，一般包括合并资产负债表、合并利润表及合并现金流量表。

（1）合并资产负债表

被合并方的有关资产、负债应以其账面价值并入合并财务报表合并方与被合并方在合并日及以前期间发生的交易，应作为内部交易进行抵销。按照本书第六章"合并财务报表"有关原则进行抵销。

在合并资产负债表中，对于被合并方在企业合并前实现的留存收益（盈余公积和未分配利润之和）中归属于合并方的部分，应按以下规定，自合并方的资本公积转入留存收益。

①确认企业合并形成的长期股权投资后，合并方账面资本公积（资本溢价或股本溢价）贷方余额大于被合并方在合并前实现的留存收益中归属于合并方的部分，在合并资产负债表中，应将被合并方在合并前实现的留存收益中归属于合并方的部分自"资本公积"转入"盈余公积"和"未分配利润"。在合并工作底稿中，借记"资本公积"项目，贷记"盈余公积"和"未分配利润"项目。

②确认企业合并形成的长期股权投资后，合并方账面资本公积（资本溢价或股本溢价）贷方余额小于被合并方在合并前实现的留存收益中归属于合并方的部分的，在合并资产负债表中，应以合并方资本公积（资本溢价或股本溢价）的贷方余额为限，将被合并方在企业合并前实现的留存收益中归属于合并方的部分自"资本公积"转入"盈余公积"和"未分配利润"。在合并工作底稿中，借记"资本公积"项目，贷记"盈余公积"和"未分配利润"项目。

因合并方的资本公积（资本溢价或股本溢价）余额不足，被合并方在合并前实现的留存收益在合并资产负债表中未予全额恢复的，合并方应当在会计报表附注中对这一情况进行说明。

【例 5-3】甲、乙公司分别为 P 公司控制下的两家子公司。甲公司于 2013 年 3 月 10 日自母公司 P 处取得乙公司 100% 的股权，合并后乙公司仍维持其独立法人资格继续经营。为进行该项企业合并，甲公司发行了 900 万股本公司普通股（每股面值 1 元）作为对价。假定甲、乙公司采用的会计政策相同。合并日，甲、乙公司的所有者权益构成如表5-1所示。

表5-1

甲、乙公司所有者权益构成表

单位：万元

甲公司		乙公司	
项　目	金　额	项　目	金　额
股本	5 400	股本	900
资本公积	1 500	资本公积	300
盈余公积	1 200	盈余公积	600
未分配利润	3 000	未分配利润	1 200
合　计	11 100	合　计	3 000

甲公司在合并日应进行的会计处理为：

借：长期股权投资　　　　　　　　　　　　　　　　　30 000 000

　　贷：股本　　　　　　　　　　　　　　　　　　　　9 000 000

　　　　资本公积——股本溢价　　　　　　　　　　　　21 000 000

进行上述处理后，甲公司在合并日编制合并资产负债表时，对于企业合并前乙公司实现的留存收益中归属于合并方的部分（1 800万元）应自资本公积（资本溢价或股本溢价）转入留存收益。本例中甲公司在确认对乙公司的长期股权投资以后，其资本公积的账面余额为3 600万元（1 500万＋2 100万），假定其中资本溢价或股本溢价的金额为2 700万元。在合并工作底稿中，应编制以下调整分录：

借：资本公积　　　　　　　　　　　　　　　　　　　18 000 000

　　贷：盈余公积　　　　　　　　　　　　　　　　　　6 000 000

　　　　未分配利润　　　　　　　　　　　　　　　　　12 000 000

【例5-4】甲公司以一项账面价值为280万元的固定资产（原价400万元，累计折旧120万元）和一项账面价值为320万元的无形资产为对价取得同一集团内另一家企业乙公司100%的股权。合并日，甲、乙公司的所有者权益构成如表5-2所示。

表5-2

甲、乙公司所有者权益构成表

单位：万元

甲公司		乙公司	
项　目	金　额	项　目	金　额
股本	3 600	股本	200
资本公积	100	资本公积	200
盈余公积	800	盈余公积	300
未分配利润	2 000	未分配利润	300
合　计	6 500	合　计	1 000

甲公司在合并日应确认对乙公司的长期股权投资，进行以下会计处理：

借：长期股权投资   10 000 000

  累计折旧   1 200 000

  贷：固定资产   4 000 000

    无形资产   3 200 000

    资本公积   4 000 000

进行上述处理后，甲公司资本公积账面余额为 500 万元（100 万元 + 400 万元），假定全部属于资本溢价或股本溢价，小于乙公司在合并前实现的留存收益中归属于甲公司的部分，甲公司编制合并财务报表时，应以账面资本公积（资本溢价或股本溢价）的余额为限，将乙公司在合并前实现的留存收益中归属于甲公司的部分相应转入留存收益。合并工作底稿中的调整分录为：

借：资本公积   5 000 000

  贷：盈余公积（5 000 000 ÷ 6 000 000 × 3 000 000）   2 500 000

    未分配利润（5 000 000 ÷ 6 000 000 × 3 000 000） 2 500 000

（2）合并利润表

合并方在编制合并日的合并利润表时，应包含合并方及被合并方自合并当期期初至合并日实现的净利润，例如，同一控制下的企业合并发生于 2013 年 3 月 31 日，合并方当日编制合并利润表时，应包括合并方及被合并方自 2013 年 1 月 1 日至 2013 年 3 月 31 日实现的净利润。双方在当期所发生的交易，应当按照合并财务报表的有关原则进行抵消。

为了帮助企业的会计信息使用者了解合并利润表中净利润的构成，发生同一控制下企业合并的当期，合并方在合并利润表中的"净利润"项下应单列"其中：被合并方在合并前实现的净利润"项目，反映合并当期期初至合并日自被合并方带入的损益。

（3）合并现金流量表

合并方在编制合并日的合并现金流量表时，应包含合并方及被合并方自合并当期期初至合并日产生的现金流量。涉及双方当期发生内部交易产生的现金流量，应按照合并财务报表准则规定的有关原则进行抵消。

下面举例说明合并日合并资产负债表和合并利润表。

【例 5 - 5】2013 年 6 月 30 日，P 公司向 S 公司的股东定向增发 1 000 万股普通股（每股面值为 1 元）对 S 公司进行合并，并于当日取得对 S 公司 100% 的股权。参与合并企业在 2013 年 6 月 30 日企业合并前，有关资产、负债情况如表 5 - 3 所示。

表 5－3 　　　　　　　　　　　资产负债表（简表）

2013 年 6 月 30 日　　　　　　　　　　　　　单位：元

项　目	P 公司		S 公司	
	账面价值		账面价值	公允价值
资产：				
货币资金	17 250 000		1 800 000	1 800 000
应收账款	12 000 000		8 000 000	8 000 000
存货	24 800 000		1 020 000	1 800 000
长期股权投资	20 000 000		8 600 000	15 200 000
固定资产	28 000 000		12 000 000	22 000 000
无形资产	18 000 000		2 000 000	6 000 000
商誉				
资产总额	120 050 000		33 420 000	54 800 000
负债和所有者权益：				
短期借款	10 000 000		9 000 000	9 000 000
应付账款	15 000 000		1 200 000	1 200 000
其他负债	1 500 000		1 200 000	1 200 000
负债合计	26 500 000		11 400 000	11 400 000
实收资本	30 000 000		10 000 000	
资本公积	20 000 000		6 000 000	
盈余公积	20 000 000		2 000 000	
未分配利润	23 550 000		4 020 000	
所有者权益合计	93 550 000		22 020 000	43 400 000
负债和所有者权益合计	120 050 000		33 420 000	

P 公司及 S 公司 2013 年 1 月 1 日至 6 月 30 日的利润表如表 5－4 所示：

表 5 - 4　　　　　　　　　　　**利润表（简表）**

2013 年 1 月 1 日至 6 月 30 日　　　　　　　　　　　单位：元

项 目	P 公司	S 公司
一、营业收入	42 500 000	12 000 000
减：营业成本	33 800 000	9 550 000
营业税金及附加	200 000	50 000
销售费用	600 000	200 000
管理费用	1 500 000	500 000
财务费用	400 000	350 000
加：投资收益	300 000	100 000
二、营业利润	6 300 000	1 450 000
加：营业外收入	500 000	450 000
减：营业外支出	450 000	550 000
三、利润总额	6 350 000	1 350 000
减：所得税费用	2 100 000	400 000
四、净利润	4 250 000	950 000

　　本例中假定 P 公司和 S 公司为同一集团内两个全资子公司，合并前其共同的母公司为 A 公司。该项合并中参与合并的企业在合并前及合并后均为 A 公司最终控制，为同一控制下的企业合并。自 2013 年 6 月 30 日开始，P 公司能够对 S 公司的净资产实施控制，该日即为合并日。

　　（1）P 公司对该项合并进行账务处理时：

借：长期股权投资　　　　　　　　　　　　　　　　　　　　　22 020 000

　　贷：股本　　　　　　　　　　　　　　　　　　　　　　　　10 000 000

　　　　资本公积　　　　　　　　　　　　　　　　　　　　　　12 020 000

　　（2）假定 P 公司与 S 公司在合并前未发生任何交易，则 P 公司在编制合并日的合并财务报表时：抵消分录：

借：实收资本　　　　　　　　　　　　　　　　　　　　　　　10 000 000

　　资本公积　　　　　　　　　　　　　　　　　　　　　　　 6 000 000

　　盈余公积　　　　　　　　　　　　　　　　　　　　　　　 2 000 000

　　未分配利润　　　　　　　　　　　　　　　　　　　　　　 4 020 000

　　贷：长期股权投资　　　　　　　　　　　　　　　　　　　　22 020 000

　　将被合并方在企业合并前实现的留存收益中归属于合并方的部分，自资本公积（假定资本公积中"资本溢价或股本溢价"的金额为 3 000 万元）转入留存收益，合并调整分录为：

  借：资本公积   6 020 000

    贷：盈余公积   2 000 000

      未分配利润   4 020 000

  （3）编制合并资产负债表，如表5-5所示：

表5-5   合并资产负债表（简表）

2013年6月30日   单位：元

项 目	P公司	S公司	抵消分录		合并金额
			借方	贷方	
资产：					
货币资金	17 250 000	1 800 000			19 050 000
应收账款	12 000 000	8 000 000			20 000 000
存货	24 800 000	1 020 000			25 820 000
长期股权投资	20 000 000	8 600 000		22 020 000	28 600 000
固定资产	28 000 000	12 000 000			40 000 000
无形资产	18 000 000	2 000 000			20 000 000
商誉					
资产总额	120 050 000	33 420 000		22 020 000	153 470 000
负债和所有者权益：					
短期借款	10 000 000	9 000 000			19 000 000
应付账款	15 000 000	1 200 000			16 200 000
其他负债	1 500 000	1 200 000			2 700 000
负债合计	26 500 000	11 400 000			37 900 000
实收资本	30 000 000	10 000 000	10 000 000		40 000 000
资本公积	20 000 000	6 000 000	12 020 000		26 000 000
盈余公积	20 000 000	2 000 000			22 000 000
未分配利润	23 550 000	4 020 000			27 570 000
所有者权益合计	93 550 000	22 020 000	22 020 000		115 570 000
负债和所有者权益合计	120 050 000	33 420 000			153 470 000

  （4）编制合并利润表，如表5-6所示：

表 5 - 6
合并利润表（简表）

2013 年 1 月 1 日至 6 月 30 日   单位：元

项　　目	P 公司	S 公司	抵消分录		合并金额
			借方	贷方	
一、营业收入	42 500 000	12 000 000			54 500 000
减：营业成本	33 800 000	9 550 000			43 350 000
营业税金及附加	200 000	50 000			250 000
销售费用	600 000	200 000			800 000
管理费用	1 500 000	500 000			2 000 000
财务费用	400 000	350 000			750 000
加：投资收益	300 000	100 000			400 000
二、营业利润	6 300 000	1 450 000			7 750 000
加：营业外收入	500 000	450 000			950 000
减：营业外支出	450 000	550 000			1 000 000
三、利润总额	6 350 000	1 350 000			7 700 000
减：所得税费用	2 100 000	400 000			2 500 000
四、净利润	4 250 000	950 000			5 200 000
其中：被合并方在合并前实现利润					950 000

（二）同一控制下的吸收合并

同一控制下的吸收合并中，合并方主要涉及合并日取得被合并方资产、负债入账价值的确定，以及合并中取得有关净资产的入账价值与支付的合并对价账面价值之间差额的处理

1. 合并中取得资产、负债入账价值的确定

合并方对同一控制下吸收合并中取得的资产、负债应当按照相关资产、负债在被合并方的原账面价值入账。其中，对于合并方与被合并方在企业合并前采用的会计政策不同的，在将被合并方的相关资产和负债并入合并方的账簿和报表进行核算之前，首先应基于重要性原则，统一被合并方的会计政策，即应当按照合并方的会计政策对被合并方的有关资产、负债的账面价值进行调整后，以调整后的账面价值确认。

2. 合并差额的处理

合并方在确认了合并中取得的被合并方的资产和负债的入账价值后，以发行权益

性证券方式进行的该类合并，所确认的净资产入账价值与发行股份面值总额的差额，应记入资本公积（资本溢价或股本溢价），资本公积（资本溢价或股本溢价）的余额不足冲减的，相应冲减盈余公积和未分配利润；以支付现金、非现金资产方式进行的该类合并，所确认的净资产入账价值与支付的现金、非现金资产账面价值的差额，相应调整资本公积（资本溢价或股本溢价），资本公积（资本溢价或股本溢价）的余额不足冲减的，应冲减盈余公积和未分配利润。

【例5-6】2013年6月30日，甲公司向乙公司的股东定向增发1 000万股普通股（每股面值为1元，市价为6.51元）对乙公司进行吸收合并，并于当日取得乙公司净资产。当日，甲、乙公司资产、负债情况如表5-7所示。

表5-7

资产负债表（简表）

2013年6月30日

单位：万元

项 目	甲公司		乙公司	
	账面价值		账面价值	公允价值
资产：				
货币资金	2 587.50		270	270
存货	3 720		153	270
应收账款	1 800		1 200	1 200
长期股权投资	3 000		1 290	2 280
固定资产	4 200		1 800	3 300
无形资产	2 700		300	900
商誉	0		0	0
资产总计	18 007.50		5 013	8 220
负债和所有者权益：				
短期借款	1 500		1 350	1 350
应付账款	2 250		180	180
其他负债	225		180	180
负债合计	3 975		1 710	1 710
实收资本（股本）	4 500		1 500	
资本公积	3 000		900	
盈余公积	3 000		300	
未分配利润	3 532.50		603	
所有者权益合计	14 032.50		3 303	6 510
负债和所有者权益总计	18 007.50		5 013	8 220

本例中，假定甲公司和乙公司为同一集团内两家全资子公司，合并前其共同的母公司为 P 公司。该项合并中参与合并的企业在合并前及合并后均为 P 公司最终控制，为同一控制下企业合并。自 6 月 30 日开始，甲公司能够对乙公司净资产实施控制，该日即为合并日。

因合并后乙公司失去其法人资格，甲公司应确认合并中取得的乙公司的各项资产和负债，假定甲、乙公司在合并前采用的会计政策一致。甲公司对该项合并应进行的会计处理为：

借：货币资金　　　　　　　　　　　　　　　　　2 700 000

　　库存商品（存货）　　　　　　　　　　　　　1 530 000

　　应收账款　　　　　　　　　　　　　　　　 12 000 000

　　长期股权投资　　　　　　　　　　　　　　 12 900 000

　　固定资产　　　　　　　　　　　　　　　　 18 000 000

　　无形资产　　　　　　　　　　　　　　　　　3 000 000

　贷：短期借款　　　　　　　　　　　　　　　　　　　13 500 000

　　　应付账款　　　　　　　　　　　　　　　　　　　 1 800 000

　　　其他应付款（其他负债）　　　　　　　　　　　　 1 800 000

　　　股本　　　　　　　　　　　　　　　　　　　　　10 000 000

　　　资本公积　　　　　　　　　　　　　　　　　　　23 030 000

（三）合并方为进行企业合并发生的有关费用的处理

合并方为进行企业合并发生的有关费用，指合并方为进行企业合并发生的各项直接相关费用，如为进行企业合并支付的审计费用、资产评估费用以及有关的法律咨询费用等增量费用。同一控制下企业合并进行过程中发生的各项直接相关费用，应于发生时费用化计入当期损益。借记"管理费用"等科目，贷记"银行存款"等科目。但以下两种情况，不作为合并费用处理：

1. 以发行债券方式进行的企业合并，与发行债券相关的佣金、手续费等应按照《企业会计准则第 22 号——金融工具确认和计量》的规定进行会计处理。该部分费用，虽然与筹集用于企业合并的对价直接相关，但其会计处理应遵照金融工具准则的原则，有关的费用应计入负债的初始计量金额。

2. 发行权益性证券作为合并对价的，与所发行权益性证券相关的佣金、手续费等应按照《企业会计准则第 37 号——金融工具列报》的规定处理。即与发行权益性证券相关的费用，不管其是否与企业合并直接相关，均应自所发行权益性证券的发行收入中扣减，在权益性工具发行有溢价的情况下，自溢价收入中扣除，在权益性证券发行无溢价或溢价金额不足以扣减的情况下，应当冲减盈余公积和未分配利润。

企业专设的购并部门发生的日常管理费用，如果该部门的设置并不是与某项企业合并直接相关，而是企业的一个常设部门，其设置目的是为了寻找相关的购并机会等，维持该部门日常运转的有关费用，不属于与企业合并直接相关的费用，应当于发生时费用化计入当期损益。

第三节 非同一控制下企业合并的会计处理

我国《企业会计准则第20号——企业合并》规定，非同一控制下的企业合并应采用购买法进行会计处理，并对该方法的具体运用进行了详细的规范。

非同一控制下的企业合并，是从购买方出发，确定购买方在购买日对于企业合并事项应进行的会计处理。非同一控制下的企业合并，主要包括购买方、购买日、企业合并成本的确定、合并中取得各项可辨认资产、负债的确认和计量以及合并差额的处理等。

一、非同一控制下企业合并的处理原则

（一）确定购买方

采用购买法核算企业合并的首要前提是确定购买方，购买方是指在企业合并中取得对另一方或多方控制权的一方。非同一控制下的企业合并中，一般应考虑企业合并合同、协议以及其他相关因素来确定购买方。

1. 合并中一方取得了另一方半数以上有表决权股份的，除非有明确的证据表明不能形成控制，一般认为取得另一方半数以上表决权股份的一方为购买方。

2. 某些情况下，即使一方没有取得另一方半数以上有表决权股份，但存在以下情况时，一般也可认为其获得了对另一方的控制权，如：

（1）通过与其他投资者签订协议，实质上拥有被购买企业半数以上表决权。例如，甲公司拥有乙公司40%的表决权资本，丙公司拥有乙公司25%的表决权资本。甲公司与丙公司达成协议，丙公司在乙公司的权益由甲公司代表。在这种情况下，甲公司实质上拥有乙公司65%表决权资本的控制权，在乙公司的章程等没有特别规定的情况下，表明甲公司实质上控制乙公司。

（2）按照章程或协议等的规定，具有主导被购买企业财务和经营决策的权力。例如，甲公司拥有乙公司45%的表决权资本，同时，根据协议，乙公司的董事长和总经理由甲公司派出，总经理有权负责乙公司的经营管理。甲公司可以通过其派出的董事长和总经理对乙公司进行经营管理，达到对乙公司的财务和经营政策实施控制的权力。

（3）有权任免被购买企业董事会或类似权力机构多数成员。这种情况是指，虽然投资企业拥有被投资单位50%或以下表决权资本，但根据章程、协议等有权任免被投资单位董事会或类似机构的绝大多数成员，以达到实质上控制的目的。

（4）在被购买企业董事会或类似权力机构中具有多数投票权。这种情况是指，虽然投资企业拥有被投资单位50%或以下表决权资本，但能够控制被投资单位董事会等类似权力机构的会议，从而能够控制其财务和经营政策，达到对被投资单位的

控制。

3. 某些情况下可能难以确定企业合并中的购买方，如参与合并的两家或多家企业规模相当，这种情况下，往往可以结合一些迹象表明购买方的存在。在具体判断时，可以考虑下列相关因素：

（1）以支付现金、转让非现金资产或承担负债的方式进行的企业合并，一般支付现金、转让非现金资产或是承担负债的一方为购买方。

（2）考虑参与合并各方的股东在合并后主体的相对投票权，其中股东在合并后主体具有相对较高投票比例的一方一般为购买方。

（3）参与合并各方的管理层对合并后主体生产经营决策的主导能力，如果合并导致参与合并一方的管理层能够主导合并后主体生产经营政策的制定，其管理层能够实施主导作用的一方一般为购买方。

（4）参与合并一方的公允价值远远大于另一方的，公允价值较大的一方很可能为购买方。

（5）企业合并是通过以有表决权的股份换取另一方的现金及其他资产的，则付出现金或其他资产的一方很可能为购买方。

（6）通过权益互换实现的企业合并，发行权益性证券的一方通常为购买方。但如果有证据表明发行权益性证券的一方，其生产经营决策在合并后被参与合并的另一方控制，则其应为被购买方，参与合并的另一方为购买方。

在判断企业合并中的购买方时，应考虑所有相关的事实和情况，特别是企业合并后参与合并各方的相对投票权、合并后主体管理机构及高层管理人员的构成、权益互换的条款等。

（二）确定购买日

购买日是购买方获得对被购买方控制权的日期，即企业合并交易进行过程中，发生控制权转移的日期。

确定购买日的基本原则是控制权转移的时点。企业在实务操作中，应当结合合并合同或协议的约定及其他有关的影响因素，按照实质重于形式的原则进行判断。同时满足了以下条件时，一般可认为实现了控制权的转移，形成购买日。有关的条件包括：

1. 企业合并合同或协议已获股东大会等内部权力机构通过，如对于股份有限公司，其内部权力机构一般指股东大会。

2. 按照规定，合并事项需要经过国家有关主管部门审批的，已获得相关部门的批准。

3. 参与合并各方已办理了必要的财产权交接手续。作为购买方，其通过企业合并无论是取得对被购买方的股权还是取得被购买方的全部净资产，能够形成与取得股权或净资产相关的风险和报酬的转移，一般需办理相关的财产权交接手续，从而从法律上保障有关风险和报酬的转移。

4. 购买方已支付了购买价款的大部分（一般应超过 50%），并且有能力支付剩余款项。

5. 购买方实际上已经控制了被购买方的财务和经营政策，并享有相应的收益和承担相应的风险。

假如，企业合并涉及一次以上交易的，如通过分阶段取得股份最终实现合并，企业应于每次交易日确认对被投资企业的各单项投资。"交易日"是指合并方或购买方在自身的账簿和报表中确认对被投资单位投资的日期。分步实现的企业合并中，购买日是指按照有关标准判断购买方最终取得对被购买企业控制权的日期。

如甲企业于2012年10月10日取得乙公司30%的股权（假定能够对被投资单位施加重大影响），在与取得股权相关的风险和报酬发生转移的情况下，甲企业应确认对乙公司的长期股权投资。在已经拥有乙公司30%股权的基础上，甲企业又于2013年12月6日取得乙公司30%的股权，在其持股比例达到60%的情况下，假定于当日开始能够对乙公司实施控制，则2013年12月6日为第二次购买股权的交易日，同时因在当日能够对乙公司实施控制，形成企业合并的购买日。

（三）确定企业合并成本

企业合并成本包括购买方为进行企业合并支付的现金或非现金资产、发行或承担的债务、发行的权益性证券等在购买日的公允价值以及企业合并中发生的各项直接相关费用。具体而言，企业合并成本包括购买方在购买日支付的下列项目的合计金额。合并成本中包含或有对价的公允价值。某些情况下，当企业合并合同或协议中规定视未来或有事项的发生，购买方通过发行额外证券、支付额外现金或其他资产等方式追加合并对价，或者要求返还之前已经支付的对价。

购买方应当将合并协议约定的或有对价作为企业合并转移对价的一部分，按照其在购买日的公允价值计入企业合并成本。根据《企业会计准则——金融工具确认和计量》、《企业会计准则——金融工具列报》以及其他相关准则的规定，或有对价符合金融负债或权益工具定义的，购买方应当将拟支付的或有对价确认为一项负债或权益；

符合资产定义并满足资产确认条件的，购买方应当将符合合并协议约定条件的、对已支付的合并对价中可收回部分的权利确认为一项资产。

非同一控制下企业合并中发生的与企业合并相关的费用与同一控制下企业合并的会计处理相同。

1. 作为合并对价的现金及非现金资产的公允价值

以非货币性资产作为合并对价的，其合并成本为所支付对价的公允价值，该公允价值与作为合并对价的非货币性资产账面价值的差额，作为资产的处置损益，计入合并当期的利润表。

2. 发行的权益性证券的公允价值

确定所发行权益性证券的公允价值时，对于购买日存在公开报价的权益性证券，其公开报价提供了确定公允价值的依据，除非在非常特殊的情况下，购买方能够证明权益性证券在购买日的公开报价不能可靠地代表其公允价值，并且用其他的证据和估价方法能够更好地计量公允价值时，可以考虑其他的证据和估价方法。如果购买日权益性证券的公开报价不可靠，或者购买方发行的权益性证券不存在公开报价，则该权益性证券的公允价值可以参照其在购买方公允价值中所占权益份额、或参照在被购买方公允价值中获得的权益份额，按两者当中有明确证据支持的一个进行估价。

3. 因企业合并发生或承担的债务的公允价值

因企业合并而承担的各项负债，应采用按照适用利率计算的未来现金流量的现值作为其公允价值。

4. 当企业合并合同或协议中提供了根据未来或有事项的发生而对合并成本进行调整

某些情况下，符合《企业会计准则第 13 号——或有事项》规定的确认条件的，应确认的支出也应作为企业合并成本的一部分。

企业在购买日对于可能需要支付的企业合并成本调整金额进行预计并且计入企业合并成本后，未来期间有关涉及调整成本的事项未实际发生或发生后需要对原估计计入企业合并成本的金额进行调整的，或者在购买日因未来事项发生的可能性较小、金额无法可靠计量等原因导致有关调整金额未包括在企业合并成本中，未来期间因合并合同或协议中约定的事项很可能发生、金额能够可靠计量，符合有关确认条件的，应对企业合并成本进行相应调整。

5. 合并中发生的各项直接相关费用

非同一控制下企业合并中发生的与企业合并直接相关的费用，包括为进行合并而发生的会计审计费用、法律服务费用、咨询费用等，应当计入企业合并成本。这里所称合并中发生的各项直接相关费用，不包括与为进行企业合并发行的权益性证券或发行的债务相关的手续费、佣金等，该部分费用应比照本章关于同一控制下企业合并中类似费用的处理原则处理。

通过多次交换交易分步实现的企业合并，其企业合并成本为每一单项交换交易的成本之和。

（四）企业合并成本在取得的可辨认资产和负债之间的分配

非同一控制下的企业合并中，购买方取得了对被购买方净资产的控制权，视合并方式的不同，应分别在合并财务报表或个别财务报表中确认合并中取得的各项可辨认资产和负债。

1. 可辨认资产和负债的确定原则

购买方在企业合并中取得的被购买方各项可辨认资产和负债，要作为本企业的资产、负债（或合并财务报表中的资产、负债）进行确认，在购买日，应当满足资产、负债的确认条件。有关的确认条件包括：

（1）合并中取得的被购买方的各项资产（无形资产除外），其所带来的未来经济利益预期能够流入企业且公允价值能够可靠计量的，应单独作为资产确认。

（2）合并中取得的被购买方的各项负债（或有负债除外），履行有关的义务预期会导致经济利益流出企业且公允价值能够可靠计量的，应单独作为负债确认。

2. 企业合并中取得无形资产的确认

购买方在企业合并中取得的无形资产如果符合《企业会计准则第 6 号——无形资产》中对于无形资产的界定且其在购买日的公允价值能够可靠计量，应单独予以确认。按照无形资产准则的规定，没有实物形态的非货币性资产要符合无形资产的定义，关键要看其是否满足可辨认性标准，即是否能够从企业中分离或者划分出来，并能单独或者与相关合同、资产、负债一起，用于出售、转移、授予许可、租赁或者交换；或者应源自于合同性权利或其他法定权利。非同一控制下的企业合并中，购买方在对企业合并中取得的被购买方资产进行初始确认时，应对被购买方拥有的但在其财务报表中未确认的无形资产进行充分辨认和合理判断，满足以下条件之一的，应确认为无形资产。

（1）源于合同性权利或其他法定权利；

（2）能够从被购买方中分离或者划分出来，并能单独或与相关合同、资产和负债一起，用于出售、转移、授予许可、租赁或交换。

在公允价值能够可靠计量的情况下，应区别于商誉单独确认的无形资产一般包括：商标、版权及与其相关的许可协议、特许权、分销权等类似权利、专利技术、专有技术等。

3. 企业合并中产生或有负债的确认

为了尽可能反映购买方因为进行企业合并可能承担的潜在义务，对于购买方在企业合并时可能需要代被购买方承担的或有负债，在购买日，可能相关的或有事项导致经济利益流出企业的可能性还比较小，但其公允价值能够合理确定的情况下，即需要作为合并中取得的负债确认。

4. 可辨认资产和负债的计量

企业合并中取得的资产、负债在满足确认条件后，应以其公允价值计量。

对于被购买方在企业合并之前已经确认的商誉和递延所得税项目，购买方在对企业合并成本进行分配、确认合并中取得可辨认资产和负债时不应予以考虑。

在按照规定确定了合并中应予确认的各项可辨认资产、负债的公允价值后，其计税基础与账面价值不同形成暂时性差异的，应当按照所得税会计准则的规定确认相应的递延所得税资产或递延所得税负债。

（五）购买方对合并成本与取得的被购买方可辨认净资产或股权的公允价值份额之间差额的处理可分为如下两种情况。

1. 企业合并成本大于合并中取得的被购买方可辨认净资产公允价值份额的差额，应确认为商誉。视企业合并方式不同，控股合并情况下，该差额是指合并财务报表中应列示的商誉；吸收合并情况下，该差额是购买方在其账簿及个别财务报表中应确认的商誉。

商誉在确认以后，持有期间不要求摊销，企业应当按照《企业会计准则第 8 号——资产减值》的规定对其进行减值测试，对于可收回金额低于账面价值的部分，计提减值准备。

值得一提的是，不形成母子公司关系的企业合并交易，即吸收合并和新设合并，购买日购买方的账务处理中就能单独确认商誉，从而在合并后存续企业的个别资产负债表中单项列示；而形成母子公司关系的控股合并交易，因合并日账务处理中作为"长期股权投资"的初始投资成本入账的合并成本中就包括商誉价值，所以，在合并日购买方的个别资产负债表中才需要单独列报合并商誉。也就是说，如果企业的个别资产负债表中列有商誉，说明该商誉来自于企业曾经对其他企业实施的吸收合并或新设合并；如果企业的合并资产负债表中列有商誉，则意味着该商誉来自于企业曾经对其他企业实施的控股合并。

其次，合并商誉的后续计量。企业合并形成的商誉，经初始确认为资产项目以后，不予以摊销，而是至少在每年年末进行减值测试，并确认相应的减值损失，然后按其成本扣除累计减值损失的金额予以计量。

2. 企业合并成本小于合并中取得的被购买方可辨认净资产公允价值份额的部分，应计入合并当期损益。

该种情况下，购买方首先要对合并中取得的资产、负债的公允价值、作为合并对价的非现金资产或发行的权益性证券等的公允价值进行复核，如果复核结果表明所确定的各项资产和负债的公允价值确定是恰当的，应将企业合并成本低于取得的被购买方可辨认净资产公允价值份额之间的差额，计入合并当期的营业外收入，并在会计报表附注中予以说明。

与商誉的确认相同，在吸收合并的情况下，上述企业合并成本小于合并中取得的被购买方可辨认净资产公允价值份额的差额，应计入购买方的合并当期的个别利润表；在控股合并的情况下，上述差额应体现在合并当期的合并利润表中。

（六）企业合并成本或合并中取得的可辨认资产、负债公允价值的调整

按照购买法核算的企业合并，基本原则是确定公允价值，无论是作为合并对价付出的各项资产的公允价值，还是合并中取得被购买方各项可辨认资产、负债的公允价值。如果在购买日或合并当期期末，因各种因素影响无法合理确定的，合并当期期末，购买方应以暂时确定的价值为基础进行核算。

1. 购买日后 12 个月内对有关价值量的调整

合并当期期末，对合并成本或合并中取得的可辨认资产、负债以暂时确定的价值对企业合并进行处理的情况下，自购买日算起 12 个月内取得进一步的信息表明需对原暂时确定的企业合并成本或所取得的可辨认资产、负债的暂时性价值进行调整的，应视同在购买日发生，进行追溯调整，同时对以暂时性价值为基础提供的比较报表信息，也应进行相关的调整。

例如，甲企业于 2012 年 9 月 20 日对乙公司进行吸收合并，合并中取得的一项固定资产不存在活跃市场，为确定其公允价值，甲企业聘请了有关的资产评估机构对其进行评估。至甲企业 2012 年财务报告对外报出时，尚未取得评估报告。甲企业在其 2012 年财务报告中对该项固定资产暂估的价值为 300 000 元，预计使用年限为 5 年，净残值

为 0，按照直线法计提折旧。该项企业合并中甲企业确认商誉 1 200 000 元。

2013 年 4 月，甲企业取得了资产评估报告，确认该项固定资产的价值为 450 000 元。则甲企业应视同在购买日确定的该项固定资产的公允价值为 450 000 元，相应调整 2012 年财务报告中确认的商誉价值（调减 150 000 元）及利润表中的折旧费用（调增 7 500 元）。进行有关调整后，甲企业在其 2013 年会计报表附注中应对有关情况做出说明。

2. 超过规定期限后的价值量调整

自购买日算起 12 个月以后对企业合并成本或合并中取得的可辨认资产、负债价值的调整，应当按照会计差错更正的原则进行处理即对于企业合并成本、合并中取得可辨认资产、负债公允价值等进行的调整的同时，应调整所确认的商誉或是计入合并当期利润表中的金额，以及相关资产的折旧、摊销等。

（七）购买日合并财务报表的编制

非同一控制下的企业合并中形成母子公司关系的，购买方一般应于购买日编制合并资产负债表，反映其于购买日开始能够控制的经济资源情况。在合并资产负债表中，合并中取得的被购买方各项可辨认资产、负债应以其在购买日的公允价值计量，长期股权投资的成本大于合并中取得的被购买方可辨认净资产公允价值份额的差额，体现为合并财务报表中的商誉；长期股权投资的成本小于合并中取得的被购买方可辨认净资产公允价值份额的差额，应计入合并利润表中作为合并当期损益。因购买日不需要编制合并利润表，该差额体现在合并资产负债表上，应调整合并资产负债表的盈余公积和未分配利润。

实务中应注意的是，非同一控制下的企业合并中，作为购买方的母公司在进行有关会计处理后，应单独设置备查簿，记录其在购买日取得的被购买方各项可辨认资产、负债的公允价值以及因企业合并成本大于合并中取得的被购买方可辨认净资产公允价值的份额应确认的商誉金额，或因企业合并成本小于合并中取得的被购买方可辨认净资产公允价值的份额计入当期损益的金额，作为企业合并当期以及以后期间编制合并财务报表的基础。企业合并当期期末以及合并以后期间，应当纳入到合并财务报表中的被购买方资产、负债等，是以购买日确定的公允价值为基础持续计算的结果。

二、非同一控制下企业合并的会计处理

（一）非同一控制下控股合并的会计处理

在非同一控制下控股合并方式中，购买方在购买日需要处理两个方面的问题：一是购买日因进行企业合并形成的对被购买方的长期股权投资初始投资成本的确定，该成本与作为合并对价支付的有关资产账面价值的差额处理；二是购买日合并财务报表的编制。

1. 长期股权投资初始投资成本的确定

非同一控制下的控股合并中，购买方在购买日应当按照确定的企业合并成本（不

包括应自被投资单位收取的现金股利或利润），作为形成的对被购买方长期股权投资的初始投资成本，借记"长期股权投资"科目，按享有被投资单位已宣告但尚未发放的现金股利或利润，借记"应收股利"科目，按支付合并对价的账面价值，贷记有关资产或借记有关负债科目，按发生的直接相关费用，贷记"银行存款"等科目。按其差额，贷记"营业外收入"或借记"营业外支出"等科目。

购买方为取得对被购买方的控制权，以支付非货币性资产为对价的，有关非货币性资产在购买日的公允价值与其账面价值的差额，应作为资产的处置损益，计入合并当期的利润表。

企业合并成本包括购买方付出的资产，发生或承担的负债、发行的权益性证券的公允价值以及为进行企业合并发生的各项直接相关费用之和。

应当注意的是，非同一控制下企业合并涉及以库存商品等作为合并对价的，应按库存商品的公允价值，贷记"主营业务收入"科目，并同时结转相关的成本。

【例 5 – 7】沿用【例 5 – 5】，P 公司在该项合并中发行 1 000 万股普通股（每股面值 1 元），市场价格为每股 3.5 元，取得了 S 公司 70% 的股权。假定该项合并为非同一控制下的企业合并，编制购买方于购买日的合并资产负债表。

P 公司发行股票进行控股合并的会计处理如下：

借：长期股权投资	35 000 000
贷：股本	10 000 000
资本公积——股本溢价	25 000 000

（1）计算确定商誉

假定 S 公司除已确认资产外，不存在其他需要确认的资产及负债，P 公司首先计算合并中应确认的合并商誉：

合并商誉 = 企业合并成本 – 合并中取得被购买方可辨认净资产公允价值份额

$\qquad$ = 3 500 万 – 4 340 × 70% = 462 万元

（2）编制抵消分录

借：存货	780 000
长期股权投资	6 600 000
固定资产	10 000 000
无形资产	4 000 000
贷：资本公积	21 380 000
借：实收资本	10 000 000
资本公积	27 380 000
盈余公积	2 000 000
未分配利润	4 020 000
商誉	4 620 000
贷：长期股权投资	35 000 000
少数股东权益	13 020 000

（3）编制购买日合并资产负债表，如表 5 – 8 所示

表 5 - 8　　　　　　　合并资产负债表（简表）

2013 年 6 月 30 日　　　　　　　　　　　单位：元

项　目	P 公司	S 公司	抵消分录 借方	抵消分录 贷方	合并金额
资产：					
货币资金	17 250 000	1 800 000			19 050 000
应收账款	12 000 000	8 000 000			20 000 000
存货	24 800 000	1 020 000	780 000		26 600 000
长期股权投资	55 000 000	8 600 000	6 600 000	35 000 000	35 200 000
固定资产	28 000 000	12 000 000	10 000 000		50 000 000
无形资产	18 000 000	2 000 000	4 000 000		24 000 000
商誉			4 620 000		4 620 000
资产总额	155 050 000	33 420 000			179 470 000
负债和所有者权益：					
短期借款	10 000 000	9 000 000			19 000 000
应付账款	15 000 000	1 200 000			16 200 000
其他负债	1 500 000	1 200 000			2 700 000
负债合计	26 500 000	11 400 000			37 900 000
实收资本	40 000 000	10 000 000	10 000 000		40 000 000
资本公积	45 000 000	6 000 000	27 380 000	21 380 000	45 000 000
盈余公积	20 000 000	2 000 000	2 000 000		20 000 000
未分配利润	23 550 000	4 020 000	4 020 000		23 550 000
少数股东权益				13 020 000	13 020 000
所有者权益合计	128 550 000	22 020 000			141 570 000
负债和所有者权益合计	155 050 000	33 420 000			179 470 000

（二）非同一控制下的吸收合并

非同一控制下的吸收合并，购买方在购买日应当将合并中取得的符合确认条件的各项可辨认资产、负债，按其公允价值确认为本企业的资产和负债；作为合并对价的有关非货币性资产在购买日的公允价值与其账面价值的差额，应作为资产处置损益计入合并当期的利润表；确定的企业合并成本与所取得的被购买方可辨认净资产公允价值之间的差额，视情况分别确认为商誉或是计入企业合并当期的损益。

三、通过多次交易分步实现的非同一控制下企业合并

如果企业合并并非通过一次交换交易实现，而是通过多次交换交易分步实现的，则企业在每一单项交易发生时，应确认对被购买方的投资。投资企业在持有被投资单位的部分股权后，通过增加持股比例等达到对被投资单位形成控制的，应分别每一单项交易的成本与该交易发生时被投资单位可辨认净资产公允价值的份额进行比较，确定每一单项交易中产生的商誉。达到企业合并时点应确认的商誉（或合并财务报表中应确认的商誉）为每一单项交易中应确认的商誉之和。

对于通过多次交易分步实现的企业合并，具体实务操作时，应按以下步骤进行处理：

1. 对长期股权投资的账面余额进行调整。达到企业合并前长期股权投资采用成本法核算的，其账面余额一般无须调整；达到企业合并前长期股权投资采用权益法核算的，其账面余额应进行调整，将其账面价值恢复至取得投资时的初始投资成本，相应调整留存收益；达到企业合并前将权益性投资作为交易性金融资产或可供出售金融资产核算的，也应对其账面价值进行调整。

2. 比较每一单项交易时的成本与交易时应享有被投资单位可辨认净资产公允价值的份额，确定每一单项交易应予确认的商誉或是应计入当期损益的金额。

3. 对于被购买方在购买日与交易日之间可辨认净资产公允价值变动，相对于原持股比例应享有的部分，在合并财务报表（吸收合并是指购买方个别财务报表）中应调整所有者权益相关项目，其中属于原取得投资后被投资单位实现净损益增加的资产价值量，在合并财务报表中应调整留存收益，差额调整资本公积。

四、购买子公司少数股权的处理

企业在取得对子公司的控制权，形成企业合并后，购买少数股东全部或部分权益的，实质上是股东之间的权益性交易，应当分别母公司个别财务报表以及合并财务报表两种情况进行处理：

（一）从母公司个别财务报表中对于自子公司少数股东处新取得的长期股权投资，应当按照《企业会计准则第2号——长期股权投资》第四条的规定，确定长期股权投资的入账价值。

（二）在合并财务报表中，子公司的资产、负债应以购买日（或合并日）开始持续计算的金额反映。母公司新取得的长期股权投资成本与按照新增持股比例计算应享有子公司自购买日（或合并日）开始持续计算的可辨认净资产份额之间的差额，应当调整合并财务报表中的资本公积（资本溢价或股本溢价），资本公积（资本溢价或股本溢价）的余额不足冲减的，调整留存收益。

【例5-8】甲公司于2012年12月29日以8 000万元取得对乙公司70%的股权，能够对乙公司实施控制，形成非同一控制下的企业合并。2013年12月25日，甲公司又出资3 000万元自乙公司的少数股东处取得乙公司20%的股权。本例中甲、乙公司的

少数股东在交易前不存在任何关联方关系。

（1）2012 年 12 月 29 日，甲公司在取得乙公司 70% 股权时，乙公司可辨认净资产公允价值总额为 10 000 万元。

（2）2013 年 12 月 25 日，乙公司有关资产、负债的账面价值、自购买日开始持续计算的金额（对母公司的价值）如表 5 - 9 所示（单位：万元）：

表 5 - 9　　　　　　乙公司有关资产、负债账面价值　　　　单位：万元

	乙公司的账面价值	乙公司资产、负债自购买日开始持续计算的金额（对母公司的价值）
存货	500	500
应收款项	2 500	2 500
固定资产	4 000	4 600
无形资产	800	1 200
其他资产	2 200	3 200
应付款项	600	600
其他负债	400	400
净资产	9 000	11 000

分析

1. 确定甲公司对乙公司长期股权投资的成本

2012 年 12 月 29 日为该非同一控制下企业合并的购买日，甲公司取得对乙公司长期股权投资的成本为 8 000 万元。

2013 年 12 月 25 日，甲公司在进一步取得乙公司 20% 的少数股权时，支付价款 3 000 万元。该项长期股权投资在 2010 年度 2 月 25 日的账面余额为 11 000 万元。

2. 编制合并财务报表时的处理

（1）商誉的计算

甲公司取得对乙公司 70% 股权时产生的商誉 = 8 000 - 10 000 × 70% = 1 000（万元）在合并财务报表中应体现的商誉总额为 1 000 万元。

（2）所有者权益的调整

合并财务报表中，乙公司的有关资产、负债应以其对母公司甲的价值进行合并，即与新取得的 20% 股权相对应的被投资单位可辨认资产、负债的金额 = 11 000 × 20% = 2 200 万元。

因购买少数股权新增加的长期股权投资成本 3 000 万元与按照新取得的股权比例（20%）计算确定应享有子公司自购买日开始持续计算的可辨认净资产份额 2 200 万元之间的差额 800 万元，在合并资产负债表中调整所有者权益相关项目，首先调整资本公积（资本溢价或股本溢价），在资本公积（资本溢价或股本溢价）的金额不足冲减

的情况下，调整留存收益（盈余公积和未分配利润）。

五、被购买方的会计处理

非同一控制下的企业合并中，购买方通过企业合并取得被购买方100%股权的，被购买方可以按照合并中确定的可辨认资产、负债的公允价值调整其账面价值。除此之外，其他情况下被购买方不应因企业合并改记有关资产、负债的账面价值。

第四节　企业合并的信息披露

一、同一控制下企业合并有关的信息披露

《企业会计准则第20号——企业合并》规定，合并方应当在合并当期附注中披露与同一控制下企业合并有关的下列信息：

（1）参与合并企业的基本情况。

（2）属于同一控制下企业合并的判断依据。

（3）合并日的确定依据。

（4）以支付现金、转让非现金资产以及承担债务作为合并对价的，所支付对价在合并日的账面价值；以发行权益性证券作为合并对价的，合并中发行权益性证券的数量及定价原则，以及参与合并各方交换有表决权股份的比例。

（5）被合并方的资产、负债在上一会计期间资产负债表日及合并日的账面价值；被合并方自合并当期期初至合并日的收入、净利润、现金流量等情况。

（6）合并合同或协议约定将承担被合并方或有负债的情况。

（7）被合并方采用的会计政策与合并方不一致所作调整情况的说明。

（8）合并后已处置或拟处置被合并方资产、负债的账面价值、处置价格等。

二、非同一控制下企业合并有关的信息披露

《企业会计准则第20号——企业合并》规定，购买方应当在合并当期附注中披露与非同一控制下企业合并有关的下列信息：

（1）参与合并企业的基本情况。

（2）购买日的确定依据。

（3）合并成本的构成及其账面价值、公允价值的确定方法。

（4）被购买方各项可辨认资产、负债在上一会计期间资产负债表日及购买日的账面价值和公允价值。

（5）合并合同或协议约定将承担被购买方或有负债的情况。

（6）被购买方自购买日起至报告期末的收入、净利润和现金流量等情况。

（7）商誉的金额及其确定方法。

（8）因合并成本小于合并中取得的被购买方可辨认净资产公允价值的份额计入当期损益的金额。

（9）合并后已处置或拟处置被购买方资产、负债的账面价值、处置价格等。

【思考题】

1. 什么是企业合并？企业会计准则所确认的企业合并与公司法所定义的企业合并有何异同？
2. 实务操作过程中，我国的企业合并准则将企业合并划分为哪两大基本类型？与国际会计准则相比有何不同？为什么？
3. 企业合并面临的主要会计问题是什么？解决这些问题有何方法？
4. 什么是同一控制下的企业合并？我国会计准则对其会计处理有何规定？
5. 什么是非同一控制下的企业合并？我国会计准则对其会计处理有何规定？
6. 简述同一控制下的企业合并购买方对合并交易的确认与计量。
7. 简述非同一控制下的企业合并购买方对合并交易的确认与计量。
8. 什么是权益结合法？它有何特点？有何优缺点？
9. 什么是购买法？它有何特点？有何优缺点？
10. 对于通过多次交易分步实现的企业合并，实务操作中的会计处理步骤有哪些？

【练习题】

一、单项选择题

1. 在权益结合法下，如果企业合并时被合并方的投入资本（股本和资本公积之和）大于合并方支付的合并对价的账面价值（或发行股份的面值总额），应将差额部分（　　）。
   A. 增加合并方的资本公积　　　　　B. 增加被合并方的资本公积
   C. 冲减合并方的资本公积　　　　　D. 冲减被合并方的资本公积

2. 在权益结合法下，如果企业合并时被合并方的投入资本（股本和资本公积之和）小于合并方支付的合并对价账面价值（或发行股份的面值总额），则应先将差额部分（　　）。
   A. 增加合并方的资本公积　　　　　B. 增加被合并方的资本公积
   C. 冲减合并方的资本公积　　　　　D. 冲减被合并方的资本公积

3. 在权益结合法下，如果企业合并时被合并方的投入资本（股本和资本公积之和）小于合并方支付的合并对价的账面价值（或发行股份的面值总额），且合并方的资本公积不足以冲减时，不足部分应当（　　）。
   A. 冲减合并方的留存收益　　　　　B. 增加合并方的留存收益
   C. 冲减被合并方的资本公积　　　　D. 冲减被合并方的留存收益

4. 在权益结合法下，如果企业合并时被合并方的投入资本（股本和资本公积之和）小于合并方支付的合并对价账面价值（发行股份面值总额），且合并方的资本公积和被合并方的留存收益仍不足以冲减时，不足部分应当（　　　）。

    A. 冲减合并方的留存收益　　　　　B. 增加合并方的留存收益

    C. 冲减被合并方的资本公积　　　　D. 冲减被合并方的留存收益

5. 在权益结合法下，合并过程中发生的间接相关费用，应当（　　　）。

    A. 计入当期损益　　B. 确认为商誉　　C. 计入资本公积　　D. 摊销至资产成本

6. 下面各项不是权益结合法优点的是（　　　）。

    A. 有利于促进企业合并的进行　　　B. 能够准确反映企业合并的经济实质

    C. 符合持续经营假设　　　　　　　D. 方法简单，便于操作

7. 在购买法下，下列各项中不应当计入企业合并成本的是（　　　）。

    A. 为企业合并而支付的审计费用　　B. 为企业合并而支付的评估费用

    C. 为企业合并发行权益性证券的成本　D. 为企业合并而支付的法律服务费

8. 关于同一控制下的企业合并，下列说法中正确的是（　　　）。

    A. 参与合并的企业在合并前后均受同一方或相同多方最终控制，但该控制可能是暂时性的

    B. 参与合并的企业在合并前后均受同一方或相同多方最终控制，且该控制并非暂时性的

    C. 参与合并的各方在合并前不受同一方或相同多方最终控制，但合并后受同一方控制

    D. 参与合并的各方在合并前受同一方或相同多方最终控制，但合并后不受原控制者控制

9. 关于一次交换交易实现的非同一控制下的企业合并，其合并成本为（　　　）。

    A. 购买方在购买日为取得对购买方的控制权而付出的资产、发生或承担的负债以及发行权益性证券的账面价值

    B. 被合并方可辨认净资产的公允价值

    C. 被合并方可辨认净资产的账面价值

    D. 购买方在购买日为取得对购买方的控制权而付出的资产、发生或承担的负债以及发行权益性证券的公允价值

10. 关于非同一控制下的企业合并，下列说法中不正确的是（　　　）。

    A. 购买方在购买日对作为企业合并对价付出的资产、发生或承担的负债应当按照公允价值计量，公允价值与其账面价值的差额计入当期损益

    B. 购买方在购买日对作为企业合并对价付出的资产、发生或承担的负债应当按账面价值来计量，不确认损益

    C. 通过多次交换交易分步实现的企业合并，合并成本为每一单项交易成本之和

    D. 购买方为进行企业合并发生的各项直接相关费用也应当计入企业合并成本

二、多项选择题

1. 关于同一控制下的企业合并形成母子公司关系的，在合并日，下列说法中正确的有（　　　）。

    A. 合并资产负债表中被合并方的各项资产、负债，应当按其账面价值计量

B. 合并资产负债表中被合并方的各项资产、负债，应当按其公允价值计量

C. 合并利润表应当包括参与合并各方自合并当期期初至合并日所发生的收入、费用和利润

D. 合并利润表不应当包括参与合并各方自合并当期期初至合并日所发生的收入、费用和利润

E. 合并现金流量表应当包括参与合并各方自合并当期期初至合并日的现金流量

2. 甲公司吸收合并乙公司，下列表述正确的有（　　　）。

A. 甲公司与乙公司的法律地位没有改变，甲公司控制了乙公司

B. 甲公司与乙公司的法律地位都发生改变，甲公司控制了乙公司

C. 甲公司继续存在，乙公司丧失法律地位

D. 甲公司＋乙公司＝甲公司

E. 甲公司继续存在，乙公司成为甲公司的全资子公司

3. 关于新设合并，下列表述正确的有（　　　）。

A. 参与新设合并的各公司均丧失其法律地位

B. 参与新设合并的各公司没有丧失其法律地位，并以各自出资额度享有新公司的股权

C. 在新设合并中，被合并公司的股东成为新公司的股东

D. 新设合并是指成立一家新公司，通过交换有表决权的股份而取得两家或两家以上公司的股权

E. 新设合并后，被合并公司的债权、债务转归新成立的公司

4. 甲公司控股合并乙公司，下列表述正确的有（　　　）。

A. 甲公司取得乙公司50%以上股份

B. 甲公司取得乙公司50%以上有表决权的股份

C. 甲公司取得乙公司50%以上有表决权的股份，并且实际上控制了乙公司

D. 控股合并的公司之间形成了母子公司的关系

E. 控股合并各方的法律地位发生了变化

5. 关于同一控制下的企业合并，下列说法中正确的有（　　　）。

A. 合并方在企业合并中取得的资产和负债，应当按照合并日被合并方的公允价值计量

B. 合并方取得的净资产公允价值与支付的合并对价账面价值的差额，应当调整资本公积；资本公积不足以冲减的，调整留存收益

C. 合并方取得的净资产公允价值与支付的合并对价公允价值的差额，应当调整资本公积；资本公积不足以冲减的，调整留存收益

D. 合并方取得的净资产账面价值与支付的合并对价账面价值的差额，应当调整资本公积；资本公积不足以冲减的，调整留存收益

E. 合并方在企业合并中取得的资产和负债，应当按照合并日被合并方的账面价值计量

6. 关于同一控制下的企业合并，下列说法中正确的有（　　　）。

A. 合并方为进行企业合并发生的各项直接相关费用，应当于发生时计入当期损益

B. 合并方为进行企业合并发生的各项直接相关费用，应当于发生时计入资本公积

C. 为企业合并发行的债券或承担其他负债支付的手续费、佣金等，应当计入所发行债券及其他债务的初始计量金额

D. 为企业合并发行的债券或承担其他债务支付的手续费、佣金等，应当计入当期损益

E. 企业合并中发行权益性证券发生的手续费、佣金等费用，应当冲减权益性证券溢价收入，溢价收入不足以冲减的，冲减留存收益

7. 在同一控制下的企业合并中，同时满足以下条件的，可认定为实现了控制权的转移（　　）。

A. 企业合并合同或协议已获得股东大会通过

B. 企业合并事项需要经过国家有关主管部门审批的，已获批准

C. 参与合并各方已办理了必要的财产交接手续

D. 合并方或购买方已支付了合并价款的大部分（一般应超过50%），并且有能力、有计划支付剩余款项

E. 合并方或购买方实际上已经控制了被合并方或被购买方的财务和经营政策并享有相应的利益、承担相应的风险

8. 在非同一控制下的企业合并中，对购买方合并成本与合并中取得的被购买方可辨认净资产公允价值份额的差额，下列说法中正确的有（　　）。

A. 购买方对合并成本大于合并中取得的被购买方可辨认净资产公允价值份额的差额，应当确认为商誉

B. 购买方对合并成本大于合并中取得的被购买方可辨认净资产公允价值份额的差额，应当计入当期损益

C. 购买方对合并成本小于合并中取得的被购买方可辨认净资产公允价值份额的差额，应当确认为商誉

D. 购买方对合并成本小于合并中取得的被购买方可辨认净资产公允价值份额的差额，首先对取得的被购买方各项可辨认资产、负债及或有负债的公允价值以及合并成本的计量进行复核，经复核后合并成本仍小于合并中取得的被购买方可辨认净资产公允价值份额的，其差额应当计入当期损益

E. 购买方对合并成本小于合并中取得的被购买方可辨认净资产公允价值份额的差额，应当直接计入所有者权益

9. 《企业会计准则第20号——企业合并》规定，合并方应当在合并当期的附注中披露与同一控制下企业合并有关的信息有（　　）。

A. 参与合并企业的基本情况

B. 属于同一控制下合并的判断依据

C. 以支付现金、转让非现金资产以及承担债务作为合并对价的，所支付对价在合并日的账面价值；以发行权益性证券作为合并对价的，合并汇总发行权益性证券的数量、定价原则以及参与合并各方交换有表决权股份的比例

    D. 被合并方的资产、负债在上一会计期间资产负债表日及合并日的账面价值；被合并方自合并当期期初至合并日的收入、利润、现金流量等情况

    E. 合并合同或协议约定将承担被合并方或有负债的情况

10.《企业会计准则第 20 号—企业合并》规定，合并方应当在合并当期的附注中披露与非同一控制下企业合并有关的信息有（　　　）。

    A. 合并成本的构成及其账面价值、公允价值的确定方法

    B. 被购买方各项可辨认资产、负债在上一会计期间资产负债表日及购买日的账面价值和公允价值

    C. 合并合同或协议约定将承担被购买方或有负债的情况

    D. 被购买方自合并当期期初至购买日的收入、利润、现金流量等情况

    E. 因合并成本大于合并中取得的被购买方可辨认净资产公允价值的份额计入当期损益的金额

三、判断题

1. 吸收合并中，参与合并各方的法律地位均丧失。　　　　　　　　　　　　（　　　）

2. 吸收合并和新设合并需要编制合并财务报表。　　　　　　　　　　　　（　　　）

3. 控股合并后，合并企业与被合并企业仍然是两个独立的法律主体和会计主体。
　　　　　　　　　　　　　　　　　　　　　　　　　　　　　　　　（　　　）

4. 负商誉是合并成本低于所获得的被合并企业可辨认净资产公允价值的差额。（　　　）

5. 权益结合法要求合并企业对被合并企业的可辨认资产和负债进行重新估价，按照购买日的公允价值入账或反映在合并资产负债表上。　　　　　　　　　　（　　　）

6. 只有购买法下才存在商誉或负商誉的问题，权益结合法下不存在。　　　（　　　）

7. 权益结合法下，无论合并发生在会计期间内的哪个时点，参与合并企业自期初至合并日的损益不用包括在合并后企业的利润表中。　　　　　　　　　　（　　　）

8. 购买法下，通过多次交换交易分步实现的企业合并，合并成本为每一次单项交易成本之和。　　　　　　　　　　　　　　　　　　　　　　　　　　　　（　　　）

9. 同一控制的企业合并，是指参与合并的企业在合并前后均受同一方或相同的多方控制，该控制可以是暂时性的。　　　　　　　　　　　　　　　　　　（　　　）

10. 同一控制下的企业合并，在合并日取得对其他参与合并企业控制权的一方为合并方，参与合并的其他企业为被合并方。　　　　　　　　　　　　　　（　　　）

四、计算与账务处理题

1. 2013 年 1 月 1 日，甲公司支付银行存款 250 万元，以吸收合并的方式，取得了乙公司的全部资产，并承担全部负债。此外，甲公司以银行存款支付手续费、佣金 10 万元，以及合并过程中发生的审计费用 15 万元、法律服务费用 5 万元。该项合并属于非同一控制下的企业合并。假设甲公司和乙公司采用的会计政策一致，并且不考虑所得税的影响。2012 年 12 月 31 日，甲公司与乙公司的资产负债表数据如下表所示：

2012 年 12 月 31 日甲公司与乙公司的资产负债表数据 单位：万元

项 目	甲公司账面价值	乙公司账面价值	乙公司公允价值
货币资金	300	25	25
交易性金融资产	100	25	50
应收账款	100	50	50
存货	100	75	80
固定资产	300	100	120
无形资产	100	0	0
资产总计	1 000	275	325
短期借款	200	50	50
应付债券	200	50	75
负债合计	400	100	125
股本	500	100	
资本公积	75	50	
盈余公积	20	22	
未分配利润	5	3	
股东权益合计	600	175	
负债与股东权益总计	1 000	275	

要求：

（1）根据上述资料，按照我国现行会计准则的规定，编制甲公司吸收合并乙公司的会计分录。

（2）假定 2013 年 1 月 1 日，甲公司支付银行存款 160 万元吸收合并乙公司。其他资料同要求（1）。请按照我国现行会计准则的规定，编制甲公司吸收合并乙公司的会计分录。

2. A 公司持有 B 公司 100% 的股权，持有 C 公司 80% 的有表决权股份。2012 年 1 月 1 日，B 公司以发行股份的方式吸收合并了 C 公司，取得了 C 公司的全部资产，并承担全部负债。B 公司发行的股票每股面值为 1 元，C 公司原股东持有的股票每股面值为 1 元，B 公司共发行本公司股票 640 万股交换 C 公司原股东持有的全部股票。在此次合并中，B 公司还以银行存款支付了审计费用、评估费用、法律服务费用等直接与合并相关的费用 20 万元，以及企业合并中发行股票发生的手续费、佣金等费用 10 万元。C 公司的存货全部为库存商品。B 公司和 C 公司在 2011 年 12 月 31 日的资产负债表数据如下表所示。

2011 年 12 月 31 日 B 公司与 C 公司的资产负债表数据 单位：万元

项　目	B 公司账面价值	C 公司账面价值
货币资金	1 200	100
交易性金融资产	400	100
应收账款	400	200
存货	400	300
固定资产	1 200	400
无形资产	400	0
资产总计	4 000	1 100
短期借款	800	200
应付债券	800	200
负债合计	1 600	400
股本	2 000	400
资本公积	100	200
盈余公积	220	70
未分配利润	80	30
股东权益合计	2 400	700
负债与股东权益合计	4 000	1 100

要求：

（1）按照我国现行会计准则的规定，编制 B 公司吸收合并 C 公司的会计分录。

（2）假设 2012 年 1 月 1 日 B 公司以发行本公司股票 900 万股交换 C 公司原股东持有的全部股票的方式吸收合并 C 公司。其他资料同要求（1）。请按照我国现行会计准则的规定，编制 B 公司吸收合并 C 公司的会计分录。

【案例与分析】

2013 年 11 月 16 日，第一百货（股票代码 600631）吸收合并华联商厦（股票代码 600632）的方案获得中国证监会核准，这意味着中国证券市场上首例上市公司间的吸收合并案例产生了。本次合并以第一百货为合并方，华联商厦为被合并方，合并完成后华联商厦的资产、负债和权益并入第一百货，华联商厦的法人资格被注销。合并后存续公司将更名为上海百联集团股份有限公司（简称百联股份）。吸收合并基准日为 2013 年 12 月 31 日。按照合并方案，华联商厦的每一股非流通股交换成百联股份的 1.273 股流通股，每一股流通股交换成百联股份的 1.114 股流通股。剔除少量不参与合并的股份，华联商厦的非流通股换成百联股份的 379 523 026 股非流通股，华联商厦的流通股换成百联股份的 138 656 330 股流通股，合计换股数为 518 179 356 股。

在吸收合并基准日，第一百货的总资产和净资产分别为 367 311.37 万元和 177 518.75 万元。2013 年度实现主营业务收入 266 429.82 万元，利润总额 12 495.30 万元，每股收益为 0.12 元，每股净资产 2.957 元。华联商厦的总资产和净资产分别为 229 798.54 万元和 150 939.50 万元。2013 年度实现主营业务收入 150 104.03 万元，利润总额 9 567.31 万元，每股收益为 0.20 元，每股净资产为 3.57 元。根据合并方案，合并双方聘请上海立信评估有限责任公司仅仅对商用房地产进行评估，并假设其他资产和负债的账面价值与公允价值没有重大差别。将商用房地产评估增值部分分摊后，华联商厦和第一百货的每股净资产将分别增加3.573元和2.331元。

2013年12月31日，华联商厦按照账面价值和公允价值计量的财务状况如表案–1所示。

表案–1　　　　　　　　　　华联商厦简明资产负债表

2013年12月31　　　　　　　　　　　　　　　　　单位：元

项　目	账面价值	公允价值
流动资产：	401 281 349.12	401 281 349.12
长期投资	514 000 809.06	514 000 809.06
固定资产	1 100 027 699.50	2 890 239 255.87 *
无形资产	282 675 507.10	1 724 757.34 *
资产总计	2 297 985 364.78	3 807 246 171.39
流动负债：	615 044 222.75	615 044 222.75
长期负债	80 216 396.00	80 216 396.00
负债合计	695 260 618.75	695 260 618.75
少数股东权益	93 329 721.33	93 329 721.33
股东权益	1 509 395 024.70	3 018 655 831.31
负债及股东权益总计	2 297 985 364.78	3 807 246 171.39

　*固定资产公允价值比账面价值增加1 790 211 556.37元，主要为商用房地产评估增值；无形资产公允价值比账面价值减少280 950 749.76元，主要是将土地使用权调入固定资产的房屋建筑物。两者相抵后，房屋建筑物的增值总额为1 509 260 806.61元。

假设第一百货用于交换华联商厦的流通股公允价值以2013年12月31日的收盘价为基础，非流通股的公允价值以调整了房地产增值后的每股净资产为基础，则第一百货用于交换华联商厦的流通股和非流通股的公允价值为2 974 738 944.89元，测算过程如表案–2所示：

表案–2　　　　　第一百货吸收兼并华联商厦公允价值测算

股份种类	换股数量（股）	单位公允价值（元）	公允价值总额（元）
流通股	138 656 330.00	6.98	967 821 183.40
非流通股	379 523 026.00	5.288 *	2 006 917 761.49
合　计	518 179 356.00	—	2 974 738 944.89

　*第一百货每股净资产账面价值为2.957元，加上房地产每股增值2.331元，合计为5.288元。

假设第一百货在吸收合并华联商厦过程中支付给中介机构的直接费用为 1 000 万元，如果采用购买法，吸收合并所形成的商誉为 –33 916 886.42 元，计算过程如表案 –3 所示。

表案 –3　　　　　　　第一百货吸收华联商厦商誉估算

项目名称	金额（元）
换出股份公允价值	2 974 738 944.89
加：吸收合并直接费用	10 000 000.00
吸收合并公允价值合计	2 974 738 944.89
减：华联商厦净资产公允价值	3 018 655 831.31
商誉	–33 916 886.42

依照上述资料，第一百货采用购买法完成对华联商厦吸收合并后，采用购买法和权益结合法所编制的资产负债表和利润表中的主要数据摘要如表案 –4 所示。

表案 –4　　　　　　　　　主要财务指标摘要

项目	购买法	权益结合法	差异
商誉	–33 916 886.42		–33 916 886.42
资产总额	7 446 176 400.58	5 970 832 480.39	1 475 343 920.19
负债总额	2 523 822 592.91	2 523 822 592.91	0
留存收益	226 689 630.71	603 059 737.21	–376 370 106.5
股东权益合计	4 704 708 759.47	3 229 364 839.28	1 475 343 920.19
净利润	70 002 506.77	149 661 464.75	–24 708 426.68
净资产收益率	1.49%	4.63%	–3.14%

（资料来源：杨有红.高级财务会计.北京：经济科学出版社，2008）

问题：根据上面的分析资料，你对购买法和权益法有何认识？

分析思路：第一百货采用购买法完成对华联商厦吸收合并后，负商誉应作为当期损益计入存续企业第一百货的个别利润表。采用购买法与采用权益结合法相比，资产负债表中的资产总额增加，但由于华联商厦合并前的利润和留存收益并没有纳入新表，所以净利润下降，净资产收益率下降。

第六章 合并财务报表

学习目标

1. 理解合并财务报表的概念。
2. 掌握合并财务报表的合并范围。
3. 熟悉合并报表的编制程序。
4. 重点掌握调整分录和抵销分录的编制。

第一节 合并财务报表概述

一、合并财务报表的概念

(一) 合并财务报表的概念

如第五章所述，按照企业合并的法律形式进行分类，可以分为吸收合并、新设合并和控股合并。无论是吸收合并还是新设合并，合并后都是一个统一的法律主体和会计主体，合并后财务报表的编制，与一般企业相同。而控股合并则不同，合并后，合并企业与被合并企业仍然是两个独立的法律主体和会计主体。但是从经济角度看，由于控股事实的存在，两者已构成了一个经济实体。为了综合全面地反映这一经济实体的财务状况和经营成果，需要将母子公司组成的整个企业集团视为单一的会计主体，编制一套财务报表，即合并报表。

合并会计报表最早出现于美国，第一份合并会计报表由美国科尔顿石油托拉斯于1886普遍开展编制合并会计报表。主要发达国家受美国的影响，也逐步要求编制合并财务报表，年编制。在第一次世界大战期间，美国在税法中规定母子公司合并纳税，遂形成了集团公司如英国在1948年开始、德国在1965年开始、法国在1971年开始、日本在1977年开始，要求企业集团编制合并会计报表。我国从1992年开始要求上市公司编制合并会计报表；在2000年发布的《企业会计制度》中，要求企业集团编制合并会计报表；2006年财政部发布了《企业会计准则第33号——合并财务报表》，对如何编制合并财务报表进行了规范，包括合并报表的内容、合并范围的确定、合并程序、合并抵消等。

合并财务报表，又称合并会计报表，简称合并报表，它由母公司编制，是以母公司和子公司组成的企业集团为一会计主体，以母公司、子公司单独编制的个别会计报表为基础，抵消企业集团内部会计事项对个别会计报表的影响而编制成的综合反映企业集团经营成果、财务状况及其变动情况的会计报表。

个别会计报表，是指企业单独编制的反映单个企业财务状况、经营成果和现金流量情况的会计报表。

个别会计报表与合并会计报表的比较具有如下几点不同。

1. 反映的内容及对象不同。

个别会计报表反映的是独立的法人企业的财务状况、经营成果和现金流量情况，反映对象是独立的法人企业，它既是经济意义上的会计主体，也是法律主体。合并会计报表反映的是母子公司组成的企业集团整体的财务状况、经营成果和现金流量情况，反映对象是由若干法人企业组成的企业集团，是经济意义上的会计主体，但不是法律意义上的主体。

2. 编报主体不同。

个别会计报表由独立的法人编制，每家企业都有义务编制个别会计报表。合并会计报表由企业集团内的母公司编制，并不是所有企业都需要编制合并报表。在多层控股的情况下，往往由最终的母公司编制，在有需要的情况下，中层控股的公司才有可能编制合并会计报表。

3. 编制基础不同。

个别会计报表的编制，从设置账簿、编制分录、登记账簿到编制会计报表，遵循一套完整的会计核算体系。合并会计报表并不遵循这套程序，相反，它从这套程序得出的结果开始，以纳入合并范围内的企业个别会计报表为基础，根据有关资料，抵消集团内部对个别会计报表的影响来编制。

4. 编制方法不同。

个别会计报表的编制方法包括设置账户、复式记账、登记账簿、平行登记、试算平衡、结账、账项调整等一系列方法。合并会计报表则是对纳入合并范围的母子公司个别会计报表相应项目加总，然后编制抵销分录将集团内部会计事项对个别会计报表的影响予以抵消，最后合并各项目的数额。编制合并会计报表，主要有编制抵消分录、运用合并工作底稿等方法。

（二）合并财务报表的作用

一般而言，编制合并财务报表是为了满足母公司的投资者、债权人等有关方面对会计信息的需要。合并会计报表的作用主要表现在如下两个方面：

1. 合并会计报表能够对外提供反映由母子公司组成的企业集团整体经营情况的会计信息

在控股经营的情况下，母公司和子公司都是独立的法人实体，分别编制自身的会计报表，分别反映企业本身的生产经营情况，这些会计报表并不能够有效地提供反映整个企业集团的会计信息。为此，要了解控股公司整体经营情况，就需要将控股公司与被控股公司的会计信息综合起来编制会计报表，以满足企业集团管理当局强化对被控股企业管理的需要。

2. 合并会计报表有利于避免一些企业集团利用内部控股关系人为粉饰会计报表情况的发生

控股公司的发展也带来了一系列新的问题，一些控股公司利用对子公司的控制和从属关系，运用内部转移价格等手段，如低价向子公司提供原材料、高价收购子公司产品，出于避税考虑而转移利润；再如通过高价对企业集团内的其他企业销售，低价购买其他企业的原材料，转移亏损。通过编制合并会计报表，可以将企业集团内部交易所产生的收入及利润予以抵消，使会计报表反映企业集团客观真实的财务和经营情况，有利于防止和避免控股公司人为操纵利润，粉饰会计报表现象的发生。

总之，合并会计报表主要用于向企业集团的全体股东和潜在的股东、母公司的经营者以及政府中的有关机构，报告企业集团的整体经营成果和财务状况。显然，如果要了解一个集团的整体情况，合并会计报表是非常有用的，可以免去逐一考察集团内各公司的会计报表之苦。但是，对于母、子公司的债权人以及政府的税收机关，合并会计报表可能价值不大，因为合并报表抹杀了公司间的法律界限，而这一界限正是确立债权债务关系、确立纳税义务人的基础。另外，合并报表提供的资料对财务分析人员也可能存在局限性。正因如此，往往母公司在发布合并报表时，同时也发布母公司的会计报表，以提高信息的有用性。

（三）合并财务报表的构成

为了反映整个企业集团的财务状况、经营成果及现金流量情况，根据《企业会计准则第33号——合并财务报表》规定，合并财务报表包括合并资产负债表、合并利润表、合并现金流量表、合并所有者权益变动表和附注，即"四表一注"，它们构成了一个完整的合并报表体系。

1. 合并资产负债表

合并资产负债表，是以母公司本身资产负债表与属于合并范围内的子公司资产负债表为基础编制而成的，反映母公司与子公司所形成的企业集团某一特定日期财务状况的财务报表。

2. 合并利润表

合并利润表，是以母公司本身利润表与属于合并范围内的子公司利润表为基础编制的，反映母公司与子公司所形成的企业集团在一定期间内经营成果的财务报表。

3. 合并所有者权益变动表

合并所有者权益变动表，是以母公司所有者权益变动表与属于合并范围内的子公司所有者权益变动表为基础编制的，反映母公司与子公司所形成的企业集团在一定期间内所有者权益各组成部分当期增减变动情况的财务报表。

4. 合并现金流量表

合并现金流量表，是综合反映母公司与子公司所形成的企业集团在一定期间内现金及现金等价物流入、流出情况的财务报表。

5. 合并财务报表附注

合并财务报表附注，是报表使用者对合并主体进行财务分析不可缺少的资料。合并财务报表的附注除了包括个别财务报表附注中应说明的事项外，还应当对以下事项进行说明：

（1）子公司的清单，包括企业名称、注册地、业务性质、母公司的持股比例和表决权比例；

（2）母公司拥有被投资单位表决权不足半数但能对被投资单位形成控制的原因；

（3）母公司直接或通过其他子公司间接拥有被投资单位半数以上表决权但未能对其形成控制的原因；

（4）在子公司与母公司会计政策和会计处理方法不一致时，母公司编制合并财务报表的处理方法及其影响；

（5）在子公司与母公司会计期间不一致时，母公司编制合并财务报表的处理方法及其影响；

（6）本期不再纳入合并范围的原子公司的相关资料及不再成为子公司的原因；

（7）子公司向母公司转移资金的能力受到严格限制的情况；

（8）作为子公司纳入合并范围的特殊目的主体的业务性质及业务活动等。

二、合并财务报表的合并理论

编制合并财务报表要以一定的理论为依据。所谓合并理论，是指认识合并财务报表的观点或看问题的角度，即如何看待由母公司与其子公司所组成的企业集团（合并主体）及其内部联系。目前国际上编制合并财务报表的合并理论主要有三种：即所有权理论、实体理论和母公司理论，他们各有特点，在不同的合并理论下，对合并范围、合并报表的列示产生影响。

（一）所有权理论

所有权理论强调母子公司之间拥有和被拥有的关系，在合并中采用比例合并法，即在全资子公司情况下，应该将子公司的所有资产、负债、收入和费用合并进来；在非全资子公司情况下，按照拥有的股权比例将子公司的资产、负债、收入和费用合并进来。在所有权理论下，合并财务报表向母公司投资者报告的是在整个企业集团中拥有的权益份额，而不是控制的资源。显然，所有权理论违背了母公司控制子公司的目的，是要控制子公司的财务政策和经营政策。

（二）实体理论

实体理论认为，企业集团是由母公司和子公司组成的一个会计主体，编制合并财务报告的目的，是为企业集团的全体股东提供决策有用的信息，包括母公司的股东和子公司的少数股东。在编制合并财务报表时，采用全面合并法，即将子公司所有的资产、负债、收入和费用合并进来，以反映母公司控制的整个资源。在实体理论下，少数股东权益作为企业集团所有者权益总额的一个组成部分；少数股东损益作为企业集团净利润的一个组成部分。

实体理论是在企业规模不断扩大，投资者持股比例越来越分散的背景下产生的，它符合目前的经济环境，是国际上采用的主流合并理论。我国《企业会计准则第33号——合并财务报表》，也采用实体理论来编制合并财务报表。

（三）母公司理论

母公司理论认为，编制合并报表的目的是为母公司服务而不是为全体股东，一切的出发点都是从母公司的角度来看，因此，子公司的少数股东权益作为负债对待，不作为企业集团所有者权益的组成部分；少数股东损益作为费用对待，不作为企业集团净利润的组成部分。母公司理论是在股权集中、"一股独大"的背景下产生的，在我国发布新企业会计准则体系之前，我国采用母公司理论来编制合并财务报表。

三、合并财务报表的合并范围

合并财务报表编制的主要问题就是确定合并范围。按照我国《企业会计准则第33号——合并财务报表》的规定，合并财务报表的合并范围应当以控制为基础加以确定。凡是企业集团（母公司）控制的子公司都应纳入合并范围之内。

（一）控制的定义

控制，是指一个企业能够决定另一个企业的财务和经营政策，并能据以从另一个企业的经营活动中获取利益的权力。控制通常具有如下几个特征：

1. 控制的主体是唯一的，不是两方或多方。即对被投资单位的财务和经营政策的提议不必要征得其他方同意，就可以形成决议，付诸被投资单位执行。例如，A公司作为B公司的控股股东，可以决定A公司的财务政策和经营政策；如果其他参股股东想否决这些政策，否决无效，因此，控股股东说了就算数。

2. 控制的内容是一个企业的日常生产经营活动的财务政策和经营政策。根据公司法的规定，公司董事会有权决定公司生产经营活动的财务政策和经营政策，因此，判断一方是否有控制权，应该从董事会的人员构成，企业章程中规定的具体条款进行判断。例如，A公司在B公司董事会11个成员中拥有6个成员；B公司章程中规定，对生产经营中的财务政策和经营政策，应占半数以上的董事同意才能通过。则可以判断，A公司控制了B公司。

3. 控制的性质是一种权力或法定权力，也可以是通过公司章程或协议、投资者之间的协议授予的权力。

4. 控制的目的是为了获取经济利益，包括为了增加经济利益、维持经济利益、保护经济利益，或者降低所分担的损失等。

(二) 母公司与子公司

企业集团由母公司和其全部子公司构成。如图 6 - 1 所示，假定 P 公司能够控制 S 公司，P 公司和 S 公司构成了企业集团。如图 6 - 2 所示，假定 P 公司能够同时控制 S1 公司、S2 公司、S3 公司和 S4 公司，P 公司和 S1 公司、S2 公司、S3 公司、S4 公司构成了企业集团。母公司和子公司是相互依存的，有母公司必然存在子公司，同样，有子公司必然存在母公司。

1. 母公司的定义

母公司，是指有一个或一个以上子公司的企业（或主体）。从母公司的定义可以看出，母公司要求同时具备如下两个条件：

（1）必须有一个或一个以上的子公司，即必须满足控制的要求，能够决定另一个企业的财务和经营政策，并有据以从另一个或多个企业的经营活动中获取利益的权力。母公司可以只控制一个子公司，也可以同时控制多个子公司。

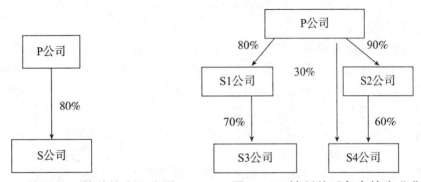

图 6 - 1　控制关系简单的企业集团　　　图 6 - 2　控制关系复杂的企业集团

如图 6 - 1 所示，假定 P 公司能够控制 S 公司，P 公司是 S 公司的母公司。

如图 6 - 2 所示，假定 P 公司能够同时控制 S1 公司、S2 公司、S3 公司和 S4 公司，P 公司为 S1 公司、S2 公司、S3 公司和 S4 公司的母公司。

（2）母公司可以是企业，如《公司法》所规范的股份有限公司、有限责任公司，也可以非企业形式的、但形成会计主体的其他组织，如基金等。

2. 子公司的定义

子公司，是指被母公司控制的企业。从子公司的定义可以看出，子公司也要求同时具备有如下两个条件：

（1）作为子公司必须被母公司控制，并且只能由一个母公司控制，不可能也不允许被两个或多个母公司同时控制。被两个或多个公司共同控制的被投资单位是合营企业，而不是子公司。

如图 6 - 1 所示；假定 P 公司能够控制 S 公司，S 公司是 P 公司的子公司。如图 6 - 2 所示，假定 P 公司能够同时控制 S1 公司、S2 公司、S3 公司和 S4 公司，S1 公司、S2 公司、S3 公司和 S4 公司均为 P 公司的子公司。

（2）子公司可以是企业，如《公司法》所规范的股份有限公司、有限责任公司，也可以是非企业形式的、但形成会计主体的其他组织，如基金以及信托项目等特殊目的主体等。

（三）控制标准的具体应用

1. 母公司拥有其半数以上的表决权的被投资单位

这类型单位应当纳入合并财务报表的合并范围，这种情况称为绝对控股。母公司直接或通过子公司间接拥有被投资单位半数以上的表决权，表明母公司能够控制被投资单位，应当将该被投资单位认定为子公司，纳入合并财务报表的合并范围。但是，有证据表明母公司不能控制被投资单位的除外。

表决权是指对被投资单位经营计划、投资方案、年度财务预算方案和决算方案、利润分配方案和弥补亏损方案、内部管理机构的设置、聘任或解聘公司经理及其报酬、公司的基本管理制度等事项持有的表决权，不包括对修改公司章程、增加或减少注册资本、发行公司债券、公司合并、分立、解散或变更公司形式等事项持有的表决权。表决权比例通常与其出资比例或持股比例是一致的，但是对于有限责任公司，公司章程另有规定的除外。

当母公司拥有被投资单位半数以上表决权时，母公司就拥有对该被投资单位的控制权，能够主导该被投资单位的股东大会（或股东会，下同），特别是董事会，并对其生产经营活动和财务政策实施控制。在这种情况下，子公司处在母公司的直接控制和管理下进行日常生产经营活动，子公司的生产经营活动成为事实上的母公司生产经营活动的一个组成部分，母公司与子公司生产经营活动已一体化。拥有被投资单位半数以上表决权，是母公司对其拥有控制权的最明显的标志，应将其纳入合并财务报表的合并范围。母公司拥有被投资单位半数以上表决权，通常包括如下三种情况：

（1）母公司直接拥有被投资企业过半数以上表决权资本。比如，A 公司投资于 B 公司，占 B 公司表决权资本的比例为 80%。则 A 公司为母公司，B 公司为子公司，A 公司在编制合并财务报表时，应将 B 公司纳入合并范围。

（2）母公司间接拥有子公司过半数以上表决权资本。间接拥有过半数以上表决权资本是指通过子公司而对子公司的子公司拥有其过半数以上表决权资本。比如，甲公司为母公司，投资了一个 A 公司，占 A 公司表决权资本的比例为 80%；A 公司又投资于 B 公司，占 B 公司表决权资本的比例为 60%，则甲企业集团在编制合并报表时，应将 B 公司合并进来。

（3）母公司直接和间接方式拥有子公司过半数以上表决权资本。直接和间接方式拥有其过半数以上表决权资本是指母公司虽然只拥有其半数以下的表决权资本，但通过与子公司合计拥有其过半数以上的表决权资本。比如甲公司为母公司，投资了一个 A 公司，占 A 公司表决权资本的比例为 80%；A 公司又投资于 C 公司，占 C 公司表决权资本的比例为 21%；此外甲公司直接投资于 C 公司，占 C 公司表决权资本的比例为 30%，此时甲公司通过直接拥有的 30% 和间接拥有的 21%，占 C 公司表决权资本的比例为 51%（30% ＋21%）。所以甲企业集团在编制合并报表时，也应将 C 公司合并进来。这里应注意，是相加的关系，不是相乘的关系。

2. 其他被母公司所控制的被投资企业

母公司对于被投资企业虽然不持有其过半数以上的表决权资本，但母公司与被投资企业之间有下列情况之一的，应当将该被投资企业作为母公司的子公司，纳入合并会计报表的合并范围。

（1）通过与该被投资公司的其他投资者之间的协议，持有该被投资公司半数以上表决权。在这种情况下，母公司对这一被投资单位的财务和经营政策拥有控制权，使该被投资单位成为事实上的子公司，为此必须将其纳入合并财务报表的合并范围。

（2）根据章程或协议，有权控制企业的财务和经营政策。能够控制企业财务和经营政策也就是等于能控制整个企业日常生产经营活动。这样，也就使得该被投资单位成为事实上的子公司，从而应当纳入母公司的合并财务报表的合并范围。

（3）有权任免董事会等类似权力机构的多数成员。这种情况是指母公司能够通过任免被投资单位董事会的多数成员控制该被投资单位的日常生产经营活动，被投资单位成为事实上的子公司，从而应当纳入母公司的合并财务报表的合并范围。

（4）在董事会或类似权力机构会议上有半数以上投票权。这种情况是指母公司能够控制董事会或类似机构的会议，从而主导公司董事会的经营决策，使该公司的生产经营活动在母公司的控制下进行，使被投资单位成为事实上的子公司。

以上四种情况虽然不持有半数以上的表决权资本，但通过各种法律途径可以取得控制权，通常称为法定控股。

3. 在确定能否控制被投资单位时对潜在表决权的考虑

在确定能否控制被投资单位时，应当考虑企业和其他企业持有的被投资单位的当期可转换的可转换公司债券、当期可执行的认股权证等潜在表决权因素。这些潜在表决权因素可能会改变控制力。

（1）所称潜在表决权，是指当期可转换的可转换公司债券、当期可执行的认股权证等，不包括在将来某一日期或将来发生某一事项才能转换的可转换公司债券或才能执行的认股权证等，也不包括诸如行权价格的设定使得在任何情况下都不可能转换为实际表决权的其他债务工具或权益工具。

（2）应当考虑影响潜在表决权的所有事项和情况，包括潜在表决权的执行条款、需要单独考虑或综合考虑的其他合约安排等。但是，本企业和其他企业或个人执行潜在表决权的意图和财务能力对潜在表决权的影响除外。

（3）不仅要考虑本企业在被投资单位的潜在表决权，还要同时考虑其他企业或个人在被投资单位的潜在表决权。如果子公司发行可转换公司债券、认股权证，母公司没有购入相关证券，则在其他投资者购买并转换的情况下，就会稀释母公司持有的表决权资本，使母公司失去控制权。

（4）不仅要考虑可能会提高本企业在被投资单位持股比例的潜在表决权，还要考虑可能会降低本企业在被投资单位持股比例的潜在表决权。

（5）潜在表决权仅作为判断是否存在控制的考虑因素，不影响当期母公司股东和少数股东之间的分配比例。

4. 判断母公司是否应该将特殊目的主体纳入合并范围应考虑以下因素

母公司为融资、销售商品或提供劳务等特定经营业务的需要，可以直接或间接设立的特殊目的主体。

（1）母公司具有控制或获得控制特殊目的主体或其资产的决策权。比如，母公司拥有单方面终止特殊目的主体的权力、变更特殊目的主体章程的权力、对变更特殊目的主体章程的否决权等。

（2）母公司通过章程、合同、协议等具有获取特殊目的主体大部分利益的权力。

（3）母公司通过章程、合同、协议等承担了特殊目的主体的大部分风险。

显然，满足上述条件后，母公司享有了该特殊目的主体的利益，也承担了该特殊目的主体的风险，应将其纳入合并范围。

5. 对于已宣告被清理整顿的原子公司、已宣告破产的原子公司，因为已经丧失了控制权，并不是子公司了，就不应纳入合并范围。

6. 对于合营企业、联营企业，因为没有控制权，并不是子公司，不能纳入合并范围，只要按照权益法核算即可。

7. 投资关系不是确定合并范围的必要条件，某些情况下，没有投资关系，可能有控制关系，也可能纳入合并范围。例如，B 公司为甲公司的子公司，A 公司接受甲公司的委托，管理 B 公司，能够决定 B 公司的财务政策和经营政策。如果托管合同规定，A 公司收取固定的托管费，则相当于 A 公司提供了劳务，取得劳务收入，A 公司不能将 B 公司纳入合并范围；如果托管合同规定，A 公司向甲公司缴纳固定利润，B 公司实现了利润超过了应缴纳的固定利润，则由 A 公司享有，未实现应缴纳的固定利润，应由 A 公司补足，在这种情况下，与 B 公司有关的风险和报酬已经转移到 A 公司，A 公司应将 B 公司纳入合并范围。

8. 母公司应当将其全部子公司纳入合并财务报表的合并范围，而不论子公司的规模大小、子公司向母公司转移资金能力是否受到严格限制，也不论子公司的业务性质与母公司或企业集团内其他子公司是否有显著差别，都应当纳入合并财务报表的合并范围。

四、合并会计报表的编制原则

合并财务报表反映企业集团财务状况、经营成果和现金流量的情况，是将整个企业集团作为一个会计主体，运用自己特有的编制方法编制而成的。编制合并财务报表，应该在统一会计期间、统一会计政策的前提下，遵循以下原则：

1. 以个别报表为基础。一方面，以个别报表为基础是真实性原则的要求；另一方面，以个别报表为基础这一原则也解释了为什么在合并日后的以后各期编报合并财务报表时需要在合并财务报表工作底稿中对"未分配利润（期初）"项目进行调整。

2. 一体性原则。这一原则决定了在编制合并财务报表时对集团内部交易和事项要予以抵消。

3. 重要性原则。根据这一原则，对合并财务报表项目可进行适当的取舍，对集团内部交易或事项可根据需要决定是否全部予以抵消。

五、合并会计报表编制的程序

合并会计报表是"根据报表编制报表"，合并财务报表编制有其特殊的程序，主要包括如下几个步骤：

（一）编制合并工作底稿

合并财务报表工作底稿，简称合并工作底稿或工作底稿，从理论上讲，编制合并财务报表工作底稿并不是必不可少的程序，但在实际工作中，由于合并财务报表编制的复杂性，通常都需要编制合并工作底稿。合并工作底稿的作用是为合并财务报表的编制提供基础。在合并工作底稿中，对母公司和子公司个别财务报表的各项目的数据进行加总、调整和抵消处理，最终计算得出合并财务报表各项目的合并金额。所以，编制合并财务报表的第一步通常是设置合并工作底稿，也就是要设置工作底稿的结构。合并工作底稿在本质上是为编制合并财务报表所打的草稿。

编制合并会计报表主要通过工作底稿的形式来完成，工作底稿的格式如表6-1所示。在设置合并工作底稿时要注意如下两个问题：

1. 合并工作底稿应当包括利润表、所有者权益变动表和资产负债表各项目，并按利润表、所有者权益变动表和资产负债表的顺序排列，因为在编制会计报表时，总是按这个顺序来编。合并现金流量表可以不与合并资产负债表、合并利润表、合并所有者权益变动表一起编制，而是用另外一张工作底稿来编，这样比较简洁明了，不至于过于冗长。

2. 合并工作底稿的格式从左到右按照个别报表数、汇总数、抵消数到合并数的顺序排列，以反映合并数的计算过程。如果子公司众多，可将子公司的数据单独汇总，在合并工作底稿中表现为母公司的数据和子公司的小计数，然后加总成合计数。

表6-1 　　　　　　　　合并财务报表工作底稿　　　　　　　单位：元

项　　目	单独报表		合计金额	调整与抵消分录		少数股东权益	合并金额
	母公司	子公司		借	贷		
利润表项目：							
所有者权益变动表项目：							
资产负债表项目：							

（二）编制调整分录和抵消分录

调整分录和抵消分录不是正式的会计分录，只是列在工作底稿中做调整抵消处理，不登记入账。编制调整和抵消分录，目的在于将个别财务报表各项目的加总金额中重复的因素予以抵消。合并工作底稿编制的第二步是编制合并工作底稿抵消分录，并将编制的抵消分录列示于合并工作底稿抵消分录栏中科目所对应空格中。这一步骤主要包括如下内容：

1. 对子公司的个别财务报表进行调整。属于同一控制下企业合并中取得的子公司的个别财务报表，如果不存在与母公司会计政策和会计期间不一致的情况，则不需要对该子公司的个别财务报表进行调整。属于非同一控制下企业合并中取得的子公司，除了存在与母公司会计政策和会计期间不一致的情况，需要对该子公司的个别财务报表进行调整外，还应当根据母公司为该子公司设置的备查簿的有关该子公司的各项可辨认资产、负债及或有负债等在购买日的公允价值的记录进行相应的调整。

2. 按权益法调整对子公司的长期股权投资。长期股权投资账户未采用权益法进行会计处理的，应由母公司按权益法调整对子公司的长期股权投资，并将调整结果反映在合并工作底稿中，作为合并财务报表编制的基础。

3. 母公司长期股权投资与子公司所有者权益的抵消。母公司对子公司的长期股权投资与母公司在子公司所有者权益中所享有的份额应当相互抵消，同时抵消相应的长期股权投资减值准备。各子公司之间的长期股权投资及子公司对母公司的长期股权投资，应将长期股权投资与其对应的子公司或母公司所有者权益中所享有的份额相互抵消。母公司对子公司的权益性投资，在母公司的资产负债表上表现为长期股权投资项目，而在子公司的资产负债表上则表现为实收资本等所有者权益项目。

在非同一控制下的企业合并中长期股权投资和持有的子公司的所有者权益份额不等时，子公司可辨认净资产的公允价值与账面价值之差，抵消分录分摊至有关资产、负债项目；母公司合并成本与子公司可辨认净资产公允价值之差，抵消分录中确认为商誉。

4. 母公司对子公司长期股权投资的投资收益与子公司利润分配项目的抵消，即为母公司的投资收益和子公司期初未分配利润与子公司本期利润分配和期末未分配利润的抵消。

5. 抵消集团内部交易。集团内企业之间的交易通常被称为集团内部交易。就合并主体而言，集团内公司间内部交易产生的损益只是一种内部损益，报表合并时要求将其抵消，如果该损益已因有关资产的使用或售给合并主体以外而实现，则不需抵消。例如，母公司将商品卖给子公司，子公司未对外界出售该商品，在进行报表合并时，母公司应将该商品销售所获利润予以抵消。

（三）在工作底稿上计算出各项目的合并数额

在母公司和纳入合并范围的子公司个别财务报表各项目加总数额的基础上，分别计算出资产项目、负债项目及所有者权益项目金额，其计算方法如下。

1. 资产类项目：其合并数根据该项目加总的数额，加上该项目抵消分录有关的借方发生额，减去该项目抵消分录有关的贷方发生额计算确定。

2. 负债类项目：其合并数根据该项目加总的数额，减去该项目抵消分录有关的借方发生额，加上该项目抵消分录有关的贷方发生额计算确定。

3. 所有者权益类项目：其合并数根据该项目加总的数额，减去该项目抵消分录有关的借方发生额，加上该项目抵消分录有关的贷方发生额计算确定。

4. 收入类项目：其合并数根据该项目加总的数额，减去该项目抵消分录有关的借方发生额，加上该项目抵消分录有关的贷方发生额计算确定。

5. 费用类项目：其合并数根据该项目加总的数额，加上该项目抵消分录有关的借方发生额，减去该项目抵消分录有关的贷方发生额计算确定。

6. 期初未分配利润项目：其合并数根据该项目加总的数额，减去该项目抵消分录有关的借方发生额，加上该项目抵消分录有关的贷方发生额计算确定。

7. 期末未分配利润项目：其合并数根据该项目加总的数额，加上合并工作底稿中利润表和所有者权益变动表中利润分配部分各项目（包括期初未分配利润和期末未分配利润项目）抵消分录栏的贷方发生额的合计数，减去合并工作底稿中利润表和利润分配部分抵消分录栏的借方发生额合计数，计算得出未分配利润项目的合并数。

（四）填列合并财务报表

根据合并工作底稿中各报表项目的"合并金额"栏的数据，填列正式的合并财务报表

以上讨论虽然主要是针对合并利润表、合并资产负债表和合并所有者权益（或股东权益）变动表中"未分配利润"部分的，但其基本原理也同样适用于合并现金流量表的编制以及合并所有者权益（或股东权益）变动表中的其他项目。

第二节 股权取得日合并财务报表的编制

股权取得日也即控股合并的合并日。为了全面反映集团成立时的财务状况，母公司应于股权取得日编制合并日的合并财务报表。

一、购买法下股权取得日合并财务报表的编制

（一）编制的基本要求

购买法将母公司取得对子公司的控制权视同母公司购买子公司的净资产，子公司的净资产在合并资产负债表中按股权取得日的公允价值计价。股权取得日合并财务报表的编制有以下要求：

1. 合并日母公司只需编制合并资产负债表。合并资产负债表反映的是股权取得日母公司能够控制的经济资源。购买法下，企业集团当年已实现的利润，不包括被购买的子公司购买日前实现的利润。因此，购买日企业集团的利润实现和分配情况，是指母公司自身的利润实现和分配情况，与母公司的个别报表相同，无须再编制合并利润表。

2. 抵消母公司对子公司的长期股权投资与子公司所有者权益项目，以及企业集

团的内部交易事项。股权取得日合并财务报表反映的是股权取得时企业集团整体的财务状况。从企业集团整体来看，母公司对子公司的股权投资实际上相当于母公司将资本拨付下属单位，并没有引起整个企业集团的资产、负债和所有者权益的增减变动。

如果母公司通过发行股票换取子公司股东持有的普通股，母公司长期股权投资增加，同时所有者权益增加；而子公司的会计报表中，并没有任何变化。母公司根据个别会计报表编制合并财务报表时，资产和所有者权益将同时增加。但是，从企业集团整体看，母公司发行股票换取子公司原有股东所持股票，也没有引起企业集团资产的增加；企业集团的所有者权益就是母公司的所有者权益。

因此，编制合并财务报表时应当在母公司与子公司会计报表数据简单相加的基础上，将母公司对子公司长期股权投资项目与子公司所有者权益项目予以抵消。同时抵消企业集团各企业之间的内部交易事项。

3. 少数股东权益的初始确认。如果纳入合并范围的是全资子公司，说明母公司拥有其全部股权，母公司对子公司的长期股权投资可以与子公司所有者权益各项目的数额直接抵消；如果纳入合并范围的是非全资子公司，说明母公司未拥有子公司的全部股权，在编制合并财务报表时，就需要将子公司所有者权益总额分解为母公司所享有的份额和少数股东所享有的份额。少数股东所享有的份额称为少数股东权益。同时，子公司本期净利润可以分解为母公司内部投资收益和少数股东损益。在不同的合并理论下，少数股东权益和少数股东损益的处理方法不同。我国会计准则按照实体理论，要求分别确认少数股东权益和少数股东损益。

4. 合并成本与被购买方可辨认净资产公允价值份额差额的处理。非同一控制下的企业合并应采用购买法核算，按照我国企业会计准则规定，购买方应当以确定的企业合并成本作为长期股权投资的初始投资成本，合并成本大于合并中取得的被购买方可辨认净资产公允价值份额的差额，在合并财务报表中应当确认为商誉；商誉确认后，以后各期不进行摊销，但应于每年年末进行减值测试；合并成本小于合并中取得的被购买方可辨认净资产公允价值份额的差额，经复核后仍小于的，其差额计入合并当期损益，在编制合并财务报表时需要调整合并资产负债表的盈余公积和未分配利润。

同时，合并方应单独设置备查簿，记录其长期股权投资成本与合并中取得的被购买方可辨认净资产公允价值份额的差额，作为合并当期及以后期间编制合并财务报表调整分录的基础。

（二）取得全部股权时合并财务报表的编制

1. 合并方合并成本等于被并方可辨认净资产公允价值（且公允价值等于账面价值）

【例6-1】2009年12月31日，P公司以342万元购入S公司100%股权。该项合并交易后，S公司继续存在。S公司净资产的账面价值与公允价值均为342万元。P、S公司合并前的会计报表如表6-2所示。

表 6 – 2　　　　　　**P 公司和 S 公司资产负债表**

2009 年 12 月 31 日　　　　　　　　　　　单位：万元

资　产	P 公司	S 公司		负债和所有者权益	P 公司	S 公司	
		账面价值	公允价值			账面价值	公允价值
银行存款	375	20	20	短期借款	150	110	110
应收账款	15.75	60.5	60.5	应付账款	25	13	13
减：坏账准备	0.75	0.5	0.5	长期借款	115	50	50
存货	25	150	150	长期应付款	40	30	30
固定资产原值	460	405	405	实收资本	215	250	250
减：累计折旧	135	105	105	资本公积	32	40	40
固定资产净值	325	300	300	盈余公积	100	30	30
无形资产	25	15	15	未分配利润	88	22	22
合　计	765	545	545	合计	765	545	545

（1）确认合并成本：

借：长期股权投资　　　　　　　　　　　　　　　　　　　3 420 000

　　贷：银行存款　　　　　　　　　　　　　　　　　　　　　　3 420 000

记录该项投资业务后 P 公司的资产负债表如表 6 – 3 所示。

表 6 – 3　　　　　　**P 公司投资后的资产负债表**

2009 年 12 月 31 日　　　　　　　　　　单位：万元

资　产	金　额	负债和所有者权益	金　额
银行存款	33	短期借款	150
应收账款	15.75	应付账款	25
减：坏账准备	0.75	长期借款	115
存货	25	长期应付款	40
长期股权投资	342	实收资本	215
固定资产原值	460	资本公积	32
减：累计折旧	135	盈余公积	100
固定资产净值	325	未分配利润	88
无形资产	25		
合　计	765	合　计	765

合并成本 342 万元等于 S 公司可辨认净资产的公允价值，因此，合并中没有产生商誉。甲公司的账面价值等于其公允价值，无须调整其账面价值至公允价值。

在编制合并财务报表时，需要将母公司（P公司）的长期股权投资与子公司的所有者权益项目予以抵消。

（2）编制抵消分录：

借：实收资本	2 500 000
资本公积	400 000
盈余公积	300 000
未分配利润	220 000
贷：长期股权投资	3 420 000

过入抵消分录，编制P公司的合并工作底稿，见表6－4。

表6－4　　　　　　　　　　P公司合并工作底稿

2009年12月31日　　　　　　　　　　　单位：万元

项　目	P公司	S公司	合计金额	调整与抵消分录		合并金额
				借方	贷方	
银行存款	33	20	53			53
应收账款	15.75	60.5	76.25			76.25
减：坏账准备	0.75	0.5	1.25			1.25
存货	25	150	175			175
长期股权投资	342		342		（2）342	0
固定资产原值	460	405	865			865
减：累计折旧	135	105	240			240
固定资产净值	325	300	625			625
无形资产	25	15	40			40
资产总计	765	545	1 310		342	968
短期借款	150	110	260			260
应付账款	25	13	38			38
长期借款	115	50	165			165
长期应付款	40	30	70			70
实收资本	215	250	465	（2）250		215
资本公积	32	40	72	（2）40		32
盈余公积	100	30	130	（2）30		100
未分配利润	88	22	110	（2）22		88
负债和所有者权益总计	765	545	1 310	342	342	968

根据工作底稿中的合并金额编制合并资产负债表，如表6－5所示。

表6-5　　　　　　　　P公司合并资产负债表（简表）

2009 年 12 月 31 日　　　　　　　　　单位：万元

资　　产	期末数	负债和所有者权益	期末数
银行存款	53	短期借款	260
应收账款	71.25	应付账款	38
减：坏账准备	1.25	长期借款	165
存货	175	长期应付款	70
固定资产原值	865	实收资本	215
减：累计折旧	240	资本公积	32
固定资产净值	625	盈余公积	100
无形资产	40	未分配利润	88
资产总计	968	负债和所有者权益总计	968

从合并财务报表的最终结果来看，母公司对子公司的长期股权投资被并入子公司的各项资产负债所取代，子公司的所有者权益被母公司的所有者权益所取代。

2. 合并方合并成本大于被并方可辨认净资产公允价值

当母公司合并成本大于子公司可辨认净资产公允价值时，就会形成合并差额，从而产生商誉。

【例6-2】2009 年 12 月 31 日，P 公司以 370 万元购入 S 公司 100% 股权。该项合并交易后，S 公司继续存在。P 公司的账面价值保持不变，S 公司的账面价值明显不同于公允价值。P、S 公司合并前的会计报表如表 6-6 所示。

表6-6　　　　　　　　　P、S公司资产负债表

2009 年 12 月 31 日　　　　　　　　　单位：万元

资　产	P公司	S公司 账面价值	S公司 公允价值	负债和所有者权益	P公司	S公司 账面价值	S公司 公允价值
银行存款	375	20	20	短期借款	150	110	110
应收账款	15.75	60.5	50	应付账款	25	13	13
减：坏账准备	0.75	0.5		长期借款	115	50	50
存货	25	150	135	长期应付款	40	30	25
固定资产原值	460	405	445	实收资本	215	250	
减：累计折旧	135	105	110	资本公积	32	40	
固定资产净值	325	300	335	盈余公积	100	30	
无形资产	25	15	20	未分配利润	88	22	
				所有者权益合计	435	342	362
资产合计	765	545	560	负债和所有者权益合计	765	545	560

（1）确认合并成本：

借：长期股权投资   3 700 000

  贷：银行存款   3 700 000

（2）分配合并成本，计算商誉：

从上述分录和表 6-6 可以看出，P 公司的合并成本为 370 万元，S 公司净资产账面价值 342 万元，净资产公允价值为 362 万元。P 公司的合并成本高于 S 公司净资产账面价值 28 万元。合并成本高于 S 公司净资产账面价值 28 万元的合并差额，由两部分组成：一是 S 公司净资产公允价值高于账面价值的差额 20 万元，二是 P 公司合并成本高于甲公司净资产公允价值的差额 8 万元。其会计处理方法是：将购买方合并成本高于被购方净资产公允价值的差额确认为商誉，同时调整子公司各项可辨认净资产的账面价值为公允价值。其具体计算过程可通过编制"合并成本分配和商誉计算表"进行，见表 6-7。

表 6-7   P 公司合并成本分配和商誉计算表

2009 年 12 月 31 日   单位：万元

P 公司合并成本	370		
减：S 公司净资产账面价值	342		
合并成本高于净资产账面价值的差额	28		
S 公司净资产公允价值高于账面价值的差额部分的分配：			
	公允价值	账面价值	差额
应收账款净额	50	60	-10
存货	135	150	-15
固定资产	335	300	35
无形资产	20	15	5
长期应付款	(25)	(30)	5
合　计	515	495	20
减：可辨认净资产分配的差额	20		
商誉	8		

根据表 6-7 编制合并日的分录如下：

（1）将 S 公司各项资产负债的账面价值调整为公允价值：

借：固定资产   400 000

  无形资产   50 000

  长期应付款   50 000

  贷：应收账款   100 000

    存货   150 000

    累计折旧   50 000

    资本公积   200 000

（2）将 P 公司长期股权投资与被购买方所有者权益抵消：

借：实收资本 2 500 000

资本公积 600 000

盈余公积 300 000

未分配利润 220 000

商誉 80 000

贷：长期股权投资 3 700 000

P公司在合并日的合并工作底稿如表6-8所示。

表6-8 　　　　　　　　　　P公司合并工作底稿

2009年12月31日　　　　　　　　　　　单位：万元

项　目	P公司	S公司			合计金额	调整与抵消分录		合并金额
		报表金额	借方	贷方		借方	贷方	
银行存款	5	20			25			25
应收账款	15.75	60.5		(1) 10	66.25			66.25
减：坏账准备	0.75	0.5			1.25			1.25
存货	25	150		(1) 15	160			160
长期股权投资	370				370		(2) 370	0
固定资产原值	460	405	(1) 40		905			905
减：累计折旧	135	105		(1) 5	245			245
固定资产净值	325	300			625			660
无形资产	25	15	(1) 5		45			45
商誉						(2) 8		
资产总计	765	545	45	30	1 325	8	370	963
短期借款	150	110			260			260
应付账款	25	13			38			38
长期借款	115	50			165			165
长期应付款	40	30	(1) 5		70			65
实收资本	215	250			465	(2) 250		215
资本公积	32	40		(1) 20	92	(2) 60		32
盈余公积	100	30			130	(2) 30		100
未分配利润	88	22			110	(2) 22		88
负债和所有者权益总计	765	545	5	20	1 310	370	370	963

根据上述工作底稿编制的 P 公司合并财务报表略。

在我国实务中，往往将上述调整和抵消分录在合并日合为一笔：

借：固定资产	400 000
无形资产	50 000
长期应付款	50 000
实收资本	2 500 000
资本公积	400 000
盈余公积	300 000
未分配利润	220 000
商誉	80 000
贷：长期股权投资	3 700 000
应收账款	100 000
存货	150 000
累计折旧	50 000

可以看出，这种会计处理方法的优点是将合并差额予以分解，属于被并方净资产公允价值高于其账面价值的差额，调整其可辨认净资产的账面价值为公允价值；属于合并成本高于被并方净资产公允价值的份额的部分，确认为商誉。这样如实地反映了合并差额两部分的性质，便于投资者利用合并财务报表信息分析企业集团的财务状况和经营成果，使合并财务报表提供的会计信息更为相关。国际会计准则委员会及世界很多国家均采用了这种处理方法。

3. 合并方合并成本低于被并方可辨认净资产的公允价值

当母公司的投资成本低于子公司可辨认净资产的账面价值，母公司长期股权投资项目的金额就会低于子公司所有者权益各项目金额的合计数，从而形成贷方合并差额，即负商誉。

【例 6 - 3】沿用【例 6 - 2】的资产负债表，假设乙公司以 300 万元购入甲公司全部股权。其他资料保持不变。

（1）乙公司确认合并成本：

借：长期股权投资	3 000 000
贷：银行存款	3 000 000

按照我国对于负商誉的处理规定，应当将母公司长期股权投资与子公司可辨认净资产公允价值份额的差额计入合并当期损益，同时调整母公司合并资产负债表中的盈余公积和未分配利润。

（2）乙公司分配合并成本，将子公司各项资产负债的账面价值调整为公允价值：

借：固定资产	400 000
无形资产	50 000
长期应付款	50 000
贷：应收账款	100 000
存货	150 000

累计折旧	50 000
资本公积	200 000

（3）编制合并的抵消分录：

借：实收资本	2 500 000
资本公积	600 000
盈余公积	300 000
未分配利润	220 000
贷：长期股权投资	3 000 000
营业外收入	620 000

由于合并日不编制合并利润表，调增的620 000元在合并资产负债表的留存收益列示，若盈余公积计提比例为10%，则应调增"盈余公积"62 000元，调增"未分配利润"558 000元。以后年度编制合并财务报表时，需要分别调增"盈余公积"62 000元，调增"期初未分配利润"558 000元。

根据上述分录编制的P公司合并财务报表的工作底稿和报表略。

（三）取得部分股权时合并报表的编制

1. 少数股权的概念

在非全资子公司的情况下，部分股份由母公司以外的其他股东所拥有。由于这部分股份在子公司全部股权中不足50%，因而称为少数股权，少数股权持有者称为少数股东。少数股东拥有子公司净资产的份额称为少数股东权益；少数股东享有的子公司净收益的份额，称为少数股东损益。

在非全资子公司的情况下，合并成本往往与投资方在子公司所有者权益中的份额不相等，因此常常产生合并差额，合并差额的处理原则同前：属于被并方净资产公允价值高于其账面价值的差额，调整其可辨认净资产的公允价值；属于合并成本高于被并方可辨认净资产公允价值份额的差额确认为商誉；合并成本低于被并方可辨认净资产公允价值份额的差额，确认为当期损益。这里仅以我国会实务为例进行讲解，即按照实体理论，将少数股东权益确认为股东权益的一部分，少数股东权益的金额应以调整后的子公司的所有者权益中的份额计量。

2. 合并方合并成本等于被合并方可辨认净资产公允价值中的份额

此时，企业合并交易中不会产生商誉。

【例6-4】沿用【例6-1】中的资产负债表，假设P公司以273.6万元购入S公司80%的股权，且合并日S公司净资产账面价值与公允价值相等。其他资料保持不变。则：

S公司的净资产中P公司所拥有的份额 = 3 420 000×80% = 2 736 000（元）

少数股东拥有的份额 = 3 420 000×20% = 68 4000（元）

P公司的合并成本等于其在S公司净资产中拥有的份额，均为273.6万元，差额为0，故无须调整S公司的账面价值，也不存在商誉。

合并日，P公司只需编制如下抵消分录，并确认少数股东权益：

借：实收资本　　　　　　　　　　　　　　　　　　　2 500 000
　　资本公积　　　　　　　　　　　　　　　　　　　　 400 000
　　盈余公积　　　　　　　　　　　　　　　　　　　　 300 000
　　未分配利润　　　　　　　　　　　　　　　　　　　 220 000
　　贷：长期股权投资　　　　　　　　　　　　　　　　2 736 000
　　　　少数股东权益　　　　　　　　　　　　　　　　 684 000

合并工作底稿和合并资产负债表分别如表 6 – 9 和表 6 – 10 所示。

表 6 – 9　　　　　　　　　　　　P 公司合并工作底稿

2009 年 12 月 31 日　　　　　　　　　　　　　　单位：万元

项　　目	P 公司	S 公司	合计金额	抵消分录		少数股东权益	合并金额
				借方	贷方		
银行存款	101.4	20	121.4				121.4
应收账款	15.75	60.5	76.25				76.25
减：坏账准备	0.75	0.5	1.25				1.25
存货	25	150	175				175
长期股权投资	273.6		273.6		(1) 273.6		0
固定资产原值	460	405	865				865
减：累计折旧	135	105	240				240
固定资产净值	325	300	625				625
无形资产	25	15	40				40
资产总计	765	545	1 310		273.6		1 036.4
短期借款	150	110	260				260
应付账款	25	13	38				38
长期借款	115	50	165				165
长期应付款	40	30	70				70
实收资本	215	250	465	(1) 250			215
资本公积	32	40	72	(1) 40			32
盈余公积	100	30	130	(1) 30			100
未分配利润	88	22	110	(1) 22			88
少数股东权益						(1) 68.4	68.4
负债和所有者权益总计	765	545	1 310	342	273.6		1 036.4

注：①"少数股东权益"列示于"所有者权益"项目下。

②虽然母公司只拥有子公司部分股权，但子公司所有者权益应全额抵消。

③遵循重要性原则，各少数股东享有的子公司所有者权益各项目的份额无须分项列示，只以"少数股东权益"项目列示其总额。

表 6 – 10 　　　　　　　　　　　P 公司合并资产负债表

2009 年 12 月 31 日　　　　　　　　　　　　　单位：万元

资　产	期末数	负债和所有者权益	期末数
银行存款	121.4	短期借款	260
应收账款	76.25	应付账款	38
减：坏账准备	1.25	长期借款	165
存货	175	长期应付款	70
长期股权投资	0	实收资本	215
固定资产原值	865	资本公积	32
减：累计折旧	240	盈余公积	100
固定资产净值	625	未分配利润	88
无形资产	40	少数股东权益	68.4
资产总计	1 036.4	负债和所有者权益总计	1 036.4

3. 合并方合并成本大于被并方净资产公允价值中的份额

此时，合并交易中会产生正商誉。

【例 6 – 5】沿用【例 6 – 2】中 P、S 公司资产负债表的资料，假设 P 公司以 370 万元购入 S 公司 80% 股权。其他资料保持不变，S 公司的账面价值明显不同于公允价值。P 公司确认合并成本及相关分录如下：

（1）确认 P 公司的合并成本：

借：长期股权投资　　　　　　　　　　　　　　　　　　3 700 000

　　贷：银行存款　　　　　　　　　　　　　　　　　　　　　3 700 000

（2）分配合并成本并计算商誉：

从表 6 – 6 中可以看出，S 公司净资产账面价值 3 420 000 元中属于 P 公司的份额为 2 736 000 元，S 公司净资产公允价值 3 620 000 元中属于 P 公司的份额为 2 896 000 元。P 公司的合并成本高于 S 公司净资产公允价值的份额 804 000 元（3 700 000 – 2 896 000），高于净资产账面价值的份额 964 000 元（3 700 000 – 2 736 000）。合并差额 964 000 元由两部分组成：一是 S 公司净资产公允价值高于账面价值的差额 160 000 元（2 896 000 – 2 736 000），二是 P 公司购买价格高于 S 公司净资产公允价值的差额 804 000 元。其具体处理方法是：将母公司投资成本高于净资产公允价值的差额确认为商誉，调整子公司各项可辨认净资产的价值为公允价值。其具体计算过程可通过编制"合并成本分配和商誉计算表"进行，见表 6 – 11。

表 6－11　　　　　　　　　　P 公司合并成本分配和商誉计算表

2009 年 12 月 31 日　　　　　　　　　　　单位：万元

P 公司合并成本		370
减：S 公司净资产账面价值的份额		273.6
投资成本高于净资产账面价值的合并差额		96.4

S 公司净资产公允价值高于账面价值的分配：

	公允价值	账面价值	差额
应收账款净额	50	60	－10
存货	135	150	－15
固定资产	335	300	35
无形资产	20	15	5
长期应付款	(25)	(30)	5
合　计	515	495	20

减：可辨认净资产分配的合并差额　　　20 ×80% ＝16
商誉　　　　　　　　　　　　　　　　80.4

根据表 6－11 编制的调整分录如下：

借：固定资产　　　　　　　　　　　　　　　　　　400 000
　　无形资产　　　　　　　　　　　　　　　　　　 50 000
　　长期应付款　　　　　　　　　　　　　　　　　 50 000
　　贷：应收账款　　　　　　　　　　　　　　　　　　100 000
　　　　存货　　　　　　　　　　　　　　　　　　　　150 000
　　　　累计折旧　　　　　　　　　　　　　　　　　　 50 000
　　　　资本公积　　　　　　　　　　　　　　　　　　200 000
（3）将母公司长期股权投资与子公司所有者权益抵消：
借：实收资本　　　　　　　　　　　　　　　　　2 500 000
　　资本公积　　　　　　　　　　　　　　　　　 600 000
　　盈余公积　　　　　　　　　　　　　　　　　 300 000
　　未分配利润　　　　　　　　　　　　　　　　 220 000
　　商誉　　　　　　　　　　　　　　　　　　　 804 000
　　贷：长期股权投资　　　　　　　　　　　　　　　3 700 000
　　　　少数股东权益（362 ×20%）　　　　　　　　 724 000

4. 合并方合并成本小于被并方净资产公允价值中的份额

当母公司投资成本低于子公司可辨认净资产的账面价值，即以低于子公司可辨认净资产的账面价值购入子公司的全部股权时，母公司长期股权投资项目的金额就会低于子公司所有者权益各项金额的合计数，产生贷方合并差额，形成负商誉。按照我国企业会计准则的规定，该负商誉应计入"营业外收入"。

【例6-6】沿用【例6-3】中P、S公司资产负债表的资料，假设P公司以270万元购入S公司80%的股权。其他资料保持不变。

（1）合并日，确认合并成本：

| 借：长期股权投资 | 2 700 000 |
| 贷：银行存款 | 2 700 000 |

合并成本270万元小于S公司净资产公允价值中的份额289.6万元，产生负商誉19.6万元（270-289.6）。按照我国对于负商誉的处理规定，应当将长期股权投资与子公司可辨认净资产公允价份额的差额计入当期合并损益，同时调整合并资产负债表的盈余公积和未分配利润。则P公司的会计处理如下：

（2）购买日将子公司各项资产负债的账面价值调整为公允价值：

借：固定资产	400 000
无形资产	50 000
长期应付款	50 000
贷：应收账款	100 000
存货	150 000
累计折旧	50 000
资本公积	200 000

（3）将母公司长期股权投资与子公司所有者权益抵消：

借：实收资本	2 500 000
资本公积	600 000
盈余公积	300 000
未分配利润	220 000
贷：长期股权投资	2 700 000
少数股东权益（362×20%）	724 000
营业外收入	196 000

同样，由于购买日不编制合并利润表，调增的196 000元在合并资产负债表的留存收益列示，若盈余公积计提比例为10%，则应调增"盈余公积"19 600元，调增"未分配利润"176 400元。

同时，合并方应单独设置备查簿，记录其长期股权投资成本与合并中取得的被购买方可辨认净资产公允价值份额的差额，作为合并当期及以后期间编制合并财务报表调整分录的基础。

二、权益结合法下股权取得日合并财务报表的编制

(一) 编制的基本要求

1. 权益结合法下合并日合并财务报表的特点

(1) 在合并日，除了编制合并资产负债表外，还需要编制合并利润表和合并现金流量表。由于权益结合法将企业合并视为合并前各企业股东权益在合并后新企业的联合和继续，因此，被合并方在合并前当年实现的利润，也要包括在合并后企业的当年利润中；同时合并前被并方的现金流入、流出也需要纳入合并后企业的现金流量中。为此，在合并日，母公司不仅需要编制合并资产负债表，还需要编制合并利润表和合并现金流量表。

(2) 纳入合并范围被并各方的各项资产、负债及净资产，应当按其账面价值计量。权益结合法用于同一控制下企业合并的情形中，同一控制的会计处理使用的是账面价值计量属性，因此，合并报表中采用的是子公司财务报表的账面价值。

(3) 合并报表编制中同时要抵销合并双方发生的内部交易对财务报表的影响，如双方的债权和债务，以及由此产生的利息收入和利息支出、内部商品销售形成的未实现损益、合并双方的现金交易等。

2. 编制合并资产负债表的具体要求

编制合并资产负债表时，被并方的有关资产、负债应以其账面价值并入合并财务报表。合并方与被并方在合并日以前期间发生的交易，应作为内部交易，按照"合并财务报表内部交易"抵销的有关原则进行会计处理。

在合并财务报表中，对于被并方在企业合并前实现的留存收益终归属于合并方的部分，应按以下原则，自合并方的资本公积转入留存收益：

(1) 确认企业合并形成的长期股权投资后，合并方账面资本公积（资本溢价或股本溢价）贷方余额大于被并方在合并前实现的留存收益中归属于合并方的部分，在合并资产负债表中，应将被并方在合并前实现的留存收益中归属于合并方的部分自"资本公积"转入"盈余公积"和"未分配利润"；在合并工作底稿中，借记"资本公积"账户，贷记"盈余公积"和"未分配利润"账户。

(2) 确认企业合并形成的长期股权投资后，合并方账面资本公积（资本溢价或股本溢价）贷方余额小于被并方在合并前实现的留存收益中归属于合并方的部分，在合并资产负债表中，应以合并方资本公积（资本溢价或股本溢价）为限，将被并方在合并前实现的留存收益中归属于合并方的部分自"资本公积"转入"盈余公积"和"未分配利润"；在合并工作底稿中，借记"资本公积"账户，贷记"盈余公积"和未分配利润"账户。

(3) 因合并方账面资本公积（资本溢价或股本溢价）余额不足，被并方在合并前实现的留存收益中归属于合并方的部分在合并资产负债表中未予全额恢复的，合并方应当在会计报表附注中对这一情况进行说明。

3. 编制合并利润表的具体要求

合并利润表应当包括合并双方自合并当期期初至合并日所发生的净利润。

合并方在合并利润表中的"净利润"项下应单列"被合并方在合并前实现的净利润"项目，以反映合并当期由被并方带入的经营成果。

4. 编制合并现金流量表的具体要求

合并现金流量表应当包括合并双方自合并当期期初至合并日所发生的现金流量。合并现金流量表仍然需要考虑企业集团的内部交易事项，详见本章第四节的内容。

5. 编制比较财务报表的具体要求

同一控制下的企业合并，在编制合并当期期末的比较报表时，应视同参与合并各方在最终控制方开始实施控制时即以目前的状态存在。提供比较财务报表时，应对前期比较报表进行调整，将被并各方的有关资产、负债并入后，因合并而增加的净资产在比较报表中调整所有者权益下的资本公积（资本溢价或股本溢价）。

（二）取得全部股权时合并财务报表的编制

【例6-7】2009年12月31日，P公司发行200万股普通股（每股面值1元）取得了S公司100%的股权，股票溢价金额为30万元。P、S公司合并前有关资产、负债情况如表6-12所示。同时发生审计、评估等直接相关费用40万元，发行证券的手续费50万元。该项合并为同一控制，编制P公司购买日的合并资产负债表和合并利润表。

表6-12 　　　　　　　　　**合并前资产负债表**

2009年12月31日　　　　　　　　单位：万元

资产	P公司	S公司		负债和所有者权益	P公司	S公司	
	账面价值	账面价值	公允价值		账面价值	账面价值	公允价值
货币资金	345	36	64	短期借款	200	180	180
应收账款	240	160	210	应付账款	300	24.4	24
存货	496	20.4	70	其他负债	30	24	24
长期股权投资	400	172	272	股本	600	200	200
固定资产	560	240	340	资本公积	400	120	548
无形资产	360	40	140	盈余公积	400	40	40
				未分配利润	471	80	80
				所有者权益合计	1 871	440	868
资产总计	2 401	668.4	1 096	负债和所有者权益总计	2 401	668.4	1 096

根据《企业会计准则第 20 号——企业合并》的规定，合并方取得的资产和负债应按被合并方的账面价值计量，净资产账面价值与支付的合并对价账面价值（或发行股份面值总额）的差额，应当调整资本公积；资本公积不足冲减的，应当调整留存收益。合并方为进行合并所发生的各项直接费用，包括为企业合并而支付的审计费用、评估费用、法律服务费用等，应当于发生时计入当期损益。合并中发行权益性证券所发生的手续费、佣金等费用，应当抵减权益性证券溢价收入；溢价收入不足冲减的，依次冲减盈余公积和未分配利润。

P 公司对该项合并进行账务处理如下：

（1）确认合并成本：

借：长期股权投资（440×100%）　　　　　　　　　　　　　　4 400 000
　　贷：股本　　　　　　　　　　　　　　　　　　　　　　　　　2 000 000
　　　　资本公积　　　　　　　　　　　　　　　　　　　　　　　2 400 000

（2）记录合并费用；合并方为进行合并发生的审计费用和评估费用 40 万元，应当记入"管理费用"；合并中发行权益性证券发生的手续费 50 万元，应冲减股票溢价收入 30 万元；溢价收入不足冲减的，冲减盈余公积 20 万元。

借：管理费用　　　　　　　　　　　　　　　　　　　　　　　　400 000
　　资本公积　　　　　　　　　　　　　　　　　　　　　　　　　300 000
　　盈余公积　　　　　　　　　　　　　　　　　　　　　　　　　200 000
　　　贷：银行存款　　　　　　　　　　　　　　　　　　　　　　　900 000

（3）合并日，编制抵消分录：

借：股本　　　　　　　　　　　　　　　　　　　　　　　　　2 000 000
　　资本公积　　　　　　　　　　　　　　　　　　　　　　　　1 200 000
　　盈余公积　　　　　　　　　　　　　　　　　　　　　　　　　400 000
　　未分配利润　　　　　　　　　　　　　　　　　　　　　　　　800 000
　　　贷：长期股权投资　　　　　　　　　　　　　　　　　　　4 400 000

同时，在编制合并财务报表时，结转子公司留存收益中归属于母公司的部分：

借：资本公积　　　　　　　　　　　　　　　　　　　　　　　1 200 000
　　　贷：盈余公积　　　　　　　　　　　　　　　　　　　　　　400 000
　　　　　未分配利润　　　　　　　　　　　　　　　　　　　　　800 000

将上述抵消分录与调整分录过录到工作底稿中，则 P 公司编制的合并日合并资产负债表工作底稿如表 6 – 13 所示。

表 6-13 　　　　　　　　　　合并资产负债表工作底稿

2009 年 12 月 31 日　　　　　　　　　　单位：万元

项　目	P 公司 账面价值	S 公司 账面价值	合计 金额	抵消分录 借方	贷方	合并 金额
货币资金	345	36	381		(2) 90	291
应收账款	240	160	400			400
存货	496	20.4	516.4			516.4
长期股权投资	840	172	1 012	(3) 440		572
固定资产	560	240	800			800
无形资产	360	40	400			400
资产总计	2 841	668.4	3509.4			2 979.4
短期借款	200	180	380			380
应付账款	300	24.4	324.4			324.4
其他负债	30	24	54			54
股本	800	200	1 000	(3) 200		800
资本公积	640	120	760	(2) 30 (3) 120 (3) 120		490
盈余公积	400	40	440	(3) 40 (2) 20	(3) 40	420
未分配利润	471	80	551	(2) 40 (3) 80	(3) 80	511
所有者权益合计	2 311	440	2 311			2 221
负债和所有者权益总计	2 841	668.4	3509.4	1 090	210	2 979.4

注：由合并资产负债表整理得到的合并报表同前，此处略。

（三）取得部分股权时合并财务报表的编制

【例 6-8】沿用【例 6-7】中 P、S 公司合并前的资产负债表，2009 年 12 月 31 日，P 公司发行 200 万股普通股（每股面值 1 元）取得了甲公司 80% 的股权，溢价收入 30 万元。其余资料不变。

P 公司对该项合并进行如下账务处理：

（1）确认合并成本：

借：长期股权投资（440×80%）　　　　　　　　　　　　3 520 000

　　贷：股本　　　　　　　　　　　　　　　　　　　　　　2 000 000

　　　　资本公积　　　　　　　　　　　　　　　　　　　　1 520 000

（2）发生合并费用时：

借：管理费用   400 000

  资本公积   300 000

  盈余公积   200 000

  贷：银行存款   900 000

将被合并方的有关资产、负债在抵消内部交易的影响后并入合并财务报表，在合并工作底稿中完成以下调整和抵消分录。

（3）调整和抵消分录：

借：股本   2 000 000

  资本公积   1 200 000

  盈余公积   400 000

  未分配利润   800 000

  贷：长期股权投资   3 520 000

    少数股东权益   880 000

（4）对于 S 公司在合并以前实现的留存收益中归属于 P 公司的部分，在合并工作底稿中应自资本公积转入留存收益：

借：资本公积   960 000

  贷：盈余公积   320 000

    未分配利润   640 000

（四）合并以前期间比较财务报表的编制

同一控制下的企业合并，往往需要提供比较财务报表，对前期比较报表进行调整，因合并而增加的净资产在比较报表中调整所有者权益下的资本公积（资本溢价或股本溢价）。

【例 6 - 9】沿用【例 6 - 7】中 P、S 公司合并前的资产负债表，2009 年 12 月 31 日，P 公司发行 200 万股普通股（每股面值 1 元）取得了甲公司 100% 的股权，P、S 公司合并前的资产负债表如表 6 - 11 所示。2008 年年末 P、S 公司资产负债表摘要如表 6 - 14 所示。

表 6 - 14   P、S 公司资产负债表摘要

2008 年 12 月 31 日   单位：万元

项　目	P 公司	S 公司
股本	600	200
资本公积	300	110
盈余公积	300	30
未分配利润	400	50
所有者权益合计	1 600	390

例 6 - 9 中，P 公司在编制 2008 年比较报表时，视同该项合并在 2008 年期间即已发生。在 2008 年将被合并方的有关资产、负债在抵销内部交易的影响后并入合并财务报表，同时增加合并资产负债表中所有者权益项下的资本公积。同样，在 2008 年合并工作底稿中应作以下调整：

（1）借：股本   2 000 000

          资本公积   1 100 000

          盈余公积   300 000

          未分配利润   500 000

           贷：资本公积   3 900 000

（2）同时，对于甲公司在 2008 年实现的留存收益中归属于乙公司的部分，在合并工作底稿中应自资本公积转入留存收益：

     借：资本公积   800 000

       贷：盈余公积   300 000

          未分配利润   500 000

其余报表编制方法相同。

第三节　控制权取得日后合并财务报表的编制

合并财务报表的编制包括企业合并控制权取得日的合并财务报表的编制和控制权取得日后的合并财务报表的编制。企业合并控制权取得日的合并财务报表的编制在上节中已经做了讲解，其中，同一控制下的控股合并财务报表包括全部合并财务报表，无论是同一控制还是非同一控制下的控股合并，一般都包括合并资产负债表、合并利润表、合并现金流量表和合并所有者权益变动表。由于合并现金流量表具有明显的特殊性和相对的独立性，相关内容及格式将在第四节讲解。

一、同一控制下企业合并控制权取得日后首期合并财务报表的编制

（一）对子公司的个别财务报表进行调整

对于属于同一控制下企业合并中取得的子公司的个别财务报表，如果不存在与母公司会计政策和会计期间不一致的情况，则不需要对该子公司的个别财务报表进行调整，即不需要将该子公司的个别财务报表调整为公允价值反映的财务报表，只需要抵消内部交易对合并财务报表的影响即可。

（二）按权益法调整对子公司的长期股权投资

上一节已经学习了母公司对于子公司的长期股权在编制合并报表时要由成本法调整为权益法。在采用权益法核算长期股权投资的情况下，长期股权投资的账面价值反

映其在被投资企业权益的变动情况，即长期股权投资的账面余额等于其在子公司所有者权益中所拥有的份额。在编制合并财务报表时，需要进行抵消的项目之一，就是母公司对子公司的长期股权投资与子公司所有者权益各项目的相互抵消。在采用权益法的情况下，有利于合并财务报表的编制。

合并财务报表准则也允许企业直接在对子公司的长期股权投资采用成本法核算的基础上编制合并财务报表，但是所生成的合并财务报表应当符合合并财务报表准则的相关规定。

在成本法下，母公司个别财务报表中"长期股权投资"科目反映的是母公司对子公司长期股权投资的投资成本，"投资收益"科目反映的是当期子公司所分配的现金股利。在合并工作底稿中需按权益法调整母公司个别财务报表中的相关科目，并以此为基础编制抵消分录。

1. 对子公司拥有全部股权

【例 6 – 10】假设 A、B 公司是同一控制下的企业，2010 年 1 月 1 日 A 公司以现金 2 500 万元购买了 B 公司 100% 的股权。2010 年 1 月 1 日，B 公司股东权益总额为 2 000 万元，其中股本为 1 000 万元，资本公积为 400 万元，盈余公积为 100 万元，未分配利润为 500 万元。2010 年 B 公司实现净利润 600 万元，提取盈余公积金 100 万元，分配现金股利 300 万元。A 公司和 B 公司 2010 年末资产负债表和 2010 年度利润表如表 6 – 15、表 6 – 16 所示。假定 B 公司的会计政策和会计期间与 A 公司一致，不考虑 A 公司和 B 公司及合并资产、负债的所得税影响。

表 6 –15 资产负债表

2010 年 12 月 31 日 单位：元

项 目	A 公司	B 公司
货币资金	10 000 000	5 000 000
存货	28 000 000	15 000 000
长期股权投资	20 000 000	0
固定资产	72 000 000	32 000 000
资产合计	130 000 000	52 000 000
短期借款	20 000 000	19 000 000
应付账款	29 000 000	10 000 000
负债合计	49 000 000	29 000 000
股本	50 000 000	10 000 000
资本公积	15 000 000	4 000 000
盈余公积	5 000 000	2 000 000
未分配利润	11 000 000	7 000 000
所有者权益合计	81 000 000	23 000 000
负债和所有者权益合计	130 000 000	52 000 000

表 6 – 16   利润表

2010 年   单位：元

项　目	A 公司	B 公司
一、营业收入	80 000 000	40 000 000
减：营业成本	50 000 000	25 000 000
营业成本及附加	1 000 000	1 000 000
销售费用	3 000 000	3 000 000
管理费用	5 000 000	3 000 000
财务费用	1 000 000	1 000 000
加：投资收益	3 000 000	0
二、营业利润	23 000 000	7 000 000
加：营业外收入	1 000 000	2 000 000
减：营业外成本	4 000 000	1 000 000
三、利润总额	20 000 000	8 000 000
减：所得税费用	5 000 000	2 000 000
四、净利润	15 000 000	6 000 000
加：期初未分配利润	8 000 000	5 000 000
减：提取盈余公积	3 000 000	1 000 000
对所有者的分配	9 000 000	3 000 000
期末未分配利润	11 000 000	7 000 000

在本例中，2010 年 12 月 31 日，A 公司对 B 公司的长期股权投资的账面余额为 2 000 万元（假定未发生减值）。根据合并财务报表准则的规定，在合并工作底稿中将对 B 公司的长期股权投资由成本法改为权益法核算。有关调整分录如下：

①确认 A 公司在 2010 年 B 公司实现净利润 600 万元中所享有的份额 600（600 × 100%）万元：

借：长期股权投资　　　　　　　　　　　　　　　　　　　　　　6 000 000

　　贷：投资收益　　　　　　　　　　　　　　　　　　　　　　　　　6 000 000

②抵消原按成本法确认的投资收益 300 万元：

借：投资收益　　　　　　　　　　　　　　　　　　　　　　　　3 000 000

贷：长期股权投资　　　　　　　　　　　　　　　　　　　　3 000 000

2. 对子公司拥有部分股权

【例6-11】假设A、B公司是同一控制下的企业，2010年1月1日A公司以现金2 500万元购买了B公司80%的股权。2010年1月1日，B公司股东权益总额为2 500万元，其中股本为1 000万元，资本公积为400万元，盈余公积为100万元，未分配利润为1 000万元。2010年B公司实现净利润600万元，提取盈余公积金100万元，分配现金股利300万元。A公司和B公司2010年末资产负债表和2010年度利润表如表6-17、表6-18所示。假定B公司的会计政策和会计期间与A公司一致，不考虑A公司和B公司合并资产、负债的所得税影响。

表6-17　　　　　　　　　　　　　　　资产负债表

2010 年 12 月 31 日　　　　　　　　　　　　单位：元

项　目	A 公司	B 公司
货币资金	10 000 000	10 000 000
存货	28 000 000	15 000 000
长期股权投资	20 000 000	0
固定资产	72 000 000	32 000 000
资产合计	130 000 000	57 000 000
短期借款	20 000 000	19 000 000
应付账款	29 000 000	10 000 000
负债合计	49 000 000	29 000 000
股本	50 000 000	10 000 000
资本公积	15 000 000	4 000 000
盈余公积	5 000 000	2 000 000
未分配利润	11 000 000	12 000 000
所有者权益合计	81 000 000	28 000 000
负债和所有者权益合计	130 000 000	57 000 000

表 6 – 18 利润表

2010 年　　　　　　　　　　　　单位：元

项　目	A 公司	B 公司
一、营业收入	80 000 000	40 000 000
减：营业成本	50 000 000	25 000 000
营业成本及附加	1 000 000	1 000 000
销售费用	3 000 000	3 000 000
管理费用	5 000 000	3 000 000
财务费用	1 000 000	1 000 000
加：投资收益	2 400 000	0
二、营业利润	22 400 000	7 000 000
加：营业外收入	0	2 000 000
减：营业外成本	2 400 000	1 000 000
三、利润总额	20 000 000	8 000 000
减：所得税费用	5 000 000	2 000 000
四、净利润	15 000 000	6 000 000
加：期初未分配利润	8 000 000	10 000 000
减：提取盈余公积	3 000 000	1 000 000
对所有者的分配	9 000 000	3 000 000
期末未分配利润	11 000 000	12 000 000

　　在本例中，2010 年 12 月 31 日，A 公司对 B 公司的长期股权投资的账面余额为 2 000（2 500 × 80%）万元。根据合并财务报表准则的规定，在合并工作底稿中将对 B 公司的长期股权投资由成本法改为权益法核算。

　　③确认 A 公司在 2010 年 B 公司实现净利润 600 万元中所享有的份额 480（600 × 80%）万元：

　　　借：长期股权投资　　　　　　　　　　　　　　　　　4 800 000
　　　　　贷：投资收益　　　　　　　　　　　　　　　　　　　　4 800 000
　　④抵消原按成本法确认的投资收益 240 万元：
　　　借：投资收益　　　　　　　　　　　　　　　　　　　2 400 000

贷：长期股权投资   2 400 000

3. 权益性投资的抵消处理

母公司对子公司的权益性投资，在母公司的资产负债表上表现为长期股权投资项目，而在子公司的资产负债表上则表现为实收资本等所有者权益项目。但是，从企业集团的整体角度来看，母公司对子公司的权益性资本投资，实际上相当于母公司将资金拨付给子公司使用，并不会由此引起整个企业集团的资产、负债和所有者权益项目的增减变动。因此在编制合并财务报表时，首先应在合并工作底稿中将成本法下的长期股权投资按权益法进行调整，然后将母公司对子公司的长期股权投资项目与母公司在子公司的所有者权益中所享有的份额相互抵消，同时抵消对该项长期股权投资提取的长期股权投资减值准备。如果母公司对子公司只拥有部分股权，则子公司所有者权益中不属于母公司的份额，应当作为"少数股东权益"项目处理。相应地，如果存在各子公司之间的长期股权投资及子公司对母公司的长期股权投资，应比照上述处理程序，将长期股权投资的余额与其对应的子公司或母公司所有者权益中所享有的份额相互抵消。

1）母公司长期股权投资与子公司所有者权益的抵消

（1）对子公司拥有全部股权。如果母公司对子公司拥有全部股权，则子公司的净利润在权益法下已同时全部记录在了母公司的"长期股权投资"和"投资收益"科目中，子公司的"所有者权益"科目全额对应于母公司的"长期股权投资"科目。在合并工作底稿中编制的抵消分录为，借记"股本"、"资本公积"、"盈余公积"和"未分配利润"科目，贷记"长期股权投资"科目。

【例 6－12】沿用例 6－10 的有关资料，2010 年 12 月 31 日，A 公司在合并工作底稿中编制的抵消分录为：

⑤借：股本   10 000 000

  资本公积   4 000 000

  盈余公积   2 000 000

  未分配利润——期末   7 000 000

  贷：长期股权投资   23 000 000

（2）对子公司拥有部分股权。如果母公司对子公司只拥有部分股权，则子公司所有者权益中不属于母公司的份额，应当作为"少数股东权益"科目处理。在合并工作底稿中编制的抵消分录为，借记"股本"、"资本公积"、"盈余公积"和"未分配利润"科目，贷记"长期股权投资"和"少数股东权益"科目。

【例 6－13】沿用例 6－11 的有关资料，2010 年 12 月 31 日，A 公司在合并工作底稿中编制的抵消分录为：

⑥借：股本   10 000 000

  资本公积   4 000 000

  盈余公积   2 000 000

  未分配利润——期末   12 000 000

  贷：长期股权投资   22 400 000

　　　　少数股东权益　　　　　　　　　　　　　　　　　　5 600 000

　　2）母公司对子公司长期股权投资的投资收益与子公司利润分配项目的抵消处理

　　母公司对子公司的长期股权投资在合并工作底稿中按权益法调整的投资收益，实际上就是子公司的净利润与其持股比例相乘的结果。在子公司为全资子公司的情况下，母公司对某一子公司在合并工作底稿中按权益法调整的投资收益，实际上就是该子公司当期实现的净利润。编制合并利润表时，实际上是将子公司的营业收入、营业成本和期间费用视为母公司本身的营业收入、营业成本和期间费用同等看待，与母公司相应的项目进行合并，是将子公司的净利润还原为营业收入、营业成本和期间费用，也就是将投资收益还原为合并利润表中的营业收入、营业成本和期间费用处理。因此，在编制合并利润表时，必须将对子公司长期股权投资的收益予以抵消。

　　由于合并所有者权益变动表中的本年利润分配项目是站在整个企业集团角度，反映对母公司股东和子公司的少数股东的利润分配情况，因此，子公司的个别所有者权益变动表中本年利润分配各项目的金额，包括提取盈余公积、对所有者（或股东）的分配和期末未分配利润的金额都必须予以抵消。在子公司为全资子公司的情况下，子公司本期净利润就是母公司本期对子公司长期股权投资按权益法调整的投资收益。假定子公司期初未分配利润为零，子公司本期净利润就是子公司本期可供分配的利润，是本期子公司利润分配的来源，而子公司本期利润分配［包括提取盈余公积、对所有者（或股东）的分配等］的金额与期末未分配利润的金额则是本期利润分配的结果。母公司对子公司长期股权投资按权益法调整的投资收益正好与子公司的本年利润分配和期末未分配利润之和相抵消。在子公司为非全资子公司的情况下，母公司对子公司长期股权投资按权益法调整的投资收益与本期少数股东损益之和就是子公司本期净利润，同样假定子公司期初未分配利润为零，母公司本期对子公司长期股权投资按权益法调整的投资收益与本期少数股东损益之和，正好与子公司本期利润分配项目和期末未分配利润之和相抵消。

　　至于子公司个别所有者权益变动表中本年利润分配项目中的"未分配利润——期初"科目，作为子公司以前会计期间净利润的一部分，在全资子公司的情况下已全额包括在母公司以前会计期间按权益法调整的投资收益之中，从而包括在母公司按权益法调整的本期期初未分配利润之中，为此，也应将其予以抵消。从子公司个别所有者权益变动表来看，其期初未分配利润加上本期净利润就是其本期利润分配的来源，而本期利润分配和期末未分配利润则是利润分配的结果。母公司本期对子公司长期股权投资按权益法调整的投资收益和子公司期初未分配利润与子公司本年利润分配及期末未分配利润之和也正好相抵消。在子公司为非全资子公司的情况下，母公司本期对子公司长期股权投资按权益法调整的投资收益、本期少数股东损益和期初未分配利润与子公司本年利润分配项目也正好相抵消。

　　（1）对子公司拥有全部股权。在子公司为全资子公司的情况下，应将母公司对子公司按权益法调整后的投资收益和子公司期初未分配利润之和与子公司本年利润分配项目和期末未分配利润相抵消。应编制的抵消分录为：借记"投资收益"、"未分配利润——期初"科目，贷记"提取盈余公积"、"对所有者（或股东）的分配"和"未分配利润——期末"科目。

【例6-14】沿用例6-10的有关资料，假设2010年度B公司实现净利润600万元，提取盈余公积金100万元，分配现金股利300万元。在合并工作底稿中，编制的A公司投资收益与B公司利润分配项目的抵消分录如下：

⑦借：投资收益　　　　　　　　　　　　　　　　　　6 000 000

　　未分配利润——期初　　　　　　　　　　　　　　5 000 000

　　贷：提取盈余公积　　　　　　　　　　　　　　　　　1 000 000

　　　　对所有者（或股东）的分配　　　　　　　　　　　3 000 000

　　　　未分配利润——期末　　　　　　　　　　　　　　7 000 000

（2）对子公司拥有部分股权。在子公司为非全资子公司的情况下，应将母公司对子公司按权益法调整后的投资收益、少数股东损益和子公司期初未分配利润之和与子公司本年利润分配项目和期末未分配利润相抵消。应编制的抵消分录为：借记"投资收益"、"少数股东损益"、"未分配利润——期初"科目，贷记"提取盈余公积"、"对所有者（或股东）的分配"和"未分配利润——期末"科目。

【例6-15】沿用例6-11的有关资料，假设2010年度B公司实现净利润600万元，提取盈余公积金100万元，分配现金股利300万元。在合并工作底稿中，编制的A公司投资收益与B公司利润分配科目的抵消分录如下：

⑧借：投资收益　　　　　　　　　　　　　　　　　　4 800 000

　　未分配利润——期初　　　　　　　　　　　　　　10 000 000

　　少数股东损益　　　　　　　　　　　　　　　　　1 200 000

　　贷：提取盈余公积　　　　　　　　　　　　　　　　　1 000 000

　　　　对所有者（或股东）的分配　　　　　　　　　　　3 000 000

　　　　未分配利润——期末　　　　　　　　　　　　　　7 000 000

4. 根据合并工作底稿编制合并财务报表

1）对子公司拥有全部股权

【例6-16】根据例6-10、例6-12和例6-14的资料，编制A公司2010年12月31日的合并工作底稿，如表6-19所示。

表 6 – 19 合并工作底稿

2010 年 12 月 31 日 单位：元

项 目	A 公司	B 公司	合计金额	抵消分录 借方	抵消分录 贷方	合并金额
利润表项目						
营业收入	80 000 000	40 000 000	120 000 000			120 000 000
营业成本	50 000 000	25 000 000	75 000 000			75 000 000
营业税金及附加	1 000 000	1 000 000	2 000 000			2 000 000
销售费用	3 000 000	3 000 000	6 000 000			6 000 000
管理费用	5 000 000	3 000 000	8 000 000			8 000 000
财务费用	1 000 000	1 000 000	2 000 000			2 000 000
投资收益	3 000 000	0	3 000 000	②3 000 000 ⑦6 000 000	①6 000 000	0
营业利润	23 000 000	7 000 000	30 000 000	9 000 000	6 000 000	27 000 000
营业外收入	1 000 000	2 000 000	3 000 000			3 000 000
营业外支出	4 000 000	1 000 000	5 000 000			5 000 000
利润总额	20 000 000	8 000 000	28 000 000	9 000 000	6 000 000	25 000 000
所得税费用	5 000 000	2 000 000	7 000 000			7 000 000
净利润	15 000 000	6 000 000	21 000 000	9 000 000	6 000 000	18 000 000
未分配利润—年初	8 000 000	5 000 000	13 000 000	⑦5 000 000		8 000 000
提取盈余公积	3 000 000	1 000 000	4 000 000		⑦1 000 000	3 000 000
对所有者的分配	9 000 000	3 000 000	12 000 000		⑦3 000 000	9 000 000
未分配利润—年末	11 000 000	7 000 000	18 000 000	⑤7 000 000 21 000 000	⑦7 000 000 17 000 000	14 000 000
资产负债表项目						
货币资金	10 000 000	10 000 000	15 000 000			15 000 000
存货	28 000 000	15 000 000	43 000 000			43 000 000
长期股权投资	20 000 000	0	20 000 000	①6 000 000	②3 000 000 ⑤23 000 000	0
固定资产	72 000 000	32 000 000	104 000 000			104 000 000
资产合计	130 000 000	57 000 000	182 000 000	6 000 000	26 000 000	162 000 000
短期借款	20 000 000	19 000 000	39 000 000			39 000 000
应付账款	29 000 000	10 000 000	39 000 000			39 000 000
负债合计	49 000 000	29 000 000	78 000 000			78 000 000
股本	50 000 000	10 000 000	60 000 000	⑤10 000 000		50 000 000
资本公积	15 000 000	4 000 000	19 000 000	⑤4 000 000		15 000 000
盈余公积	5 000 000	2 000 000	7 000 000	⑤2 000 000		5 000 000
未分配利润	11 000 000	12 000 000	18 000 000	21 000 000	17 000 000	14 000 000
所有者权益合计	81 000 000	28 000 000	104 000 000	37 000 000	17 000 000	84 000 000
负债和所有者权益合计	130 000 000	57 000 000	182 000 000	37 000 000	17 000 000	162 000 000

注：表中①～⑦项数字与分录中①～⑦项相对应。

2）对子公司拥有部分股权

【例6-17】根据例6-11、例6-13和例6-16的资料，编制A公司2010年12月31日的合并工作底稿，如表6-20所示。

表6-20

合并工作底稿

2010年12月31日　　　　　　　　　　　　　　　　单位：元

项　目	A公司	B公司	合计金额	抵消分录		合并金额
				借方	贷方	
利润表项目						
营业收入	80 000 000	40 000 000	120 000 000			120 000 000
营业成本	50 000 000	25 000 000	75 000 000			75 000 000
营业税金及附加	1 000 000	1 000 000	2 000 000			2 000 000
销售费用	3 000 000	3 000 000	6 000 000			6 000 000
管理费用	5 000 000	3 000 000	8 000 000			8 000 000
财务费用	1 000 000	1 000 000	2 000 000			2 000 000
投资收益	2 400 000	0	2 400 000	④2 400 000 ⑧4 800 000	③4 800 000	0
营业利润	22 400 000	7 000 000	29 400 000	7 200 000	4 800 000	27 000 000
营业外收入	0	2 000 000	2 000 000			2 000 000
营业外支出	2 400 000	1 000 000	3 400 000			3 400 000
利润总额	20 000 000	8 000 000	28 000 000	7 200 000	4 800 000	25 600 000
所得税费用	5 000 000	2 000 000	7 000 000			7 000 000
净利润	15 000 000	6 000 000	21 000 000	7 200 000	4 800 000	18 600 000
少数股东损益				⑧1 200 000		1 200 000
归属于母公司所有者的净利润						17 400 000
未分配利润—年初	8 000 000	10 000 000	18 000 000	⑧10 000 000		8 000 000
提取盈余公积	3 000 000	1 000 000	4 000 000		⑧10 000 000	3 000 000
对所有者的分配	9 000 000	3 000 000	12 000 000		⑧3 000 000	9 000 000
未分配利润—年末	11 000 000	12 000 000	23 000 000	⑥12 000 000 30 400 000	⑧12 000 000 20 800 000	13 400 000
资产负债表项目						
货币资金	10 000 000	10 000 000	20 000 000			15 000 000
存货	28 000 000	15 000 000	43 000 000			43 000 000
长期股权投资	20 000 000	0	20 000 000	③4 800 000	④2 400 000 ⑥22 400 000	0

续 表

项 目	A公司	B公司	合计金额	抵消分录 借方	抵消分录 贷方	合并金额
固定资产	72 000 000	32 000 000	104 000 000			104 000 000
资产合计	130 000 000	57 000 000	187 000 000	4 800 000	24 800 000	167 000 000
短期借款	20 000 000	19 000 000	39 000 000			39 000 000
应付账款	29 000 000	10 000 000	39 000 000			39 000 000
负债合计	49 000 000	29 000 000	78 000 000			78 000 000
股本	50 000 000	10 000 000	60 000 000	⑥10 000 000		50 000 000
资本公积	15 000 000	4 000 000	19 000 000	⑥4 000 000		15 000 000
盈余公积	5 000 000	2 000 000	7 000 000	⑥2 000 000		5 000 000
未分配利润	11 000 000	12 000 000	23 000 000	30 400 000	20 800 000	13 400 000
少数股东权益					⑥5 600 000	5 600 000
所有者权益合计	81 000 000	28 000 000	109 000 000	46 400 000	26 400 000	89 000 000
负债和所有者权益合计	130 000 000	57 000 000	187 000 000	46 400 000	26 400 000	167 000 000

注：表中③~⑧项数字与分录中③~⑧项相对应。

二、同一控制下企业合并控制权取得日后连续合并财务报表的编制

在首期编制合并财务报表时，已经将企业集团内部由于股权投资产生的母公司长期股权投资与子公司所有者权益、母公司投资收益与子公司利润分配项目等进行了抵消。但是，这种抵消仅仅是在合并工作底稿中进行的，并没有相应记入企业集团母公司及各子公司的账簿之中。因而这些企业在以后年度仍然是以没有反映抵消情况的账簿记录为依据编制个别财务报表的，而合并财务报表还是要以这些个别财务报表为基础编制。所以，在第二期及以后各期连续编制合并财务报表时，就不仅要考虑本年度企业集团内部新发生的内部交易事项，还要考虑以前年度企业集团内部交易事项对个别财务报表所产生的影响。因此，连续各期编制合并财务报表，在编制抵消分录时需要处理两个主要问题：一个是对当期事项的抵消，另一个是对以前年度事项的抵消。连续编制合并财务报表需要抵消的项目与首期编制合并财务报表类似，下面重点介绍连续编制合并财务报表的抵消分录与首期编制合并财务报表的不同之处。

1. 母公司长期股权投资与子公司所有者权益的抵消

母公司对子公司的权益性资本投资，在母公司的资产负债表上表现为长期股权投资项目，在子公司的资产负债表上则表现为实收资本及其他所有者权益项目。在连续编制合并财务报表时，仍然需要以合并当年母公司及所属子公司的个别财务报表为基础，将母公司对子公司的权益性投资项目与子公司的所有者权益项目全额予以抵消。

2. 母公司对子公司长期股权投资的投资收益与子公司利润分配项目的抵消

在子公司为全资子公司的情况下，子公司的本期净利润就是母公司的投资收益，而母公司的投资收益已计入净利润之中。为了消除重复计入母公司净利润的子公司净利润，编制合并财务报表时，首先必须将母公司对子公司的投资收益予以抵消；其次，由于子公司上期净利润中未分配的部分，母公司已在上期计入了其长期股权投资和净利润，因此编制合并财务报表时还必须将子公司的期初未分配利润予以抵消。由于上述内容构成了子公司可供分配利润，即等于子公司提取盈余公积、分配给投资者利润等利润分配各项目的数额和期末未分配利润的数额，因此子公司的利润分配项目也必须予以抵消。按照这个原理，在连续各期编制合并财务报表时，仍然需要以合并当年母公司及所属子公司的个别财务报表为基础，将母公司投资收益、子公司期初未分配利润与子公司本期利润分配、期末未分配利润予以抵消。在子公司为非全资子公司的情况下，母公司本期对子公司长期股权投资按权益法调整的投资收益、本期少数股东损益和子公司期初未分配利润与子公司本年利润分配、期末未分配利润项目也正好相抵消。

【例 6 – 18】沿用例 6 – 10 的有关资料，假设 2011 年度 B 公司仍然实现净利润 600 万元，提取盈余公积金 100 万元，分配现金股利 300 万元。A 公司和 B 司 2011 年末的资产负债表及 2011 年度的利润表如表 6 – 21、表 6 – 22 所示。编制 A 公司 2011 年合并工作底稿如表 6 – 23 所示。

表 6 – 21 　　　　　　　　　　　　 资产负债表

2011 年 12 月 31 日 　　　　　　　　　　　　　　 单位：元

项　　目	A 公司	B 公司
货币资金	15 000 000	6 000 000
存货	25 000 000	15 000 000
长期股权投资	20 000 000	0
固定资产	75 000 000	35 000 000
资产合计	135 000 000	56 000 000
短期借款	20 000 000	19 000 000
应付账款	28 000 000	11 000 000
负债合计	48 000 000	30 000 000
股本	50 000 000	10 000 000
资本公积	15 000 000	4 000 000
盈余公积	8 000 000	3 000 000
未分配利润	14 000 000	9 000 000
所有者权益合计	87 000 000	26 000 000
负债和所有者权益合计	135 000 000	56 000 000

表 6 – 22 利润表

2011 年度　　　　　　　　　　　　　　　　　　　　　　　　　单位：元

项　目	A 公司	B 公司
一、营业收入	80 000 000	40 000 000
减：营业成本	50 000 000	25 000 000
营业税金及附加	1 000 000	1 000 000
销售费用	3 000 000	3 000 000
管理费用	5 000 000	3 000 000
财务费用	1 000 000	1 000 000
加：投资收益	3 000 000	0
二、营业利润	23 000 000	7 000 000
加：营业外收入	1 000 000	2 000 000
减：营业外支出	4 000 000	1 000 000
三、利润总额	20 000 000	8 000 000
减：所得税费用	5 000 000	2 000 000
四、净利润	15 000 000	6 000 000
加：期初未分配利润	11 000 000	7 000 000
减：提取盈余公积	3 000 000	1 000 000
对所有者的分配	9 000 000	3 000 000
期末未分配利润	14 000 000	9 000 000

（1）将长期股权投资调整为权益法反映。2010 年 B 公司实现的净利润为 600 万元，2011 年实现的净利润为 600 万元，两年共分配 600 万元利润，因此，按权益法核算的长期股权投资本年末余额应比投资时净增 600 万元，会计分录为

①借：长期股权投资　　　　　　　　　　　　　　　　　　　6 000 000

　　贷：投资收益　　　　　　　　　　　　　　　　　　　　　　　3 000 000

　　　　未分配利润——期初　　　　　　　　　　　　　　　　　　3 000 000

（2）抵消 A 公司长期股权投资与 B 公司所用者权益项目，会计分录为

②借：股本　　　　　　　　　　　　　　　　　　　　　　10 000 000

　　资本公积　　　　　　　　　　　　　　　　　　　　　4 000 000

　　盈余公积　　　　　　　　　　　　　　　　　　　　　3 000 000

　　未分配利润——期末　　　　　　　　　　　　　　　　9 000 000

　　贷：长期股权投资　　　　　　　　　　　　　　　　　　　　26 000 000

（3）抵消 A 公司投资收益与 B 公司利润分配项目，会计分录为

③借：投资收益　　　　　　　　　　　　　　　　　　　　6 000 000

　　未分配利润——期初　　　　　　　　　　　　　　　　7 000 000

　　贷：提取盈余公积　　　　　　　　　　　　　　　　　　　　1 000 000

　　　　对所有者（或股东）的分配　　　　　　　　　　　　　　3 000 000

　　　　未分配利润——期末　　　　　　　　　　　　　　　　　9 000 000

表 6 – 23　　　　　　　　　　　合并工作底稿

2011 年 12 月 31 日　　　　　　　　　　　　　　单位：元

项目	A 公司	B 公司	合计金额	抵消分录 借方	抵消分录 贷方	合并金额
利润表项目						
营业收入	80 000 000	40 000 000	120 000 000			120 000 000
营业成本	50 000 000	25 000 000	75 000 000			75 000 000
营业税金及附加	1 000 000	1 000 000	2 000 000			2 000 000
销售费用	3 000 000	3 000 000	6 000 000			6 000 000
管理费用	5 000 000	3 000 000	8 000 000			8 000 000
财务费用	1 000 000	1 000 000	2 000 000			2 000 000
投资收益	3 000 000	0	3 000 000	③6 000 000	①3 000 000	0
营业利润	23 000 000	7 000 000	30 000 000	6 000 000	3 000 000	27 000 000
营业外收入	1 000 000	2 000 000	3 000 000			3 000 000
营业外支出	4 000 000	1 000 000	5 000 000			5 000 000
利润总额	20 000 000	8 000 000	28 000 000	6 000 000	3 000 000	25 000 000
所得税费用	5 000 000	2 000 000	7 000 000			7 000 000
净利润	15 000 000	6 000 000	21 000 000	6 000 000	3 000 000	18 000 000
未分配利润——年初	11 000 000	7 000 000	18 000 000	③7 000 000	①3 000 000	14 000 000
提取盈余公积	3 000 000	1 000 000	4 000 000		③1 000 000	3 000 000
对所有者的分配	9 000 000	3 000 000	12 000 000		③3 000 000	9 000 000
未分配利润——年末	14 000 000	9 000 000	23 000 000	②9 000 000 22 000 000	③9 000 000 19 000 000	20 000 000
资产负债表项目						
货币资金	15 000 000	6 000 000	21 000 000			21 000 000
存货	25 000 000	15 000 000	40 000 000			40 000 000
长期股权投资	20 000 000	0	20 000 000	①6 000 000	②26 000 000	0
固定资产	75 000 000	35 000 000	110 000 000			110 000 000
资产合计	135 000 000	56 000 000	191 000 000	6 000 000	26 000 000	191 000 000
短期借款	20 000 000	19 000 000	39 000 000			39 000 000
应付账款	28 000 000	11 000 000	39 000 000			39 000 000
负债合计	48 000 000	30 000 000	78 000 000			78 000 000
股本	50 000 000	10 000 000	60 000 000	②10 000 000		50 000 000
资本公积	15 000 000	4 000 000	19 000 000	②4 000 000		15 000 000
盈余公积	8 000 000	3 000 000	11 000 000	③3 000 000		8 000 000
未分配利润	14 000 000	9 000 000	23 000 000	22 000 000	19 000 000	20 000 000
所有者权益合计	87 000 000	26 000 000	113 000 000	39 000 000	19 000 000	93 000 000
负债和所有者权益合计	135 000 000	56 000 000	191 000 000	39 000 000	19 000 000	17 100 000

注：表中①~③项数字与分录中①~③项相对应

三、非同一控制下企业合并控制权取得日后首期合并财务报表编制

1. 对子公司的个别财务报表进行调整

对于属于非同一控制下企业合并中取得的子公司，除了存在与母公司会计政策和会计期间不一致的情况，需要对该子公司的个别财务报表进行调整外，还应当根据母公司为该子公司设置的备查簿的记录，以记录的该子公司的各项可辨认资产、负债及或有负债等在购买日的公允价值为基础，通过编制调整分录，对该子公司的个别财务报表进行调整，以使子公司的个别财务报表反映为在购买日公允价值基础上确定的可辨认资产、负债及或有负债在本期资产负债表日的金额。

2. 按权益法调整对子公司的长期股权投资

在合并工作底稿中，应按权益法调整对子公司的长期股权投资，在确认应享有子公司净损益的份额时，对于属于非同一控制下企业合并形成的长期股权投资，应当以在备查簿中记录的子公司各项可辨认资产、负债及或有负债等在购买日的公允价值为基础，对该子公司的净利润进行调整后确认。如果存在未实现内部交易损益，在采用权益法进行调整时还应对该未实现内部交易损益进行调整。

1）对子公司拥有全部股权

【例 6 – 19】假设 A、B 公司是非同一控制下的企业，2010 年 1 月 1 日 A 公司以现金 2 500 万元购买了 B 公司 100% 的股权。A 公司备查簿中记录的 B 公司 2010 年 1 月 1 日固定资产的账面价值 3 000 万元，公允价值为 3 600 万元；存货的账面价值 1 000 万元，公允价值为 800 万元。除表 6 – 26 中所列项目外，B 公司其他资产和负债的公允价值与账面价值相同。2010 年 1 月 1 日，B 公司股东权益总额为 2 000 万元，其中股本为 1 000 万元，资本公积为 400 万元，盈余公积为 100 万元，未分配利润为 500 万元。2010 年 B 公司实现净利润 600 万元（未按公允价值调整前的净利润），提取盈余公积金 100 万元，分配现金股利 300 万元。A、B 公司 2010 年末资产负债表和 2010 年度利润表如表 6 – 24、表 6 – 25 所示；A 公司备查簿如表 6 – 26 所示。假定 B 公司的会计政策和会计期间与 A 公司一致，不考虑 A 公司和 B 公司合并资产、负债的所得税影响。

表 6 – 24   资产负债表

2010 年 12 月 31 日   单位：元

项目	A 公司	B 公司
货币资金	10 000 000	5 000 000
存货	28 000 000	15 000 000
长期股权投资	25 000 000	0
固定资产	72 000 000	32 000 000
资产合计	135 000 000	52 000 000
短期借款	20 000 000	19 000 000
应付账款	29 000 000	10 000 000
负债合计	49 000 000	29 000 000
股本	50 000 000	10 000 000
资本公积	20 000 000	4 000 000
盈余公积	5 000 000	2 000 000
未分配利润	11 000 000	7 000 000
所有者权益合计	86 000 000	23 000 000
负债和所有者权益	135 000 000	52 000 000

表 6 – 25   利润表

2010 年度   单位：元

项 目	A 公司	B 公司
一、营业收入	80 000 000	40 000 000
减：营业成本	50 000 000	25 000 000
营业税金及附加	1 000 000	1 000 000
销售费用	3 000 000	3 000 000
管理费用	5 000 000	3 000 000
财务费用	1 000 000	1 000 000
加：投资收益	3 000 000	0
二、营业利润	23 000 000	7 000 000
加：营业外收入	1 000 000	2 000 000
减：营业外支出	4 000 000	1 000 000
三、利润总额	20 000 000	8 000 000
减：所得税费用	5 000 000	2 000 000
四、净利润	15 000 000	6 000 000
加：期初未分配利润	8 000 000	5 000 000
减：提取盈余公积	3 000 000	1 000 000
对所有者的分配	9 000 000	3 000 000
期末未分配利润	11 000 000	7 000 000

表 6－26　　　　　　　　　　**A 公司备查簿**　　　　　　　单位：万元

项　目	账面价值	公允价值	差额	每年调整额	调整后余额	备　注
B 公司						
存货	1 000	800	－200	－200	0	存货已于本年售出
固定资产	3 000	3 600	600	120	480	该固定资产为管理用固定资产，剩余摊销年限 5 年，采用平均年限法计提折旧
资本公积	400	800	400			

《企业会计准则第 2 号——长期股权投资》规定，投资企业在确认应享有被投资单位净损益的份额时，应当以取得投资时被投资单位各项可辨认净资产等的公允价值为基础，对被投资单位的净利润进行调整后确认。在本例中，A 公司在编制合并财务报表时，应当首先根据 A 公司备查簿中记录的 B 公司可辨认净资产、负债在购买日（2010 年 1 月 1 日）的公允价值的资料，调整 B 公司的净利润。按照 A 公司备查簿中的记录，在购买日，B 公司可辨认净资产、负债及或有负债的公允价值与账面价值存在差异的仅有两项，固定资产公允价值高于账面价值的差额为 600 万元，按年限平均法每年应补提的折旧额为 120（600/5）万元。存货公允价值低于账面价值的差额为 200 万元，存货在 2010 年已售出，应冲减销货成本 200 万元。在合并工作底稿中应做的调整分录如下：

①借：固定资产　　　　　　　　　　　　　　　　　6 000 000
　　贷：存货　　　　　　　　　　　　　　　　　　　　2 000 000
　　　　资本公积　　　　　　　　　　　　　　　　　　4 000 000
补提固定资产折旧：
②借：管理费用　　　　　　　　　　　　　　　　　1 200 000
　　贷：固定资产——累计折旧　　　　　　　　　　　　1 200 000
调整销售存货成本：
③借：存货　　　　　　　　　　　　　　　　　　　2 000 000
　　贷：营业成本　　　　　　　　　　　　　　　　　　2 000 000

据此，以 B 公司 2010 年 1 月 1 日各项可辨认资产等的公允价值为基础，重新确定的 B 公司 2010 年的净利润为 680（600－120＋200）万元。

在本例中，2010 年 12 月 31 日，A 公司对 B 公司长期股权投资的账面余额为 2 500 万元（假定未发生减值）。根据合并财务报表准则的规定，在合并工作底稿中将对 B 公司的长期股权投资由成本法调整为权益法。

确认 A 公司享有 2010 年 B 公司实现净利润 680 万元的全部份额：

④借：长期股权投资　　　　　　　　　　　　　　　6 800 000
　　贷：投资收益　　　　　　　　　　　　　　　　　　6 800 000

当年 B 公司分配利润 300 万元，抵消原按成本法确认的投资收益 300 万元：

⑤借：投资收益   3 000 000

    贷：长期股权投资   3 000 000

因此，按权益法核算的长期股权投资余额净增加 380 万元。

2）对子公司拥有部分股权

【例 6-20】假设 A、B 公司是非同一控制下的企业，2010 年 1 月 1 日 A 公司以现金 2 500 万元购买了 B 公司 80% 的股权，A 公司备查簿中记录的 B 公司 2010 年 1 月 1 日固定资产的账面价值为 3 000 万元，公允价值为 3 500 万元，除表 6-29 中所列项目外，B 公司其他资产和负债的公允价值与账面价值相同。2010 年 1 月 1 日，B 公司股东权益总额为 2 500 万元，其中股本为 1 000 万元，资本公积为 400 万元，盈余公积为 100 万元，未分配利润为 1 000 万元。2010 年 B 公司实现净利润 600 万元（未按公允价值调整前的净利润），提取盈余公积金 100 万元，分配现金股利 300 万元。A 公司和 B 公司 2010 年未资产负债表和 2010 年度利润表如表 6-27、表 6-28 所示；A 公司备查簿如表 6-29 所示。假定 B 公司的会计政策和会计期间与 A 公司一致，不考虑 A 公司和 B 公司及合并资产、负债的所得税影响。

表 6-27   资产负债表

2010 年 12 月 31 日   单位：元

项目	A 公司	B 公司
货币资金	10 000 000	10 000 000
存货	28 000 000	15 000 000
长期股权投资	25 000 000	0
固定资产	72 000 000	32 000 000
资产合计	135 000 000	57 000 000
短期借款	20 000 000	19 000 000
应付账款	29 000 000	10 000 000
负债合计	49 000 000	29 000 000
股本	50 000 000	10 000 000
资本公积	20 000 000	4 000 000
盈余公积	5 000 000	2 000 000
未分配利润	11 000 000	12 000 000
所有者权益合计	86 000 000	28 000 000
负债和所有者权益合计	135 000 000	57 000 000

表 6 – 28   利润表

2010 年   单位：元

项　目	A 公司	B 公司
一、营业收入	80 000 000	40 000 000
减：营业成本	50 000 000	25 000 000
营业税金及附加	1 000 000	1 000 000
销售费用	3 000 000	3 000 000
管理费用	5 000 000	3 000 000
财务费用	1 000 000	1 000 000
加：投资收益	2 400 000	0
二、营业利润	22 400 000	7 000 000
加：营业外收入	0	2 000 000
减：营业外支出	2 400 000	1 000 000
三、利润总额	20 000 000	8 000 000
减：所得税费用	5 000 000	2 000 000
四、净利润	15 000 000	6 000 000
加：期末未分配利润	8 000 000	10 000 000
减：提取盈余公积	3 000 000	1 000 000
对所有者的分配	9 000 000	3 000 000
期末未分配利润	11 000 000	12 000 000

表 6 – 29   A 公司备查簿

单位：万元

项　目	账面价值	公允价值	差额	每年调整额	调整后余额	备注
B 公司：						
固定资产	3 000	3 500	500	100	400	该固定资产为管理用固定资产，剩余摊销年限 5 年，采用平均年限法计提折旧
资本公积	400	900	500			

将子公司报表调整为公允价值反映，在合并工作底稿中应编制的调整分录如下：

①借：固定资产   5 000 000

　　贷：资产折旧   5 000 000

补提固定资产折旧：

②借：管理费用　　　　　　　　　　　　　　　　　　　1 000 000

　　贷：固定资产——累计折旧　　　　　　　　　　　　　　　　1 000 000

将长期股权投资调整为权益法反映。按公允价值调整后的 B 公司 2010 年的净利润为 500（600 - 100）万元，确认 A 公司在 2010 年 B 公司实现净利润 500 万元中所享有的份额 400（500 × 80%）万元，会计分录如下：

③借：长期股权投资　　　　　　　　　　　　　　　　　4 000 000

　　贷：投资收益　　　　　　　　　　　　　　　　　　　　　4 000 000

当年 B 公司分配利润 300 万元，A 公司收到 B 公司 2010 年分派的现金股利 240（300 × 80%）万元，抵消按成本法确认的投资收益 240 万元，会计分录如下：

④借：投资收益　　　　　　　　　　　　　　　　　　　2 400 000

　　贷：长期股权投资　　　　　　　　　　　　　　　　　　　2 400 000

因此，按权益法核算的长期股权投资余额净增加 160 万元。

3. 权益性投资的抵消处理

1）母公司长期股权投资与子公司所有者权益的抵消

非同一控制下企业合并形成的长期股权投资，其入账价值是按合并日合并方确定的合并成本计量的，所以，编制合并财务报表时的抵消分录比较复杂。按合并成本计量的长期股权投资价值，在与母公司享有的子公司股东权益份额账面价值相抵消之后的差额，可以分解为两个部分：一部分是子公司可辨认净资产的公允价值与账面价值之差，另一部分是母公司合并成本与子公司可辨认净资产公允价值之差。前者在对于公司个别报表调整时已做处理、已调整至资本公积项目，在此直接抵消资本公积即可；后者则应在抵消分录中确认为商誉，以便在合并资产负债表中反映合并商誉。

商誉在确认以后，持有期间内不要求摊销，应按照《企业会计准则第 8 号——资产减值》的规定对其价值进行测试，按照账面价值与可收回金额孰低的原则计量，对于可收回金额低于账面价值的部分计提减值准备，其会计处理为，借记"资产减值损失"科目，贷记"商誉减值准备"科目，有关减值准备在提取以后，不能够转回。

（1）对子公司拥有全部股权。如果母公司对子公司拥有全部股权，则子公司的净利润在权益法下已同时全部记录在母公司的"长期股权投资"和"投资收益"项目中，子公司的"所有者权益"项目全额对应于母公司的"长期股权投资"项目。在合并工作底稿中编制的抵消分录为，借记"股本"、"资本公积"、"盈余公积"和"未分配利润"科目，贷记"长期股权投资"科目。如果母公司对子公司长期股权投资数额大于子公司所有者权益数额，其差额作为商誉处理。

【例 6 - 21】沿用例 6 - 19 的有关资料，2010 年 12 月 31 日，抵消 A 公司长期股权投与 B 公司所有者权者项目，并确认商誉 100（2 500 - 2 000 - 600 + 200）万元。其中，调整后的资本公积为 800（400 + 400）万元，调整后的未分配利润为 780（700 + 80）万元。A 公司在合并工作底稿中编制的抵消分录为：

⑥借：股本　　　　　　　　　　　　　　　　　　　　10 000 000

　　资本公积　　　　　　　　　　　　　　　　　　　8 000 000

盈余公积	2 000 000
未分配利润——期末	7 800 000
商誉	1 000 000
贷：长期股权投资	28 800 000

（2）对子公司拥有部分股权。如果母公司对子公司只拥有部分股权，则子公司所有者权益中不属于母公司的份额，应当作为"少数股东权益"项目处理。在合并工作底稿中编制的抵消分录为，借记"股本"、"资本公积"、"盈余公积"和"未分配利润"科目，贷记"长期股权投资"和"少数股东权益"科目。如果母公司对子公司长期股权投资数额大于其应享有的子公司所有者权益数额，其差额作为商誉处理。

【例6-22】沿用例6-20的有关资料，2010年12月31日，抵消母公司的长期股权投资与子公司所有者权益中母公司的部分，并确认商誉100［2 500－（2 500＋500）×80%］万元，同时按公允价值调整的所有者权益结转少数股东权益。其中，调整后的资本公积为900（400＋500）万元，调整后的未分配利润为1 100（1 200－100）万元。A公司在合并工作底稿中编制的抵消分录为：

⑤借：股本	10 000 000
资本公积	9 000 000
盈余公积	2 000 000
未分配利润——期末	11 000 000
商誉	1 000 000
贷：长期股权投资	26 600 000
少数股东权益	6 400 000

2）母公司对子公司长期股权投资的投资收益与子公司利润分配项目的抵消处理

非同一控制下母公司长期股权投资的投资收益与子公司利润分配项目的抵消与同一控制下的抵消基本相同。如果子公司为全资子公司，母公司对子公司的长期股权投资按权益法调整的投资收益正好与子公司的本年利润分配项目相抵消。如果子公司为非全资子公司，则母公司本期对子公司长期股权投资按权益法调整的投资收益与本期少数股东损益之和就是子公司本年净利润，也就是子公司本期利润分配的来源，因此应与子公司本年利润分配项目相抵消。

（1）对子公司拥有全部股权。在子公司为全资子公司的情况下，应将母公司对子公司按权益法调整后的投资收益和子公司期初未分配利润之和与子公司本年利润分配项目和期末未分配利润相抵消。

【例6-23】沿用例6-19的有关资料，2010年12月31日，抵消A公司投资收益与B公司利润分配项目，在合并工作底稿中编制如下抵消分录：

⑦借：投资收益	6 800 000
未分配利润——期初	5 000 000
贷：提取盈余公积	1 000 000
对所有者（或股东）的分配	3 000 000
未分配利润——期末	7 800 000

（2）对子公司拥有部分股权。在子公司为非全资子公司的情况下，应将母公司对子公司按权益法调整后的投资收益、少数股东损益和子公司期初未分配利润之和与子公司本年利润分配项目和期末未分配利润相抵消。

【例6-24】沿用例6-20的有关资料，2010年12月31日，抵消母公司投资收益与子公司利润分配对应母公司的部分，同时按公允价值调整净利润结转少数股东损益，在合并工作底稿中编制如下抵消分录：

⑥借：投资收益 4 000 000
  未分配利润——期初 10 000 000
  少数股东损益 1 000 000
  贷：提取盈余公积 1 000 000
    对所有者（或股东）的分配 3 000 000
    未分配利润——期末 11 000 000

4. 根据合并工作底稿编制合并财务报表

1）对子公司拥有全部股权

【例6-25】根据例6-19、例6-21和例6-23编制A公司2010年12月31日合并工作底稿，如表6-30所示。

表6-30   合并工作底稿

2010年12月31日   单位：元

项　目	A公司	B公司	合计金额	抵消分录 借方	抵消分录 贷方	合并金额
利润表项目						
营业收入	80 000 000	40 000 000	120 000 000			120 000 000
营业成本	50 000 000	25 000 000	75 000 000		③2 000 000	73 000 000
营业税金及附加	1 000 000	1 000 000	2 000 000			2 000 000
销售费用	3 000 000	3 000 000	6 000 000			6 000 000
管理费用	5 000 000	3 000 000	8 000 000	②1 200 000		9 200 000
财务费用	1 000 000	1 000 000	2 000 000			2 000 000
投资收益	3 000 000		3 000 000	⑤3 000 000 ⑦6 800 000	④6 800 000	0
营业利润	23 000 000	7 000 000	30 000 000	11 000 000	8 800 000	27 800 000
营业外收入	1 000 000	2 000 000	3 000 000			3 000 000
营业外支出	4 000 000	1 000 000	5 000 000			5 000 000
利润总额	20 000 000	8 000 000	28 000 000	11 000 000	8 800 000	25 800 000
所得税费用	5 000 000	2 000 000	7 000 000			7 000 000

续 表

项　目	A 公司	B 公司	合计金额	抵消分录 借方	抵消分录 贷方	合并金额
净利润	15 000 000	6 000 000	21 000 000	11 000 000	8 800 000	18 800 000
未分配利润——年初	8 000 000	5 000 000	13 000 000	⑦5 000 000		8 000 000
提取盈余公积	3 000 000	1 000 000	4 000 000		⑦1 000 000	3 000 000
对所有者的分配	9 000 000	3 000 000	12 000 000		⑦3 000 000	9 000 000
未分配利润——年末	11 000 000	7 000 000	18 000 000	⑥7 800 000 23 800 000	⑦7 800 000 20 600 000	14 800 000
资产负债表项目						
货币资金	10 000 000	5 000 000	15 000 000			15 000 000
存货	28 000 000	15 000 000	43 000 000	③2 000 000	①2 000 000	43 000 000
长期股权投资	25 000 000	0	25 000 000	④6 800 000	⑤3 000 000 ⑥28 800 000	0
固定资产	72 000 000	32 000 000	104 000 000	①6 000 000	②1 200 000	108 800 000
商誉				⑥1 000 000		1 000 000
资产合计	135 000 000	52 000 000	187 000 000	15 800 000	35 000 000	167 800 000
短期借款	20 000 000	19 000 000	39 000 000			39 000 000
应付账款	29 000 000	10 000 000	39 000 000			39 000 000
负债合计	49 000 000	29 000 000	78 000 000			78 000 000
股本	50 000 000	10 000 000	60 000 000	⑥10 000 000		50 000 000
资本公积	20 000 000	4 000 000	24 000 000	⑥8 000 000	①4 000 000	20 000 000
盈余公积	5 000 000	2 000 000	7 000 000	⑥2 000 000		5 000 000
未分配利润	11 000 000	7 000 000	18 000 000	23 800 000	20 600 000	14 800 000
所有者权益合计	86 000 000	23 000 000	109 000 000	43 800 000	24 600 000	89 800 000
负债和所有者权益合计	135 000 000	52 000 000	187 000 000	43 800 000	24 600 000	167 800 000

注：表中①～⑦项数字与例 6 – 19、例 6 – 21 和例 6 – 23 中分录编号相对应。

2）对子公司拥有部分股权

【例 6 – 26】根据例 6 – 20、例 6 – 22 和例 6 – 24 编制 A 公司 2010 年 12 月 31 日合

并工作底稿，如表 6 – 31 所示。

表 6 – 31　　　　　　　　　　合并工作底稿

2010 年 12 月 31 日　　　　　　　　单位：元

项　目	A公司	B公司	合计金额	抵消分录 借方	抵消分录 贷	合并金额
利润表项目						
营业收入	80 000 000	40 000 000	120 000 000			120 000 000
营业成本	50 000 000	25 000 000	75 000 000			75 000 000
营业税金及附加	1 000 000	1 000 000	2 000 000			2 000 000
销售费用	3 000 000	3 000 000	6 000 000			6 000 000
管理费用	5 000 000	3 000 000	8 000 000	②1 000 000		9 000 000
财务费用	1 000 000	1 000 000	2 000 000			2 000 000
投资收益	2 400 000	0	2 400 000	④2 400 000 ⑥4 000 000	③4 000 000	0
营业利润	22 400 000	7 000 000	29 400 000	7 400 000	4 000 000	26 000 000
营业外收入	0	2 000 000	2 000 000			2 000 000
营业外支出	2 400 000	1 000 000	3 400 000			3 400 000
利润总额	20 000 000	8 000 000	2 800 000	7 400 000	4 000 000	24 600 000
所得税费用	5 000 000	2 000 000	7 000 000			7 000 000
净利润	15 000 000	6 000 000	21 000 000	7 400 000	4 000 000	17 600 000
少数股东损益				⑥1 000 000		1 000 000
归属于母公司所有者的净利润						16 600 000
未分配利润——年初	8 000 000	7 000 000	18 000 000	⑥10 000 000		8 000 000
提取盈余公积	3 000 000	1 000 000	4 000 000		⑥1 000 000	3 000 000
对所有者的分配	9 000 000	3 000 000	12 000 000		⑥3 000 000	9 000 000
未分配利润——年末	11 000 000	9 000 000	23 000 000	⑤11 000 000 29 400 000	⑥11 000 000 19 000 000	12 600 000
资产负债表项目						
货币资金	10 000 000	10 000 000	20 000 000			20 000 000
存货	28 000 000	15 000 000	43 000 000			43 000 000

续 表

| 项 目 | A 公司 | B 公司 | 合计金额 | 抵消分录 | | 合并金额 |
				借方	贷	
长期股权投资	25 000 000	0	25 000 000	③4 000 000	④2 400 000 ⑤26 600 000	0
固定资产	72 000 000	32 000 000	104 000 000	①5 000 000	②1 000 000	108 000 000
商誉				⑤1 000 000		1 000 000
资产合计	135 000 000	57 000 000	192 000 000	10 000 000	3 000 000	172 000 000
短期借款	20 000 000	19 000 000	39 000 000			39 000 000
应付账款	29 000 000	10 000 000	39 000 000			39 000 000
负债合计	49 000 000	29 000 000	78 000 000			78 000 000
股本	50 000 000	10 000 000	60 000 000	⑤10 000 000		50 000 000
资本公积	20 000 000	4 000 000	24 000 000	⑤9 000 000	①5 000 000	20 000 000
盈余公积	5 000 000	2 000 000	7 000 000	⑤2 000 000		5 000 000
未分配利润	11 000 000	12 000 000	23 000 000	29 400 000	19 000 000	12 600 000
少数股东权益					⑤6 400 000	6 400 000
所有者权益合计	86 000 000	28 000 000	114 000 000	50 400 000	30 400 000	94 000 000
负债和所有者权益合计	135 000 000	57 000 000	192 000 000	50 400 000	30 400 000	172 000 000

注：表中①～⑥项数字与例6－20、例6－22和例6－24中分录编号相对应。

四、非同一控制下企业合并控制权取得日后连续合并财务报表编制

控制权取得日后连续各期合并财务报表的编制与首期合并财务报表的编制类似。由于合并财务报表是以个别财务报表为基础编制的，因此，连续各期编制财务报表，在编制抵消分录时需要处理两个主要问题：一个是对当期事项的抵消，另一个是对以前事项的抵消。

【例6－27】沿用例6－19的有关资料，假设2011年度B公司仍然实现净利润600万元（未按公允价值调整前的净利润），提取盈余公积金100万元，分配现金股利300万元。A公司和B公司2011年末的资产负债表及2011年度的利润表如表6－32、表6－33所示。编制A公司2011年合并工作底稿，如表6－34所示。

表 6 - 32

资产负债表

2011 年 12 月 31 日

单位：元

项　　目	A 公司	B 公司
货币资金	18 000 000	10 000 000
存货	28 000 000	15 000 000
长期股权投资	25 000 000	0
固定资产	70 000 000	30 000 000
资产合计	141 000 000	55 000 000
短期借款	20 000 000	19 000 000
应付账款	29 000 000	10 000 000
负债合计	49 000 000	29 000 000
股本	50 000 000	10 000 000
资本公积	20 000 000	4 000 000
盈余公积	8 000 000	3 000 000
未分配利润	14 000 000	9 000 000
所有者权益合计	92 000 000	26 000 000
负债和所有者权益合计	141 000 000	55 000 000

表 6 - 33

利润表

2011 年度

单位：元

项　　目	A 公司	B 公司
一、营业收入	80 000 000	40 000 000
减：营业成本	50 000 000	25 000 000
营业税金及附加	1 000 000	1 000 000
销售费用	3 000 000	3 000 000
管理费用	5 000 000	3 000 000
财务费用	1 000 000	1 000 000
加：投资收益	3 000 000	0
二、营业利润	23 000 000	7 000 000
加：营业外收入	1 000 000	2 000 000
减：营业外支出	4 000 000	1 000 000
三、利润总额	20 000 000	8 000 000
减：所得税费用	5 000 000	2 000 000
四、净利润	15 000 000	6 000 000
加：期末未分配利润	11 000 000	7 000 000
减：提取盈余公积	3 000 000	1 000 000
对所有者的分配	9 000 000	3 000 000
期末未分配的利润	14 000 000	9 000 000

2011 年 12 月 31 日编制合并财务报表工作底稿时的处理：

（1）将子公司报表调整为以公允价值反映。

①借：固定资产   6 000 000

    贷：存货   2 000 000

        资本公积   4 000 000

补提固定资产折旧；

②借：管理费用   1 200 000

    未分配利润——期初   1 200 000

    贷：固定资产——累计折旧   2 400 000

调整销售存货成本：

③借：存货   2 000 000

    贷：未分配利润——期初   2 000 000

（2）将长期股权投资调整为按权益法核算。2010 年按公允价值计算的净利润为 680 万元，2011 年按公允价值计算的净利润为 480（600 − 120）万元，两年共分配 600 万元利润，因此，按权益法核算的长期股权投资本年末余额应比投资时净增 560（680 + 480 − 600）万元。

④借：长期股权投资   5 600 000

    贷：投资收益   1 800 000

        未分配利润——期初   3 800 000

（3）抵消 A 公司长期股权投资与 B 公司所有者权益项目，并确认商誉。

⑤借：股本   10 000 000

    资本公积   8 000 000

    盈余公积   3 000 000

    未分配利润——期末（900 万 − 240 万 + 200 万）   8 600 000

    商誉   1 000 000

    贷：长期股权投资   30 600 000

（4）抵消 A 公司投资收益与 B 公司利润分配项目。

⑥借：投资收益   4 800 000

    未分配利润——期初   7 800 000

    贷：提取盈余公积   1 000 000

        对所有者（或股东）的分配   3 000 000

        未分配利润——期末   8 600 000

根据以上分录，编制合并工作底稿，如表 6 − 34 所示。

表 6-34   合并工作底稿

2011 年 12 月 31 日   单位：元

| 项目 | A公司 | B公司 | 合计金额 | 抵消分录 | | 合并金额 |
				借方	贷方	
利润表项目						
营业收入	80 000 000	40 000 000	120 000 000			120 000 000
营业成本	50 000 000	25 000 000	75 000 000			75 000 000
营业税金及附加	1 000 000	1 000 000	2 000 000			2 000 000
销售费用	3 000 000	3 000 000	6 000 000			6 000 000
管理费用	5 000 000	3 000 000	8 000 000	②1 200 000		9 200 000
财务费用	1 000 000	1 000 000	2 000 000			2 000 000
投资收益	3 000 000	0	3 000 000	⑥4 800 000	④1 800 000	0
营业利润	23 000 000	7 000 000	30 000 000	6 000 000	1 800 000	25 800 000
营业外收入	1 000 000	2 000 000	3 000 000			3 000 000
营业外支出	4 000 000	1 000 000	5 000 000			5 000 000
利润总额	20 000 000	8 000 000	28 000 000	6 000 000	1 800 000	23 800 000
所得税费用	5 000 000	2 000 000	7 000 000			7 000 000
净利润	15 000 000	6 000 000	21 000 000	6 000 000	1 800 000	16 800 000
未分配利润——年初	11 000 000	7 000 000	18 000 000	②1 200 000 ⑥7 800 000	③2 000 000 ④3 800 000	14 800 000
提取盈余公积	3 000 000	1 000 000	4 000 000		⑥1 000 000	3 000 000
对所有者的分配	9 000 000	3 000 000	12 000 000		⑥1 000 000	9 000 000
未分配利润——年末	14 000 000	9 000 000	23 000 000	⑤8 600 000 23 600 000	⑥8 600 000 20 200 000	19 600 000
资产负债表项目						
货币资金	18 000 000	10 000 000	28 000 000			28 000 000
存货	28 000 000	15 000 000	43 000 000	③2 000 000	①2 000 000	43 000 000
长期股权投资	25 000 000	0	25 000 000	④5 600 000	⑤30 600 000	0
固定资产	70 000 000	30 000 000	100 000 000	①6 000 000	②2 400 000	100 000 000
商誉				⑤1 000 000		
资产合计	141 000 000	55 000 000	196 000 000	14 600 000	35 000 000	175 600 000
短期借款	20 000 000	19 000 000	39 000 000			39 000 000
应付账款	29 000 000	10 000 000	39 000 000			39 000 000
负债合计	49 000 000	29 000 000	78 000 000			78 000 000
股本	50 000 000	10 000 000	60 000 000	⑤10 000 000		50 000 000
资本公积	20 000 000	4 000 000	24 000 000	⑤8 000 000	①4 000 000	20 000 000
盈余公积	8 000 000	3 000 000	11 000 000	⑤3 000 000		8 000 000
未分配利润	14 000 000	9 000 000	23 000 000	23 600 000	20 200 000	19 600 000
所有者权益合计	92 000 000	26 000 000	118 000 000	44 600 000	24 200 000	175 600 000
负债和所有者权益合计	141 000 000	55 000 000	196 000 000	44 600 000	24 200 000	196 000 000

五、合并财务报表的格式

按照合并财务报表的编制程序，根据合并工作底稿计算得出的各项目的合并数填列合并财务报表。

1. 合并资产负债表的格式

合并资产负债表格式综合考虑了企业集团中一般工商企业和金融企业（包括商业银行、保险公司和证券公司等）的财务状况列报的要求，与个别资产负债表的格式基本相同，主要增加了四个项目：

（1）在"无形资产"项目之下增加了"商誉"项目，用于反映非同一控制下企业合并中取得的商誉，即在控股合并下母公司对子公司的长期股权投资（合并成本）大于其在购买日子公司可辨认净资产公允价值份额的差额；

（2）在所有者权益项目下增加了"归属于母公司所有者权益合计"项目，用于反映企业集团的所有者权益中归属于母公司所有者权益的部分，包括实收资本（或股本）、资本公积、库存股、盈余公积、未分配利润和外币报表折算差额等项目的金额；

（3）在所有者权益项目下，增加了"少数股东权益"项目，用于反映非全资子公司的所有者权益中不属于母公司的份额；

（4）在"未分配利润"项目之后，"归属于母公司所有者权益合计"项目之前，增加了"外币报表折算差额"项目，用于反映境外经营的资产负债表折算为人民币表示的资产负债表时所发生的折算差额中归属于母公司所有者权益的部分。

【例6-28】根据例6-26工作底稿中的数据资料，编制合并资产负债表，合并资产负债表具体格式如表6-35所示。

表6-35   **合并资产负债表**

编制单位：A公司   2010年12月31日   单位：千元

资产	期末余额	年初余额	负债和所有者权益（或股东权益）	期末余额	年初余额
流动资产：			流动负债：		
货币资金	21 000		短期借款	39 000	
结算备付金			向中央银行借款		
拆出资金			吸收存款及同业存放		
交易性金融资产			拆入资金		
应收票据			交易性金融负债		
应收账款			应付票据		
预付款项			应付账款	39 000	
应收保费			预收款项		
应收分保账款			卖出回购金融资产款		
应收分保合同准备金			应付手续费及佣金		

资产	期末余额	年初余额	负债和所有者权益（或股东权益）	期末余额	年初余额
应收利息			应付职工薪酬		
其他应收款			应缴税费		
买入返售金融资产			应付利息		
存货	43 000		其他应付款		
一年内到期非流动资产			应付分保账款		
其他流动资产			保险合同准备金		
流动资产合计			代理买卖证券款		
非流动资产：			代理承销证券款		
发放贷款及垫款			一年内到期的非流动负债		
可供出售金融资产			其他流动负债		
持有者到期投资			流动负债合计	78 000	
长期应收款			非流动负债：		
长期股权投资			长期借款		
投资性房地产			应付债券		
固定资产	108 000		长期应付款		
在建工程			专项应付款		
工程物资			预计负债		
固定资产清理			递延所得税负债		
生产性生物资产			其他非流动负债		
油气资产			非流动负债合计		
无形资产			负债合计		
开发支出			所有者权益（或股东权益）		
商誉	1 000		实收资本（或股本）	50 000	
长期待摊费用			资本公积	20 000	
递延所得税资产			减：库存股	5 000	
其他非流动资产			盈余公积		
非流动资产合计			一般风险准备		
			未分配利润	126 000	
			外币报表折算差额	87 600	
			归属于母公司所有者权益合计	6 400	
			少数股东权益		
			所有者权益合计	94 000	
资产总计	172 000		负债和所有者权益合计	172 000	

2. 合并利润表的格式

合并利润表的格式综合考虑了企业集团中工商企业和融资企业（包括商业银行、保险工商和证券公司）的经营成果列报的要求。

与个别利润表的格式基本相同，主要增加了五个项目，即在"净利润"项目下增加"归属于母公司所有者权益的净利润"和"少数股东损益"两个项目，分别反映净利润中由母公司所有者所享有的份额和全资子公司当期所实现的净利润中属于少数股东权益的份额，即在不属于母公司享有的份额。归属于母公司所有者的净利润与少数股东损益之和等于合并净利润。在属于同一控制下企业合并增加的子公司当期的合并利润表中还应在"净利润"项目之下增加"其中：被合并方在合并前实现的净利润"项目，用于反映同一控制下企业合并中取得的被合并方在合并日以前实现的净利润。但是，"被合并方在合并前实现的净利润"应当在母公司所有者和少数股东之间进行分配，如果全部不属于母公司所有者，则应同时列示在"少数股东损益"项目之中，仍然保持"合并挣利润＝归属子母公司所有者的净利润＋少数股东损益"的平衡关系。在"综合收益总额"项目下增加了"归属于母公司所有者的综合收益总额"和"归属于少数股东的综合收益总额"两个项目，分别反映综合收益总额中由母公司所有者所享有的份额和非全资子公司当期综合收益总额中属于少数股东权益的份额，即不属于母公司享有的份额，仍然保持"综合收益总额＝归属于母公司所有者的综合收益总额＋归属于少数股东的综合收益总额"的平衡关系。

【例 6－29】根据例 6－26 工作底稿中的数据资料，编制合并利润表，合并利润表的具体格式如表 6－36 所示。

表 6－36

合并利润表

编制单位：A 公司　　　　　　　　　　2010 年度　　　　　　　　　　单位：千元

项　目	本年金额	上年金额
一、营业总收入	120 000	
其中：营业收入	120 000	
利息收入		
保费净收入		
手续费及佣金收入		
二、营业总成本	75 000	
其中：营业成本	75 000	
利息支出		
手续费及佣金支出		
退保金		
赔付支出净额		

项　目	本年金额	上年金额
提取保险责任准备金净额		
保单红利支出		
分保费用		
营业税金及附加	2 000	
销售费用	6 000	
管理费用	9 000	
财务费用	2 000	
资产减值损失		
加：公允价值变动收益（损失以"—"号填列）		
投资收益（损失以"—"号填列）		
其中：对联营企业和合营企业的投资收益		
汇兑损益（损失以"—"号填列）		
三、营业利润（损失以"—"号填列）	26 000	
加：营业外收入	2 000	
减：营业外支出	34 000	
其中：非流动资产处置损失		
四、利润总额（损失以"—"号填列）	24 600	
减：所得税费用	7 000	
五、净利润（净亏损以"—"号填列）	17 600	
归属母公司所有者的净利润	16 600	
少数股东损益	1 000	
六、每股收益：		
（一）基本每股收益		
（二）稀释每股收益		
七、其他综合收益		
八、综合收益总额	17 600	
归属于母公司所有者的综合收益总额	16 600	
归属于少数股东的综合收益总额	1 000	

表6-37

合并所有者权益变动表

2010年度

编制单位：甲公司　　　　　　　　　　　　　　　　　　　　　　　　　　　　　单位：万元

项　目	本年金额									上年金额								
	归属于母公司所有者权益							少数股东权益	所有者权益合计	归属于母公司所有者权益							少数股东权益	所有者权益合计
	实收资本（或股本）	资本公积	减：库存股	盈余公积	一般风险准备	未分配利润	其他			实收资本（或股本）	资本公积	减：库存股	盈余公积	一般风险准备	未分配利润	其他		
一、上年年末金额																		
加：会计政策变更																		
前期差错更正																		
二、本年年初余额																		
三、本年增减变动金额（减少以"－"号填列）																		
（一）净利润																		
（二）直接计入所有者权益的利得和损失																		
1. 可供出售金融资产公允价值变动净额																		
2. 权益法下被投资单位其他所有者权益变动的影响																		

续 表

项目	本年金额									上年金额								
	归属于母公司所有者权益							少数股东权益	所有者权益合计	归属于母公司所有者权益							少数股东权益	所有者权益合计
	实收资本（或股本）	资本公积	减：库存股	盈余公积	一般风险准备	未分配利润	其他			实收资本（或股本）	资本公积	减：库存股	盈余公积	一般风险准备	未分配利润	其他		
3. 计入所有者权益项目相关的所得税影响																		
4. 其他																		
上述（一）和（二）小计																		
（三）所有者投入和减少资本																		
1. 所有者投入资本																		
2. 股份支付计入所有者权益金额																		
3. 其他																		
（四）利润分配																		
1. 提取盈余公积																		
2. 提取一般风险准备																		

续 表

项目	本年金额									上年金额								
	归属于母公司所有者权益							少数股东权益	所有者权益合计	归属于母公司所有者权益							少数股东权益	所有者权益合计
	实收资本（或股本）	资本公积	减：库存股	盈余公积	一般风险准备	未分配利润	其他			实收资本（或股本）	资本公积	减：库存股	盈余公积	一般风险准备	未分配利润	其他		
3. 对所有者（或股东）的分配																		
4. 其他																		
（五）所有者权益内部结转																		
1. 资本公积转增资本（或股本）																		
2. 盈余公积转增资本（或股本）																		
3. 盈余公积弥补亏损																		
4. 其他																		
四、本年年末余额																		

合并现金流量表的格式及编制将在本章第四节中介绍。

3. 合并所有者权益变动表的格式

合并所有者权益变动表的格式与个别所有者权益变动表的格式基本相同。所不同的只是在子公司存在少数股东的情况下，合并所有者权益变动表增加"少数股东权益"栏目，用于反映少数股东权益变动的情况。同时，应当关注合并所有者权益变动表"未分配利润"的年末余额，将其中子公司当年提取的盈余公积归属于母公司的金额进行单项附注披露。

需要说明的是，子公司在"专项储备"项目中反映的按照国家相关规定提取的安全生产费等，与留存收益不同，在长期股权投资与子公司所有者权益相互抵消后，应当按归属于母公司所有者的份额予以恢复，借记"未分配利润"项目，贷记"专项储备"项目。子公司其他所有者权益变动的影响中可供出售金融资产公允价值变动净额归属于母公司的份额等，在编制合并所有者权益变动表时，也应在合并工作底稿中进行重分类，将其由"权益法下被投资单位其他所有者权益变动的影响"项目反映调整至"可供出售金融资产公允价值变动净额"等项目反映。

合并所有者权益变动表的基本格式如表 6-37 所示。

第四节　企业集团内部交易事项的抵消

一、集团内部交易事项概述

1. 集团内部交易事项的含义

集团内部交易事项，是指集团内部母公司与其所属的子公司之间以及各子公司之间发生的除长期股权投资以外的各种交易事项。

在第三节的学习中，我们假定母公司与子公司以及子公司之间除了股权投资及其引起的内部事项以外，没有其他事项的发生。但实际上，它们之间很可能发生各种涉及损益或不涉及损益的内部交易事项，这种内部交易发生以后，已经分别以母公司及各子公司为报告主体反映在其个别财务报表中了。从企业集团的角度看，其合并财务报表中不应包括这类内部交易事项，而应予以抵消，以避免虚列资产、负债和虚计利润。

2. 集团内部交易事项的类型

集团内部交易事项按不同的标志有不同的分类方法，主要包括以下两种。

1）按内部交易事项是否涉及损益分类

（1）涉及损益的内部交易事项。涉及损益的内部交易事项是指集团内部母公司与子公司及子公司之间发生的、产生集团内部损益的事项。例如，母公司将其生产的产品出售给其所属的子公司，导致母公司利润表中的利润增加。

涉及损益的内部交易事项按其损益是否实现，又可以分为已实现集团内部损益的交易事项和未实现集团内部损益的交易事项两种。前者是指集团内部母公司与子公司及各子公司之间发生了涉及损益的内部交易事项后，其购买方已于当期全部向集团外销售。例如，母公司将其生产的产品出售给其所属的子公司后，子公司在当期将其从母公司购进的存货全部出售给集团公司以外的某公司。后者是指集团内部母公司与子公司及各子公司之间发生了涉及损益的内部交易事项后，其购买方尚未在当期向集团外销售。例如，母公司将其生产的产品出售给其所属的子公司后，子公司存放在仓库尚未对集团公司以外销售，就母公司的个别财务报表来说，已经反映为销售利润，但对于集团公司来说，由于购买方子公司尚在其个别财务报表中表现为存货，因此母公司的销售利润为未实现的利润。

（2）不涉及损益的内部交易事项。不涉及损益的内部交易事项是指集团内部母公司与子公司及子公司之间发生的交易与各公司的损益确定无关。例如，集团内部的无息贷款业务、内部债权债务等。

2）按内部交易事项的具体内容分类

根据具体内容的不同，可以将内部交易分为内部存货交易、内部债权债务交易、内部固定资产交易、内部无形资产交易以及其他内部交易。

二、集团内部存货交易的抵消

集团公司的内部交易事项应从集团这一整体的角度进行考虑，即将它们视为同一会计主体的内部业务处理。在母公司及子公司个别财务报表的基础上予以抵消，以消除它们对个别财务报表的影响，保证以个别财务报表为基础编制的合并财务报表能够正确反映企业集团的财务状况和经营成果。需要抵消的内部存货交易包括当期和以后各期两种情况。

（一）当期内部存货交易的抵消

母公司与子公司、子公司相互之间发生的内部存货交易，主要是指商品或产品的销售业务。对于发生在企业集团内部的这些销售业务，购销双方均以独立的会计主体进行了核算。销售企业已将其销售收入和销售成本计入当期损益，列示在利润表中。对于购买企业来说，将购进过程中支付的商品价款作为存货的入账价值，本期内未实现对外销售的部分形成了期末存货。其存货成本包含了两方面的内容：其一，从集团角度看真正的存货成本，即销售企业的存货购进成本；其二，销售企业的销售毛利，这部分包含在购买企业存货价值中的销售企业的销售毛利，称为未实现内部销售损益。

购买企业从销售企业购进的存货用于对外销售则存在三种情况：第一种情况，是内部购进的商品全部实现对外销售；第二种情况，是内部购进的商品全部未实现对外销售，形成期末存货；第三种情况，是内部购进的商品部分实现对外销售，部分形成期末存货。下面分别讨论几种情况下的抵消问题。

1. 内部销售商品全部实现对外销售的抵消

内部销售商品全部实现对外销售的情况下，内部销售的销售方将按照销售价格在本期确认营业收入、结转营业成本并将其反映在个别利润表中；内部销售的购进方则一方面在购进时反映了商品购进，另一方面随着对外销售的实现，按照对外销售价格在本期确认营业收入、结转成本并将其反映在个别利润表中。这样，实现了对企业集团外部销售的这些商品，在企业集团内部的销售企业和购买企业的利润表中都作了反映。但是，从企业集团整体的角度出发，企业集团内部的商品购销业务只是属于商品调拨活动，是商品的存放地点发生了变动，既不能实现营业收入，也不能发生营业成本，因而并不能形成利润。所以，凡是实现了对企业集团外部销售的商品，只是实现了一次销售，其营业收入只是集团内购进方对集团外销售的营业收入，其营业成本只是集团内销售方的营业成本，其利润则是这两者之间的差额。因此，在将母公司与子公司、子公司相互之间发生的内部销售业务的项目相抵消时，应抵消重复反映的营业收入和营业成本，将销售企业的营业收入与购买企业的营业成本相抵消。应编制的抵消分录为：按照内部销售收入借记"营业收入"项目，贷记"营业成本"项目。

【例 6 - 30】A 公司 2011 年 1 月 1 日以控股合并方式取得 B 公司 80% 的股权（非同一控制下的企业合并）。假设 2011 年 3 月 A 公司销售给 B 公司甲商品 60 000 元，总成本为 48 000 元，款项已存入银行，该产品在 B 公司已全部实现对外销售，销售价格为 72 000 元。

对于 A 公司销售给 B 公司的商品，在合并工作底稿中编制的抵消分录为

借：营业收入   60 000
    贷：营业成本   60 000

2. 内部销售商品全部未实现对外销售的抵消

在内部销售商品全部未实现对外销售的情况下，内部销售的销售方将按照销售价格在本期确认营业收入、结转营业成本，并将其反映在个别利润表中；内部销售的购进方则在购进时反映了商品购进，由于未实现对外销售，将其反映在个别资产负债表的存货中。从企业集团整体的角度看，凡是未实现对企业集团外部销售的产品，其成本只能是销售企业原来的成本，不能因为产品的存放地点发生了变动就产生增值（销售企业的毛利），它只有在产品对企业集团外部销售时才能实现。在将母公司与子公司、子公司相互之间发生的内部销售业务的项目相抵消时，既要抵消重复反映的营业收入和营业成本，将销售企业的营业收入与购买企业的营业成本相抵消；也要抵消存货中包含的未实现内部销售利润，将存货的成本还原为销售企业销售该存货的原始成本，以消除虚增了的存货成本。进行抵消处理时，有两种抵消方法：①按照销售方内部销售收入借记"营业收入"项目，贷记"营业成本"项目，同时将存货中包含的未实现内部利润予以抵消，借记"营业成本"项目，贷记"存货"项目；②按照销售方内部销售收入借记"营业收入"项目，按照销售方结转的销售成本贷记"营业成本"项目，按内部销售收入与成本之间的差额贷记"存货"项目。

【例 6 - 31】A 公司 2011 年 1 月 1 日以控股合并方式取得 B 公司 80% 的股权（非同一控制下的企业合并）。假设 2011 年 3 月 A 公司销售给 B 公司甲商品 60 000 元；其成本为 48 000 元，款项已存入银行，该产品在 B 公司全部未实现对外销售。

在合并工作底稿中编制抵消分录时

借：营业收入   60 000
    贷：营业成本   60 000
借：营业成本   12 000

	贷：存货		12 000
或	借：营业收入	60 000	
	贷：营业成本		48 000
	存货		12 000

3. 内部销售商品部分实现对外销售，部分未实现对外销售的抵消

在内部销售商品部分实现对外销售，部分未实现对外销售的情况下，可以将内部销售的商品分为两部分，一部分为当期购进并全部实现对外销售，另一部分为当期购进但未实现对外销售。

【例 6－32】 A 公司 2011 年 1 月 1 日以控股合并方式取得 B 公司 80% 的股权（非同一控制下的企业合并）。假设 2011 年 3 月 A 公司销售给 B 公司甲商品 60 000 元；其成本为 48 000 元，款项以存入银行，B 公司对外销售了 60%，剩余 40% 尚未实现对外销售。

在合并工作底稿中编制抵消分录时

借：营业收入	36 000	
贷：营业成本		36 000
借：营业收入	24 000	
贷：营业成本		19 200
存货		4 800
或：借：营业收入	60 000	
贷：营业成本		60 000
借：营业成本	48 000	
贷：存货		48 000

4. 存货跌价准备的抵消

母公司与子公司、子公司相互之间内部存货交易抵消后，在交易当期还应消除内部交易形成的存货所计提的存货跌价准备的影响。资产负债表日企业应当按照成本与可变现净值孰低计量，存货成本高于其可变现净值的，应计提存货跌价准备。在个别财务报表中，如果内部交易取得的存货期末尚未出售，则按上述原则，将该存货的可变现净值与包含内部销售利润的存货进行成本比较，当前者低于后者时，计提存货跌价准备，并计入当期损益，所计提的存货跌价准备反映在了存货项目中；但从合并财务报表的角度看，应将存货的可变现净值与不包含内部销售利润的存货原取得成本进行比较，只有当前者低于后者时，才需要计提存货跌价准备。因此，编制合并财务报表时，如果个别财务报表中计提的存货跌价准备数额小于内部销售利润额时，意味着从集团角度看该存货没有发生减值，应将计提的存货跌价准备全额抵消：如果个别财务报表中计提的存货跌价准备数额大于内部销售利润额时，意味着从集团角度看该存货发生了减值，应将计提的存货跌价准备部分抵消（按内部销售利润额）；编制抵消分录时，按应抵消的存货跌价准备数额，借记"存货——存货跌价准备"项目，贷记"资产减值损失"项目。

【例 6－33】 A 公司 2011 年 1 月 1 日以控股合并方式取得 B 公司 80% 的股权（非同一控制下的企业合并）。假设 2011 年 3 月 A 公司销售给 B 公司甲商品 60 000 元；其成本为 48 000 元，款项已存入银行，该产品在 B 公司全部未实现对外销售。期末，甲产品的可变现净值为 57 000 元。

本例中 B 公司购入产品的内部销售利润为 18 000 元。当该产品的期末可变现净值为 57 000 元时，意味着从 B 公司的角度看存货发生了减值，减值额为 3 000 元，由于计提的存货跌价准备 3 000 元小于内部销售利润（即从集团角度看存货没有发生减值），应将计提的存货跌价准备全额抵消，编制的抵消分录为

借：存货——存货跌价准备　　　　　　　　　　　　　　　3 000
　　贷：资产减值损失　　　　　　　　　　　　　　　　　　　　3 000

如果甲产品期末可变现净值为 39 000 元，B 公司计提的存货跌价准备为 21 000 元，大于内部销售利润 9 000 元，说明从集团角度看该存货减值了 9 000 元，应将计提的存货跌价准备部分抵消，抵消额为内部销售利润额，编制的抵消分录为

借：存货——存货跌价准备　　　　　　　　　　　　　　　12 000
　　贷：资产减值损失　　　　　　　　　　　　　　　　　　　　12 000

（二）以后各期内部存货交易的抵消

如前所述，内部存货销售业务既关系到重复计算的销售收入和销售成本问题，还关系到未实现内部销售利润问题。在第二期及连续各期编制合并财务报表时，本期的这些问题和上期的未实现内部销售利润都对合并财务报表产生影响。

1. 上期抵消的未实现内部销售利润在本期的抵消

编制首期合并财务报表时，已经将期末存货中包含的未实现内部销售利润予以抵消，并因此而减少了合并后的净利润。当第二期编制合并财务报表时，合并所有者权益变动表中的期初未分配利润就应该是首期合并所有者权益变动表中的期末未分配利润。但是，第二期编制合并财务报表时，仍然以母公司和子公司的个别财务报表为基础，而这些个别财务报表并没有反映首期抵消业务的影响。所以，在首期存在期末存货中包含有未实现内部销售利润的情况下，对于第二期以个别财务报表为基础编制的合并所有者权益变动表，其中的期初未分配利润必然与首期合并所有者权益变动表中的期末未分配利润之间产生差额。为了使二者数额一致，就必须将首期抵消的未实现内部销售利润对第二期期初未分配利润合并数额的影响予以抵消，调整第二期期初未分配利润的合并数额。为此而编制的抵消分录为，借记"期初未分配利润"项目，贷记"营业成本"项目。第三期及以后各期均是如此。

2. 本期的内部存货交易的抵消

对于本期发生的企业集团内部销售业务，均采用上述介绍的方法进行抵消，即：首先将内部销售业务的销售收入和销售成本予以抵消，然后将期末存货中包含的内部未实现销售利润予以抵消。如果上期内部销售业务形成的存货结转到了本期，则本期期末存货中包含的未实现内部销售利润就还包括上期未实现的内部销售利润，以下分不同情况加以说明。

（1）上期内部销售业务形成的存货在本期全部实现对外销售，本期未发生内部销售业务。在这种情况下，只要将上期存货中包含的未实现内部销售利润对期初未分配

利润的影响予以抵消即可

【例6－34】假设例6－31中B公司上期从A公司购入的60 000元存货，在本期全部实现对外销售，母公司和子公司之间本期未发生内部销售业务。A公司的销售毛利率为20%。

将上期未实现内部销售利润予以抵消并调整期初未分配利润时

借：未分配利润——年初   12 000

    贷：营业成本   12 000

（2）上期内部销售业务形成的存货在本期全部未实现对外销售，本期未发生内部销售业务。在这种情况下，首先将上期存货中包含的未实现内部销售利润对期初未分配利润的影响予以抵消，然后再将期末存货中包含的未实现内部销售利润予以抵消。

【例6－35】假设例6－31中B公司上期从A公司购入的60 000元存货在本期仍未实现对外销售。

将上期未实现内部销售利润予以抵消并调整期初未分配利润时

借：未分配利润——年初   12 000

    贷：营业成本   12 000

将期末存货中包含的未实现内部销售利润予以抵消时

借：营业成本   12 000

    贷：存货   12 000

（3）上期内部销售业务形成的存货在本期全部未实现对外销售，本期又发生了新的内部销售业务。在这种情况下，首先将上期存货中包含的未实现内部销售利润对期初未分配利润的影响予以抵消，然后再将本期内部销售收入与销售成本予以抵消，最后再将期末存货中包含的未实现内部销售利润予以抵消。

【例6－36】假设例6－31中B公司上期从A公司购入的60 000元存货在本期仍未实现对外销售。本期B公司又从A公司购入了24 000元的存货，A公司毛利率为20%，所购存货尚未销售。

将上期未实现内部销售利润予以抵消并调整期初未分配利润时

借：未分配利润——年初   12 000

    贷：营业成本   12 000

将本期内部销售业务予以抵消时

借：营业收入   24 000

    贷：营业成本   24 000

将期末存货中包含的未实现内部销售利润予以抵消时

借：营业成本   16 800

    贷：存货   16 800

（4）本期发生了新的内部销售业务，同时部分存货实现了对外销售。

【例6－37】假设例6－31中的有关资料，B公司上期从A公司购入的60 000元存货在本期仍未实现对外销售。本年B公司又从A公司购入了24 000元的存货，A公司毛利率为20%，B公司将本期从A公司购入的存货中的75%即18 000元对外销售，取得收入 28 800 元。

将上期未实现内部销售利润予以抵消并调整期初未分配利润时

借：未分配利润——年初　　　　　　　　　　　　　　　　　12 000

　　贷：营业成本　　　　　　　　　　　　　　　　　　　　　　　12 000

将本期内部销售业务予以抵消时

借：营业收入　　　　　　　　　　　　　　　　　　　　　　　24 000

　　贷：营业成本　　　　　　　　　　　　　　　　　　　　　　　24 000

将期末存货中包含的未实现内部销售利润 13 200 ［（60 000 + 24 000 − 1 800（1）×
20%］元予以抵消时

借：营业成本　　　　　　　　　　　　　　　　　　　　　　　13 200

　　贷：存货　　　　　　　　　　　　　　　　　　　　　　　　　13 200

（5）存货跌价准备的抵消。以后各期存货跌价准备的抵消主要包括两方面的内容：

①首期编制合并财务报表时，内部存货交易形成的存货相应计提的跌价准备已经
予以抵消，从而减少了资产减值损失。当第二期编制合并财务报表时，仍然以母公司
和子公司的个别财务报表为基础，而这些个别财务报表并没有反映首期抵消业务的影
响。所以，其中的期初未分配利润必然与首期合并所有者权益变动表中的期末未分配
利润之间产生差额。为了使二者保持一致，就必须将首期抵消的存货跌价准备对第二
期期初未分配利润合并数额的影响予以抵消，调整第二期期初未分配利润的合并数额。
为此而编制的抵消分录为：借记"存货——存货跌价准备"项目，贷记"未分配利
润——年初"项目。第三期及以后各期均应如此。

②以前各期及本期内部存货交易形成的存货，期末仍应将其账面价值与其可变现
净值进行比较，以确定是否计提存货跌价准备及计提多少。因此，还应就本期计提或
冲销的存货跌价准备进行调整，编制的抵消分录为：借记"存货——存货跌价准备"
项目，贷记"资产减值损失"项目，或作相反处理。

【例 6 - 38】沿用例 6 - 31 资料，上期 A 公司销售给 B 公司甲产品 60 000 元，其成
本为 48 000 元，上期期末 B 公司计提的"存货跌价准备"为 3 000 元；同时，本期 B
公司又从 A 公司购入甲产品 24 000 元，款项尚未支付。A 公司的毛利率为 20%，本期
实现对外销售存货 18 000 元，取得销售收入 28 800 元；期末，甲产品的期末可变现净
值为 57 000 元。

首先，应将上期计提的存货跌价准备予以抵消。

借：存货——存货跌价准备　　　　　　　　　　　　　　　　3 000

　　贷：未分配利润——年初　　　　　　　　　　　　　　　　　3 000

其次，将本期计提的存货跌价准备予以抵消。

由于本期甲产品的可变现净值为 57 000 元，账面价值为 63 000 元，所以 B 公司期
末计提的存货跌价准备为 6 000 元，该数额小于内部销售利润 13 200 ［（60 000 + 24 000 −
18 000）×20%］元，应全额予以抵消。

借：存货——存货跌价准备　　　　　　　　　　　　　　　　6 000

　　贷：资产减值损失　　　　　　　　　　　　　　　　　　　　6 000

如果甲产品期末可变现价值为 48 000 元，B 公司应补提存货跌价准备 15 000 元，编制合并财务报表时，应部分抵消存货跌价准备，抵消额为 10 200 元（内部销售利润 13 200 元与上期抵消的数额之差或补提额 15 000 元与集团实际减值额 4 800 元之差）。

借：存货——存货跌价准备   10 200

    贷：资产减值损失   10 200

三、集团内部固定资产交易的抵消

集团内部固定资产交易是指企业集团内部交易一方的企业发生了与固定资产有关的购销业务。内部固定资产交易的抵消分为首期抵消和以后各期抵消两种情况。

（一）首期固定资产交易的抵消

企业集团内部的固定资产交易可划分为三种类型：第一种类型是，企业集团内部企业将自身使用的固定资产变卖给企业集团内的其他企业作为固定资产使用；第二种类型是，企业集团内部企业将自身生产的产品销售给企业集团内的其他企业作为固定资产使用；第三种类型是，企业集团内部企业将自身使用的固定资产变卖给企业集团内的其他企业作为普通商品销售。第三种类型的固定资产交易，在企业集团内部极少发生。下面就前两种内部固定资产交易有关的抵消事项分别加以说明。

1. 购买方内部购进的固定资产作为固定资产的抵消

发生这种内部固定资产交易时，对于销售固定资产的企业，其资产负债表中固定资产项目已按减少后的数额列示，处理固定资产的净收益或净损益，作为营业外收入或营业外支出列示在利润表中；对于购入固定资产的企业，则按购入价格（包括销售企业固定资产交易的未实现内部销售利润）作为固定资产的价值列示在资产负债表中。但是，从企业的整体的角度出发，企业集团内部的固定资产交易业务只属于固定资产的内部调拨活动，仅仅是固定资产的使用地点发生了变化，既不能实现损益，也不会使固定资产的净值发生变化。因此，必须将内部固定资产交易的未实现内部销售利润，与固定资产价值的增加金额相抵消，借记"营业外收入"项目，贷记"固定资产"项目。

【例 6 – 39】A 公司 2011 年 1 月 1 日以控股合并方式取得 B 公司 80% 的股权。2011 年年初，A 公司将自身使用的一台机器设备出售给 B 公司，B 公司继续作为固定资产使用。该机器设备的原价为 60 000 元，累计折旧为 18 000 元，A 公司取得的销售价款 48 000 元。

B 公司增加的固定资产价值中则包含了 6 000 元的未实现内部销售利润。在固定资产交易的当期，编制合并财务报表时应编制的抵消分录为

借：营业外收入   6 000

    贷：固定资产——原价   6 000

2. 购买方内部购进的商品作为固定资产的抵消

企业集团内部某企业将自身生产的产品销售给企业集团内的其他企业作为固定资产使用时，内部固定资产交易的抵消包括固定资产交易本身的抵消、固定资产折旧的抵消和个定资固定资产减值准备的抵消。

（1）发生这种类型的内部固定资产交易时，对于销售固定资产的企业，是将其销售产品的收入与成本计入损益，列示在利润表中；购买固定资产的企业则是按销售企业的售价（即销售企业的成本与毛利之和）作为固定资产的原价列示在资产负债表中。但是，从整个企业集团的角度看，这种内部固定资产交易活动只不过相当于通过在建工程自建固定资产并交付使用。它既不能实现销售收入，也不能发生销售成本，因而并不能形成利润。在合并财务报表时，必须将内部销售收入与内部销售成本和未实现内部销售利润相互抵消，即按销售企业的销售收入借记"营业收入"项目，按销售企业的销售成本贷记"营业成本"项目，按末实现内部销售利润贷记"固定资产－原价"项目。

【例6－40】A公司2011年1月1日以控股合并方式取得B公司80%的股权。2011年年初，A公司将其生产的机器设备出售给B公司，B公司将该机器作为固定资产使用。A公司该机器的售价为120 000元，成本为90 000元，款项以银行存款支付。

在固定资产交易的当期，编制合并财务报表时应编制的抵消分录为

借：营业收入　　　　　　　　　　　　　　　　　　120 000
　　贷：营业成本　　　　　　　　　　　　　　　　　　　　90 000
　　　　固定资产——原价　　　　　　　　　　　　　　　　30 000

（2）既然此种类型的内部固定资产交易相当于通过在建工程自建固定资产，然后交付使用，所以该固定资产的建造成本就是它的原价，就是计提折旧的基数。但是，购买固定资产的企业是按销售企业的售价（即销售企业的建造成本与末实现内部销售利润之和）作为固定资产的原价入账，并据此计提折旧。这样，购买固定资产的企业将未实现内部销售利润也计提了折旧，每期计提的折旧额必然大于按建造成本计提的折旧额。因此，每期都必须将末实现内部销售利润计提的折旧，从该固定资产当期已计提的折旧费用中予以抵消，借记"固定资产——累计折旧"项目，贷记"管理费用"等项目。

【例6－41】假设B公司例6－36中购入的固定资产用于管理活动，使用期限为5年，B公司采用使用年限法计提折旧。为了简化计算，本例按12个月计提折旧。

本年就未实现内部销售利润计提的折旧编制抵消分录时

借：固定资产——累计折旧　　　　　　　　　　　　6 000
　　贷：管理费用　　　　　　　　　　　　　　　　　　　　6 000

（3）根据企业会计准则的规定，企业应当在资产负债表日判断资产是否存在可能发生减值的迹象。如果其可收回金额低于其账面价值的，应当按其差额计提固定资产减值准备。内部交易固定资产计提的固定资产减值准备的抵消主要应解决两个问题，即调整哪些项目？调整的金额如何确定？由于个别财务报表中计提固定资产减值准备涉及"资产减值损失"和"固定资产——减值准备"两个报表项目，所以在编制合并财务报表时这两个项目应予以调整。调整的金额则应采用以下方法予以确定：在个别财务报表中，企业通过内部交易形成的固定资产中包含一部分内部销售利润，首期计提固定资产减值准备时，决定计提数额的主要是固定资产账面价值（包含内部销售利润的固定资产原值减去以此为基础计算的累计折旧）和可收回金额。其中，固定资产可收回金额是指固定资产期末公允价值减去处置费用后的净额与预计未来现金流量现值的较高者，固定资产可收回金额低于账面价值的差额为实际计提的固定资产减值准

备；计提的减值准备一方面反映在资产负债表中，另一方面已计入了当期利润表。但从集团合并财务报表编制的角度看，决定计提数额的是不包含内部销售利润的固定资产账面价值和可收回金额。可收回金额低于账面价值的差额为应计提的固定资产减值准备；当期应计提的固定资产减值准备与个别财务报表中当期实际计提的固定资产减值准备的差额即为合并当期应予以调整的数额。具体可以分为三种情况：①当期末固定资产可收回金额大于扣除未实现内部销售利润前个别财务报表中的固定资产账面价值时，意味着固定资产未发生减值，合并财务报表编制中不涉及固定资产减值准备的调整；②当期末固定资产可收回金额小于扣除未实现内部销售利润前个别财务报表中的固定资产账面价值，但大于扣除未实现内部销售利润后合并财务报表中的固定资产的账面价值时，意味着个别财务报表中固定资产发生了减值，而从合并财务报表编制的角度看则没有发生减值，所以应将个别财务报表中所提取的固定资产减值准备全部予以抵消；③当期末固定资产可收回金额小于扣除未实现内部销售利润后合并财务报表中的固定资产账面价值时，意味着无论从个别财务报表的角度，还是从合并财务报表的角度看，固定资产均发生了减值，应将个别财务报表中计提的固定资产减值准备部分予以抵消（个别财务报表中实际计提的固定资产减值准备与合并财务报表中应计提的减值准备的差额部分）。

【例 6-42】根据例 6-40、例 6-41 的有关资料，假定该固定资产期末可收回金额为 102 000 元。

在本例中，B 公司内部购入的固定资产期末账面价值 = 120 000 - 24 000 = 96 000元。

由于固定资产期末可收回金额高于其账面价值，表明未发生减值，个别财务报表中不计提固定资产减值准备，合并财务报表编制中亦不需调整。

如果上例中固定资产期末可收回金额为 90 000 元，则：

B 公司内部购入的固定资产期末账面价值 = 120 000 - 24 000 = 96 000（元）

B 公司期末实际计提的固定资产减值准备 = 96 000 - 90 000 = 6 000（元）

从集团角度计算该固定资产期末账面价值 = 90 000 - 18 000 = 72 000（元）

由于从集团角度计算期末固定资产可收回金额大于其账面价值，故不应计提固定资产减值准备，应将 B 公司多计提的固定资产减值准备 6 000 元予以冲回。编制的抵消分录为

借：固定资产——减值准备　　　　　　　　　　　　　　6 000

　　贷：资产减值损失　　　　　　　　　　　　　　　　　　　6 000

如果本例中固定资产期末可收回金额为 69 000 元，则：

B 公司期末实际计提的固定资产减值准备 = 96 000 - 69 000 = 27 000（元）

从集团角度计算该固定资产期末应计提的固定资产减值准备 = 72 000 - 69 000 = 3 000（元）

集团期末应冲销的固定资产减值准备 = 270 000 - 3 000 = 24 000（元）

编制的抵消分录为

借：固定资产——减值准备　　　　　　　　　　　　　　24 000

　　贷：资产减值损失　　　　　　　　　　　　　　　　　　　24 000

（二）以后各期内部固定资产交易的抵消

由于固定资产的使用期限长，所以内部固定资产交易不仅影响到交易当期的合并财务报表，而且影响到以后各期的合并财务报表。如前所述，对于内部交易的固定资产，既要抵消购入企业固定资产原价中包含的未实现内部销售利润，还要抵消就未实现内部销售利润所计提的折旧以及相应的固定资产减值准备。因此，这两个问题对固定资产整个使用期间内的各期合并财务报表都会产生影响。

1. 内部固定资产交易的抵消

编制首期合并财务报表时，已经将期末固定资产原价中包含的未实现内部销售利润予以抵消，并因此而减少了合并后的净利润；将就未实现内部销售利润计提的折旧予以抵消，因而减少了管理费用，并因此而增加了合并未分配利润；同时，将内部交易固定资产多计提的减值准备予以抵消，并因此而增加了合并未分配利润。当第二期编制合并财务报表时，合并所有者权益变动表中的期初未分配利润就应该是首期合并所有者权益变动表中的期末未分配利润。但是，第二期编制合并财务报表时，仍然以母公司和子公司的个别财务报表为基础，而这些个别财务报表并没有反映首期抵消业务的影响。所以，在首期存在期末固定资产原价中包含未实现内部销售利润，以及首期对未实现内部销售利润计提折旧和内部交易固定资产计提减值准备的情况下，对于第二期以个别财务报表为基础编制的合并所有者权益变动表，其中的期初未分配利润必然与首期合并所有者权益变动表中的期末未分配利润之间产生差额。为了使二者数额一致，就必须将首期抵消的未实现内部销售利润，以及抵消的就未实现内部销售利润计提的折旧、就内部交易固定资产计提的减值准备对第二期期初未分配利润合并数额的影响予以抵消，调整第二期期初未分配利润的合并数额。因此，在第二期应编制的抵消分录应调整四个方面的内容：①抵消固定资产原价中包含的未实现内部销售利润，抵消分录为：借记"未分配利润——年初"项目，贷记"固定资产——原价"项目；②抵消以前各期就未实现内部销售利润计提的折旧之和，编制的抵消分录为：借记"固定资产——累计折旧"项目，贷记"未分配利润——年初"项目；③抵消当期就未实现内部销售利润计提的折旧，抵消分录为：借记"固定资产——累计折旧"项目，贷记"管理费用"等项目；④抵消内部交易固定资产上期期末"固定资产——减值准备"的余额，即以前各期多计提及冲销的固定资产减值准备之和，编制的抵消分录为：借记"固定资产——减值准备"项目，贷记"未分配利润—年初"项目。第三期及以后各期均是如此。

【例 6 - 43】 如前所述，2011 年 A 公司将其生产的机器出售给其子公司 B 公司，B 公司将该机器作为管理用固定资产使用，其折旧年限为 5 年，采用直线法计提折旧。A 公司该机器的售价为 120 000 元，成本为 90 000 元。假设第 1 至第 4 年年末该机器的可收回金额分别为 90 000 元、64 500 元、39 000 元和 17 400 元。

在固定资产交易的当期，编制抵消分录时

借：营业收入   120 000

    贷：营业成本   90 000

固定资产——原价   30 000

交易当期就未实现内部销售利润计提的折旧编制抵消分录时

  借：固定资产——累计折旧   6 000

      贷：管理费用   6 000

第一年年末，B 公司该固定资产的账面价值 = 120 000 – 24 000 = 96 000 元

第一年年末，从集团角度看该固定资产的账面价值 = 90 000 – 18 000 = 72 000 元。

由于该固定资产可收回金额低于 B 公司固定资产账面价值 6 000 元，B 公司在个别财务报表中计提了 6 000 元的固定资产减值准备，但该固定资产可收回金额高于集团该固定资产的账面价值，意味着从集团角度看固定资产没有减值，应将内部交易形成的固定资产多计提的减值准备予以抵消，编制抵消分录时

  借：固定资产——减值准备   6 000

      贷：资产减值损失   6 000

在第二年编制合并财务报表时，首先将固定资产原价中包含的未实现内部销售利润予以抵消。

  借：未分配利润——年初   30 000

      贷：固定资产——原价   30 000

其次，将第一年就未实现内部销售利润计提的折旧予以抵消。

  借：固定资产——累计折旧   6 000

      贷：未分配利润——年初   6 000

将第一年内部交易固定资产多计提的固定资产减值准备予以抵消。

  借：固定资产—减值准备   6 000

      贷：未分配利润——年初   6 000

再次，将第二年就未实现内部销售利润计提的折旧予以抵消。

第二年年末，B 公司该项机器计提的固定资产折旧 = （120 000 – 24 000 – 6 000）÷ 4 = 22 500 元。

第二年年末，从集团角度抵消未实现内部销售利润后应计提的固定资产折旧 = （90 000 – 18 000）÷ 4 = 18 000 元。抵消分录时

  借：固定资产——累计折旧   4 500

      贷：管理费用   4 500

最后，将第二年内部交易固定资产多计提的减值准备予以抵消。

第二年年末，B 公司该固定资产的账面价值 = 120 000 – 24 000 – 6 000 – 22 500 = 67 500 元。

由于第二年年末 B 公司固定资产的可收回金额低于账面价值 3 000 元，B 公司补提固定资产减值准备 3 000 元。

第二年年末，从集团角度该固定资产的账面价值 = 90 000 – 18 000 – 18 000 = 54 000 元。

由于第二年年末固定资产可收回金额高于从集团角度看该固定资产的账面价值，意味着集团该固定资产没有发生减值，第二年合并财务报表编制时应将 B 公司计提的

减值准备予以抵消，应编制的抵消分录为

借：固定资产——减值准备	3 000	
贷：资产减值损失		3 000

在第三年编制合并财务报表时，所要编制的抵消分录为

借：未分配利润——年初	30 000	
贷：固定资产——原价		30 000
借：固定资产——累计折旧	10 500	
贷：未分配利润——年初		10 500
借：固定资产——减值准备	9 000	
贷：未分配利润——年初		9 000

第三年年末，B 公司该项机器计提的固定资产折旧 = （120 000 - 24 000 - 22 500 - 6 000 - 3 000）÷ 3 = 21 500 元。

第三年年末，从集团角度看抵消未实现内部销售利润后应计提的固定资产折旧 = （90 000 - 18 000 - 18 000）÷ 3 = 18 000 元。

第三年该固定资产多计提的折旧为 3 500（21 500 - 18 000）元，编制抵消分录时

借：固定资产——累计折旧	3 500	
贷：管理费用		3 500

第三年年末，B 公司该固定资产的账面价值 = 12 000 - 2 400 - 22 500 - 6 000 - 3 000 - 21 500 = 43 000 元。

由于第三年年末 B 公司固定资产的可收回金额低于其账面价值 4 000 元，B 公司计提固定资产减值准备 4 000 元。

第三年年末，从集团角度看该固定资产的账面价值 = 90 000 - 18 000 - 18 000 - 18 000 = 36 000 元。

由于第三年年末，B 公司固定资产可收回金额高于从集团角度看该固定资产的账面价值，意味着集团本期不应计提固定资产减值准备，而应将 B 公司计提的减值准备予以抵消。

第三年编制抵消分录时

借：固定资产——减值准备	4 000	
贷：资产减值损失		4 000

在第四年编制合并财务报表时，所要编制的抵消的分录为

借：未分配利润——年初	30 000	
贷：固定资产——原价		30 000
借：固定资产——累计折旧	14 000	
贷：未分配利润——年初		14 000
借：固定资产——减值准备	13 000	
贷：未分配利润——年初		13 000

第四年年末，B 公司该项机器计提的固定资产折旧 = （120 000 - 24 000 - 22 500 - 6 000 - 3 000 - 21 500 - 4 000）÷ 2 = 19 500 元。

第四年年末，从集团角度看抵消未实现内部销售利润后应计提的固定资产折旧 =（90 000 – 18 000 – 18 000 – 18 000）÷ 2 = 18 000 元。

第四年该固定资产多计提的折旧为 1 500（19 500 – 18 000）元，编制抵消分录时

借：固定资产——累计折旧　　　　　　　　　　　　　　1 500

　　贷：管理费用　　　　　　　　　　　　　　　　　　　　1 500

第四年年末，B 公司该固定资产的账面价值 = 120 000 – 24 000 – 22 500 – 6 000 – 3 000 – 21 500 – 4 000—19 500 = 19 500 元。

由于第四年年末，B 公司固定资产的可收回金额低于其账面价值，B 公司计提固定资产减值准备 2 100 元。

第四年年末，从集团角度看该固定资产的账面价值 = 90 000 – 18 000 – 18 000 – 18 000 – 18 000 = 18 000 元。

由于第四年年末，该固定资产可收回金额低于从集团角度看该固定资产账面价值 600 元，集团应计提固定资产减值准备 600 元。从合并财务报表编制的角度看本期应冲销的固定资产减值准备为 1 500 元，故第四年编制的抵消分录为

借：固定资产——减值准备　　　　　　　　　　　　　　1 500

　　贷：资产减值损失　　　　　　　　　　　　　　　　　　1 500

各年固定资产减值额的计算如表 6 – 38 所示。

表 6 – 38　　　　　　　　各年固定资产减值计算表　　　　　　单位：元

		第一年	第二年	第三年	第四年	第五年
B 公司	固定资产原值	120 000	120 000	120 000	120 000	120 000
	当期折旧	24 000	22 500	21 500	19 500	17 400
	累计折旧	24 000	46 500	68 000	87 500	104 900
	账面价值	96 000	67 500	43 000	19 500	0
B 公司	可收回金额	90 000	64 500	39 000	17 400	0
	减值额	6 000	3 000	4 000	2 100	0
	累计减值额	6 000	9 000	13 000	15 100	15 100
集团	固定资产原值	90 000	90 000	90 000	90 000	90 000
	当期折旧	18 000	18 000	18 000	18 000	17 400
	累计折旧	18 000	36 000	54 000	72 000	89 400
	账面价值	72 000	54 000	36 000	18 000	0
	可收回金额	90 000	64 500	39 000	17 400	0
	减值额	0	0	0	600	600
	累计减值额	0	0	0	600	600

2. 清理会计期间的内部固定资产交易

由于固定资产的清理可能发生在以下三种情况下,所以需要分别讨论有关的抵消问题。

(1) 内部交易固定资产使用期限已满。在这种情况下,需办理固定资产报废手续,并进行固定资产清理的会计处理。

在固定资产使用期限已满进行清理报废的情况下,内部交易固定资产的折旧已提足,购买固定资产的企业将固定资产原价与其计提的折旧均予以注销,伴随着固定资产的报废,固定资产减值准备也已经予以注销,固定资产原价中包含的未实现内部销售利润和累计折旧中包含的就未分配利润计提的折旧以及固定资产减值准备均已不复存在,所以这些已不必再予以抵消。只有本期管理费用中包含的就未实现内部销售利润计提的折旧费用需要予以抵消,为此编制的抵消分录为,借记"未分配利润——年初"项目,贷记"管理费用"项目。

【例 6 - 44】仍使用例 6 - 43 中的有关资料。假如按照前几年编制合并财务报表的处理方法,则第五年应编制如下抵消分录:

借:未分配利润——年初	30 000	
贷:营业外支出		30 000
借:营业外支出	15 500	
贷:未分配利润——年初		15 500
借:营业外支出	14 500	
贷:未分配利润——年初		14 500

第五年无论是从 B 公司的角度,还是从集团的角度,该固定资产应提取的折旧均是 17 400 元,所以,无须调整固定资产折旧。

(2) 内部交易固定资产超期使用。在这种情况下,该固定资产在其使用期限内的最后一个会计期间,仍然要计提折旧,同时该固定资产的原价、已经计提的折旧及固定资产减值准备仍然列示在购买企业的资产负债表中。所以,在这最后一个会计期间,仍要将固定资产原价中包含的未实现内部销售利润予以抵消,以调整期初未分配利润,还要将以前各期对未实现内部销售利润计提的折旧予以抵消,并将本期管理费用中包含的就未实现内部销售利润计提的折旧费用予以抵消,同时应将以前各期计提的固定资产减值准备予以抵消。

【例 6 - 45】仍使用例 6 - 43 中的有关资料。只是该固定资产现为超期使用。在共使用期限内的最后一个会计期间,即第五年应编制如下抵消分录:

借:未分配利润——年初	30 000	
贷:固定资产——原价		30 000
借:固定资产——累计折旧	15 500	
——减值准备	14 500	
贷:未分配利润——年初		30 000

第五年不需抵消固定资产折旧。

在该内部交易固定资产超期使用的各个会计期间内,由于购买企业仍在使用它,并将其列示在资产负债表之中，所以必须将该固定资产原价中包含的未实现内部销售利润予以抵消，调整期初未分配利润；将该固定资产包含的内部未实现销售利润部分计提的累计折旧予以抵消；另外，上期期末"固定资产——减值准备"的余额（即以前各期累计计提的固定资产减值准备）亦应予以抵消。但是，由于超期使用的固定资产不必继续计提折旧，所以在超期使用的以后各期就不存在抵消多计提折旧的问题了。

【例6-46】仍使用例6-43中的有关资料。例中的固定资产在第六年仍继续使用，则第六年应编制如下抵消分录：

借：未分配利润——年初　　　　　　　　　　　　　　　30 000
　　贷：固定资产——原价　　　　　　　　　　　　　　　　　30 000
借：固定资产——累计折旧　　　　　　　　　　　　　　15 500
　　　　　　——减值准备　　　　　　　　　　　　　　　14 500
　　贷：未分配利润——年初　　　　　　　　　　　　　　　　30 000

假如该固定资产在第七年进行清理，则第七年就不必做任何抵消分录，否则上述抵消分录要继续做下去，直至该固定资产进行清理为止。

（3）内部交易固定资产使用期限未满。在这种提前进行清理的情况下，购买固定资产的企业将固定资产原价与其计提的折旧均予以注销，固定资产原价中包含的未实现内部销售利润和累计折旧中包含的就未分配利润计提的折旧均已不复存在，同时固定资产减值准备也已经注销，所以这些已不必再予以抵消。但是，固定资产原价中包含的未实现内部销售利润，随着固定资产的清理而成为已实现的损益，为此必须调整合并财务报表中期初未分配利润的数额；同时，以前各期就未实现内部销售利润计提的折旧，也对合并财务报表中期初未分配利润产生了影响，需要进行调整；本期管理费用中包含的就未实现内部销售利润计提的折旧费用也需要予以抵消；最后，应将以前多计提的减值准备予以抵消。随着固定资产的清理，这四个需要调整抵消的项目均体现在清理损益中。为此编制的抵消分录通过举例加以说明。

【例6-47】仍使用例6-43中的有关资料。只是该固定资产在第四年就进行了清理。在第四年编制的抵消分录为

借：未分配利润——年初　　　　　　　　　　　　　　　30 000
　　贷：营业外支出　　　　　　　　　　　　　　　　　　　　30 000
借：营业外支出（前3年多计提的折旧之和）　　　　　　14 000
　　贷：未分配利润——年初　　　　　　　　　　　　　　　　14 000
借：营业外支出（第三年年末固定资产减值准备余额）　　13 000
　　贷：未分配利润——年初　　　　　　　　　　　　　　　　13 000
借：营业外支出　　　　　　　　　　　　　　　　　　　1 500
　　贷：管理费用　　　　　　　　　　　　　　　　　　　　　1 500

四、集团内部债权、债务交易的抵消

（一）当期内部债权、债务的抵消

母公司与子公司之间、子公司相互之间可能会发生债权与债务，包括母公司与子

公司之间、子公司相互之间的应收账款与应付账款、预付账款与预收账款、应付债券与持有至到期投资、其他应收款与其他应付款等。发生在母公司与子公司、子公司相互之间的这些债权、债务在其个别财务报表中，债权方以资产列示，债务方以负债列示。但是，从整个企业集团的角度看，这些债权、债务只是内部资金往来，既不是企业集团的资产，也不是企业集团的负债。因此，在编制合并财务报表时，应当将这些内部的债权、债务项目相抵消，同时也要将与这些债权、债务有关的其他项目相抵消，具体包括以下几项。

1. 母公司与子公司、子公司相互之间的债权、债务的抵消

将母公司与子公司、子公司相互之间的债权与债务抵消时，应根据内部债权、债务的数额借记"应付账款"、"应付票据"、"应付债券"、"预收账款"等项目，贷记"应收票据"、"应收账款"、"持有至到期投资"、"预付账款"等项目。

【例6-48】2011年A公司从B公司采购商品45 000元，对B公司开出承兑商业汇票15 000元，余款未付，所购商品验收入库，商品尚未销售，该商品在B公司的成本为42 000元；A公司预收B公司货款90 000元；A公司2011年1月1日发行面值为500 000元的公司债券，年利率为5%，每年年末付息一次，到期一次还本。其中，B公司购入债券70 000元作为持有至到期投资。

在合并工作底稿中编制的抵消分录为

借：应付票据	15 000
应付账款	30 000
应付债券	70 000
预收账款	90 000
贷：应收票据	15 000
应收账款	30 000
持有至到期投资	70 000
预付账款	90 000

当企业集团内部某企业在证券市场上从第三者手中购买集团内部成员企业的债券，而不是从发行债券的企业直接购买时，从企业集团的角度看，可以推定这部分债券已被赎回，即形成"推定赎回"。若债券赎回价格与其发行企业账面价值不相等，就会产生推定损益，即债券购买方取得债券发行方流通在外的债券所付出的价值高于所取得债券的账面价值，就会发生推定赎回损失；反之，则会产生推定赎回利得。从整个企业集团角度看，债券发行企业的应付债券因推定赎回而不复存在，推定赎回损益实质上构成了集团损益，应将这部分推定损益反映在合并利润表中的合并投资收益或财务费用项目。

【例6-49】2011年1月1日，B公司在证券市场上从第三者手中购入A公司于2010年1月1日发行的公司债券作为持有至到期投资，债券的面值120 000元，购买价格为128 067元；A公司在发行日以债券面值发行，票面利率为10%，每半年计息一次，到期一次还本付息。假设实际利率为8%。

本例中，如果采用实际利率法摊销债券溢价，截止到2010年12月31日，B公司

"持有至到期投资——成本"账户余额为 120 000 元，"持有至到期投资——应计利息"账户余额为 12 000 元，"持有至到期投资——利息调整"账户余额为 6 279 元，"持有至到期投资"账户余额为 138 279 元；A 公司"应付债券——成本"账户余额为 120 000 元，"应付债券——应计利息"账户余额为 12 000 元，"财务费用"账户余额为 12 000 元，"应付债券"账户余额为 132 000 元。则推定赎回损失为 6279（138 279 – 132 000）元。

应编制的抵消分录为

借：应付债券   132 000

     投资收益   6 279

      贷：持有至到期投资   138 279

2. 内部利息收入与利息支出的抵消

当企业集团内部企业之间存在债权、债务关系时，债权方企业会将收到的利息作为投资收益或冲减财务费用而列示在利润表中；而债务方企业会将利息支出作为财务费用列示在利润表中。由于企业集团内部的债权、债务均属于内部资金调拨，由此所产生的利息收入与利息支出也就相应不存在了。因此，应当将内部的利息收入与利息支出相抵消。

【例 6 – 50】 根据例 6 – 48 的资料，债券的利息为 3 500 元。

在合并工作底稿中编制抵消分录时

借：投资收益   3 500

      贷：财务费用   3 500

3. 坏账准备的抵消

母公司与子公司、子公司相互之间应收款项与应付账款等相互抵消后，由于某一会计期间坏账准备的金额是以应收账款等应收款项为基础的，因此，已抵消的应收账款等所计提的坏账准备也应予以抵消。编制抵消分录时，按已抵消的应收账款等所计提的坏账准备的数额，借记"应收账款——坏账准备"项目，贷记"资产减值损失"项目。

【例 6 – 51】 假设例 6 – 48 中 B 公司的内部应收账款已计提了 3 000 元的坏账准备。

在合并工作底稿中应编制抵消分录：

借：应收账款——坏账准备   3 000

      贷：资产减值损失   3 000

（二）以后各期内部债权、债务的抵消

以后各期内部债权、债务的抵消方法与以上当期内部债权、债务的抵消方法基本一致，但应收账款等计提的坏账准备的抵消具有特殊性。

应收账款的坏账准备包括上期计提的部分与本期计提或冲销的部分，而本期计提或冲销的部分又要根据本期应收账款余额与上期余额相比的结果确定。

1. 上期计提的坏账准备

在首期编制合并财务报表时，对于企业集团内部的应收账款等计提的坏账准备已经予以抵消，坏账准备的抵消减少了资产减值损失，并因此而增加了合并后的净利润。当第二期编制合并财务报表时，合并所有者权益变动表中的期初未分配利润就应该是首期合并所有者权益变动表中的期末未分配利润。但是，第二期编制合并财务报表时，仍然以母公司和子公司的个别财务报表为基础，而这些个别财务报表并没有反映首期抵消业务的影响。所以，在首期存在应收账款提取坏账准备的情况下，对于第二期以个别财务报表为基础编制的合并所有者权益变动表，其中的期初未分配利润必然与首期合并所有者权益变动表中的期末未分配利润之间产生差额。为了使二者数额一致，就必须将首期抵消的内部应收账款计提的坏账准备，对第二期期初未分配利润合并数额的影响予以抵消，调整第二期期初未分配利润的合并数额。为此而编制的抵消分录为，借记"应收账款—坏账准备"项目，贷记"未分配利润——年初"项目。第三期及以后各期均是如此。

2. 本期计提的坏账准备

对于本期内部应收账款、其他应收款补提或冲销的数额，对个别财务报表所产生的影响也同样需要抵消。为了便于说明，下面分三种情况加以介绍。

（1）本期应收账款余额与上期余额相等。由于本期内部应收账款余额与上期相等，所以，本期内部应收账款和其他应收款既不补提坏账准备，也不冲销坏账准备，只需要将上期计提的坏账准备抵消，调整期初未分配利润的数额即可。

【例6－52】2010年B公司的应收账款中有30 000元为应收A公司的销货款，提取了3 000元的坏账准备。2011年B公司应收A公司的内部应收账款余额仍为30 000元。

将上期内部应收账款计提的坏账准备抵消时

借：应收账款——坏账准备   3 000

    贷：未分配利润——年初   3 000

（2）本期内部应收款项余额大于上期余额。当本期应收账款余额大于上期余额时，一方面要将上期计提的坏账准备抵消，调整期初未分配利润的数额；另一方面要将对本期内部因应收账款增加部分而补提的坏账准备予以抵消。

【例6－53】仍使用例6－48中的资料，只是本期B公司应收A公司的内部应收账款余额为54 000元，补提了2 400元的坏账准备。

将内部应收账款与内部应付账款抵消时

借：应付账款   54 000

    贷：应收账款   54 000

将上期内部应收账款计提的坏账准备抵消时

借：应收账款——坏账准备   3 000

    贷：未分配利润——年初   3 000

将本期补提的坏账准备抵消时

借：应收账款——坏账准备   2 400

    贷：资产减值损失   2 400

（3）本期内部应收款项余额小于上期余额。当本期应收账款余额小于上期余额时，一方面要将上期计提的坏账准备抵消，调整期初未分配利润的数额；另一方面要将对本期内部因应收账款减少部分而冲销的坏账准备予以抵消。

【例 6 –54】仍使用例 6 – 48 中的资料，只是本期 B 公司应收 A 公司的内部应收账款余额为 24 000 元，冲销了 600 元的坏账准备。

将上期内部应收账款计提的坏账准备抵消时

借：应收账款——坏账准备 3 000

  贷：未分配利润——年初 3 000

将本期冲坍的坏账准备抵消时

借：资产减值损失 600

  贷：应收账款——坏账准备 600

3. 其他债权、债务业务的抵消

其他内部往来业务的抵消方法与首期相同。

【例 6 –55】2010 年 A 公司发行了面值为 500 000 元的公司债券，年利率为 5%，每年年末付息一次，到期一次还本。其中，B 公司购入债券 70 000 元作为持有至到期投资。第二期应编制的抵消分录如下：

借：应付债券 70 000

  贷：持有至到期投资 70 000

借：投资收益 3 500

  贷：财务费用 3 500

五、合并现金流量表的编制

合并现金流量表是综合反映母公司及子公司形成的企业集团在一定会计期间现金流入、现金流出及增减变动情况的会计报表。合并现金流量表的编制原理与个别现金流量表是一致的。从理论上说，合并现金流量表的编制方法有两种：一种是以合并资产负债表和合并利润表为基础，采用与编制个别现金流量表相同的方法编制合并现金流量表；另一种方法则是以母公司和纳入合并范围的子公司的个别现金流量表为基础，采用与编制合并资产负债表、合并利润表及合并所有者权益变动表相同的编制原理、编制方法和编制程序来编制合并现金流量表。即首先编制合并工作底稿，将母公司和子公司个别现金流量表各项目的金额过录到合并工作底稿；其次，根据当期母公司与子公司以及子公司相互之间产生的影响其现金流量增减变动的经济业务，编制抵消分录，将个别现金流量表重复反映的现金流入量和现金流出量予以抵消；最后，计算出合并工作底稿中各现金流量表项目的合并数，并填列在合并现金流量表中。下面具体介绍采用第二种方法的现金流量表的编制。

（一）合并现金流量表正表的编制方法

合并现金流量表正表的格式和内容与个别现金流量表基本相同，分为经营活动产生的现金流量、投资活动产生的现金流量、筹资活动产生的现金流量以及现金及现金等价物增加额。在合并现金流量表正表的编制中，需要将母公司与子公司以及子公司相互之间当期发生的各类交易或事项对现金流量的影响予以消除。

1. 母公司与子公司以及子公司相互之间投资所产生的现金流量的抵消

企业集团内部母公司对子公司或子公司相互之间以现金进行投资，表现为母公司个别现金流量表中投资活动的现金流出；子公司接受这一投资时，表现为子公司个别现金流量表中筹资活动的现金流入。从集团角度看，投资方现金流量表中投资所支付的现金与接受投资方现金流量表中吸收投资所收到的现金属于集团内部现金的划转，不影响企业集团现金流量的增减变动。因此，在编制合并现金流量表时，应将投资方取得子公司及其他营业单位支付的现金净额项目与接受投资方吸收投资所收到的现金项目相互抵消。

【例 6 - 56】 根据例 6 - 19 的有关资料，A 公司 2010 年 1 月 1 日以货币资金 2 500 万元对 B 公司投资，取得其 100%的股权。应编制的抵消分录如下：

借：取得子公司及其他营业单位支付的现金净额　　　　　25 000 000
　　贷：吸收投资所收到的现金　　　　　　　　　　　　　　　25 000 000

2. 母公司与子公司以及子公司相互之间取得投资收益收到的现金与分派股利或偿付利息支付的现金的抵消

企业集团内部母公司对子公司或子公司相互之间以现金进行长期股权投资或债权投资，在投资持有期间收到接受投资方分派的现金股利或债券利息，在投资方个别现金流量表中作为"取得投资收益收到的现金"列示；接受投资方分派的现金股利或债券利息在其个别现金流量表中作为"分配股利、利润或偿付利息所支付的现金"列示。从集团角度看，投资方取得投资收益收到的现金与被投资方分配股利、利润或偿付利息所支付的现金同属集团内部分配事项所产生的现金划转，不会引起企业集团现金流量的变化，因此在编制合并现金流量表时，应将二者相互抵消。

【例 6 - 57】 根据例 6 - 19 的有关资料，A 公司 2010 年 1 月 1 日以货币资金 2 500 万元对 B 公司投资，取得其 100%的股权。2010 年 B 公司实现净利润 600 万元，提取盈余公积金 100 万元，分配现金股利 300 万元。假设 B 公司年内以银行存款支付现金股利。应编制的抵消分录如下：

借：分配股利、利润或偿付利息所支付的现金　　　　　　3 000 000
　　贷：取得投资收益所收到的现金　　　　　　　　　　　　　3 000 000

3. 母公司与子公司及子公司相互之间当期销售商品所产生的现金流量的抵消

母公司与子公司及子公司相互之间当期销售商品，在销售方的个别现金流量表中作为"销售商品、提供劳务收到的现金"列示；在购进方的个别现金流量表中作为"购买商品、接受劳务支付的现金"列示。从企业集团角度看，上述现金流转不会引起企业集团现金流量的增减变动。因此，在编制合并现金流量表时，应将销售方销售商品、提供劳务收到的现金项目和购买方购买商品、接受劳务支付的现金项目进行抵消。应编制的抵消分录如下：

借：购买商品、接受劳务支付的现金
　　贷：销售商品、提供劳务收到的现金

4. 母公司与子公司及子公司相互之间以现金结算债权、债务所产生的现金流量的抵消

母公司与子公司及子公司相互之间以现金结算应收账款、应付账款等债权、债务，在债权人个别现金流量表中作为"销售商品、提供劳务收到的现金"列示；在债务人个别现金流量表中作为"购买商品、接受劳务支付的现金"列示。从企业集团的角度看，该现金结算尽管对个别现金流量表产生了影响，但仅仅属于集团内部往来事项所产生的现金划转，不会引起企业集团现金流量的增减变动。因此，在编制合并现金流量表时，应将债权人销售商品、提供劳务收到的现金项目与债务人购买商品、接受劳务支付的现金项目之间相互抵消。应编制的抵消分录如下：

借：购买商品、接受劳务支付的现金

贷：销售商品、提供劳务收到的现金

如果现金往来使母公司与子公司及子公司相互之间其他应收款、其他应付款增加或减少，应将收到的其他与经营活动有关的现金项目与支付的其他与经营活动有关的现金项目之间相互抵消。应编制的抵消分录如下：

借：支付的其他与经营活动有关的现金

贷：收到的其他与经营活动有关的现金

5. 母公司与子公司及子公司相互之间与固定资产等长期资产购建和处置有关的现金流量的抵消

母公司与子公司及子公司相互之间当期销售商品形成固定资产、工程物资等长期资产，在销售方的个别现金流量表中作为"销售商品、提供劳务收到的现金"列示；在购进方的个别现金流量表中作为"购建固定资产、无形资产和其他长期资产所支付的现金"列示。从企业集团角度看，上述现金流转对企业集团现金流量的增减变动不产生影响。因此，在编制合并现金流量表时，应将销售方销售商品、提供劳务收到的现金项目和购买方购建固定资产、无形资产和其他长期资产所支付的现金项目进行抵消。应编制的抵消分录如下：

借：购建固定资产、无形资产和其他长期资产所支付的现金

贷：销售商品、提供劳务收到的现金

母公司与子公司及子公司相互之间当期处置固定资产、无形资产和其他长期资产，在处置方的个别现金流量表中作为"处置固定资产、无形资产和其他长期资产所收到的现金"列示；在购进方的个别现金流量表中作为"购建固定资产、无形资产和其他长期资产所支付的现金"列示。从企业集团角度看，上述现金流转对企业集团现金流量不产生影响。因此，在编制合并现金流量表时，应将处置方处置固定资产、无形资产和其他长期资产所收回的现金项目与购买方购建固定资产、无形资产和其他长期资产所支付的现金项目之间相互抵消。应编制的抵消分录如下：

借：购建固定资产、无形资产和其他长期资产所支付的现金

贷：处置固定资产、无形资产和其他长期资产所收到的现金

母公司与子公司及子公司相互之间当期发生的其他交易所产生的现金流量应按照上述原则抵消。

6. 母公司与子公司及子公司相互之间与债券投资有关的现金流量的抵消

母公司与子公司及子公司相互之间的债券投资，在债券投资方的个别现金流量表中作为"投资支付的现金"列示；在债券发行方的个别现金流量表中作为"取得借款收到的现金"列示。从企业集团角度看，上述现金流转对企业集团现金流量不产生影响。因此，在编制合并现金流量表时，应将债券投资方投资支付的现金项目和债券发行方的个别现金流量表中作为取得借款收到的现金项目相互抵消。应编制的抵消分录如下：

借：投资支付的现金
　　贷：取得借款收到的现金

（二）合并现金流量表补充资料的编制方法

合并现金流量表的补充资料的编制，可以采取两种方法：①以母公司和所有子公司的个别现金流量表为基础，在抵消母公司与子公司和子公司相互之间发生的内部交易对合并现金流量的影响后进行编制；②直接根据合并资产负债表和合并利润表进行编制。我国会计实务中采用的是第二种方法。

（三）合并现金流量表的格式

合并现金流量表的格式综合考虑了企业集团中一般工商企业和金融企业（包括商业银行、保险公司和证券公司）的现金流入和现金流出列报的要求，与个别现金流量表的格式基本相同。

合并现金流量表的编制与个别现金流量表相比，一个特殊的问题就是在子公司为非全资子公司的情况下，涉及子公司与其少数股东之间的现金流入和现金流出的处理问题。对于子公司与少数股东之间发生的现金流入和现金流出，从整个企业集团来看，也影响到其整体的现金流入和流出数量的增减变动，必须在合并现金流量表中予以反映。子公司与少数股东之间产生的影响现金流入和现金流出的经济业务包括：少数股东对子公司增加权益性投资、少数股东依法从子公司中抽回权益性投资、子公司向其少数股东支付现金股利或利润等。为了便于企业集团合并财务报表使用者了解掌握企业集团现金流量的情况，有必要将与子公司少数股东之间的现金流入和现金流出的情况单独予以反映。

对于子公司的少数股东增加在子公司中的权益性投资，在合并现金流量表中应当在"筹资活动产生的现金流量"之下的"吸收投资收到的现金"项目下"其中：子公司吸收少数股东投资收到的现金"项目反映。

对于子公司的少数股东依法抽回在子公司中的权益性投资，在合并现金流量表应当在"筹资活动产生的现金流量"之下的"支付其他与筹资活动有关的现金"项目反映。

对于子公司向少数股东支付现金股利或利润，在合并现金流量表中应当在"筹资活动产生的现金流量"之下的"分配股利、利润或偿付利息支付的现金"项目下"其中：子公司支付给少数股东的股利、利润"项目反映。合并现金流量表的具体格式如表6-39所示。

表 6 - 39　　　　　　　　　　合并现金流量表

编制单位：＿＿＿＿＿＿＿　　　　　　＿＿＿＿年度　　　　　　　　　单位：元

项　目	本年金额	上年金额
一、经营活动产生的现金流量		
销售商品、提供劳务收到的现金		
客户存款和同行业存放款项净增加额		
向中央银行借款净增加额		
向其他金融机构拆入资金净增加额		
收到原保险合同保费取得的现金		
收到再保险业务现金净额		
保户储金及投资款净增加额		
处置交易性金融资产净增加额		
收取利息、手续费及佣金净增加额		
拆入资金净增加额		
回购业务资金净增加额		
收到的税费返还		
收到其他与经营流动有关的现金		
经营活动现金流入小计		
购买商品、接受劳务支付的现金		
客户贷款及垫款净增加额		
存入中央银行和同业款项净增加额		
支付原保险合同赔付款项的现金		
支付利息、手续费及佣金的现金		
支付保单红利的现金		
支付给职工以及为职工支付的现金		
支付的各项税费		
支付其他与经营活动有关的现金		
经营活动现金流出小计		
经营活动产生的现金流量净额		
二、投资活动产生的现金流量		
收回投资收到的现金		

项　目	本年金额	上年金额
取得投资收益收到的现金		
处置固定资产、无形资产和其他长期资产收回的现金净额		
处置子公司及其他营业单位收到的现金净额		
收到其他与投资活动有关的现金		
投资活动现金流入小计		
购建固定资产、无形资产和其他长期资产支付的现金		
投资支付的现金		
质押贷款净增加额		
取得子公司及其他营业单位支付的现金净额		
支付其他与投资活动有关的现金		
投资活动现金流出小计		
投资活动产生的现金流量净额		
三、筹资活动产生的现金流量		
吸收投资收到的现金		
其中：子公司吸收少数股东投资收到的现金		
取得借款收到的现金		
发行债券收到的现金		
收到其他与筹资活动有关的现金		
筹资活动现金流入小计		
偿还债务支付的现金		
分配股利、利润或偿付利息支付的现金		
其中：子公司支付给少数股东的股利、利润		
支付其他与筹资活动有关的现金		
筹资活动现金流出小计		
筹资活动产生的现金流量净额		
四、汇率变动对现金的影响		
五、现金及现金等价物净增加额		
加：年初现金及现金等价物余额		
六、年末现金及现金等价物余额		

　　需要说明的是，在企业合并当期，母公司购买子公司及其他营业单位支付对价中以现金支付的部分与子公司及其他营业单位在购买日持有的现金和现金等价物应当相互抵消，区别以下两种情况分别处理：

　　（1）子公司及其他营业单位在购买日持有的现金和现金等价物小于母公司支付对价中以现金支付的部分，按减去子公司及其他营业单位在购买日持有的现金和现金等价物后的净额在"取得子公司及其他营业单位支付的现金净额"项目反映，应编制的抵消分录为：借记"取得子公司及其他营业单位支付的现金净额"项目，贷记"年初现金及现金等价物余额"项目。

　　（2）子公司及其他营业单位在购买日持有的现金和现金等价物大于母公司支付对价中以现金支付的部分，按减去子公司及其他营业单位在购买日持有的现金和现金等价物后的净额在"收到其他与投资活动有关的现金"项目反映，应编制的抵消分录为：借记"取得子公司及其他营业单位支付的现金净额"项目和"收到其他与投资活动有关的现金"项目，贷记"年初现金及现金等价物余额"项目。

【思考题】

1. 简述编制合并财务报表的意义。

2. 简述对于编制合并财务报表具体目的的两种不同观点。

3. 简述编制合并财务报表的三种理论。

4. 如何理解编制合并财务报表必要条件中的"控制"观念？

5. 简述纳入合并财务报表编制的被投资企业的范围。

6. 简述权益法和成本法。

7. 什么是合并财务报表工作底稿？为什么要编制合并财务报表工作底稿？

8. 简述集团内部未实现损益的抵消方法。

9. 简述集团内部债券赎回损益归属的不同方法。

10. 在编制合并工作底稿时，与集团内部交易相关的存货、固定资产和无形资产的减值准备应当如何进行调整与抵消？

11. 在母公司分次取得对被投资企业的控制权的情况下，应当如何确认合并商誉（正商誉或负商誉）？

12. 在集团内部交互持股的情况下如何编制合并财务报表？

13. 在企业集团多层控股结构下如何编制合并财务报表？

14. 编制合并现金流量表应当注意哪些问题？

【练习题】

一、单项选择题

1. 企业集团合并财务报表的编制者是（　　　　）。

　　A. 母公司　　　　　B. 子公司　　　　　C. 企业集团　　　　　D. 以上答案均正确

2. 下列关于合并财务报表与企业合并方式之间的关系的表述中，不正确的是（　　　　）。

A. 企业合并必然要求编制合并报表

B. 控股合并的情况下，必须编制合并财务报表

C. 创立合并的情况下，不涉及合并财务报表的编制

D. 吸收合并的情况下，不涉及合并财务报表的编制

3. 根据我国现行会计准则，合并范围的确定应该以"控制"为基础来确定。这里的"控制"（　　　）。

A. 仅指投资公司对被投资公司的直接控制

B. 不包括投资各方对被投资公司的共同控制

C. 仅指投资公司有从被投资公司获取经济利益的权利

D. 仅指投资公司能够决定被投资公司的财务和经营政策

4. 根据企业会计准则，母公司应当将其全部子公司纳入合并报表的合并范围。这里的"全部子公司"（　　　）。

A. 不包括小规模的子公司

B. 不包括与母公司经营性质不同的非同质子公司

C. 不包括母公司为特殊目的设立的特殊目的实体

D. 应该涵盖所有被母公司控制的被投资单位

5. 甲企业直接拥有乙企业 80% 的表决权、直接拥有丙企业 10% 的表决权；乙企业直接拥有丙企业 55% 的表决权，则以下说法中不正确的是（　　　）。

A. 甲企业拥有乙企业 50% 以上的表决权

B. 甲、乙双方最终都要提供合并报表

C. 甲企业应将乙企业纳入合并范围

D. 甲企业应把丙企业纳入合并范围

6. 在合并报表工作底稿中，"合并数"一栏提供的数字将构成合并报表所填列的数据。在计算以下项目的"合并数"时，须用工作底稿中相关项目的"合计数"栏数字加上"抵消分录"栏的借方数字（减去贷方数字）的项目是（　　　）。

A. 营业收入　　　　B. 应付账款　　　　C. 固定资产　　　　D. 年初未分配利润

7. 同一控制下的企业合并，控股合并的母公司在合并日应当编制的合并报表种类不包括（　　　）。

A. 合并利润表　　　　　　　　　B. 合并资产负债表

C. 合并现金流量表　　　　　　　D. 合并所有者权益变动表

8. 甲企业与乙企业合并前没有任何经济联系。甲企业以账面价值 200 万元的库存商品（增值税税率 17%、计税价格 300 万元）和 300 万元的货币资金购入乙企业 80% 的股权，从而成为乙企业的母公司。该项股权购买事项之前，乙企业的股东权益为 800 万元，甲企业的股东权益为 2 000 万元。股权取得日的合并资产负债表中，"股东权益"总额应（　　　）。

A. 大于 2 800 万元　　　　　　　B. 等于 2 800 万元

C. 等于 2 000 万元　　　　　　　D. 小于 2 800 万元大于 2 000 万元

9. 20 ×9 年初，甲企业以 460 万元的合并成本购买非同一控制下的乙企业的全部股权，

乙企业被并购时可辨认净资产账面价值 400 万元、公允价值 420 万元。20×9 年末甲企业各资产及资产组未有发生减值。则年末合并资产负债表中"商誉"的报告价值为（　　　）。

　　A. 60 万元　　　　　B. 40 万元　　　　　C. 20 万元　　　　　D. 0

10. 20×9 年初，甲企业用银行存款 460 万元购买非同一控制下的乙企业的全部净资产，乙企业被吸收合并时可辨认净资产账面价值 400 万元、公允价值 420 万元。甲企业 20×9 年末各资产及资产组未有发生减值，则 20×9 年末个别资产负债表中的"商誉"报告价值为（　　　）。

　　A. 60 万元　　　　　B. 40 万元　　　　　C. 20 万元　　　　　D. 0

11. 某企业集团母公司将其生产的成本为 60 000 元的产品按 80 000 元的价格出售给子公司，后者作为固定资产使用。在固定资产交易的当年，合并财务报表工作底稿中关于固定资产原价中包含的未实现内部销售利润的抵消分录为（　　　）。

　　A. 借：营业外收入　　　　　　　　　　　　　　20 000
　　　　　贷：固定资产　　　　　　　　　　　　　　　　　20 000
　　B. 借：主营业务收入　　　　　　　　　　　　　　80 000
　　　　　贷：主营业务成本　　　　　　　　　　　　　　　80 000
　　C. 借：营业外收入　　　　　　　　　　　　　　60 000
　　　　　贷：固定资产　　　　　　　　　　　　　　　　600 000
　　D. 借：主营业务收入　　　　　　　　　　　　　　80 000
　　　　　贷：主营业务成本　　　　　　　　　　　　　　　60 000
　　　　　　　固定资产　　　　　　　　　　　　　　　　　20 000

12. 下列抵消分录中属于抵消企业集团内部债权债务业务的有（　　　）。

　　A. 借：预付账款　　　　　　　　　　B. 借：应收账款
　　　　　贷：预收账款　　　　　　　　　　　　贷：预收账款
　　C. 借：应付债券　　　　　　　　　　D. 借：投资收益
　　　　　贷：持有至到期投资　　　　　　　　　贷：应收股利

13. 在编制合并财务报表时，关于企业集团内部存货交易的下列说法中，正确的是（　　　）。

　　A. 内部存货销售不必抵消
　　B. 内部存货销售产生的未实现利润应抵消
　　C. 该交易在合并利润表中没有相应的抵消分录
　　D. 该交易在合并现金流量表中没有相应的抵消分录

14. 在连续编制合并财务报表时，对内部应收账款和应付账款予以抵消以后，将上期已抵消的资产减值损失中坏账损失对本年年初未分配利润的影响予以抵消时的抵消分录，应（　　　）。

　　A. 借记"资产减值损失"项目　　　　B. 借记"未分配利润"项目
　　C. 贷记"年初未分配利润"项目　　　D. 借记或贷记"应收账款"项目

15. 在连续编制合并财务报表的情况下，上年编制合并财务报表时已抵销的存货价值中包含的未实现内部销售利润, 本年经抵销后对本年的年初未分配利润合并数 (　　)。

A. 没有影响　　　　B. 还有影响　　　　C. 不一定有影响　　　D. 不再会有影响

16. 甲公司拥有乙公司80%的有表决权股份, 能够控制乙公司财务和经营决策。2013年6月1日, 甲公司将本公司生产的一批产品出售给乙公司, 售价为1 600万元 (不含增值税), 成本为1 000万元。至2013年12月31日, 乙公司已对外售出该批存货的40%, 当日, 剩余存货的可变现净值为500万元。甲公司、乙公司均采用资产负债表债务法核算其所得税, 适用的所得税税率均为25%。不考虑其他因素, 对上述交易进行抵消后, 2013年12月31日在合并财务报表层面因该业务应列示的递延所得税资产为 (　　) 万元。

A. 25　　　　　　　B. 95　　　　　　　C. 100　　　　　　　D. 115

17. 上期存在未实现内部销售利润, 本期编制合并财务报表时, 在合并财务报表工作底稿中需编制这样的抵消分录: (　　)。

A. 借记 "年初未分配利润" 项目, 贷记 "存货" 项目

B. 借记 "年初未分配利润" 项目, 贷记 "主营业务成本" 项目

C. 借记 "年初未分配利润" 项目, 贷记 "固定资产" 项目

D. A、B、C均有可能

18. 企业集团内部交易的固定资产, 在报废清理的会计期末, 不编制与该固定资产有关的任何抵消分录。这种情况发生在 (　　)。

A. 期满报废　　　　　　　　　　　B. 超期报废

C. 提前报废　　　　　　　　　　　D. A、B、C三种场合

19. 甲企业拥有乙企业股权的60%, 从而将乙企业纳入合并财务报表的编制范围。2009年9月甲企业将账面价值为80 000元、计税价格为100 000元的一批库存商品, 以100 000元的价格出售给乙企业, 后者将其作为库存材料核算。相关税费略。年末, 该批存货尚有40%在库, 另60%已经计入乙企业当年销售成本。该在库存货的年末可变现净值为31 000元, 乙企业因此计提存货跌价准备9 000元。年末甲企业和乙企业个别资产负债表中 "存货" 项目年末数分别为900 000元和500 000元。甲企业编制的合并资产负债表中 "存货" 项目的报告价值应为 (　　) 元。

A. 1 400 000　　　B. 1 392 000　　　C. 1 391 000　　　D. 1 000 000

20. 甲企业拥有乙企业股权的60%, 从而将乙企业纳入合并财务报表的编制范围。2009年9月甲企业将账面价值为80 000元、计税价格为100 000元 (相关税费略) 的一批库存商品, 以100 000元的价格出售给乙企业, 后者将其作为库存材料核算。年末, 该批存货尚有40%在库, 25%已经计入乙企业当年销售成本, 35%则包括在乙企业期末在产品成本中 (该在产品总成本90 000元, 可变现净值93 000元)。该在库存货的年末可变现净值为31 000元, 乙企业因此计提存货跌价准备9 000元。甲企业年末编制合并财务报表时, 对 "营业成本" 项目的抵消金额应为 (　　) 元。

A. 100 000　　　　B. 92 000　　　　C. 85 000　　　　D. 8 000

二、多项选择题

1. 合并财务报表与个别财务报表相比, 两者不同之处主要有 (　　)。

    A. 反映的对象不同   B. 编制主体不同

    C. 编制基础不同   D. 编制方法不同

    E. 编制时间不同

2. 下列关于合并财务报表与投资之间的关系的表述中，你认为正确的是（　　）。

    A. 投资与合并财务报表的编制必然相关

    B. 交易性投资不涉及合并财务报表的编制

    C. 持有至到期的债券投资不要求编制合并财务报表

    D. 投资方对其长期股权投资采用成本法进行后续计量时一律不编制合并财务报表

    E. 合并财务报表的编制与否取决于股权投资方与被投资方是否存在控制与被控制关系

3. 根据我国企业会计准则，合并财务报表的种类包括（　　）。

    A. 合并利润表   B. 合并资产负债表

    C. 合并利润分配表   D. 合并现金流量表

    E. 合并所有者权益变动表

4. 非同一控制下的企业合并，控股合并的母公司在合并日应当编制的合并报表种类不包括（　　）。

    A. 合并利润表   B. 合并资产负债表

    C. 合并现金流量表   D. 合并利润分配表

    E. 合并所有者权益变动表

5. 企业在确定能否对被投资公司进行控制时，应当考虑潜在表决权因素。这里需要考虑的"潜在表决权"（　　）。

    A. 既包括本期可转换或可执行的，也包括以后期间将要转换或执行的

    B. 将增加或减少本企业本期对被投资公司的表决权比例

    C. 实际上与本期资产负债表日表决权比例的计算无关

    D. 既包括可转换公司债券，也包括可执行的认股权证

    E. 既包括本企业持有的，也包括其他企业持有的

6. 如果投资公司对被投资公司的持股比例与拥有的表决权比例相一致，则（　　）。

    A. 甲公司对乙公司的持股比例在50%以上，甲控制乙

    B. 甲公司与丙公司对乙公司的持股比例分别为50%，甲与丙共同控制乙

    C. 甲公司对乙公司的持股比例在50%或以下、20%以上，甲对乙有重大影响

    D. 甲公司对乙公司的持股比例在20%或以下，甲对乙不控制或不共同控制也无重大影响

    E. 被控制公司是实施控制的投资公司的子公司，全部子公司应纳入母公司的合并范围

7. 下列关于股权取得日合并资产负债表的阐述中，不正确的是（　　）。

    A. 需要抵消合并前发生的成员企业之间的内部交易影响数

    B. 合并报表工作底稿中一般只需编制一个抵消分录

    C. 对非全资的子公司可以部分地抵消其股东权益

D. 对子公司的股东权益要全额抵消

E. 必然涉及对少数股东权益的确认

8. 对于企业集团内部固定资产交易，在该固定资产使用期间内每期编制合并财务报表时都要编制的有关抵消分录中包括（　　）。

A. 抵消该固定资产当期多计提的折旧额

B. 抵消固定资产原价中包含的未实现利润

C. 抵消未实现利润对年初未分配利润的影响

D. 抵消该固定资产以前年度累计多计提的折旧

E. 抵消与该项交易有关的营业外收入或营业外支出

9. 在内部交易的固定资产提前报废或期满报废清理期，合并财务报表工作底稿中，（　　）。

A. 不一定编制抵消分录

B. 必须编制调整期初未分配利润的分录

C. 必须编制抵消当年多计提的折旧的分录

D. 必须编制抵消以前年度累计多计提的折旧的分录

E. 不必编制抵消固定资产原价中包含的未实现利润的有关分录

10. 下列被投资企业中，应当纳入甲公司合并财务报表合并范围的有（　　）。

A. 甲公司在报告年度购入其 57% 股份的境外被投资企业

B. 甲公司持有其 40% 股份，且受托代管 B 公司持有其 30% 股份的被投资企业

C. 甲公司持有其 43% 股份，甲公司的子公司 A 公司持有其 8% 股份的被投资企业

D. 甲公司持有其 40% 股份，甲公司的母公司持有其 11% 股份的被投资企业

E. 甲公司持有其 38% 股份，且甲公司根据章程有权决定其财务和经营政策的被投资企业

11. 甲公司 2010 年 1 月 1 日购入乙公司 80% 股权，能够对乙公司的财务和经营政策实施控制。除乙公司外，甲公司无其他子公司。2010 年度，乙公司按照购买日可辨认净资产公允价值为基础计算实现的净利润为 2 000 万元，无其他所有者权益变动。2010 年末，甲公司合并财务报表中少数股东权益为 825 万元。2011 年度，乙公司按购买日可辨认净资产公允价值为基础计算的净亏损为 5 000 万元，无其他所有者权益变动。2011 年末，甲公司个别财务报表中所有者权益总额为 8 500 万元。

下列各项关于甲公司 2010 年度和 2011 年度合并财务报表列报的表述中，正确的有（　　）。

A. 2011 年度少数股东损益为 0

B. 2010 年度少数股东损益为 400 万元

C. 2011 年 12 月 31 日少数股东权益为 0

D. 2011 年 12 月 31 日股东权益总额为 5 925 万元

E. 2011 年 12 月 31 日归属于母公司股东权益为 6 100 万元

E. 同纳入合并范围的子公司当年实现净利润一道，与其本期利润分配项目相抵销

12. 下列项目在编制合并利润表时必应予以抵消的有（　　）。

A. 母子公司间权益性投资收益　　　B. 母公司的债权投资收益

C. 母公司计提的坏账准备　　　　　D. 子公司的利润分配项目

E. 子公司的财务费用

13. 在编制合并资产负债表时，合并财务报表工作底稿中编制的抵消分录中，将母公司权益性资本投资项目与子公司所有者权益项目相抵消时有可能（　　　）。

A. 借或贷"商誉"　　　　　　　　　B. 借或贷"少数股东权益"

C. 既不借记也不贷记"商誉"　　　　D. 既不借记也不贷记"少数股东权益"

E. 贷记"长期股权投资"

14. 如果母公司应收账款年末余额中有对子公司的应收账款，在年末编制合并财务报表时，应（　　　）。

A. 将母公司的应收账款抵消　　　　B. 抵消母公司计提的坏账准备

C. 抵消该子公司的应付账款　　　　D. 抵消该子公司对母公司的应付账款

E. 将母公司应收账款中相当于该子公司应付母公司的部分予以抵消

15. 母公司对子公司报告期末有应收账款的情况下，如果母公司对坏账损失采用备抵法核算，则合并当年编制合并财务报表时，必须（　　　）。

A. 抵消母公司坏账准备期初余额　　B. 抵消母公司坏账准备期末余额

C. 抵消母公司坏账准备当期提取数　D. 抵消与该项应收账款有关的应付账款

E. 抵消该项应收账款

16. 在编制合并财务报表时，合并财务报表工作底稿中的抵消分录的下列说法中不正确的有（　　　）。

A. 应将纳入合并范围的子公司的所有者权益百分之百予以抵消

B. 应抵消母公司的应收账款及按该应收账款计提的坏账准备

C. 应抵消纳入合并范围的子公司对母公司的预付账款

D. 应抵消内部交易的固定资产价值

E. 应抵消母公司的投资收益

17. 甲企业拥有乙企业股权的60%，从而将乙企业纳入合并财务报表的编制范围。2007年9月甲企业将账面价值为80 000元、计税价格为100 000元、增值税税率为17%、消费税税率为10%的一批库存商品，以100 000元的价格出售给乙企业，后者将其作为库存材料核算。年末，该批存货尚有40%在库，另60%已经计入乙企业当年销售成本。该在库存货的年末可变现净值为31 000元，乙企业因此计提存货跌价准备9 000元。年末甲企业和乙企业个别资产负债表中"存货"项目年末数分别为900 000元和500 000元。根据现行会计准则，甲企业编制合并财务报表时，与该业务有关的抵消分录涉及的报表项目包括（　　　）。

A. 存货　　　B. 营业收入　　　C. 营业成本　　　D. 管理费用

E. 存货跌价准备

三、判断题

1. 虽然甲企业对乙企业的持股比例在50%以下，但也有可能控制乙企业。（　　　）

2. 甲企业对乙企业的持股比例在50%以上，并不意味着乙企业一定被甲企业所控制。

（　　　）

3. 编制合并报表，要遵循以个别报表为基础原则，就是指合并报表仅以母公司和其子公司的财务报表为编制依据。　　　　　　　　　　　　　　　　　　　　　（　　）

4. 为了编制合并报表的需要，母公司应当统一母、子公司所采用的会计政策，使子公司采用的会计政策与母公司保持一致。　　　　　　　　　　　　　　　（　　）

5. 为了编制合并报表的需要，母公司应当统一母、子公司所采用的会计期间，使子公司的会计期间与母公司保持一致。　　　　　　　　　　　　　　　（　　）

6. 为了编制合并报表的需要，如果子公司的会计期间与母公司的不一致，应当按照母公司的会计期间对子公司财务报表进行调整；或者要求子公司按照母公司的会计期间另行编报财务报表。　　　　　　　　　　　　　　　　　　　　　　　（　　）

7. 为了编制合并报表的需要，子公司除了向母公司提供本公司的财务报表以外，还应提供编制合并报表所需要的相关资料。　　　　　　　　　　　　　　　（　　）

8. 编制合并财务报表时需要对纳入合并财务报表范围的各成员企业之间的内部交易事项对个别财务报表的影响予以抵消，这是一体性原则的要求。　　　　　（　　）

9. 在合并财务报表工作底稿中编制的有关抵消分录，并不能作为记账的依据。（　　）

10. 甲、乙两个企业均属同一企业集团。甲企业以560万元的货币资金取得乙企业80%的股权，股权取得日的合并资产负债表中，"固定资产"项目的合并数应为甲企业与乙企业合并当日"固定资产"账面价值之和。　　　　　　　　　　　（　　）

11. 甲、乙两个企业分属不同的企业集团。甲企业以560万元的货币资金取得乙企业80%的股权，股权取得日的合并资产负债表中，"固定资产"项目的合并数必定等于甲企业与乙企业合并当日"固定资产"账面价值之和。　　　　　　（　　）

12. 甲企业以560万元的货币资金取得乙企业80%的股权，股权取得日的合并资产负债表中，"长期股权投资"项目的合并数应为甲企业与乙企业当日长期股权投资账面价值之和。　　　　　　　　　　　　　　　　　　　　　　　　　　（　　）

13. 甲企业以560万元的货币资金取得乙企业80%的股权，股权取得日的合并资产负债表中，"货币资金"项目的合并数应为甲企业与乙企业当日单独资产负债表"货币资金"项目金额之和。　　　　　　　　　　　　　　　　　　　　（　　）

14. 甲企业与乙企业合并前分属于不同的企业集团。甲企业以账面价值200万元的库存商品（增值税税率17%、计税价格300万元）和300万元的货币资金购入乙企业80%的股权，从而成为乙企业的母公司。该项股权购买事项之前，乙企业的可辨认净资产账面价值为800万元，公允价值为810万元，甲企业的股东权益为2 000万元。股权取得日的合并资产负债表中，"少数股东权益"数额应为160万元。
　　　　　　　　　　　　　　　　　　　　　　　　　　　　　　　（　　）

15. 编制合并资产负债表时，不仅母公司与子公司之间的债权债务要抵消，子公司之间的债权债务也要抵消。　　　　　　　　　　　　　　　　　　　　（　　）

16. 在母公司对子公司有应收账款期末余额的情况下，在合并财务报表工作底稿中编制抵消分录时，应按母公司当年计提的坏账准备数额借记"应收账款"项目，贷记"管理费用"项目。　　　　　　　　　　　　　　　　　　　　　　　（　　）

17. 企业集团母公司将存货出售给子公司的情况下，如果后者将该存货销售出企业集

团，则年末编制合并财务报表时不需要编制抵消分录。　　　　　　（　　）

18. 企业集团子公司将存货按成本价出售给母公司，后者将其作为固定资产使用，则年末编制合并财务报表时不需要编制抵消分录。　　　　　　（　　）

19. 某企业集团的母公司报告期内向子公司销售商品，收到货款 200 000 元。后者将其作为固定资产使用。根据母公司和该子公司的个别现金流量表编制合并现金流量表时，有关的抵消分录为：

　　借：经营活动产生的现金流量——购买商品、接受劳务支付的现金　200 000

　　　　贷：经营活动产生的现金流量——销售商品、提供劳务收到的现金　200 000

　　　　　　　　　　　　　　　　　　　　　　　　　　　　　　（　　）

20. 少数股东增加对子公司的权益性资本投资，在合并现金流量表中应在"投资活动产生的现金流量"部分报告。　　　　　　（　　）

21. 在连续编制合并财务报表的情况下，对于上期内部购进商品全部实现对外销售的情况，本期不再涉及有关的抵消处理。　　　　　　（　　）

22. 抵销内部交易的固定资产当期多计提的折旧费，实际上就是抵消该固定资产当期按内部固定资产交易的未实现利润计提的折旧费。　　　　　　（　　）

23. 企业集团内部交易的固定资产，在超期使用的情况下，超期使用各期间和报废期间合并财务报表工作底稿中不需要编制有关的抵消分录。　　　　　　（　　）

24. 子公司当年实现净收益当中属于少数股东应享有的份额即少数股东收益，必将增加企业集团的少数股东权益。　　　　　　（　　）

25. 根据企业会计准则，合并利润表中的合并净收益中，包括少数股东收益。　（　　）

四、计算与账务处理题

1. 京雁公司和甲公司均为增值税一般纳税人，适用的增值税税率为 17%；年末均按实现净利润的 10% 提取法定盈余公积。假定产品销售价格均为不含增值税的公允价格。2007 年度发生的有关交易或事项如下：

（1）1 月 1 日，京雁公司以 3 200 万元取得甲公司有表决权股份的 60% 作为长期股权投资。当日，甲公司可辨认净资产的账面价值和公允价值均为 5 000 万元；所有者权益为 5 000 万元，其中股本 2 000 万元，资本公积 1 900 万元，盈余公积 600 万元，未分配利润 500 万元。在此之前，京雁公司和甲公司之间不存在关联方关系。

（2）6 月 30 日，京雁公司向甲公司销售一件 A 产品，销售价格为 500 万元，销售成本为 300 万元，款项已于当日收存银行。甲公司购买的 A 产品作为管理用固定资产，于当日投入使用，预计可使用年限为 5 年，预计净残值为零，采用年限平均法计提折旧。

（3）7 月 1 日，京雁公司向甲公司销售 B 产品 200 件，单位销售价格为 10 万元，单位销售成本为 9 万元，款项尚未收取。

甲公司将购入的 B 产品作为存货入库；至 2007 年 12 月 31 日，甲公司已对外销售 B 产品 40 件，单位销售价格为 10.3 万元；2007 年 12 月 31 日，对尚未销售的 B 产品每件计提存货跌价准备 1.2 万元。

（4）12月31日，京雁公司尚未收到向甲公司销售200件B产品的款项；当日，对该笔应收账款计提了20万元的坏账准备。

（5）4月12日，甲公司对外宣告发放上年度现金股利300万元；4月20日，京雁公司收到甲公司发放的现金股利180万元。甲公司2007年度利润表列报的净利润为400万元。

要求：

（1）编制京雁公司2007年12月31日合并甲公司财务报表时按照权益法调整相关长期股权投资的会计分录。

（2）编制京雁公司2007年12月31日合并甲公司财务报表的各项相关抵消分录。（不要求编制与合并现金流量表相关的抵消分录；不要求编制与抵消内部交易相关的递延所得税抵消分录；答案中的金额单位用万元表示）

2. 珠江股份有限公司为上市公司（以下简称珠江公司），2007年在长期股权投资上发生了下列有关业务：

（1）2007年1月1日，珠江公司与甲公司签订了股权转让协议，将甲公司持有的丙公司60%的股权转让给珠江公司，股权转让款2 200万元。

股权转让日，丙公司可辨认净资产的公允价值为3 500万元，其中实收资本3 000万元，资本公积100万元，盈余公积100万元，未分配利润300万元。

珠江公司于当日将股权转让款支付给了甲公司（不考虑相关税费），所有的相关手续已经办理完毕。假定珠江公司与甲公司不存在任何关联关系。

2007年，丙公司实现净利润500万元，因可供出售金融资产业务增加资本公积60万元。假定珠江公司投资时，丙公司资产的账面价值与其公允价值相差不大。

（2）2007年珠江公司与丙公司发生了如下交易：

①2007年5月1日，珠江公司出售一批电子产品给丙公司，货款为200万元，增值税税额34万元，款项未收；该批电子产品的成本为160万元。

2007年8月，丙公司对外销售其中的50%。2007年末，该批货物的预计售价为89万元，预计将发生相关销售费用和税金为2万元。

珠江公司在年末仍未收到该批货款，根据公司采用的会计政策对此计提了5万元坏账准备。

②2007年6月，珠江公司将一台管理用设备出售给丙公司，收取价款50万元。该设备账面原值80万元，已提折旧40万元，未计提减值准备。丙公司购入后当月投入使用，采用直线法计提折旧，预计使用年限2年，预计净残值为0（与珠江公司的会计政策一致）。使用2个月后，由于丙公司业务量少，基本处于闲置状态，出现减值迹象。2007年末，该设备预计可收回金额为30万元。

（3）2008年3月丙公司股东大会决定按净利润10%计提法定盈余公积，分配现金股利200万元。

（4）假设上述交易均为公允交易，且属于重大交易。

要求：

（1）对珠江公司2007年对丙公司的投资做出账务处理。

（2）编制珠江公司计提应收丙公司账款的坏账准备的会计分录；计算丙公司电子产品应计提的存货跌价准备，并进行相关的账务处理。

（3）计算丙公司购入的设备在2007年应计提的折旧额；计算该设备应计提的减值准备，并进行相关的账务处理。

（4）2007年末珠江公司将丙公司纳入合并范围，请编制合并工作底稿中的调整分录。

（5）编制2007年珠江公司合并报表的抵消分录，包括：①内部股权投资的抵消；②内部债权债务的抵消；③内部交易的抵消。

3. 常青股份有限公司为上市公司（下称常青公司），2006年—2008年发生有关投资业务事项如下：

（1）2006年1月1日，常青公司支付2 500万元取得甲公司30%的股权，对甲公司生产经营决策产生重大影响，采用权益法核算。投资时，甲公司各项可辨认资产、负债的公允价值与其账面价值相同，可辨认净资产公允价值及账面价值的总额均为8 000万元。为了进行此项投资，发生了律师费、审计费等直接相关费用50万元。常青公司、甲公司之间不存在任何关联方关系。

（2）2006年甲公司实现净利润2 000万元，无其他所有者权益变动。

（3）2007年1月1日，常青公司通过发行1 000万股普通股（每股面值1元，市价为5元）取得了甲公司30%的股权，并于当日开始对甲公司的生产经营决策实施控制。

①2007年1月1日，甲公司各项可辨认资产、负债的公允价值与其账面价值略有不同，可辨认净资产账面价值的总额为10 000万元，可辨认净资产公允价值总额为12 000万元（见甲公司资产负债简表）。

资产负债表（简表）

编制单位：甲公司　　　　　　　　　　2007年1月1日　　　　　　　　　　单位：万元

	账面价值	公允价值
资产：		
货币资金	2 000	2 000
存货	10 000	10 000
固定资产	15 000	16 000
无形资产	3 000	4 000
资产总计	30 000	32 000
负债和所有者权益：		
短期借款	6 000	6 000

	账面价值	公允价值
应付账款	9 000	9 000
其他负债	5 000	5 000
负债合计	20 000	20 000
股本	2 000	
资本公积	4 000	
盈余公积	1 000	
未分配利润	3 000	
所有者权益合计	10 000	12 000
负债和所有者权益总计	30 000	32 000

购买日，常青公司备查簿中登记的甲公司固定资产账面价值为 15 000 万元，公允价值为 16 000 万元；无形资产账面价值为 3 000 万元，公允价值为 4 000 万元。固定资产和无形资产均按 10 年的使用年限，采用直线法计提折旧和摊销，净残值均为零。假设计提的折旧和摊销计入管理费用。

②2007 年 4 月 5 日经股东大会批准，除按净利润 10% 提取法定盈余公积外，不提取任意盈余公积；分配现金股利 400 万元，并于 2007 年 5 月 1 日发放完毕。

③甲公司 2007 年实现净利润 1 200 万元，资本公积增加 100 万元。

（4）2007 年常青公司、甲公司发生的内部交易或事项如下：

①2 月 15 日，常青公司以每件 4 万元的价格自甲公司购入 200 件 A 商品，款项于 6 月 30 日支付。甲公司 A 商品的成本为每件 2.8 万元。至 2007 年 12 月 31 日，该批商品已售出 80%，销售价格为每件 4.3 万元。

②4 月 26 日，甲公司以面值公开发行一次还本付息的企业债券，常青公司购入 600 万元，取得后作为持有至到期投资核算（假定常青公司及甲公司均未发生与该债券相关的交易费用）。因实际利率与票面利率相差较小，常青公司采用票面利率计算确认 2007 年利息收入 23 万元，计入持有至到期投资账面价值。甲公司将与该债券相关的利息支出计入财务费用，其中与常青公司所持有部分相对应的金额为 23 万元。

③6 月 29 日，常青公司出售一件产品给甲公司作为管理用固定资产使用。该产品在常青公司的成本为 600 万元，销售给甲公司的售价为 720 万元。甲公司取得该固定资产后，预计使用年限为 10 年，按照年限平均法计提折旧，预计净残值为 0。假定税法规定的折旧年限，折旧方法及净残值与会计规定相同。至 2007 年 12 月 31 日，甲公司尚未支付该购入设备款 720 万元。常青公司对

该项应收账款计提坏账准备 36 万元。

④1 月 1 日，常青公司与甲公司签订协议，自当日起有偿使用甲公司的某块场地，使用期 1 年，使用费为 60 万元，款项于当日支付，甲公司不提供任何后续服务。

常青公司将该使用费作为管理费用核算。甲公司将该使用费收入全部作为其他业务收入。

⑤常青公司于 2007 年 12 月 26 日与甲公司签订商品购销合同，并于当日支付合同预付款 180 万元，至 2007 年 12 月 31 日，甲公司尚未供货。

⑥2007 年 6 月 30 日常青公司将自用的全新办公楼出租给甲公司，租期为 2007 年 6 月 30 日－2009 年 6 月 30 日。该办公楼的账面原值为 900 万元，预计净残值为 0，按 30 年采用直线法计提折旧。常青公司每半年收取租金 20 万元，对该投资性房地产采用成本模式计量。

（5）其他有关资料：

①常青公司与甲公司均为增值税一般纳税人，适用的增值税税率为 17%。除特别注明外，产品销售价格均为不含增值税的公允价值；不考虑常青公司发行股票过程中的交易费用。

②常青公司、甲公司均按照净利润的 10% 提取法定盈余公积。

③本题中涉及的有关资产均未出现减值迹象。

④本题中常青公司及甲公司均采用资产负债表债务法核算所得税费用，所得税税率为 25%。编制合并财务报表时，不考虑调整过程中产生的暂时性差异对所得税的影响；对于与抵消的内部交易相关的递延所得税，仅要求调整存货和固定资产交易，其余略。

要求：

（1）计算常青公司 2006 年 1 月 1 日投资于甲公司的长期股权投资成本，并进行账务处理。

（2）2006 年末常青公司按权益法确认 2006 年权益，并进行账务处理。

（3）2007 年 1 月 1 日购买日常青公司对甲公司投资进行账务处理。

（4）2007 年 1 月 1 日编制购买日常青公司合并甲公司的调整分录和抵消分录，填列调整后的甲公司所有者权益简表。

甲公司所有者权益简表

项　目	调整前金额（2007 年 1 月 1 日）	调整后金额（2007 年 1 月 1 日）
股本		
资本公积		
盈余公积		
未分配利润		
合　计		

（5）编制常青公司 2007 年 4 月、5 月甲公司分配现金股利的会计分录。

（6）2007 年年末计算常青对甲公司长期股权投资账面价值。

（7）编制常青公司 2007 年 12 月 31 日合并甲公司财务报表时对甲公司财务报表的调整分录，填列甲公司所有者权益变动简表。

甲公司所有者权益简表

项　　目	调整前金额（2007 年 12 月 31 日）	调整后金额（2007 年 12 月 31 日）
股本		
资本公积		
盈余公积		
未分配利润		
合　计		

（8）编制常青公司 2007 年 12 月 31 日合并甲公司财务报表时对长期股权投资的调整分录。

（9）编制常青公司 2007 年 12 月 31 日合并甲公司财务报表的抵消分录。（不要求编制与合并现金流量表相关的抵消分录）。

（10）编制 2008 年 12 月 31 日合并甲公司财务报表中投资性房地产的抵消分录。（答案中的金额单位用万元表示）

4. 甲股份有限公司（本题下称"甲公司"）为上市公司。为提高市场占有率及实现多元化经营，甲公司在 2007 年进行了一系列投资和资本运作。

（1）甲公司于 2007 年 3 月 2 日与乙公司的控股股东 A 公司签订股权转让协议，主要内容如下：

①以乙公司 2007 年 3 月 1 日经评估确认的净资产为基础，甲公司定向增发本公司普通股股票给 A 公司，A 公司以其所持有乙公司 80% 的股权作为支付对价。

②甲公司定向增发的普通股股数以协议公告前一段合理时间内公司普通股股票的加权平均股价每股 15.40 元为基础计算确定。

③A 公司取得甲公司定向增发的股份当日即撤出其原派驻乙公司的董事会成员，由甲公司对乙公司董事会进行改组。

（2）上述协议经双方股东大会批准后，具体执行情况如下：

①经评估确定，乙公司可辨认净资产于 2007 年 3 月 1 月的公允价值为 9 625 万元。

②经相关部门批准，甲公司于 2007 年 5 月 31 日向 A 公司定向增发 500 万股普通股股票（每股面值 1 元），并于当日办理了股权登记手续。A 公司拥有甲公司发行在外普通股的 8.33%。

2007 年 5 月 31 日甲公司普通股收盘价为每股 16.60 元。

③甲公司为定向增发普通股股票，支付佣金和手续费 100 万元；对乙公司资产
进行评估发生评估费用 6 万元。相关款项已通过银行存款支付。

④甲公司于 2007 年 5 月 31 日向 A 公司定向发行普通股股票后，即对乙公司董
事会进行改组。改组后乙公司的董事会由 9 名董事组成，其中甲公司派出
6 名，其他股东派出 1 名，其余 2 名为独立董事。

乙公司章程规定，其财务和生产经营决策须由董事会半数以上成员表决
通过。

⑤2007 年 5 月 31 日，以 2007 年 3 月 1 日评估确认的资产、负债价值为基础，
乙公司可辨认资产、负债的公允价值及其账面价值如下表所示：

资产负债表

编制单位：乙公司　　　　　　　　2007 年 5 月 31 日　　　　　　　　单位：万元

项　　目	账面价值	公允价值
资产：		
货币资金	900	900
应收账款	3 400	3 400
存货	2 900	2 900
固定资产	4 200	6 300
无形资产	1 000	2 500
资产总计	12 400	16 000
负债：		
短期借款	1 500	1 500
应付账款	2 600	2 600
长期借款	1 900	1 900
负债合计	6 000	6 000
所有者权益：		
实收资本	2 000	
资本公积	1 000	
盈余公积	430	
未分配利润	2 970	
所有者权益合计	6 400	10 000
负债和所有者权益总计	12 400	16 000

利润表

2007 年　　　　　　　　　　　　　　　　　　　　　单位：万元

项　　目	甲公司	乙公司（1—5 月）	乙公司（6—12 月）
一、营业收入	25 000	4 000	8 000
减：营业成本	18 000	2 600	5 600
销售费用	900	240	500
管理费用	1 000	300	720
财务费用	600	100	160
资产减值损失	800	50	80
加：投资收益	200	0	0
二、营业利润	3 900	710	940
加：营业外收入	400	50	200
减：营业外支出	240	0	340
三、利润总额	4 060	760	800
减：所得税费用	1 200	200	200
四、净利润	2 860	560	600

　　乙公司固定资产原取得成本为 6 000 万元，预计使用年限为 30 年，预计净残值为零，采用年限平均法计提折旧，至合并日（或购买日）已使用 9 年，未来仍可使用 21 年，折旧方法及预计净残值不变。

　　乙公司无形资产原取得成本为 1 500 万元，预计使用年限为 15 年，预计净残值为零，采用直线法摊销，至合并日（或购买日）已使用 5 年，未来仍可使用 10 年，摊销方法及预计净残值不变。

　　假定乙公司的固定资产、无形资产均为管理使用；固定资产、无形资产的折旧（或摊销）年限、折旧（或摊销）方法及预计净残值均与税法规定一致。

（3）2007 年 6 月至 12 月间，甲公司和乙公司发生了以下交易或事项：

　　①2007 年 6 月，甲公司将本公司生产的某产品销售给乙公司，售价为 120 万元，成本为 80 万元。乙公司取得后作为管理用固定资产并于当月投入使用，预计使用年限为 10 年，预计净残值为零，采用年限平均法计提折旧。假定该项固定资产的折旧方法、折旧年限及预计净残值均符合税法规定。

　　②2007 年 7 月，甲公司将本公司的某项专利权以 80 万元的价格转让给乙公司，该专利权在甲公司的取得成本为 60 万元，原预计使用年限为 10 年，至转让时已摊销 5 年。乙公司取得该专利权后作为管理用无形资产使用，尚可使用年限 5 年。甲公司和乙公司对该无形资产均采用直线法摊销，预计净残值为零。假定该无形资产的摊销方法、摊销年限和预计净残值均与税法规定一致。

③2007 年 11 月，乙公司将其生产的一批产品销售给甲公司，售价为 62 万元，成本为 46 万元。至 2007 年 12 月 31 日，甲公司将该批产品中的一半出售给外部独立第三方，售价为 37 万元。

④至 2007 年 12 月 31 日，甲公司尚未收回对乙公司销售产品及转让专利权的款项合计 200 万元。甲公司对该应收债权计提了 10 万元坏账准备。假定税法规定甲公司计提的坏账准备不得在税前扣除。

（4）除对乙公司投资外，2007 年 1 月 2 日，甲公司与 B 公司签订协议，受让 B 公司所持丙公司 30% 的股权，转让价格 300 万元，取得投资时丙公司可辨认净资产公允价值和账面价值均为 920 万元。取得该项股权后，甲公司在丙公司董事会中派有 1 名成员，参与丙公司的财务和生产经营决策。

2007 年 2 月，甲公司将本公司生产的一批产品销售给丙公司，售价为 68 万元，成本为 52 万元。至 2007 年 12 月 31 日，该批产品仍未对外部独立第三方销售。

丙公司 2007 年度实现净利润 160 万元。

（5）其他有关资料如下：

①甲公司与 A 公司在交易前不存在任何关联方关系，合并前甲公司与乙公司未发生任何交易。甲公司取得丙公司股权前，双方未发生任何交易。甲公司与乙公司、丙公司采用的会计政策相同。

②不考虑增值税；各公司适用的所得税税率均为 25%，预计在未来期间不会发生变化；预计未来期间有足够的应纳税所得额用以抵扣可抵扣暂时性差异。

③A 公司对出售乙公司股权选择采用免税处理。乙公司各项可辨认资产、负债在合并前账面价值与其计税基础相同。

④除给定情况外，假定涉及的有关资产均未发生减值，相关交易或事项均为公允交易，且均具有重要性。

⑤甲公司拟长期持有乙公司和丙公司的股权，没有计划出售。

⑥甲公司和乙公司均按净利润的 10% 提取法定盈余公积，不提取任意盈余公积。

要求：

（1）判断甲公司对乙公司合并所属类型，简要说明理由，并根据该项合并的类型确定以下各项：

①如属于同一控制下企业合并，确定甲公司对乙公司长期股权投资的成本并编制与企业合并相关的会计分录；说明在编制合并日的合并财务报表时合并资产负债表、合并利润表应涵盖的期间范围及应进行的有关调整，并计算其调整金额。

②如属于非同一控制下企业合并，确定甲公司对乙公司长期股权投资的成本并编制与企业合并相关的会计分录；计算在编制购买日合并财务报表时因该项合并产生的商誉或计入当期损益的金额。

（2）编制 2007 年甲公司与乙公司之间内部交易的合并抵消分录，涉及所得税的，合并编制所得税的调整分录。

（3）就甲公司对丙公司的长期股权投资，分别确定以下各项：

①判断甲公司对丙公司长期股权投资应采用的后续计量方法并简要说明理由。

②计算甲公司对丙公司长期股权投资在 2007 年 12 月 31 日的账面价值。甲公司如需在 2007 年对丙公司长期股权投资确认投资收益，编制与确认投资收益相关的会计分录。

（4）根据甲公司、乙公司个别资产负债表和利润表（甲公司个别资产负债表中对丙公司长期股权投资已经按照企业会计准则规定进行确认和调整），编制甲公司 20 ×7 年度的合并资产负债表及合并利润表，并将相关数据填列在甲公司"合并资产负债表"及"合并利润表"内。

【案例与分析】

案例 1. A 电器公司是一家家电产品制造企业。近年来，随着家电市场竞争的加剧，A 公司的市场份额受到很大的影响。经过调查研究，A 公司意识到，不仅要用拳头产品开拓更多更大的市场，还应该开发新的迎合市场需要的小家电产品，才能在激烈的市场竞争中不断取胜。B 公司也是一家家电生产企业，近年来已陆续推出若干便携式小家电，很受市场青睐。但企业的资金有限，限制了公司的长远发展，公司准备增资扩股，将资本由原来的 400 万元增至 1 000 万元。经过多轮谈判和协商，两家企业决定由 A 公司在 2009 年 4 月 1 日发行面值 400 万元（市场价格 500 万元）的普通股换得 B 公司 70% 的股权份额。合并前双方的科目余额表如表下所示。办理完过户手续后，A 公司编制了合并日合并资产负债表。

表　　　　　　　　　　　　　　科目余额表

2009 年 3 月 31 日　　　　　　　　　　单位：万元

资产类			负债及所有者权益类		
会计科目	A 公司	B 公司	会计科目	A 公司	B 公司
货币资金	900	100	短期借款	300	100
应收账款	300	20	应付账款	100	10
原材料	200	70	其他应付款	100	22
库存商品	600	80	长期借款	1 500	108
长期股权投资	800	40	实收资本	2 000	400
固定资产原价	3 000	500	资本公积	700	0
累计折旧	800	140	盈余公积	200	10
			利润分配	100	20
资产总计	5 000	670	负债及所有者权益总计	5 000	670

要求：

（1）假定 A 公司和 B 公司合并前同属一家企业集团。请你编制出 2009 年 4 月 1 日

A 公司的合并报表工作底稿。

（2）假定 A 公司和 B 公司合并前不属于同一企业集团，且 B 公司合并时可辨认净资产的公允价值等于账面价值。请你编制 2009 年 4 月 1 日 A 公司的合并报表工作底稿。

案例 2. 在甲集团公司的招聘现场，该公司招聘人员交给一位意欲进入本公司的会计专业的本科毕业生与合并财务报表有关的一张问卷，该问卷的有关资料是：

甲公司为乙公司的母公司。

（1）2009 年年初双方有关资料：

①乙公司股本 800 000 元、资本公积 100 000 元、未分配利润 100 000 元（盈余公积资料略，以下同）；

②甲公司长期股权投资余额 700 000 元，其中对乙公司的股权投资余额为 600 000元；甲公司拥有乙公司 60% 的股权；

③甲公司的期初未分配利润为 80 000 元；

④甲、乙双方的应收账款分别为 40 000 元、3 000 元，其中应收对方的金额分别为2 000 元、1 000 元；

⑤甲、乙双方的存货分别为 50 000 元 35 000 元，乙公司的存货中有 10% 是上年从甲公司购入的。

（2）甲、乙公司按应收账款余额的 5% 计提坏账准备（假定税法允许税前扣除计提的坏账损失也为应收账款余额的 5%）；所得税税率均为 25%；增值税税率为 17%；甲公司的毛利率为 10%，乙公司的毛利率为 20%。

（3）本年甲、乙双方利润表的有关资料如下表

表	2009 年度利润表的有关资料	单位：元
项　目	本年累计数	
	甲公司	乙公司
营业收入	2 000 000	1 000 000
营业成本	1 600 000	700 000
营业税费	188 000	95 000
管理费用	10 000	6 000
财务费用	6 000	6 000
销售费用	4 000	2 000
资产减值损失	12 000	5 000
投资收益	3 000	0
营业外收入	2 000	4 000
营业外支出	1 000	10 000

（4）甲公司应收丙公司的 20 000 元货款年末经确认确实无法收回；上年年末确认无法收回的 30 000 元应收丁公司的货款今年 12 月初又收回。

（5）甲公司当年营业收入的5%来自于向乙公司销售商品所得；乙公司当年未向甲公司销售商品。

（6）甲、乙公司营业收入的赊销比例分别为30%、20%；本年年末应收账款余额分别为240 000元、100 000元，甲公司应收账款余额中应收乙公司的货款占年末余额的2%，乙公司没有对甲公司的应收账款。

（7）乙公司当年营业成本的10%是销售自甲公司购入的商品。

（8）甲、乙公司分别宣告分派现金股利60 000元、40 000元。

（9）甲、乙公司个别现金流量表中"购买商品、接受劳务支付的现金"项目分别为1 200 000元、800 000元。

该问卷要求应聘者：

（1）计算确定本年度甲、乙公司的个别财务报表中的净利润金额；

（2）计算确定甲公司本年年末个别财务报表中"长期股权投资"项目的报告价值以及为编制合并报表而按权益法调整后的价值；

（3）编制以甲公司为母公司、以乙公司为子公司的2009年度合并财务报表工作底稿中有关的调整与抵消分录；

（4）计算本年度合并资产负债表中"期末数"栏"应收账款"项目的合并数；

（5）计算本年度合并利润表"净利润"项目的合并数；

（6）计算本年度合并所有者权益变动表中"年初未分配利润"项目、"年末未分配利润"项目的合并数；

（7）计算本年度合并现金流量表中"销售商品、提供劳务收到的现金"项目、"购买商品、接受劳务支付的现金"项目的合并数。

第七章　中期财务报告

学习目标

➡ 1. 掌握中期报告的概念、中期报告的编制要求、中期报告的确认与计量。

➡ 2. 熟悉分部报告的概念、掌握中期报告的确定、熟悉中期报告信息的披露。

➡ 3. 掌握中期报告确定的具体标准，能够对其进行熟练的计算。

第一节　中期财务报告概述

在市场经济条件下，投资者、债权人等对公开披露的财务报告信息的及时性和相关性提出了更高的要求。作为会计信息的使用者，仅仅通过阅读公司合并报表提供的信息来了解所关注企业的动态，可能是不够的。进一步探究相关企业的中期报告信息和分部信息，对于会计信息的使用者的预测和决策，通常会有更大的帮助。本章分别介绍中期报告和分部报告的相关内容，为企业会计机构及时、多角度地向会计信息使用者提供可靠的会计信息提供借鉴。

一、中期财务报告含义

每一会计年度终了，企业必须提供这一年度完整的财务报告。可对于财务报告使用者来说，仅仅依靠每年一次获得的财务报告，就准确地把握企业的状况，并做出合理的决策，是不切实际的。因此，企业还应在会计年度内提供中期财务报告。

西方许多国家都制定了关于中期财务报告的会计规范，以此约束企业中期报告的披露行为。我国中国证券监督管理委员会和财政部也先后公布了《公开发行股票公司信息披露的内容和格式准则第 3 号——中期报告的内容与格式（修订稿）》和《企业会计准则第 32 号——中期报告》对上市公司和其他各类企业的中期报告披露进行规范。

（一）中期报告的构成

中期财务报告，是指以中期为基础编制的财务报告。"中期"，是指短于一个完整的会计年度（自公历 1 月 1 日起至 12 月 31 日止）的报告期间，它可以是一个月、一个季度或者半年，也可以是其他短于一个会计年度的期间，如 1 月 1 日至 9 月 30 日的期间等。由此可以得出，中期财务报告包括月度财务报告、季度财务报告、半年度财务报告，也包括年初至本中期末的财务报告。

（二）中期报告的内容

中期财务报告准则规定，中期财务报告至少应当包括以下部分：（1）资产负债表；（2）利润表；（3）现金流量表；（4）附注。这是中期财务报告最基本构成。

由于我国中期报告的时间跨度是多样的，根据《企业财务会计报告条例》和《企业会计准则第 32 号——中期报告》的要求确定：半年度财务会计报告应包括会计报表和会计报表附注，而会计报表中至少应包括资产负债表、利润表和现金流量表。而月度、季度财务会计报告通常仅指会计报表，此会计报表至少应包括资产负债表和利润表。

在编制中期财务报告时，应注意以下三点：

1. 资产负债表、利润表、现金流量表和附注是中期财务报告至少应当编制的法定内容，对其他财务报表或者相关信息，如所有者权益（或股东权益）变动表等，企业可以根据需要自行决定。但其他财务报表或者相关信息一旦在中期财务报告中提供，就应当遵循本准则的各项规定。比如企业编制的所有者权益（或者股东权益）变动表报表其内容和格式也应当与上年度相一致。

2. 中期资产负债表、利润表和现金流量表的格式和内容，应当与上年度财务报表相一致。但如果当年新施行的会计准则对财务报表格式和内容作了修改的，中期财务报表应当按照修改后的报表格式和内容编制，与此同时，在中期财务报告中提供的上年度比较财务报表的格式和内容也应当作相应的调整。如中期财务报告准则规定，基本每股收益和稀释每股收益应当在中期利润表中单独列示。企业在提供比较中期财务报告时，应当按新准则的要求做出相应调整。

3. 中期财务报告中的附注相对于年度财务报告中的附注而言，是适当简化的。中期财务报告附注的编制应当遵循重要性原则。如果某项信息没有在中期财务报告附注中披露，会影响到投资者等信息使用者对企业财务状况、经营成果和现金流量判断的正确性，那么就认为这一信息是重要的。但企业至少应当在中期财务报告附注中披露中期财务报告准则规定的信息。

第二节　中期财务报告会计确认与计量的原则

（一）应当遵循一致性原则

中期报告的资产负债表、利润表和现金流量表应当是完整的会计报表，其格式、内容和编报基础应保持相对稳定，前后各期一致。如果当年新施行的会计准则对财务报表的格式和内容做出了修改，中期财务报表就应按修改后的报表格式和内容进行编制，同时，还应对上年度比较财务报表做出相应的调整，以使前后各年的财务信息相关可比。除了按规定应提供的法定内容外，企业还可以根据需要在中期财务报告中提供其他财务报表或会计信息，如所有者权益（或者股东权益）变动表等。且中期财务报告中提供的其他财务报表的格式、内容和编报基础应保持稳定，前后各期一致。

（二）应当遵循重要性原则

重要性原则是企业编制中期财务报告的一项十分重要的原则。在遵循重要性原则时应注意以下几点：

1. 重要性程度的判断应当以中期财务数据为基础，而不得以预计的年度财务数据为基础。这里所指的"中期财务数据"，既包括本中期的财务数据，也包括年初至本中期末的财务数据。

2. 重要性原则的运用应当保证中期财务报告包括与理解企业中期末财务状况和中期经营成果及其现金流量相关的信息。企业在运用重要性原则时，应当避免在中期财务报告中由于不确认、不披露或者忽略某些信息而对信息使用者的决策产生误导。

3. 重要性程度的判断需要根据具体情况作具体分析和职业判断。通常，在判断某一项目的重要性程度时，应当将项目的金额和性质结合在一起予以考虑，而且在判断项目金额的重要性时，应当以资产、负债、净资产、营业收入、净利润等直接相关项目数字作为比较基础，并综合考虑其他相关因素。在一些特殊情况下，单独依据项目的金额或者性质就可以判断其重要性。例如，企业发生会计政策变更，该变更事项对当期期末财务状况或者当期损益的影响可能比较小，但对以后期间财务状况或者损益的影响却比较大，因此会计政策变更从性质上属于重要事项，应当在财务报告中予以披露。

（三）应当遵循及时性原则

编制中期财务报告的目的是为了向会计信息使用者提供比年度财务报告更加及时的信息，以提高会计信息的决策有用性。中期财务报告所涵盖的会计期间短于一个会计年度，其编报的时间通常也短于年度财务报告，所以，中期财务报告应当能够提供比年度财务报告更加及时的信息。为了体现企业编制中期财务报告的及时性原则，中期财务报告计量相对于年度财务数据的计量而言，在很大程度上依赖于估计。例如，企业通常在会计年度末对存货进行全面、详细的实地盘点，因此，对年末存货可以达到较为精确的计价。但是在中期末，由于时间上的限制和成本方面的考虑，有时不大可能对存货进行全面、详细的实地盘点，在这种情况下，对于中期末存货的计价就可在更大程度上依赖于会计估计，但是，企业应当确保所提供的中期财务报告包括了相关的重要信息。

需要强调的是，中期财务报告编制的重要性和及时性原则，是企业编制中期财务报告时需要特殊考虑的两个关键因素。同时，对于其他会计原则，比如可比性原则、谨慎性原则、实质重于形式原则等，企业在编制中期财务报告时也应当像年度财务报告一样予以遵循。

国际会计准则关于中期财务报告确认和计量的要求包括下列内容：与年度报表一致的会计政策；周期性或偶然性收入；财务年度中不均匀发生的费用；确认和计量原则的采用；估计的运用；以前已报告中期的重述。

我国会计准则对这方面的要求则较为简单、实用。具体内容包括：

1. 中期会计要素的确认和计量原则应当与年度财务报表相一致，中期财务报告中各会计要素的确认和计量原则应当与年度财务报告所采用的原则相一致。即企业在中期根据所发生交易或者事项，对资产、负债、所有者权益（股东权益）、收入、费用和利润等会计要素进行确认和计量时，应当符合相应会计要素定义和确认、计量标准，不能因为财务报告期间的缩短（相对于会计年度而言）而改变。

企业在编制中期财务报告时，不能根据会计年度内以后中期将要发生的交易或者事项来判断当前中期的有关项目是否符合会计要素的定义，也不能人为均衡会计年度内各中期的收益。

【例7-1】乙公司是一家上市公司，根据现行企业会计准则的规定需要编制半年报。在2014年6月30日，乙公司对存货进行了盘点，发现一批账面价值为1万元的存货已经损毁。对于这批存货，乙公司的处理方法如下：

乙公司发现损毁的1万元存货在2014年6月30日已无任何价值，在未来，该存货不会再给企业带来任何经济利益，不符合资产的定义，因此，乙公司在当年编制半年度财务报告时，不能再将该批存货作为资产列报，而应当确认一项损失，在这一问题的处理上，乙公司应该选择与年度会计处理相一致的原则。

企业在中期资产负债表日不能把潜在义务（即使该义务很可能在会计年度的以后中期变为现时义务）确认为负债，也不能把当时已经符合负债确认条件的现时义务（即使履行该义务的时间和金额还须等到会计年度以后中期才能够完全确定）递延到以后中期进行确认。

2. 中期会计计量应当以年初至本中期末为基础，财务报告的频率不应当影响年度结果的计量。在同一会计年度内，以前中期财务报表项目在以后中期发生了会计估计变更的，以后中期财务报表应当反映该会计估计变更后的金额，但对以前中期财务报表项目金额不作调整。同时，该会计估计变更及其影响要在附注中作相应披露。

3. 企业取得的季节性、周期性或者偶然性收入，除会计年度末允许预计或者递延的之外，应当在发生时予以确认和计量，不应在中期财务报表中预计或者递延；企业在会计年度中不均匀发生的费用，除会计年度末允许预提或者待摊的之外，应当在发生时予以确认和计量，不应在中期财务报表中预提或者待摊。例如，冷饮生产企业的主要业务收入一般集中在夏季；供暖企业的主要业务收入一般集中在冬季；果品公司的主要业务收入一般集中在水果收获季节。再如，造船行业的生产经营活动通常有一个较长的周期（如企业为军方建造一艘驱逐舰可能需要 3 年的时间），在造船企业所承担的造船任务尚未完成之前，企业所发生的成本分布与各个会计期间，且其数额通常较大，但收入却不能于产品生产期间分期确认，企业的生产经营活动具有明显的周期性特征。《企业会计准则第 32 号——中期财务报告》规定，企业取得季节性、周期性或者偶然性收入，应当在发生时予以确认和计量，不应当在中期财务报表中预计或者递延，但会计年度末允许预计或者递延的除外。

【例 7 - 2】某冷饮股份有限公司需要按季度编制季度财务报告。该公司 2009 年各季度销售冷饮分别确认主营业务收入 960 万元、4 550 万元、6 322 万元和 1 975 万元，分别结转主营业务成本 1 057 万元、3 185 万元、4 489 万元和 1 908 万元。

本例中，某冷饮股份有限公司各中期之间发生的成本及实现的收入差异较大，其经营业务具有明显的季节性特征。但公司的收入不得在各季度间平均分配确认，成本也不得在各季度间均衡分摊。该公司对于其经营的季节性特征，应按准则的要求在各有关中期财务报告附注中予以披露。其 2009 年 9 月 30 日中期财务报告附注中可作以下说明：

本公司的生产经营活动受季节性因素的影响明显，生产和销售活动主要集中在 6、7、8 三个月份，其他月份基本上处于半停产状态。公司当年 1 至 9 月份共实现销售收入 11 832 万元，其中，7 月份实现销售收入 3 152 万元，发生销售成本 2 241 万元，实现销售毛利 862 万元，7 月份的销售收入和销售毛利分别占当年 1 至 9 月份销售收入和净利润总额的 26.64% 和 29.86%。

4. 企业在中期发生了会计政策变更的，应当按照《企业会计准则第 28 号——会计政策、会计估计变更和差错更正》进行处理，并在附注中作相应披露。会计政策变更的累积影响数能够合理确定，且涉及本会计年度以前中期财务报表相关项目数字的，应当予以追溯调整，视同该会计政策在整个会计年度一贯采用；同时，上年度可比财务报表也应当作相应调整。

5. 会计年度中不均匀发生的费用的确认与计量

中期财务报告准则规定，企业在会计年度中不均匀发生的费用，应当在发生时予以确认和计量，不应在中期财务报表中预提或者待摊，但会计年度末允许预提或者待摊的除外。通常情况下，与企业生产经营和管理活动有关的费用往往是在一个会计年度的各个中期内均匀发生的，各中期之间发生的费用不会有较大差异。但是，对于一些费用，如员工培训费、诉讼费、年度会计报表审计费等，往往集中在会计年度的个别中期内。对于这些会计年度中不均匀发生的费用，企业应当在发生时予以确认和计量，不应当在中期财务报表中予以预提或者待摊。也就是说，企业不应当为了使各中期之间收益的平滑化而将这些费用在会计年度的各个中期之间进行分摊。中期财务报告准则又规定，如果会计年度内不均匀发生的费用在会计年度末允许预提或者待摊，则在中期末也允许预提或者待摊。

【例 7 - 3】B 公司根据年度培训计划，在 20 ×8 年 6 月份对员工进行了专业技能和管理知识方面的集中培训，共发生培训费用 10 万元。

本例中，对于该项培训费用，公司应当直接计入 6 月份的损益，不能在 6 月份之前预提，也不能在 6 月份之后待摊。

第三节　比较中期合并财务报表的编制及披露

中期财务报告准则规定，上年度编制合并财务报表的，中期期末应当编制合并财务报表。上年度财务报告除了包括合并财务报表，还包括母公司财务报表的，中期财务报告也应当包括母公司财务报表。具体包括以下内容：

1. 上年度编报合并财务报表的企业，其中期财务报告也应当编制合并财务报表，而且合并财务报表的合并范围、合并原则、编制方法和合并财务报表的格式与内容等也应当与上年度合并财务报表相一致。但当年企业会计准则有新规定的除外。

2. 上年度财务报告包括了合并财务报表，但报告中期内处置了所有应纳入合并范围的子公司，中期财务报告应包括当年子公司处置签的相关财务信息。

3. 如果企业在报告中期内新增子公司，在这种情况下，企业在中期末就需要将该子公司财务报表纳入合并财务报表的合并范围中。

4. 应当编制合并财务报表的企业，如果在上年度财务报告中除了提供合并财务报表之外，还提供了母公司财务报表，如上市公司，那么在其中期财务报告中除了应当提供合并财务报表之外，也应当提供母公司财务报表。

一、比较财务报表编制要求

为了提高财务报告信息的可比性、相关性和有用性，企业在中期末除了编制中期末资产负债、中期利润表和现金流量表之外，还应当提供前期比较财务报表。中期财务报告准则规定，中期财务报告应当按照下列规定提供比较财务报表：

1. 本中期末的资产负债表和上年度末的资产负债表。

2. 本中期的利润表、年初至本中期末的利润表以及上年度可比期间的利润表。其中，上年度可比期间的利润表包括：上年度可比中期的利润表和上年度年初至上年可比中期末的利润表。

3. 年初至本中期末的现金流量表和上年度年初至上年可比中期末的现金流量表。

【例 7 - 4】某企业按照要求需提供季度财务报告，则该企业在截至 2009 年 3 月 31 日、6 月 30 日和 9 月 30 日分别提供各季度财务报告（即第一、二、三季度财务报告）中就应当分别提供如下财务报表 7 - 1、7 - 2、7 - 3 所列。

表 7 - 1　　　　　2009 年第一季度财务报告应当提供的财务报表

报表类别	本年度中期财务报表时间（或者期间）	上年度比较财务报表时间（或期间）
资产负债表	2009 年 3 月 31 日	2008 年 12 月 31 日

报表类别	本年度中期财务报表时间（或者期间）	上年度比较财务报表时间（或期间）
利润表*	2009 年 1 月 1 日至 3 月 31 日	2008 年 1 月 1 日至 3 月 31 日
现金流量表	2009 年 1 月 1 日至 3 月 31 日	2008 年 1 月 1 日至 3 月 31 日

*在第 1 季度财务报告中，"本中期"与"年初至本中期末"的期间是相同的，所以在第 1 季度财务报告中只需提供一张利润表，因为在第 1 季度，本中期利润表即为年初至本中期末利润表，相应地，上年度的比较财务报表也只需提供一张利润表。

表 7 - 2　　　　　　 **2009 年第二季度财务报告应当提供的财务报表**

报表类别	本年度中期财务报表时间（或期间）	上年度比较财务报表时间（或期间）
资产负债表	2009 年 6 月 30 日	2008 年 12 月 31 日
利润表（本中期）	2009 年 4 月 1 日至 6 月 30 日	2008 年 4 月 1 日至 6 月 30 日
利润表（年初至本中期末）	2009 年 1 月 1 日至 6 月 30 日	2008 年 1 月 1 日至 6 月 30 日
现金流量表	2009 年 1 月 1 日至 6 月 30 日	2008 年 1 月 1 日至 6 月 30 日

表 7 - 3　　　　　　 **2009 年第三季度财务报告应当提供的财务报表**

报表类别	本年度中期财务报表时向（或期间）	上年度比较财务报表时间（或期间）
资产负债表	2009 年 9 月 30 日	2008 年 12 月 31 日
利润表（本中期）	2009 年 7 月 1 日至 9 月 30 日	2008 年 7 月 1 日至 9 月 30 日
利润表（年初至本中期末）	2009 年 1 月 1 日至 9 月 30 日	2008 年 1 月 1 日至 9 月 30 日
现金流量表	2009 年 1 月 1 日至 9 月 30 日	2008 年 1 月 1 日至 9 月 30 日

需要说明的是，企业在中期财务报告中提供比较财务报表时，应当注意以下几个方面：

（1）企业在中期内按新会计准则的规定，对财务报表项目进行了调整，则上年度比较财务报表项目及其金额应当按照本年度中期财务报表的要求进行重新分类，以确保其与本年度中期财务报表的相应信息相互可比。同时，企业还应当在附注中说明财务报表项目重新分类的原因及内容。如果企业因原始数据收集、整理或者记录等方面的原因，无法对比较财务报表中的有关项目进行重新分类，应当在附注中说明不能进行重新分类的原因。

（2）企业在中期内发生了会计政策变更的，其累积影响数能合理确定且涉及本会计年度以前中期财务报表净损益和其他相关项目数字的，应当予以追溯调整，视同该会计政策在整个会计年度一贯采用；对于比较财务报表可比期间以前的会计政策变更的累积影响数，应当根据规定调整比较财务报表最早期间的期初留存收益，财务报表其他相关项目的数字也应当一并调整。同时，在附注中说明会计政策变更的性质、内容、原因及其影响数；无法追溯调整的，应当说明原因。

（3）对于在本年度中期内发生的调整以前年度损益事项，企业应当调整本年度财务报表相关项目的年初数，同时，中期财务报告中相应的比较财务报表也应当为已经调整以前年度损益后的报表。

二、中期财务报告附注

（一）中期财务报告附注披露要求

中期财务报告附注，是对中期资产负债表、利润表、现金流量表等报表中列示项目的文字描述或明细阐述，以及对未能在这些报表中列示项目的说明等。其目的是使财务报告信息对会计信息使用者的决策更加相关、有用，但同时又要考虑成本效益原则。

1. 中期财务报告附注应当以年初至本中期末为基础编制

编制中期财务报告的目的是为了向报告使用者提供自上年度资产负债表日之后所发生的重要交易或者事项，因此，中期财务报告附注应当以"年初至本中期末"为基础进行编制，而不应当仅仅披露本中期所发生的重要交易或者事项。

【例7-5】甲公司需要编制季度财务报告，该公司在2009年3月5日对外进行重大投资，设立一家子公司。

本例中，对于这一事项，甲公司不仅应当在2009年度第一季度财务报告附注中予以披露，在2009年度第二季度财务报告和第三季度财务报告附注中也应当予以披露。

【例7-6】乙公司为一家水果生产和销售企业，需要对外提供季度财务报告，公司水果的收获和销售主要集中在每年的第三季度。该公司在2009年1月1日至9月30日（即年初至第三季度末）间累计实现净利润400万元，其中第一季度发生亏损1 400万元，第二季度发生亏损1 200万元，第三季度实现净利润3 000万元。第三季度末的存货（库存水果）为150万元，公司考虑到该批存货已经过了销售旺季，可变现净值已经远低于账面价值，确认了存货跌价损失120万元。

本例中，尽管该批存货跌价损失仅仅占乙公司第3季度净利润总额的4%（120/3 000），可能并不重要。但是，该项损失占公司1-9月份累计净利润的30%（120/400），对于理解乙公司2009年第1—9月份的经营成果来讲，却属于重要事项。所以，乙公司应当在第3季度财务报告附注中披露该事项。在实务工作中，企业还应当综合考虑资产规模、经营特征等因素，以对重要性做出较为合理的判断。

2. 中期财务报告附注应当对自上年度资产负债表日之后发生的重要交易或者事项进行披露

为了全面反映企业财务状况、经营成果和现金流量，中期财务报告准则规定，中期财务报告附注应当以年初至本中期末为基础编制，披露自上年度资产负债表日之后发生的，有助于理解企业财务状况、经营成果和现金流量变化情况的重要交易或者事项。此外，对于理解本中期财务状况、经营成果和现金流量有关的重要交易或者事项，也应当在附注中作相应披露。

【例7-7】A公司在2009年1月1日至6月30日累计实现净利润2 500万元，其中，第二季度实现净利润80万元，公司在第二季度转回前期计提的坏账准备100万元，第二季度末应收账款余额为800万元。

本例中，尽管该公司第二季度转回的坏账准备仅仅占A公司1-6月份净利润总额的4%（100/2 500），可能并不重要，但是该项转回金额占第二季度净利润的125%（100/80），占第二季度末应收账款余额的12.5%，对于理解第二季度（4~6月份）经营成果和第二季度末财务状况而言，属于重要事项，所以，A公司应当在第二季度财务报告附注中披露该事项。在实务工作中，企业还应当综合考虑资产规模、经营特征等因素，以对重要性做出较为合理的判断。

（二）中期财务报告附注披露内容

中期财务报告准则规定，中期财务报告附注至少应当包括以下信息：

1. 中期财务报告所采用的会计政策与上年度财务报表相一致的声明。企业在中期会计政策发生变更的，应当说明会计政策变更的性质、内容、原因及其影响数；无法进行追溯调整的，应当说明原因。

2. 会计估计变更的内容、原因及其影响数；影响数不能确定的，应当说明原因。

3. 前期差错的性质及其更正金额；无法进行追溯重述的，应当说明原因。

4. 企业经营的季节性或者周期性特征。

5. 存在控制关系的关联方发生变化的情况；关联方之间发生交易的，应当披露关联方关系的性质、交易类型和交易要素。

6. 合并财务报表的合并范围发生变化的情况。

7. 对性质特别或者金额异常的财务报表项目的说明。

8. 证券发行、回购和偿还情况。

9. 向所有者分配利润的情况，包括在中期内实施的利润分配和已提出或者已批准但尚未实施的利润分配情况。

10. 根据《企业会计准则第35号——分部报告》规定披露分部报告信息的，应当披露主要报告形式的分部收入与分部利润（亏损）。

11. 中期资产负债表日至中期财务报告批准报出日之间发生的非调整事项。

12. 上年度资产负债表日以后所发生的或有负债或有资产的变化情况。

13. 企业结构变化情况，包括企业合并，对被投资单位具有重大影响、共同控制或者控制关系的长期股权投资的购买或者处置，终止经营等。

14. 其他重大交易或者事项，包括重大的长期资产转让及其出售情况、重大的固定资产和无形资产取得情况、重大的研究和开发支出、重大的资产减值损失情况等。

企业在提供上述5和10有关关联方交易、分部收入与分部利润（亏损）信息时，应当同时提供本中期（或者本中期末）和本年度初至本中期末的数据，以及上年度可比中期（或者可比期末）和可比年初至本中期末的比较数据。

此外，在同一会计年度内，如果以前中期财务报告中的某项估计金额在最后一个中期发生了重大变更、而企业又不单独编制该最后中期的财务报告的，企业应当在年度财务报告的附注中披露该项会计估计变更的内容、原因及其影响金额。例如，某公司需要编制季度财务报告，但不需单独编制第 4 季度财务报告。假设该公司在第 4 季度里，对第 1、2 或者第 3 季度财务报表中所采用的会计估计，如固定资产折旧年限、资产减值；预计负债等估计作了重大变更，则需要在其年度财务报告附注中，按照《企业会计准则第 28 号——会计政策、会计估计变更和差错更正》的规定，披露该项会计估计变更的内容、原因及其影响金额。同样地，假如一家公司是需要编制半年度财务报告的企业，但不单独编制下半年财务报告，如果该公司对于上半年财务报告中所采用的会计估计在下半年作了重大变更，应当在其年度财务报告的附注中予以说明。

【思考题】

1. 我国会计准则一般要求企业在中期报告中应提供的基本内容有哪些？
2. 企业在提供中期财务报告时，应如何应用重要性原则？
3. 按会计准则的要求，企业在中期财务报告中应如何对季节性、周期性或者偶然性取得收入进行确认和计量？
4. 中期财务报告附注中应包括的内容有哪些？

【练习题】

一、单项选择题

1. 下列关于中期财务报告的表述中，符合现行规定的是（　　　）。
   A. 中期财务报表附注应当以本中期期间为基础编制
   B. 中期会计计量应当以年初至本中期末为基础进行
   C. 编制中期财务报表时应当以年度数据为基础进行重要性的判断
   D. 对于年度中不均匀发生的费用，在中期财务报表中应当采用预提或摊销的方法处理
2. 中期会计政策变更时，会计政策变更的累积影响数不能合理确定，以及不涉及本会计年度以前中期财务报表项目数字的，应当遵循的处理要求是（　　　）。
   A. 采用追溯调整法　B. 不作处理　　　　C. 在利润表中列示　D. 采用未来适用法
3. 下列关于中期财务报告附注的说法错误的是（　　　）。
   A. 中期财务报告附注应当以本中期末为基础编制
   B. 中期财务报告附注应披露自上年度资产负债表日之后发生的重要交易和事项
   C. 对于会计估计变更的内容、原因及其影响数应当在中期财务报告附注中予以说明，影响数不能确定的，应说明理由
   D. 重大的长期资产转让及其出售情况应在中期财务报告附注中予以说明
4. 中期财务报告的编制需要遵循重要性原则，下列说法中错误的是（　　　）。
   A. 避免在中期财务报告中由于不确认、不披露或忽略某些信息对信息使用者产生

误导

B. 重要性程度的判断应当以预计年度的财务数据为基础

C. 重要性程度的判断需要根据具体情况作具体分析和职业判断

D. 在判断某一项目金额的重要性程度时，应当将项目的金额和性质结合起来一起考虑

二、多项选择题

1. 中期财务报告必须包括的内容有（　　　）。

A. 资产负债表   B. 所有者权益变动表

C. 现金流量表   D. 应交增值税明细表

E. 附注

2. 中期财务报告附注中应当包括的内容有（　　　）。

A. 企业经营的季节性或周期性特征

B. 合并财务报表的合并范围发生变化的情况

C. 证券发行、回购和偿还的情况

D. 向所有者分配利润的情况

E. 其他重大交易或事项

3. 下列关于中期财务报告的说法中正确的有（　　　）。

A. 企业在会计年度中不均匀发生的费用，应当在发生时予以确认和计量，不应在中期财务报表中预提或者待摊

B. 企业在中期发生会计政策变更的，其累积影响数能够合理确定，且涉及本会计年度以前中期财务报表相关数字的，应当予以追溯调整，视同该会计政策在整个会计年度一贯采用

C. 中期财务报告中各会计要素的确认和计量可以与年度财务报表采用的原则不一致，因为报告时间的缩短而改变

D. 如果企业在上年度财务报告中除了提供合并财务报表外，还提供了母公司财务报表，那么在中期财务报告中除了应提供合并财务报表外，也应当提供母公司财务报表

E. 中期财务报告附注应按照年度财务报告附注的要求编制，不能因报告时间的缩短而简化

4. 中期财务报告中的会计变更可分为（　　　）。

A. 会计主体变更   B. 会计期间变更   C. 会计政策变更   D. 会计估计变更

E. 会计个体变更

5. 在中期财务报告中，企业应当提供的比较财务报表包括（　　　）。

A. 本中期末的资产负债表和上年度与本期末相同日期的资产负债表

B. 本中期的利润表

C. 年初至本中期末的利润表以及上年度可比期间的利润表

D. 年初至本中期末的现金流量表和上年度年初至可比本中期末的现金流量表

E. 本中期的现金流量表

三、判断题

1. 中期财务报表在格式和内容上相对于年度财务报表可以简单些，如只需将基本每股收益在中期利润表中列报即可，不必列示稀释每股收益。　　　　　　（　　）

2. 企业在中期发生会计政策变更的，应当说明会计政策变更的性质、内容、原因及其影响数；无法进行追溯调整的，应当说明原因。　　　　　　　　　　（　　）

3. 企业取得的季节性、周期性或者偶然性收入应当在中期财务报告中予以预计或者递延。　　　　　　　　　　　　　　　　　　　　　　　　　　　　（　　）

4. 中期财务报告中的附注应当以"本中期末"为基础进行编制，向报告使用者提供自上年度资产负债表日后所发生的重大交易或者事项。　　　　　　　　（　　）

5. 企业在报告中期内新增子公司的，在中期末不必将该子公司财务报表纳入合并财务报表的合并范围。　　　　　　　　　　　　　　　　　　　　　　（　　）

四．计算与账务处理题

1. 甲有限责任公司按季度编制季度财务报告。该公司 2008 年上半年共确认主营业务收入 4 550 万元，结转主营业务成本 2 657 万元。该公司 2008 年 1 至 3 月份集中对外提供供暖服务，4 月份后企业停止供暖，处于停产状态。公司将收入在上半年各月平均分配确认，成本也在上半年按月均衡摊销，并将分配和摊销的结果反映在对外提供的中期报告中。

   【要求】判断甲有限责任公司以上作法是否正确，并说明理由。

2. 为了帮助会计信息的使用者分析比较会计信息，B 股份有限公司按要求提供 2009 年各季度财务报告和半年度财务报告。

   【要求】列出 B 股份有限公司应提供的截至二季度末中期财务报表的具体内容。

第八章 分 部 报 告

学习目标

➡ 1. 掌握分部报告的概念、分部报告的编制要求、分部报告的确认与计量。

➡ 2. 熟悉分部报告的概念、掌握报告分部的确定、熟悉分部信息的披露。

➡ 3. 掌握报告分部确定的具体标准，能够对其进行熟练的计算。

分部报告是企业以经营部分为财务报告对象，分部报告企业各个经营部门（经营分部）的资产、负债、收入、费用、利润等财务信息的财务报告。随着市场经济的发展和经济全球化的深入，现代企业的生产经营规模日益扩大，经营范围也逐步突破单一业务界限，成为从事多种产品生产经营或从事多种业务经营活动的综合经营体。另外，现代企业经营的地域范围也在日益扩大，有的企业分别在国内不同地区甚至在国外设立分公司或子公司。随着企业跨行业和跨地区经营，许多企业生产和销售各种各样的产品并提供不同形式的劳务，这些产品和劳务广泛分布于各个行业或不同地区。由于企业生产的各种产品或提供的劳务在其整体的经营活动中所占的比重各不相同，其营业收入、成本费用以及产生的利润（亏损）也不尽相同。同样，每种产品或提供的劳务在不同地区的经营业绩也存在差异。只有分析每种产品或提供的劳务和不同经营地区的经营业绩，才能更好地把握企业整体的经营业绩。在这种情况下，反映不同产品或劳务以及不同地区经营风险和报酬的信息越来越受到会计信息使用者的重视。

第一节 分部报告概述

分部报告是指对一些在不同行业或不同地区都有业务的企业，按其经营业务性质的不同或经营业务的地理范围分别编制、报出的财务报告。

定义中所指的按经营业务性质不同编报的分部报告一般称为业务分部报告，按经营业务地理范围编报的分部报告称为地区分部报告。

为了规范企业分部报告的编制和披露行为，帮助会计信息使用者更好地理解企业以往的经营业绩，更好地评估企业的风险和报酬，把握企业整体的经营情况，以利于对企业未来的发展趋势做出合理的预期。财政部于 2006 年发布了《企业会计准则第 35 号——分部报告》。

分部报告是指企业在所提供的对外财务会计报告中，按照确定的内部组成部分提供各组成部分的经营成果、财务状况和风险控制等有关信息的报告。作为合并财务报表的补充，分部报告主要有以下作用：

1. 充分揭示部分业绩欠佳的投资项目的实际状况，特别是一些与企业集团的传统业务或主营业务没有太大关系的行业上的投资，以及在企业集团的传统业务区域外新开拓地区的投资。这些失败的投资，可能在企业编制合并财务报表时，因与其他成功的投资项目合并报告而被掩盖或忽略。

2. 企业的经营，会受到市场、原料供应、货币政策和国家其他政策、制度等不同因素的影响，如果经营的地区不同或行业不同，这些因素会给企业经营带来不同的机遇和风险。而这些信息在企业合并财务报表中是难以提供的，但企业可以凭借地区分部的报告对相关情况进行翔实的分析与披露。

3. 分部报告，可以从与企业合并财务报表不同的角度，提供企业的经营业绩、业务发展和未来风险等方面的信息。如可以从行业发展、地区经济水平和发展政策等多个角度为会计信息使用者展现企业经营和发展的概貌。

第二节　报告分部及其确定方法

企业的整体风险和经营绩效，是由企业经营的各个业务部门或各个经营地区的风险和报酬构成的。企业跨行业和跨地区业务的拓展，使企业生产销售的产品和提供的劳务广泛分布于各个行业或各个地区。由于企业各种产品在其整体的经营活动中所占的比重各不相同，其营业收入、成本费用、产生的利润（亏损）、承担的风险和面临的发展机遇也不相同。因此，只有分析每种产品（或所提供劳务）和不同经营地区的经营业绩，才能更好地揭示企业的整体状况。

按照《企业会计准则第 35 号——分部报告》的要求，企业应当区分业务分部和地区分部进行相关会计信息的披露。

（一）业务分部的确定

在一般情况下，区分企业的业务分部是简单的，例如当一家电讯公司收购了一家房地产开发公司时，我们很容易看出电讯企业和房地产开发企业，不会共享资源、市场和技术，除了在集团的高层管理方面外，它们没有什么共同成本，在其他方面没有什么相似之处，分属两个不同的行业，可划入两个区别明显的分部。但在某些情况下，对行业分部的识别就要复杂得多，因此企业在确定业务分部时，应当结合企业内部管理要求，并考虑下列因素：

1. 各单项产品或劳务的性质

企业在确定业务分部时，应考虑各单项产品或劳务的性质，包括产品或劳务的规格、型号、最终用途等。一般情况下，生产的产品和提供的劳务的性质相同或相似的，其风险、报酬率及其成长率可能较为接近，因此，可以将其划分到同一业务分部之中。而对于性质完全不同的产品或劳务，则不能将其划分到同一业务分部之中。例如，某企业的生产经营范围包括酿酒、食品加工、制药、酒店服务等，在确定业务分部时，必须分别将其作为不同的业务分部处理，而不能将酿酒与酒店服务作为一个业务分部处理。但是，企业确定业务分部时，也不应拘泥于特定的条件或因素。如：某一集团公司所属的采矿公司和冶金公司，它们是属于两个不同的业务分部，还是同属于一个纵向结合的行业分部？这要取决于它们的业务是相互独立，还是相互依赖。如果采矿公司开采的矿物绝大部分销往冶金公司，用于冶炼并制成型材后再通过集团的销售网络向市场出售，则表明采矿公司和冶金公司同属于一个完整的行业分部。如果采矿公司和冶金公司的业务各自独立，互不依赖，则采矿公司和冶金公司应分属两个不同的业务分部。

2. 生产过程的性质

企业在确定业务分部时，需要考虑生产过程的性质，包括采用劳动密集、技术密集方式组织生产、使用相同或者相似设备、原材料或加工工艺等。生产过程的性质不同，其对企业的经营成本、利润（或亏损）、风险和发展机遇的影响也不相同。技术密集型的企业，其自动化程度高，拥有的固定资产多，相应所负担的折旧费也较多，其经营成本受资产折旧费用影响或技术进步因素的影响大。而劳动密集型企业，其使用的劳动力较多，其经营成本受人工成本的影响大。生产过程相同或相似的企业，其面临的风险和回报通常较为接近，可以将其划分为一个业务分部。

3. 产品或服务的互补性或可替代性

如果不同的企业提供的产品或劳务能够服务于共同的市场，可以判断这些企业很可能属于同一个行业分部。否则，表明这些企业可能属于不同的行业分部。值得注意的是，共同的市场并不意味着服务的对象一定是同一批客户，或提供的产品一定是同一种型号和规格的产品，只要这些产品是互补的，或是可以相互替代的，提供产品或服务的企业就可以划入同一个行业分部。例如，某集团公司拥有一家快餐公司和一个淮扬菜酒楼，快餐公司和淮扬菜酒楼提供的是不同的产品，但在分部报告中可以将它们置于同一个餐饮分部里，因为它们是服务于同样的市场的，尽管它们的业务运作方式不同。

4. 产品或劳务的客户类型

产品或劳务的客户类型，包括大宗客户、零散客户等。对于同一类型的客户，一般来说销售条件基本相同，包括相同或相近的销售价格、现金折扣条件、商业折扣条件，相同或相近的售后服务，所以，他们产生的风险和回报也就相同或相近。而对于不同类型的客户，其销售条件不尽相同，由此产生的经营风险和回报率也各不相同。例如汽车生产企业，其生产的汽车可分为大型商用客车和小型家庭用轿车等。其中，大型商用客车主要销售对象是企业，一般是大宗购买，对车辆的专用性要求较高，对售后服务要求相对较为集中。而小型家庭用轿车，其客户多为个人，其对车辆的耐用性要求较高，其售后服务要求相对较为分散。

5. 销售产品或提供劳务的方式

销售产品或提供劳务的方式，包括批发、零售、自产自销、委托销售、承包等。例如，采用赊销方式，将有利于扩大销售规模，但发生坏账的风险也很大。而采用收款销售方式，则不存在坏账风险，也不会发生收账费用，但销售规模难以扩大。

6. 生产产品或提供劳务受法律、行政法规的影响

生产产品或提供劳务受法律、行政法规的影响，包括经营范围或交易定价限制等。例如，商业银行、保险公司等易受政府管制的金融企业和军工企业，就不应与其他分部合并为一个业务分部。

企业在具体确定业务分部时，特定的分部有时并不能同时符合上述列明的全部因素。业务分部按决策的独立性、承担不同于其他分部的风险且获取不同于其他分部的报酬为判断标准来确定，比简单机械地套用划分行业分部的标准要清晰明了得多。

通常情况下，业务分部是在充分考虑了以上大部分因素的前提下，结合企业内部管理的方式予以确定。

（二）地区分部的确定

地区分部是指企业内可区分的、能够在一个特定的经济环境内提供产品或劳务的组成部分。该组成部分承担了不同于在其他经济环境内提供产品或劳务的组成部分的风险和报酬。

在确定地区分部时，也应当结合企业内部管理的需要，同时还应考虑以下因素：

1. 产品或劳务所处经济、政治环境的相似程度

产品或劳务所处经济、政治环境的相似性，包括境外经营所在地区经济和政治的稳定程度等。产品或劳务所处经济和政治环境若有显著的差异，意味着其企业面临的经济和政治风险不同。

2. 在不同地区经营之间的关系

在不同地区经营之间的关系，包括在某地区进行产品生产，而在其他地区进行销售等。如果企业在不同地区的经营之间存在密切的联系，就意味着不同地区的经营具有相同的风险和报酬，应当将其作为一个地区分部。反之，则不能作为一个地区分部。例如，华通公司分别在华中地区和华东地区设立两个子公司，华中地区的子公司主要经营业务是生产小型船用发动机，并主要向华东地区的子公司销售。华东地区的子公司主要经营业务为建造小型货船。因此，甲公司应当将华中地区的子公司和华东地区的子公司划归为同一个地区分部。

3. 经营的接近程度

经营的接近程度大小，包括在某地区生产的产品是否需要在其他地区进一步加工生产等。经营接近程度较高的地区，在生产经营方面面临的风险和报酬也基本相近，应将其划归为同一个地区分部。

4. 与某一特定地区经营相关的特别风险

与某一特定地区经营相关的特别风险，包括气候异常变化等。如果某一特定地区在生产经营上存在着特定的风险，那么就不能将其与其他地区分部划归为同一个地区分部。

5. 外汇管理规定和外汇风险

外汇管理规定，即境外经营所在地区是否实行外汇管制。不能将外汇管制国家和地区与外汇自由流动的国家和地区，划归为同一个地区分部。外汇风险，外汇汇率变动不大的国家或地区，企业面临的风险和报酬基本相同，可以划归为同一个地区分部。

由此看出，划分地区分部的一个重要标准是不同分部之间承担不同的风险、具有不同的报酬，而不单纯以行政区域作为划分依据。因此，某个地区分部中的各组成部分应当具有相同或相近的风险和回报。地区分部可以是单一国家，也可以是两个或两个以上具有相同或相近经营风险和回报的国家的组合；可以是一个国家内的一个行政区域，也可以是一个国家中两个或两个以上行政区域的组合。例如，西欧国家不适合将每个国家划分为一个独立的分部，由于欧共体的存在，相同的政治体制、统一的经济政策，加上欧元的使用，欧共体各国可以划分为一个地区分部。

此外，企业的风险和报酬既受其生产经营活动所在地影响，还受产品销售或劳务接受所在地影响。所以，地区分部可以按企业生产产品或提供劳务设施及其他资产所在地进行划分，也可以按其市场或客户所在地进行划分。通常情况下，企业的组织结构和管理结构，以及内部财务报告制度，能够表明企业的风险和报酬主要是来自于资产所在地，还是来自于客户所在地。例如，甲公司主要生产农产品，其总公司设在山西，在山东、浙江、福建等地均设有生产基地，其生产的产品主要销售到国内北京、上海、江苏、浙江、福建等地，以及俄罗斯、波兰、日本、阿曼、沙特和阿联酋等国家。甲公司在确定地区分部时，根据风险和报酬主要来自于资产所在地还是客户所在地的实际情况，可选择按客户所在地分设国内、东欧、东亚和中东四个地区分部。

业务分部和地区分部不应是刻板地按照既定的标准确定的，企业在识别业务分部和地区分部时，应能充分满足会计信息的使用者的合理需要，也应遵循实质重于形式的原则。在会计实践中，并非所有内部报告的业务分部或地区分部均作为独立的业务分部或地区分部来考虑。两个或两个以上的业务分部或地区分部同时满足下列条件的，可以予以合并：（1）具有相近的长期财务业绩，包括具有相近的长期平均毛利率、资金回报率、未来现金流量等。（2）确定业务分部或地区分部所考虑的因素类似。例如：B 公司在不同的省区设有 5 个制鞋厂，分别是生产不同品牌的皮鞋和其他鞋类，其销售毛利率分别为 32.4%、31.2%、31.8%、30.9% 和 32.5%。由于这 5 家工厂都生产鞋类，且各厂近年来具有相近的财务业绩。且其生产工艺、客户类型、销售方式等也较相近，符合确定业务分部所考虑因素的相似性。因此，B 公司在确定调整业务分部时，可将生产 5 个品牌鞋类的分部予以合并，组成一个"制鞋"分部。

（三）报告分部的确定

已确认的业务分部和地区分部并不一定需要单独列报。符合业务分部或地区分部定义，且需要单独列报披露的分部，称为报告分部。作为报告分部，除了必须是可被单独识别的之外，还取决于是否具有重要性，符合重要性标准的业务分部或地区分部通常应确认为报告分部。不符合重要性标准的业务分部或地区分部，能否被确认为报告分部，则要依靠专业人员的职业判断能力加以识别。

1. 符合重要性标准的判断

（1）收入测试

作为一个报告分部，其营业收入应占所有分部收入合计的10%或10%以上。

分部收入是指可归属于分部的对外交易收入和对其他分部交易收入。从上述定义可以看出，分部收入包括两部分：一是对外交易收入，二是对其他分部交易收入。

当某分部的分部收入符合重要性条件，且其中大部分是对外交易收入时，则可以将该分部确定为报告分部。反之，当某分部的分部收入大部分是通过与其他分部交易而取得，并且企业的内部管理不属于按垂直一体化经营的不同层次来划分的，即使满足上述10%的重要性条件，也不能将其确定为报告分部。

【例8-1】甲集团总公司所属各业务分部或地区分部收入有关测试如表8-1所示。

表8-1　　　　　　　　　　　收入测试表　　　　　　　　　单位：万元

分　部	对外交易收入	对其他分部交易收入	≥或是≤	测试值指标 (38 880 + 2 112)＊10%	是否属于报告分部
A	15 360	518.4	≥	4 099.2	是
B	11 328		≥	4 099.2	是
C	2 832	753.6	≤	4 099.2	不是
D	9 360	840	≥	4 099.2	是
总　计	38 880	2 112	—	4 099.2	—

由表8-1可以看出，其各分部收入合计40 992万元，其中对外交易收入合计38 880万元。对外交易收入占分部收入合计的94.85%。同时，由于A分部、B分部和D分部的收入分别占所有分部收入合计的38.74%、27.63%和24.88%，满足了不低于10%的重要性条件，因此，该上述三个企业应当确定为报告分部。而C分部的收入仅占所有分部收入合计的8.75%，则该企业尚不能确定属于报告分部。

（2）损益测试

作为一个报告分部，其利润或亏损应达到以下两项中绝对数额较大者的10%或10%以上：（1）未发生营业亏损的各分部，各分部全部营业利润总额；（2）发生营业亏损的各分部，各分部全部亏损总额。

【例8-2】如前【例8-1】甲集团总公司所属各业务分部或地区分部有关利润

（或亏损）测试如表 8 - 2 所示。

表 8 - 2 利润（或亏损）测试表 单位：万元

分 部	各分部利润	≥或是≤	测试值指标（2 560）＊10%	是否属于报告分部
A	996	≥	256	是
B	1 152	≥	256	是
C	224	≤	256	不是
D	188	≤	256	不是
总 计	2 560	—	256	—

由表 8 - 2 可以看出，其各分部利润合计 2 560 万元，其中 A、B 两个分部的利润分别占所有分部利润合计的 38.91% 和 45%，满足了不低于 10% 的重要性条件，因此，这两个企业应当确定为报告分部。而 C 分部和 D 分部的利润分别占所有分部利润合计的 8.75% 和 7.34%，则从损益的角度分析，这两个企业不能确定属于报告分部。

（3）资产测试

作为一个报告分部，其资产应占所有营业分部合并资产的 10% 或 10% 以上。在确认分别资产时应注意：递延所得税资产，以及服务于整个企业或者管理总部的资产，不应计入分部资产。但融资租入的固定资产，以及可直接归属于或者以合理的基础分配于某分部的商誉，可以计入分部资产。

【例 8 - 3】如前【例 8 - 1】甲集团总公司所属各分业务分部或地区分部有关资产测试如表 8 - 3 所示。

表 8 - 3 资产测试表 单位：万元

分 部	各分部资产	≥或是≤	测试值指标（41 000）＊10%	是否属于报告分部
A	19 280	≥	4 100	是
B	12 800	≥	4 100	是
C	3 240	≤	4 100	不是
D	5 680	≥	4 100	是
总 计	41 000	—	4 100	—

由表 8 - 3 可以看出，其各分部资产合计 41 000 万元，其 A 分部、B 分部和 D 分部的资产分别占所有分部资产合计的 47.02%、31.22% 和 13.85%，满足了不低于 10% 的重要性条件，因此，该上述三个企业应当确定为报告分部。而 C 分部的资产仅占所有分部资产合计的 7.91%，则该企业仍不能确定属于报告分部。

以上三项测试只要满足其中一个 10% 的重要性条件就应作为报告分部。如果某一分部不满足以上任何一个条件，可以将其与另外的相关分部并在一起，或者并入"其他"类中。

2. 低于10%重要性标准的选择

（1）10%的重要性标准并非是识别报告分部的必要条件。当企业集团所属的某些业务分部或地区分部的收入、损益和资产均不符合10%的重要性标准时，企业集团仍可以根据自身管理的需要将其指定为报告分部。

（2）从事多种业务或在多地区开展经营的企业计提可能拥有大量未满足10%的重要性标准的小业务分部或小地区分部，企业集团可以根据自身管理的需要选择将一个或多个类似的小分部合并成一个报告分部。

（3）如果某一分部既没有被企业集团指定为报告分部，也没有被企业集团将其与其他小分部合并为一个报告分部，而当企业集团需要了解该分部信息时，仍可要求该分部单独进行披露。

3. 总收入75%的标准

企业集团业务分部通过收入、损益和资产三项测试，符合10%重要性标准的被确认为报告分部后，这些报告分部披露的对外贸易收入应达到合并总收入75%的比例。如果这些报告分部披露的对外贸易收入未达到合并总收入的75%，则应增加报告分部的数量，直到全部报告分部披露的对外贸易收入达到合并总收入75%的比例为止。

如前【例8-1】甲集团总公司所属A分部、B分部和D分部已按10%重要性标准，分别被确认为报告分部，且这些报告分部披露的对外贸易收入已达到合并总收入的87.94%，

则可以据此判定：甲集团总公司无须再增加报告分部了。

在某些国家，如果企业集团所属某一个分部的收入、损益和资产均占整个集团的90%以上，则该分部应被判定为主导业务分部，就没有必要再进行分部报告。

4. 垂直管理条件下和保证会计信息的可比性前提下报告分部的确定

（1）假设宏丰钢铁联合股份有限公司（以下简称宏丰公司）的子公司分别从事采矿、冶炼、轧钢及营销等业务，分别承担了不同的风险和报酬。在日常经营中，采矿公司开采铁矿石的94%左右销往宏丰公司所属的冶炼公司，而冶炼公司生产的钢坯和钢锭60%左右销往宏丰公司所属的轧钢公司，其余的售给宏丰公司企业以外的市场客户。

虽然采矿公司取得的大部分收入来自于联合公司内部的冶炼公司，冶炼公司取得的大部分收入来自于联合公司内部的轧钢公司，均未满足大部分收入应当来自于对外部交易取得的条件，但如果宏丰公司所属各个子公司承担了不同的风险和报酬，各个子公司也分别接受宏丰公司的垂直一体化管理，因此宏丰公司在确定报告分部时，可以将采矿公司、冶炼公司、轧钢公司和营销公司等业务分部分别确认为报告分部。

（2）企业在确定报告分部时，除应符合重要性标准外，还应当考虑不同会计期间分部信息的可比性。如果某一分部，在前期因为符合报告分部的确认条件而被识别为报告分部，但本期不符合报告分部的确认条件时，如果企业认为本期单独披露该分部的信息，更有助于报表使用者了解企业的整体情况，则该分部仍可确认为报告分部。

通常，企业需要单独披露的报告分部不宜超过10个。过多的报告分部，势必造成

过多会计信息的披露，不仅会使企业对外披露的会计信息肤浅琐碎，还可能导致信息使用者使用成本的增加。

第三节　分部信息的披露

分部信息应区分为主要报告形式和次要报告形式分别进行披露。

（一）确定主要报告形式和次要报告形式应遵循的原则

在主要报告形式下，分部应当披露详细的会计信息。而在次要报告形式下，分部可以披露简化的会计信息。企业划分分部信息披露的主要报告形式和次要报告形式时，应遵循以下原则：

1. 依据风险和报酬的主要来源划分主要报告形式和次要报告形式

如果企业因其所在行业不同、生产经营的产品不同或提供劳务的内容不同，导致其承担的风险和报酬也有显著的不同，这表明企业披露分部信息的主要形式应当是业务分部，次要形式是地区分部。但如果企业因其所在地区不同，其承担的风险和报酬也有显著的不同，则表明企业披露分部信息的主要形式应当是地区分部，次要形式是业务分部。

2. 依据内部管理结构划分主要报告形式和次要报告形式

许多企业是根据其经营风险和报酬确定企业的内部组织和管理形式的，也就是说，企业的内部组织和管理结构，通常也可以用以表明该企业面临的经营风险和报酬的主要来源。因此，企业的内部组织和管理结构，也是划分主要报告形式和次要报告形式的考虑因素。

3. 依据内部财务报告制度划分主要报告形式和次要报告形式

企业制定内部财务报告制度的目的，也是为了清晰地反映其财务风险和经营报酬的综合信息。因此，它也是划分主要报告形式和次要报告形式的考虑因素。

（二）主要报告形式的信息披露

在主要报告形式情况下，企业应按规定披露分部收入、费用、损益、资产和负债等信息。

1. 分部收入

企业应披露的分部收入包括：

（1）与企业外部客户进行交易形成的收入。

（2）与企业内部其他分部进行交易形成的收入。

如果分部的日常活动不是金融业务为主的，则其分部收入中不应包含股利收入和利息收入，也不应包含处置投资取得的收益，以及采用权益法核算长期股权投资、在被投资单位实现的净利润中确认应享有的份额而形成的投资收益。且分部在非日常经营活动中取得的，处置固定资产、无形资产等形成的计入当期损益的利得，也不应划入分部收入的范畴。

2. 分部费用

企业应披露的分部费用包括：

（1）与企业外部客户进行交易发生的费用。

（2）与企业内部其他分部进行交易发生的费用。

与企业外部客户或与企业内部其他分部进行交易发生的费用，通常包括营业成本、营业税金及附加、销售费用等。

如果分部的日常活动不是金融业务为主的，则其分部费用中不应包括利息费用，如发行债券、向其他分部借款的利息费用等，也不应包括采用权益法核算的长期股权投资在被投资单位发生的净损失中应承担的份额以及处置投资发生的净损失。除企业代所属分部支付的、与分部经营活动相关的、且能直接归属于或按合理的基础分配给该分部的费用外，与企业整体相关的管理费用和其他费用，不属于分部费用。此外，处置固定资产、无形资产等发生的损失，以及所得税费用，也不属于分部费用。

3. 分部损益

分部损益是指分部收入减去分部费用后的余额。不属于分部收入的投资收益、总部的收入和营业外收入等，以及不属于分部费用的投资损失、所得税费用、营业外支出等，不应包含在分部损益中。

4. 分部资产和负债

分部资产是指分部经营活动使用的可归属于该分部的资产。分部资产应当按扣除相关累计折旧或摊销额以及累计减值准备后的金额披露。企业当期发生的在建工程成本总额、购置的固定资产和无形资产的成本总额，应当单独披露。但递延所得税资产则不应作为分部资产披露。

分部负债是指分部经营活动形成的可归属于该分部的负债。通常短期借款、长期借款、应付债券、递延所得税负债等不属于分部负债。

【例8-4】如前【例8-1】甲集团总公司披露分部信息的主要形式是业务分部，则其主要报告形式下分部收入、费用、损益、资产和负债等信息披露如表8-4所示。

表8-4 　　　　　　甲集团总公司业务分布有关资料 　　　　　单位：万元

项　目	A 分部	B 分部	C 分部	D 分部	合　计
一、营业收入	15 878.4	11 328	3 585.6	10 200	40 992
其中：对外交易收入	15 360	11 328	2 832	9 360	38 880
分部间交易收入	518.4	—	753.6	840	2 212
二、营业费用	14 882.4	10 176	3 361.6	10 012	38 432
三、营业利润	996	1 152	224	188	2 560
四、资产总额	19 280	12 800	3 240	5 680	41 000

项　目	A分部	B分部	C分部	D分部	合　计
五、负债总额	11 500	6 850	2 260	4 120	24 730
六、其他补充信息					
1. 折旧和摊销费用	1 129	628	167	296	2 220
2. 资本性支出	920	512	51	207	1 690

注：对于不属于任何一个分部的负债，应当在上表中加设栏目，作为其他项目单独披露。

（三）分部信息与企业合并财务报表或企业财务报表总额信息的衔接

分部信息与企业合并财务报表或企业财务报表总额信息的衔接主要包括以下内容：分部收入应当与企业对外交易收入相衔接。分部利润（亏损）应当与企业营业利润（或亏损）和企业净利润（或净亏损）相衔接。分部资产总额应当与企业资产总额相衔接；分部负债总额应当与企业负债总额相衔接。

进行上述信息衔接时，应充分考虑分部收入和分部费用与企业财务报表的对外交易收入和对外交易费用存在的差异，对企业对外交易取得的未包括在任何分部收入中的收入、分部之间的内部交易收入、利息费用、非金融企业的长期股权投资实现的投资损益等进行调整。

（四）次要报告形式的信息披露

1. 以业务分部作为主要报告形式下次要信息的披露

当主要报告形式为业务分部时，企业应通过次要报告形式披露以下信息：

（1）对外交易收入占企业对外交易收入总额10%或者以上的地区分部，以外部客户所在地为基础披露对外交易收入。

（2）分部资产占各地区分部资产合并总额10%或者以上的地区分部，以资产所在地为基础披露分部资产总额。

2. 采用地区分部作为主要报告形式下次要信息的披露

当主要报告形式是地区分部的，企业应通过次要报告形式就对外交易收入占企业对外交易收入总额10%或者以上的业务分部，以及分部资产占所有业务分部资产总额10%或者以上的业务分部的对外交易收入和资产总额分别进行披露。

（五）其他分部信息的披露

分部间转移价格的确定及其变更信息、分部会计政策的信息、比较信息、出口销售和主要客户的信息等，也可以成为分部信息披露的内容。企业提供的分部信息时虽采用了与编制企业集团合并财务报表或企业财务报表时相同的会计政策，但企业集团的整体财务信息不能等同于分部信息。例如：分部之间的交易定价可能与市场公允交易价格存在差异；确定分部间转移价格的方法时可能需要运用与分部特点相适应的特别会计政策；分配分部收入和费用的基础发生变更，但又对企业集团的整体财务信息不构成影响。分部提供的信息往往能够反映出以上的差异、变化和特殊政策，而这些补充信息，通常对于外部会计信息使用者来说是相关的和有用的。

从财政部发布的《企业会计准则第 35 号——分部报告》中可以看出，我国在制定相关规范时，广泛吸收和借鉴了国际上已有的做法和经验，并结合我国的实践，既以风险和报酬识别分部，又要区分主要报告形式和次要报告形式。随着相关规范的不断完善，我们必能为企业会计信息使用者提供更加丰富、清晰和直观的有用信息。

【思考题】

1. 如何理解分部报告中的主要报告形式与次要报告形式？
2. 分部收入应包括哪些内容？
3. 企业在确定业务分部时，除了应当结合企业内部管理要求外，还应考虑哪些因素？

【练习题】

一、单项选择题

1. 确定为报告分部的各业务分部的对外交易收入合计额占合并总收入或企业总收入的比重应当达到（　　）的比例。

   A. 10%　　　　　　　B. 90%　　　　　　　C. 75%　　　　　　　D. 0%

2. 分部收入包括归属于分部的对外交易收入和对其他分部的交易收入，下面分部收入项目应包括在分部收入中的是（　　）。

   A. 营业收入　　　　　　　　　　　B. 利息收入

   C. 股利收入　　　　　　　　　　　D. 处置投资产生的净收益

3. 下面关于分部利润的说法中错误的是（　　）。

   A. 分部利润指分部收入减去分部费用后的余额

   B. 不属于分部收入和分部费用的项目在计算分部利润时，不得作为考虑的因素

   C. 不论企业性质如何，分部利润的计算中都应包括营业成本

   D. 不论企业性质如何，分部利润的计算中都应包括利息费用

4. 分部资产包括企业在分部的经营中使用的、可直接归属于该分部的资产，下列项目不应包括在分部资产中的是（　　）。

   A. 存货　　　　　　　　　　　　　B. 递延所得税资产

   C. 固定资产　　　　　　　　　　　D. 无形资产

5. 当业务分部或地区分部的大部分收入是对外收入，且满足（C）的，企业应当将其确定为报告分部。

   A. 该分部的收入占所有分部收入合计的 90% 以上

   B. 该分部的资产占所有分部资产合计的 90% 以上

   C. 该分部的利润占所有盈利分部利润合计的 10% 以上

   D. 该分部的成本占所有分部成本合计的 10% 以上

二、多项选择题

1. 企业在确定业务分部时，应当结合企业内部管理要求，并考虑下列因素（　　）。
   - A. 各单项产品或劳务的性质
   - B. 生产过程的性质
   - C. 产品或劳务的客户类型
   - D. 销售产品或提供劳务的方式
   - E. 生产产品或提供劳务受法律、行政法规的影响

2. 企业在确定地区分部时，应当结合企业内部管理要求，并考虑下列因素（　　）。
   - A. 所处经济环境的相似性
   - B. 外汇风险
   - C. 全球金融危机
   - D. 所处政治环境的相似性
   - E. 与某一特定地区经营相关的特别风险，如气候异常变化

3. 两个或两个以上的业务分部或地区分部可予以合并，应同时满足的条件有（　　）。
   - A. 具有相近的长期财务业绩
   - B. 具有相近的长期平均毛利率
   - C. 气候相同
   - D. 经济环境相似
   - E. 确定业务分部或地区分部所考虑的因素类似

4. 下列项目中，属于分部报告提供的费用有（　　）。
   - A. 营业成本
   - B. 所得税费用
   - C. 营业外支出
   - D. 营业税金及附加
   - E. 销售费用

5. 分部报告的主要披露方式有（　　）。
   - A. 采用脚注的方式
   - B. 以括号方式
   - C. 以报表附注的形式
   - D. 作为报表中专门分列表格表达
   - E. 用固定的解释方式

三、判断题

1. 企业销售产品或提供劳务的方式不同，其承受的风险和报酬也不相同，如赊销和现销方式。企业在确定业务分部时，应当对其给予考虑。　　　　　　　　（　　）

2. 某公司分别在华北地区和华东地区设立两个子公司，华北的子公司主要业务是生产汽车轮胎，并主要向华东的子公司销售，用于其组装小汽车。因此，该公司应将华北和华东的子公司合并作为一个地区分部。　　　　　　　　　　　　（　　）

3. 不管企业的性质如何，在确定分部费用时，都不应该包括利息费用。　　（　　）

4. 如果某一分部对外部客户的收入占企业合并收入的90%及其以上，则企业不需要提供分部信息。　　　　　　　　　　　　　　　　　　　　　　　　　　（　　）

5. 如果企业的内部管理按照垂直一体化经营的不同层次来划分，即使其大部分收入不通过对外交易取得，仍可将垂直一体化经营的不同层次确定为独立的业务分部对外报告。　　　　　　　　　　　　　　　　　　　　　　　　　　　　　（　　）

四．计算与账务处理题

1. 甲有限责任公司按季度编制季度财务报告。该公司2013年上半年共确认主营业务收入4 550万元，结转主营业务成本2 657万元。该公司2013年1至3月份集中对外提供供暖服务，4月份后企业停止供暖，处于停产状态。公司将收入在上半年各月平均分配确认，成本也在上半年按月均衡摊销，并将分配和摊销的结果反映在对外提

供的中期报告中。

【要求】判断甲有限责任公司以上作法是否正确，并说明理由。

2. 为了帮助会计信息的使用者分析比较会计信息，B 股份有限公司按要求提供 2009 年各季度财务报告和半年度财务报告。

【要求】列出 B 股份有限公司应提供的截至二季度末中期财务报表的具体内容。

3. C 公司有 6 个业务分部，2013 年度这些分部的有关资料如下表所列：

表　　　　　　　　　　C 公司 2013 年度 6 个业务分部的有关资料　　　　　单位：万元

分　部	交易收入		利润（或亏损）	可辨认资产
	交易总收入	与其他分部交易		
1	51 200	1 200	3 600	45 600
2	7 200	800	400	9 270
3	36 500	4 500	1 100	43 230
4	61 550	0	2 880	46 900
5	12 800	500	1 080	9 600
6	30 750	3 200	540	25 400
合　计	200 000	10 200	9 600	180 000

【要求】根据列报分部的 10% 的重要性测试标准对各分部的交易收入、营业利润和资产的重要性分别进行判断，确定哪些分部属于应列报的分部。

【案例与分析】

案例 1. 甲集团总公司 2008 年各分部合并收入为 51 600 万元，合并营业利润为 7 420 万元，合并资产为 39 600 万元。各分部合并收入中含分部间交易收入 900 万元。且所属分部中各报告分部资料如下表所示。

表　　　　　　　　　　　　　各报告分部资料表　　　　　　　　　　　单位：万元

项　目	第 1 分部	第 2 分部	第 3 分部	合　计
一、营业收入	19 200	10 800	18 000	48 000
其中：对外交易收入	18 600	10 500	18 000	47 100
分部间交易收入	A	B	—	C
二、营业费用	15 600	9 800	15 100	40 500
三、营业利润	D	E	F	8 100
四、资产总额	17 800	9 500	10 200	37 500

项 目	第1分部	第2分部	第3分部	合 计
五、负债总额	10 800	7 200	5 220	23 220
六、其他补充信息				
1. 折旧和摊销费用	229	131	160	G
2. 资本性支出	720	360	120	1 200

【要求】

（1）计算填列上表中 A、B、C、D、E、F、G 各空余栏目金额。

（2）通过计算指出有哪些报告分部的收入、利润和资产均满足 10% 重要性测试标准。

案例2. 乙集团总公司不是金融业务为主的企业。该公司所属报告分部有关事项如下：

（1）某分部将处置投资取得的收益列入分部收入中。

（2）某分部将营业税金及附加列入分部费用中。

（3）某分部将处置固定资产的损失列入分部费用中。

【要求】判断以上报告分部三项作法是否正确，并说明理由。

第九章　衍生工具与套期保值会计

第一节　衍生工具概述

　　规避风险是推动衍生金融工具发展的最基本原因。20世纪的后半叶,世界经济出现日益增强的全球化发展趋势,给企业、政府和个人增加了更多的风险;特别是1973年布雷顿森林体系的彻底瓦解,由于汇率和利率的双重变动,使得基础金融工具的价值变得很不稳定,衍生金融工具应运而生;20世纪80年代以来的金融自由化进一步推动了衍生金融工具的发展,金融机构的利润驱动是金融衍生工具的产生和迅速发展的又一重要原因,新技术革命为衍生金融工具的产生和服提供了物质基础和手段。衍生金融工具繁荣了金融市场,同时给人们提供了更广泛的投资和规避风险的渠道,促使资金有效流动、资源优化配置。但是,衍生工具在带来风险规避手段的同时,也带来了巨大的风险。2008年美国住房次贷危机,进而演变成国际金融危机的直接原因就是金融衍生产品的高杠杆化。在会计上如何反映金融工具的风险和报酬,是近年来会计准则重点关注的问题之一。

　　我国在20世纪80年代初开始开展商品期货交易,并陆续出现外汇期货、互换、远期合同、股票指数期货、国债期货、可转换债券和认股权证等衍生工具。相对于蓬勃发展的金融市场,我国金融工具会计一直较为落后。在新的会计准则体系发布之前,相关的规定在其他的准则和制度中。我国曾出台过《企业商品期货业务会计处理暂行规定》、《企业商品期货业务会计处理补充规定》、《金融机构衍生产品交易业务管理暂行办法》等。2004 年 7 月，财政部会计司发布了《金融机构衍生金融工具交易和套期业务会计处理暂行规定》，正式提出了关于衍生工具的会计核算问题，规定中要求金融机构以公允价值对衍生金融工具进行计量，并对各种情况下公允价值的确定方法提供了指南。

2006 年 2 月新颁布的企业会计准则中，《企业会计准则第 22 号——金融工具确认和计量》、《企业会计准则第 23 号——金融资产转移》、《企业会计准则第 24 号——套期保值》、《企业会计准则第 37 号——金融工具的列报和披露》等分别涉及了衍生金融工具的确认和计量、金融资产的转移、使用金融工具套期保值的会计核算以及金融工具的信息披露。该金融工具系列准则的颁布，标志着我国金融衍生工具会计有了系统全面的规范。

《企业会计准则第 22 号——金融工具确认和计量》规定：金融工具是指形成一个企业的金融资产，并形成其他单位的金融负债或权益工具的合同。金融工具可以分为基础金融工具和衍生金融工具。

一、金融工具及其分类

（一）金融工具的概念

金融工具是指形成一个企业的金融资产，并形成其他单位的金融负债或权益工具的合同。金融工具包括金融资产、金融负债和权益工具。

（二）金融工具的分类

1. 金融资产、金融负债与权益工具

金融资产通常是指企业的现金、银行存款、应收账款、应收票据、贷款、股权投资、债权投资等；金融负债是指企业的应付账款、应付票据、应付债券等；权益工具从发行方来说是指企业的普通股、认股权等。

2. 基础金融工具和衍生金融工具

基础金融工具包括企业持有的现金、存放于金融机构的款项、普通股，以及代表在未来期收取或支付金融资产的合同权利或义务等，如应收账款、应付账款、其他应收款、其他应付款、存出保证金、存入保证金、客户贷款、客户存款、债券投资、应付债券等。

衍生金融工具，又称衍生工具，是 20 世纪 70 年代以后全球金融创新的结果。衍生工具是由基础金融工具（股票、债券等）派生而来，其价值随基础金融工具（如股票、债券）的价格、商品价格、利率、汇率、价格或利率指数、费率指数、信用等级、信用指数的变动而变动。基础变量的变化直接决定着衍生金融工具价值的变动。

3. 衍生工具与嵌入衍生工具

嵌入衍生工具是指嵌入到非衍生工具（即主合同）中，使混合工具的全部或部分现金流量随特定利率、金融工具价格、商品价格、汇率、价格指数、汇率指数、信用

等级、信用指数或其他类似变量的变动而变动的衍生工具。常见的嵌入衍生工具有嵌入式期权，可转换债券。

二、衍生工具的特征

衍生工具是指金融工具确认和计量准则涉及的，具有下列特征的金融工具或其他合同：

（1）衍生工具的价值变动取决于标的变量的变化。

衍生工具的价值随着特定利率、金融工具价格、商品价格、汇率、价格指数、费率指数、信用等级、信用指数或其他类似变量的变动而变动，变量为非金融变量的（比如特定区域的地震损失指数、特定城市的气温指数等），该变量与合同的任一方不存在特定关系。比如，国内金融企业甲与境外金融企业乙签订了一份一年期利率互换合约，每半年末甲企业向乙企业支付美元固定利息、从乙公司收取以浮动利率（6个月美元 LIBOR——英国伦敦银行同业拆借利率）计算确定的浮动利息，合约名义金额为1亿美元。合约签订时，其公允价值为零。假定合约签订半年后，浮动利率（6个月美元 LIBOR）与合约签订时不同，甲企业将根据未来可收取的浮动利息现值扣除将支付的固定利息现值确定该合约的公允价值。显然，合约的公允价值因浮动利率的变化而改变。

（2）不要求初始净投资，或与对市场情况变动有类似反应的其他类型合同相比，要求很少的初始净投资。

企业从事衍生工具交易不要求初始净投资，通常指签订某项衍生工具合同时不需要支付现金。例如，某企业与其他企业签订一项将来买入债券的远期合同，就不需要在签订合同时支付将来购买债券所需的现金。但是，不要求初始净投资，并不排除企业按照约定的交易惯例或规则相应缴纳一笔保证金，比如企业进行期货交易时要求缴纳一定的保证金。缴纳保证金不构成一项企业解除负债的现时支付，因为保证金仅具有"保证"性质。

在某些情况下，企业在从事衍生工具交易也会遇到要求进行现金支付的情况，但该现金支付只是相对很少的初始净投资。例如，从市场上购入备兑认股权证，就需要先支付一笔款项。但相对于行权时购入相应股份所需支付的款项，此项支付往往是很小的。又如，企业进行货币互换时，通常需要在合同签订时支付某种货币表示的一笔款项，但同时也会收到以另一种货币表示的"等值"的一笔款项，无论是从该企业的角度，还是从其对手（合同的另一方）看，初始净投资均为零。

（3）在未来某一日期结算。

衍生工具在未来某一日期结算，表明衍生工具结算需要经历一段特定期间。衍生工具通常在未来某一特定日期结算，也可能在未来多个日期结算。例如，利率互换可能涉及合同到期前多个结算日期。另外，有些期权可能由于是价外期权而到期不行权，也是在未来日期结算的一种方式。

远期合同是常见的衍生金融工具。例如，某项6个月后结算的远期合同。根据该合同，合同一方（买方）承诺支付100万元现金，以换取面值为100万元固定利率债券；合同的另一方（卖方）承诺交付面值 100 万元的固定利率政府债券以换取 100 万元现金。在这六个月的期间内，双方均有交换金融工具的合同权利或义务。如果债券的市价超过 100 万元，情况对买方有利，而对卖方不利；如果市价低于 100 万元，结果正好相反。可见，买方既有类似所持有看涨期权下的权利的合同权利（金融资产），也有类似所签出有看跌期权下的义务的合同义务（金融负债）；卖方既有类似所持有看跌期权下的权利的合同权利（金融资产），也有类似所签出有看涨期权下的义务的合同义务（金融负债）。与期权相同，这些合同权利和合同义务构成的金融资产和金融负债与合同中的基础金融工具（被交换的债券和现金）有明显的区别，这一点与期权合同相同。远期合同的双方都有义务在约定时间执行合同，而期权合同仅当期权持有方选择行使权利的情况下才会被执行。

三、衍生工具的分类

（一）按照衍生工具的产品形态和业务特点划分

根据衍生工具产品形态和业务特点，衍生金融工具可划分为远期合约、期货、互换、期权等。

1. 远期合约

即买卖双方分别承诺在将来某一特定时间购买和提供某种交易对象而达成的契约，如远期外汇合约、远期股票合约、远期利率协议等。

2. 期货合约

即买卖双方在有组织的交易所内以公开竞价形式达成的、在将来某一特定时间交割标准数量特定金融工具的协议，如外汇期货合约、利率期货合约、股票指数期货合约等。

3. 互换

即交易双方达成协议并在一定的期限内相互转换彼此货币种类、利率基础及其他金融资产的一种交易。互换主要有利率互换、货币互换等。

4. 期权

即合同双方按约定价格在约定日期内就是否买卖某种金融工具达成的协议，主要有货币期权、利率期权、股票指数期权、认股权证等。

以上是衍生工具最基本和常见的分类方式，本章也将按此对衍生工具的会计处理及套期保值进行阐述。

（二）按照基础金融工具的种类划分

按照基础金融工具的种类的不同，衍生金融工具可划分利率式衍生工具、货币式衍生工具、股权式衍生工具。

1. 利率式衍生工具

即以利率或利率的载体为基础金融工具的衍生金融工具，主要包括远期利率协议、利率期货、利率期权、利率互换及上述合约的混合交易合约等。

2. 货币式衍生工具

即以各种货币作为基础金融工具的衍生金融工具，如远期外汇合约、货币期货、货币期权、货币互换及上述合约的混合交易合约等。

3. 股权式衍生工具

即以股票或股票指数为基础金融工具的衍生金融工具，包括股票期权、股票期货、股票指数期货、股票指数期权以及上述合约的混合交易合约等。

（三）按照交易双方风险收益的形式划分

按照交易双方风险收益形式的不同，衍生金融工具分为风险收益对称型衍生工具与风险收益不对称型衍生工具。

1. 风险收益对称型衍生工具。

即衍生金融交易双方风险收益对称，在将来某一日期都负有按一定条件进行交易的义务。属于这一类型的有远期合约、期货、互换。

2. 风险收益不对称型衍生工具。

即衍生金融交易双方风险收益不对称，合约购买方有权选择履行合约与否。属于这一类的主要是各类期权以及认股权证、可转换债券、利率上限、利率下限等期权的变通形式。

（四）按照交易方法划分

按照交易方法，即是否在交易所上市，衍生工具可分为场内交易衍生工具和场外交易衍生工具。

1. 场内交易衍生工具

即所有的供求方集中在交易所进行竞价交易的交易方式。在场内交易的衍生金融工具只有期货和期权。

2. 场外交易衍生工具

即交易双方直接成为交易对手的交易方式。这种交易方式有许多形态，可以根据每个使用者的不同需求设计出不同内容的产品。同时，为了满足客户的具体要求，对出售衍生产品的金融机构的金融技术和风险管理能力也提出了很高的要求。由于每次交易的清算是由交易双方相互负责进行的，场外交易参与者仅限于信用程度高的客户。在场外交易的衍生金融工具主要有远期合约、期权和互换。

综上所述，衍生工具的各种分类关系如表9-1所示。

表9-1 衍生工具分类

衍生工具		基础金融工具			风险收益形式		交易方法	
		利率式	货币式	股权式	风险收益不对称型	风险收益对称型	场内交易衍生工具	场外交易衍生工具
远期合约	远期外汇合约		√			√		√
	远期股票合约			√		√		√
	远期利率协议	√				√		√

衍生工具		基础金融工具			风险收益形式		交易方法	
		利率式	货币式	股权式	风险收益不对称型	风险收益对称型	场内交易衍生工具	场外交易衍生工具
期货合约	外汇期货		√			√	√	
	利率期货	√				√	√	
	股票指数期货			√		√	√	
互换	利率互换	√				√		√
	货币互换		√			√		√
	股票互换			√		√		√
期权	利率期权	√			√			√
	股票指数期权			√	√			√
	货币期权		√		√			√
	认股权证			√	√			√

四、衍生工具的功能

衍生工具在现实经济社会中有两个主要用途：一是套期保值；二是投机套利。

（一）套期保值

所谓套期保值，是指企业为规避外汇风险、利率风险、商品价格风险、信用风险等，指定一项或一项以上套期工具，使套期工具的公允价值或现金流量变动预期抵消被套期项目全部或部分公允价值或现金流量变动风险的一种交易活动。

可见，套期保值作为一种交易活动，以规避风险为目的；需要指定套期工具（衍生工具）；交易中的套期项目与被套期项目相互对应、转移风险。

例如，某企业预计持有的钢材未来会跌价，为了避免跌价风险，它同时购买了一份卖出钢材的期货合约，这样，如果未来钢材真的跌价了，发生的损失正好可以被期货合同抵消从而达到规避风险的目的。又如，以玉米为主要原料加工的某企业，在玉米收获季节预计玉米价格在一段时期后要上升，就可以通过购买玉米期货，并在价格上涨后买进玉米时，再卖出玉米期货，从而抵消价格变动的风险。由此可见，套期保值建立在两个相互对应的项目之间，即套期项目和被套期项目之间，而且它们两者之间在一定时期内存在着价格上升或下跌的同方向运动关系。被套期保值项目发生的不利影响，都可以被套期项目未来的收益抵消。而套期保值实现的前提是对未来价格或利率有准确的预测。

（二）投机套利

所谓衍生工具的投机套利，是指交易者自己承担风险，通过预测衍生工具的价格走向，赚取价格变动差价的一种交易活动。

由于套期保值需要套期项目与被套期项目之间有紧密的联系，有严格的条件限制，因此，如果企业持有的衍生工具不符合套期保值，即可确定为投机套利。与套期保值相比，投机套利最突出的表现即没有实物交易的基础，是典型的"买空卖空"。譬如，若期货交易者预测某种金融工具的价格可在未来一段时间内上升，就买入该品种的期货合约，在该品种实际价格上升时，则可平仓该期货合约，从中赚取因价格变动而产生的利益；反之，若预计某种金融工具价格会下降，则可先卖出该品种的期货合约，待实际价格下降后，再平仓获利。

五、我国衍生工具的发展历程及现状

（一）我国衍生工具发展历程

我国衍生工具已经发展了 20 多年，具体可分为商品期货市场和金融衍生品市场。

1990 年 10 月 12 日郑州粮食批发市场开业，标志着商品期货市场初创时期的开始。在之后的 3 年内，商品期货市场发展迅猛，全国曾一度出现 50 多家商品交易所、300余家期货经纪公司和 2 000 多家兼营机构。由于监管机制不完善、人才和技术储备不足等原因，这一阶段商品期货市场场内无序，不法行为盛行。1993 年 11 月 4 日，国务院发出了《关于制止期货市场盲目发展的通知》，要求坚决制止期货市场的盲目发展，这标志着期货市场从初创时期的盲目发展进入了治理整顿阶段。1995 年 2 月 23 日，爆发327 国债违规事件，5 月 17 日，中国证监会发出《关于暂停中国范围内国债期货交易试点的紧急通知》，开市仅两年零六个月的国债期货结束。中国第一个金融期货品种宣告夭折。随后以阶段，国务院关停了一些大品种的期货交易，最终仅保留了 12 个商品期货品种；撤并整顿交易所，全国交易所撤并为上海、郑州、大连 3 家。在 1998 年8 月，国务院确立了中国证监会统一负责对全国证券、期货业的监管，2000 年 12 月 28日，中国期货业协会成立大会在北京举行，期货业监管和自律体系完全确立起来。2001 年 3 月，"十五"规划纲要中明确写入了"稳步发展期货市场"，这标志着期货市场进入有序发展阶段。2004 年 6 月，棉花期货合约在郑州商品交易所成功上市，这是清理整顿后第一个新品种，在这之后各种期货品种陆续上市，期货商品市场有了长足的发展。2009 年，我国期货变易量达到了 21.57 万亿手（按双边计算），成交金额达130.51 万亿元，年末平仓合约头寸 0.67 万亿手，商品期货市场逐步走向成熟。

在商品期货发展的同时，我国金融衍生品市场也开始了探索。在 20 世纪 90 年代初的初步探索阶段，外汇期货、国债期货、股票指数期货、认股权证等金融衍生品陆续推出。1992 年 6 月 1 日，上海外汇调剂中心率先推出外汇期货，进行人民币与美元、日元、德国马克的汇率期货交易。1993 年 3 月 10 日，海南证券交易中心开办了股票指数期货交易，标的物是深圳综合指数和深圳 A 股指数。1993 年 12 月 28 日上海证券交易所正式推出我国第一张国债期货合约。但是，由于当时的市场经济基础和市场运作机制不成熟，滋生了各种扰乱市场秩序的过度投机和欺诈，相继推出的金融衍生品又都相继被停止交易，初步探索以全面失败告终。在此之后的很长时间内，监管层对衍生产品采取了搁置、暂停的态度，但是在银行业，衍生业务很快又逐步恢复了。1997年4月中国人民银行授权中国银行独家办理贸易项目的人民币远期结售汇业务，之后中国建设银行、农业银行、工商银行和交通银行陆续被批准开办金融衍生品业务。2005年7月21日，经国务院批准，中国人民银行宣布我国开始实行以市场供求为基础、参考一揽子货币进行调节、有管理的浮动汇率制度，在此基础上，人民币结构性理财产品、人民币利率互换、人民币外汇掉期陆续推出，我国金融衍生产品市场的步伐明显加速。衍生品市场场外交易的蓬勃发展的同时，交易所市场也蓄势待发。2006年9月8日，中国金融期货交易所在上海正式成立，标志着我国金融衍生品市场诞生，为我国进行场内衍生工具交易奠定了基础。2006年10月30日，股指期货仿真交易启动，2010年1月8日，国务院原则上同意推出股指期货和开展融资融券试点，2010年4月16日，期待已久的股指期货正式上市交易。需特别指出的是，在此期间，权证、认股权和可转换债券也陆续获准推出，至此，我国的金融衍生品市场进入了稳步发展阶段。

（二）我国衍生工具发展现状

第一，商品期货市场规模庞大，但品种单一。2009年国内商品期货交易量达到了21.57亿手，按国际惯例单边计算的交易量达到了10.79亿手，商品期货交易量居世界第一，占全球23.118亿手商品期货、期权交易量的46.67%，扣除商品期权，占全球商品期货交易量近70%的市场份额，交易额达到了130.51亿元人民币。统计显示，目前全球100家期货交易所上市93类期货商品，267个品种。截至2012年10月，我国期货市场品种只有30个，相较于庞大的交易量，交易品种显得单一。中国商品期货市场保证金规模已居全球首位，但企业用于套期保值的投资规模较低，缺少场内交易的国债期货、利率期货等标准化产品。

第二，金融衍生品发展滞后，金融创新不足。国际市场中，金融衍生品一直是交易所衍生品市场的主要交易品种，金融衍生品交易量占比一直在90%左右，金融期货交易量占期货市场比例在75%以上，交易所衍生品市场中金融衍生品持仓量占比一直维持在90%以上。而我国交易所金融衍生品市场相比商品期货市场发展较为滞后，除股指期货以外，其他主流产品都缺位，这与我国的实体经济地位是很不相匹配的。另外，我国金融衍生品的金融创新也相对不足，具体表现为重视负债类业务而忽视资产类业务，追求盈利的创新多，规避风险的创新少，特别是在美国次贷危机后，对复杂金融工具、衍生产品定价模型、高杠杆、资本投机产生了质疑和抵触。

第三，参与主体以银行为主，较为单一。目前，我国衍生工具交易的参与者以商业银行为主。据2007年上市公司年报披露，A股公司利用期货和衍生品进行套期保值的仅30多家，这些企业多属于大宗商品生产、消费和流通企业。这与国内企业缺乏利用衍生工具管理风险的意识有关，也与相关制度设计有关。例如，我国现有的债券远期交易和人民币利率互换交易均面向银行间债券市场投资者，其他投资者无法参与交易。

本章以下将着重阐述衍生工具的主要形式，主要讨论远期合约、期货、期权和互换的会计问题，以及运用衍生金融工具进行套期保值的相关会计问题。

第二节 衍生工具的会计处理

根据衍生工具产品形态和业务特点的分类，衍生工具的主要形式包括远期合约、期货合约、互换、期权等。

一、远期合约

（一）远期合约的定义

远期合约，又称远期协议，是指买卖双方分别承诺在将来某一特定时间购买和提供某种交易对象而达成的契约。远期合约规定了将来要交换的资产、交换的日期、交换的价格和数量，合约条款因合约双方的需要不同而不同。远期合约中，买方处于多方地位，卖方处于空方地位。远期合约包括商品远期合约和金融远期合约。商品远期合约所交换的是除金融资产以外的商品，如有色金属、粮食、石油等；金融远期合约所交换的是金融资产，主要有远期外汇合约、远期利率协议和远期股票合约。

远期合约是现金交易，交易价格可以预先确定或在交割时确定。由于远期交易不需要公开，可以在私下进行，因此远期合约通常是场外交易，如同即期市场交易一样，交易双方都存在风险。远期合同中涉及的一些专业术语，主要有：（1）签约日，即签订合约的日期；（2）到期日，即合约执行的最后日期；（3）执行价，即合约实行的价格；（4）买方，即合约规定的购买方，一般预计所交易的资产价格可能上涨，又称多方、多头；（5）卖方，即合约规定的销售方，一般预计所交易的资产价格可能下跌，又称空方、空头。

远期合约具有如下一些特征。

（1）远期合约是非标准化的。与期货合约不同，远期合约的内容是根据交易双方的需要而特别制定的，合约的交易对象、数量、价格、交割时间和其他交易条件都是由交易双方协商决定，没有统一的标准和限制。因此，远期合约的灵活性较大，但是达成交易的成本相对较高，由于不易找到合适的转让者，流通性也较差。

（2）远期合约属于场外交易。远期交易没有统一的交易场所和清算机构，主要在银行之间或者银行与企业之间进行，一般是场外交易，也称柜台交易。这是一个相对私人化的市场，所受的监管程度较低，但也导致更高的违约风险。

（3）远期合约不实行保证金制度。除了银行对小客户收取一点保证金外，绝大多数远期合约均无须缴纳保证金，合约到期的履行取决于交易双方的信用，因此信用风险较大。

（4）大部分远期合约要进行实物交割。由于远期合约流通性较差，通常90%以上的合约要按照约定的时间进行实物交割，这与期货大多在交割日之前进行对冲截然不同，也使得远期合约的投机程度相对较低，交易的活跃程度有限。

鉴于上述不足之处，出现了针对某些基础资产的远期合约的中介机构，例如在我国，外汇指定银行随时准备与企业签订以某外币为基础资产的远期外汇合约，银行既可以扮演多头的角色，也可以扮演空头的角色，并且承担了远期合同的信用风险。中国银行人民币远期外汇牌价有7天、1个月、3个月、6个月、9个月、12个月。

让我们以远期外汇合约为例，看一下存在中介机构的远期合约的操作程序。首先，企业在与外汇指定银行签订远期外汇合约之后，必须在该银行开立外币保证金账户，交存不低于交易本金10%的保证金。在我国，保证金币种限于美元、港币、日元和欧元。其次，在企业持有远期外汇合约期间，合约可能因汇率波动形成浮动亏损，当亏损达到企业存入保证金的80%时，银行将随时通知企业追加保证金，企业应及时补足，否则银行将视情况将其强制平仓。最后，在起息日，企业到银行办理交割手续，如不按期交割，银行可按有关规定给予处罚。在远期外汇合约如期交割后，企业可将剩余保证金转走。

（一）衍生工具会计处理的一般原则

持有衍生工具的主要目的是投机获利和套期保值。除了用于有效套期的衍生工具外，衍生工具一般都应该归类为交易性金融资产或金融负债，而后按照交易性金融资产或金融负债的核算规则进行会计处理。对所有衍生工具的会计处理，归纳起来主要包括以下几项原则：

第一，在企业成为合同的一方时，进行初始确认，将衍生金融工具在资产负债表中确认为一项资产或负债；

第二，按公允价值计量所有的衍生工具，包括初始计量和后续计量；

第三，对于所有用于投资的衍生工具，资产负债表日公允价值的变动额计入当期损益，而用于套期保值的衍生工具，依照套期的不同类型，资产负债表日公允价值的变动额或者计入当期损益，或者计入所有者权益；

第四，在对衍生工具进行处置时，其公允价值与初始入账金额之间的差额确认为投资收益，并调整公允价值变动损益。

远期合约公允价值的计算公式：

$$远期合约公允价值绝对值 = \frac{|\,现行远期价格 - 协议价格\,| \times 名义数量}{(1+i)^t}$$

其中：i 代表折现率，t 代表至到期日的剩余期数。

套期保值的会计处理将在本章的最后一节专门讨论，接下来的会计处理，均针对企业用于投资以期获得风险收益的衍生工具。根据上面归纳的几项原则，在进行此类衍生工具的账务处理时，均应通过"衍生工具"一级账户进行核算。而对于具体某种衍生工具所使用的二级明细账户，我国并没有硬性规定，下面涉及的相应明细账户只是为了便于说明。

(二) 远期合约交易的会计核算

远期合约的会计核算中，最关键的是确定其公允价值。确定远期合约的公允价值需要考虑的因素主要有三个：执行价格、远期价格和折现率。以远期外汇交易为例，确定远期外汇合同的公允价值需要考虑三个因素，即合约约定利率、现行远期汇率和折现率。其中，折现率是指企业的增量借款利率，远期外汇合同的公允价值在考虑时间价值的影响后，按各个计量时点的远期外汇汇率进行折算。

远期合约的具体会计核算主要包括三个步骤：首先，在签订远期合约时，由于远期合约不需要缴纳保证金，此时不做会计分录，只登记备忘录；其次，每期期末记录该远期合约的价值变动；最后，在远期合约执行日，将远期合约账面价值冲销，确认收益。

需要设置的会计核算账户主要有"衍生工具"、"公允价值变动损益"、"投资收益"、"银行存款"等。"衍生工具"账户，属资产类账户，主要核算衍生金融工具的初始投资成本及后续的价值变动，其账户余额在借方，表示该金融工具的公允价值。"公允价值变动损益"账户，属损益类账户，用于核算金融工具的后续持有期间的价值变动，账户余额在借方表示金融资产的价值变动损失，余额在贷方表示金融资产价值变动收益。

下面以远期外汇合约为例，说明远期合约交易的会计处理方法。

【例 9 - 1】2011 年 9 月 1 日外贸 A 公司与外汇经纪银行签订了一份 6 个月的购买 100 000 欧元的现汇远期合约。各时点有关该远期合约的即期汇率和远期汇率如表 9 - 2 所示：

表 9 - 2　　　　　远期合约相关时点的现汇即期汇率和远期汇率
（摘自中国银行网站）

日　期	即期汇率（100 欧元兑换元人民币，即 100EURRMB）	远期汇率（100 欧元兑换元人民币，即 100EURRMB）
2011 年 9 月 1 日	920. 18	917. 63
2011 年 11 月 30 日	853. 10	854. 60
2012 年 2 月 28 日	848. 60	848. 60

假设 A 公司使用的折现率为 8%，各时点远期合约的公允价值的计算如表 9 - 3 所示。

表 9 - 3　　　　　　　各时点远期合约的公允价值　　　　　单位：元人民币

日　期	远期合约汇率	市场远期汇率	差异	预计交割的现金流量	折现因子	估计公允价值的变动额
2011 年 11 月 30 日	917. 63	854. 60	-47. 15	-630 300	1. 027	-613 729
2012 年 2 月 28 日	917. 63	848. 60	-63. 03	-690 300	1	-690 300

2011 年 11 月 30 日的折现因子通过对折现率进行月度复利计算得到，即 $(1 + 8\% / 12)^3 = 1.027$。其公允价值的变动额等于预计交割的现金流量除以折现因子，即 $630\,300/1.027 = 613\,729$ 元。

其会计处理如下：

（1）2011 年 9 月 1 日签订远期合约。因公允价值为零，故不做会计分录，只做备忘录。

（2）2011 年 11 月 30 日记录远期外汇合约公允价值变动：

借：衍生工具——远期欧元	613 729
贷：公允价值变动损益——远期欧元	613 729

（3）2012 年 2 月 28 日，远期合约交割：

借：投资收益——远期欧元	690 300
贷：衍生工具——远期欧元	76 571
公允价值变动损益——远期欧元	613 729
借：衍生工具——远期欧元	690 300
贷：银行存款	690 300

二、期货合约

（一）期货合约的定义

期货合约是一种标准化合约，是指买卖双方分别向对方承诺在合同规定的未来某时间按约定价格买进或卖出一定数量的某种资产的契约。期货合约实质上是一种标准化的远期合约。交易所一般对期货合约的主要条款进行规定，包括：合约名称、交易品种、交易单位、报价单位、最小变动价位、每日价格最大波动限制、合约交割月份、交易时间、最后交易日、交割日期、交割品级、交割地点、最低交易保证金、交易手续费、交割方式、交易代码。

与远期合约一样，期货合约也包含商品期货合约和金融期货合约（如外汇期货合约、股指期货合约和利率期货合约等）。目前，我国有一个金融期货交易所——中金所，三个商品期货交易所，分别是上海期货交易所、郑州商品交易所和大连商品交易所。这四个交易所的上市品种见表 9 – 4。

表 9 – 4　　　　　　　　　　我国上市期货品种

交易所名称	上市品种
中国金融期货交易所	沪深 300 指数
上海期货交易所	黄金、白银、铜、铝、橡胶、燃料油、螺纹钢、线材、铅、锌
郑州商品交易所	强麦、棉花、绿豆、白糖、菜油、早籼稻、甲醇、PTA、硬麦、普麦
大连商品交易所	玉米、黄大豆 1 号、黄大豆 2 号、豆粕、豆油、乙烯、焦炭、PVC、棕榈

表9-5是摘自中国金融期货交易所网站的沪深300指数期货合约。

表9-5 沪深300指数期货合约表

合约标的	沪深300指数
合约乘数	每点300元
报价单位	指数点
最小变动价位	0.2点
合约月份	当月、下月及随后两个季月
交易时间	上午：9：15—11：30，下午：13：00—15：15
最后交易日交易时间	上午：9：15—11：30，下午：13：00—15：00
每日价格最大波动限制	上一个交易日结算价的±10%
最低交易保证金	合约价值的12%
最后交易日	合约到期月份的第三个周五，遇国家法定假日顺延
交割日期	同最后交易日
交割方式	现金交割
交易代码	IF
上市交易所	中国金融期货交易所

期货合约和远期合约的比较如下：

1. 交易场所

期货合约是由交易所制定发行的，是一种集中在交易所内通过公开喊价方式进行交易的场内产品。世界上主要的交易所有：芝加哥交易所、芝加哥商品交易所（CME）、国际货币市场（IMM）、伦敦国际金融期货交易所（LIFFE）、瑞士期权与金融期货交易所（SOFFEX）、东京国际金融气化交易所（TIFFE）、新加坡国际货币交易所（SIMEX）、悉尼期货交易所（SEF）等。而远期合约是通过双方谈判后自行签订的广泛存在于交易双方之间的场外交易产品。

2. 合同标准化

期货合约是标准化合约，关于交易资产的规格、交易单位、交易时间等均有明确的标准，这样使得交易十分便利，而远期合约的条款都可以按照交易双方的需要自行商定。

3. 保证金制度

期货合约实行保证金制度。期货交易者在建仓时必须交纳一定的初始保证金。一般为买卖合约价值的5%～10%，并且在持仓期间要维持一定的履约保证金，这一制度是为买卖合约提供的一种财力保证，交易对手的信用风险由交易所承担。而远期合约一般不需要交纳保证金，交易过程缺少统一的清算机构，因此信用风险相对较大。

4. 交割比例

期货合约最终实际交割比例较小，期货多以平仓作为交易的结束，而不是交割。而远期合约代表了商品和货币的现货支付，远期合约90%以上最终都会进行实物交割。

期货合约交易一般每日结算，所以在每日交易结束时，期货经纪公司会向A公司发出交易结算单，当日的盈利将存入经天公司的保证金账户，当日的亏损和交易手续费将从A公司的保证金账户扣除。另外，每日结算后，如果A公司的保证金因价格的不利变动而低于期货交易所规定的交易保证金水平，期货经纪公司将通知它追加保证金，如不能按时追加保证金，期货经纪公司将进行部分或全部强行平仓，直至保证金余额能够维持其剩余头寸。

期货合约的操作过程如下：

（1）委托交易。委托交易是指客户签发委托书委托其经纪人进行期货合约的买卖。委托书的内容包括买入或卖出、交易所名称、交易品种类别、交割时间、合约数量、交易价格、委托书有效期等。常用的委托书指令有市价指令和限价指令，市价指令指客户要求经纪人在当前的市场价格下替客户买卖合同；限价指令指客户给出一个买入的最高价或卖出的最低价，经纪人只能以比限价更优惠的价格替客户成交。

（2）开立账户并交纳保证金。期货合约交易中通常存在着违约风险，期货市场则通过建立保证金制度来预防违约风险的发生，因此期货市场参与者在进行交易时必须开立保证金账户并存放一定数额的履约保证金。保证金分为初始保证金和维持保证金两种，前者是交易开始时交纳的保证金，保证金数额由清算所和交易所根据交易货币的不同而定；后者指给账户增加货币以维持以前允许保证金下降的最低数额，如果账户余额低于维持保证金数额，经纪人则向客户发出催交保证金通知，要求客户存入一笔资金，从而使账户余额达到初始保证金水平。如果客户未按指令补足保证金，经纪人则会将客户的合约按目前的市场价格强行平仓，损失从客户的保证金中扣除。

（3）现货交割。期货合约必须通过对冲或按合约规定进行现货交割而平仓，但大部分合约是通过对冲完成交易的，只有极少数合约最终进行实物的交割。期货的交割，一般的做法是在最后交易日，合约的多头和空头分别向清算所提交"买方交割确认书"和"卖方交割确认书"，由交易清算所负责进行实际交割。

（二）期货合约的会计核算

期货交易会计核算的主要内容与方法如下：

1. 期货的初始确认。由于期货合约是在期货交易所进行的，期货合约本身就是交易的标的物，因此在企业购买了合同以后，应在账面上确认该项资产或负债。

2. 对初始保证金的调整和期货合约公允价值变动的确认。在签订期货合约时缴纳的保证金是初始保证金。但交易所往往会对保证金的余额规定一个下限，当保证金存款低于该数额时，将要求交易者追加保证金；反之，如果超出下限，也可以退回。因此，保证金的追加或退回是期货合约存续期间的会计核算内容之一。此外，期货合约公允价值的变动即期导致的损益，也应在账面上予以确认。

3. 转手平仓的差额结算。期货合约实际交割比例很小，交易者根据行情变化经常在合约期间就转手平仓，通过保证金存款进行差额结算，计算损益，同时终止确认这项期货合约。

需要设置的会计核算账户主要有"衍生工具"、"公允价值变动损益"、"投资收益"、"期货保证金"、"长期股权投资"、"管理费用"等。其中"期货保证金"账户主要核算企业向期货交易所或期货经纪交易机构划出和追加的用于办理期货业务的保证金。"长期股权投资"账户中设置"期货会员资格投资"明细账户，核算企业为取得会员资格而以缴纳会员资格费的形式对期货交易所的投资。在"管理费用"账户中设置"期货年会费"明细账户，核算有会员资格的企业向期货交易所交纳的年会费。

下面以沪深 300 股指期货为例，说明金融期货交易的会计处理方法。

【例 9 – 2】2012 年 9 月 3 日，甲公司在 2 272 点成交价格购入沪深 300 股指 IF1212 合约 10 份，每份合约价值为 681 600 元（2 272 × 300），9 月 26 日，沪深 300 股指该合约收盘价为 2 230 点，10 月 8 日，沪深 300 股指该合约收盘价为 2335 点，10 月 11 日，甲公司卖出持有的所有沪深 300 股指 IF1212 合约，卖出成交价 2 400 点。初始保证金的比率为交易金额的 12%，沪深 300 股指期货手续费标准为成交金额的万分之零点二五。交割手续费标准为交割金额的万分之一。

假定只在资料上列出的日期进行结算，根据上述业务，甲公司应编制会计分录如下。

（1）9 月 3 日购入沪深 300 股指 IF1212 合约 10 份，交纳交易保证金 817 920 元（2 272 × 300 × 10 × 12%），交易手续费 20 元（817 920 × 0.000 002 5）：

借：衍生工具——股指期货　　　　　　　　　　　　　817 920
　　投资收益　　　　　　　　　　　　　　　　　　　　 20
　　贷：银行存款　　　　　　　　　　　　　　　　　　　 817 940

（2）9 月 26 日，结算后，记录股指期货合约的浮动亏损，需要按照交易所要求，追加期货保证金：

浮动亏损额：（2 230 – 2 272）× 300 × 10 = 126 000 元
追加期货保证金：2 230 × 300 × 10 × 12% –（817 920 – 126 000）= 110 880 元

借：公允价值变动损益　　　　　　　　　　　　　　　126 000
　　贷：衍生工具——股指期货　　　　　　　　　　　　　 126 000
借：衍生工具——股指期货　　　　　　　　　　　　　110 880
　　贷：银行存款　　　　　　　　　　　　　　　　　　　 110 880

在 9 月 30 日编制的资产负债表中，"衍生工具——股指期货"账户借方余额 802 800 元（817 920 – 126 000 + 110 880）作为资产列示资产负债表的"其他流动资产"项目中。

（3）10 月 8 日，结算后，记录期货合约的浮动盈利 315 000 元［（2 335 – 2 230）× 300 × 10］：

借：衍生工具——股指期货　　　　　　　　　　　　　315 000
　　贷：公允价值变动损益　　　　　　　　　　　　　　　 315 000

（4）10 月 11 日，记录股指期货合约的浮动盈利 195 000 元［（2 400 – 2 335）× 300 × 10］：

借：衍生工具——股指期货   195 000

    贷：公允价值变动损益   195 000

（5）10月11日，平仓上述沪深300股指IF1212合约，并交纳交易手续费22元（2 400×300×10×12%×0.000 002 5），同时收回保证金：

借：投资收益   22

    贷：银行存款   22

借：银行存款   1 312 800

    贷：衍生工具——股指期货   1 312 800

借：公允价值变动损益   384 000

    贷：投资收益   384 000

以上各项交易结束后，银行账户余额1 312 800元（817 920+110 880—384 000）。甲公司在该股指期货合约交易中其实现投资收益383 958元，其中，合约本身的损益为384 000元，交易手续费为42元。

三、期权

（一）期权的定义

期权是一种选择权，期权的买方拥有在合同到期日或之前以规定的价格购买或销售一定数额某种资产的权利。一般来说，期权由以下五个方面构成：

1. 期权的买方，即购买期权的一方，因支付了权利金而获取权利的一方，也称为期权的多头方。

2. 期权的卖方，即出售权利的一方，因获取了权利金而承担接受买方选择权的义务，也称为期权的空头方。

3. 执行价格，即事先确定的标的资产或期货合约的交易价格。场内交易的执行价格由交易所根据标的资产（或期货合约）的价格变化趋势来确定，而场外交易的执行价格则由买方和卖方商定。

4. 期权费，即买方为了获取权利而向卖方支付的费用。其金额的大小取决于期权合同的性质、到期月份以及执行价格等各种因素。

5. 到期日，即预先确定的期权合同履行交货的日期。

相比远期合约、期货合约和互换，期权最大的特点在于风险与收益不对称。具体地说，就是买方在向卖方支付一定的费用后，就取得了在一定时期内按照一定价格买人或卖出约定数量金融工具的权利，而卖方在收取了该费用后即承担了按照一定价格卖出和买入约定数量金融工具的责任，而且买方如果决定放弃执行期权，卖方就不得要求其执行。这就意味着，期权买方的风险是有限的，而卖方风险却是无限的。

（二）期权的分类

1. 看涨期权与看跌期权

看涨期权赋予期权的买方在未来预定时间内按照执行价格向卖方购买一定数量的

标的资产或期货合同的权利，即给予了期权买入者买进标的资产的权利。看跌期权赋予期权的买方在未来预定时间内按照执行价格向卖方卖出一定数量的标的资产或期货合同的权利，即给予看跌期权买入者卖出标的资产的权利。

2. 价内期权、平价期权和价外期权

按照执行价格与标的物市场价格的关系，可以分为价内期权、平价期权和价外期权。价内期权是指如果期权立即执行，持有者具有正值的现金流；价外期权是指如果期权立即执行，持有者的现金流就会是负的；平价期权是指立即执行期权持有者的现金流为零。认购权证属于价内期权，而认沽权证则属于价外期权。

价内期权、平价期权和价外期权可以用标的资产的即期价格和期权的行权价格来定义。以股票期权为例：

	看涨期权（认购权证）	看跌期权（认沽权证）
价内期权	标的股票价格 > 行权价格	标的股票价格 < 行权价格
平价期权	标的股票价格 = 行权价格	标的股票价格 = 行权价格
价外期权	标的股票价格 < 行权价格	标的股票价格 > 行权价格

欧式期权是指只有在期权合同到期时买方才能按照执行价格来行使其权利。美式期权是指买方在期权合同到期之前的任何时点都能按照执行价格来行使其权利，因此更为灵活，但是需要买方支付更高的期权费。

（三）期权的定价

期权价格主要由内在价值和时间价值两个部分组成。

1. 内在价值

内在价值是指期权买方立即执行合同可获取的收益，它反映了期权合同执行价格与标的物市场之间的关系，是期权价值的重要组成部分。

看涨期权内在价值 =（标的物市场价格－执行价格）× 名义数量

看跌期权内在价值 =（执行价格－标的物市场价格）× 名义数量

需特别指出的是，当期权是平价期权或价外期权时，期权就没有内在价值，也就是说，期权的内在价值最小是零，不能为负。

2. 时间价值

时间价值对于期权卖方来说，反映了期权交易期间内的时间风险，而对于期权买方来说，反映了期权内在价值在未来增值的可能性，只要能够计算出期权的内在价值，那么期权整体公允价值中的剩余部分就是时间价值。一般来说，期权有效期越长，期权的时间价值越大，随着到期时间的临近，其时间价值就会逐渐变小，期权到期时，时间价值也就不存在了。

（四）期权的会计核算

下面以股票期权为例，说明期权交易的会计处理方法。

【例 9－3】2010 年 12 月 4 日，H 公司购入了 G 公司发行的以自身普通股为标的的看涨期权（欧式期权）。根据双方期权合约，如果 H 公司行权，H 公司有权以每股 20

元的价格从 G 公司购入普通股 10 000 股。合同还约定，双方可以以现金净额结算。

其他有关资料如下：

	G 公司股票	看涨期权
期权有效期		8 个月
2010 年 12 月 4 日公允价值	17 元/股	3 元/股
2010 年 12 月 31 日公允价值	21 元/股	6 元/股
2011 年 7 月 31 日公允价值	25 元/股	5 元/股

根据上述资料，H 公司应编制会计分录如下：

（1）2010 年 12 月 4 日，H 公司购买看涨期权：

借：衍生工具——看涨期权   30 000

    贷：银行存款   30 000

（2）2010 年 12 月 31 日，确认期权公允价值变动损益：

借：衍生工具——看涨期权   30 000

    贷：公允价值变动损益   30 000

H 公司在 2010 年 12 月 31 日的会计报表中，期权的公允价值 60 000 元作为资产列示资产负债表的"其他流动资产"项目中。"公允价值的变动损益"则作为当年损益计入利润表。与此同时，在报表附注中披露该项合约的意图、到期日、期权交易对象公允价值、期权合约取得成本等方面的信息。

（3）2011 年 7 月 31 日行权时：先确认公允价值变动损益。

借：公允价值变动损益   10 000

    贷：衍生工具——看涨期权   10 000

［情形 1］假定以现金净额结算：

借：银行存款   50 000

    贷：衍生工具——看涨期权   50 000

借：公允价值变动损益   20 000

    贷：投资收益   20 000

［情形 2］假定以普通股净额结算：

借：衍生工具——G 公司股票   250 000

    贷：衍生工具——看涨期权   50 000

       银行存款   200 000

借：公允价值变动损益   50 000

    贷：投资收益   50 000

四、互换

（一）互换的定义及种类

互换是指交易双方达成协议并在一定的期限内相互转换彼此货币种类、利率基础及其他金融资产的一种交易。第一次货币互换于 1979 年出现在伦敦。在随后的两年内，互换市场的规模小，发展情况不明朗。直到1981年所罗门兄弟公司促成了世界银行和IBM公司的一项货币互换，被看作互换市场发展的里程碑。经过30多年的完善和发展，该种衍生金融工具已流行于国际金融市场，备受筹资者、投资者、金融专家的青睐。

随着互换工具的种类不断变化，互换交易的使用领域越来越广泛。最常见的金融互换是利率互换和货币互换，也有商品互换、股票互换等。

1. 货币互换

它是指一种一定数量的货币与另一种相当数量的货币进行交换。具体来说，货币互换是指交易双方按固定汇率在期初交换不同货币的本金，然后按照预定的日期，进行利息和本金的分期交换。在某些情况下，也可以不交换本金或在到期日不交换本金。

2. 利率互换

它是指交易双方在约定的一段时间内，根据双方签订的合同，在一笔象征性本金数额的基础上互相交换具有不同性质的利率（固定利率或浮动利率）款项。在一定的利率环境下，利率互换可以被置换交易者用于改变其利率支付方式。例如，一个想支付固定利率的借款者已借入浮动利率资金，而另一个想支付浮动利率的借款者却想支付固定利率资金，则双方可以将其各自的现有负债进行互换，而不必借入新的资金，双方各自支付对方的利息，以得到各自想要的利率基础。利率互换重要的是交换利息，本金可以交换，也可以不交换。互换中交换的名义本金可以相同也可以不同，即互换可以是同种货币的固定利率与浮动利率的交换，也可以是不同种货币之间的固定利率与浮动利率的交换，后者又称交叉货币利率交换。

相比其他衍生工具，互换的公允价值确定较为复杂。从本质上来说，互换是一组远期合同。譬如，假设某公司与金融企业签订了一份利率互换协议，每3个月互换一次汇率。这就相当于企业与金融企业陆续签订了若干份期限为3个月的利率远期合同。因此，互换的公允价值就是，计算每期互换净现金流量的现值，然后进行加总。在确定互换的公允价值时需要顾及各期期初的远期利率，用这些估计的远期利率贴现各期的净现金交换额。

（二）互换的会计核算

下面以利率互换为例，说明互换的会计处理方法。

【例9-4】E公司于2007年7月1日与某金融机构签订了一项1年期的利率互换，约定E公司将向金融机构支付名义本金为100 000元，固定利率为6%（年利率）的利息，而金融机构则向E公司支付名义本金相同，浮动利率为LIBOR的浮动利息。利息每6个月交换一次。2007年7月1日，LIBOR为6.5%。利率互换期间LIBOR的变化、E公司在各利息交换日应收取或支付的现金金额，以及互换合约在各个期间的公允价值见表9-6。

表 9 – 6 E 公司互换期间的现金流及互换的公允价值 单位：元

日 期	浮动利率 （LIBOR）	浮动利率与 固定利率 6%的差额	名义 本金	下期收取 （支付）的 现金	按 LIBOR 贴现的 净现值，即互 换公允价值	互换公允 价值变动
2007 年 7 月 1 日	6.5%	0.5%	100 000	250	476	476
2007 年 12 月 31 日	6.55%	0.55%	100 000	275	249	(227)
2008 年 6 月 30 日	—	—	—	0	0	0

具体会计核算如下：

（1）2007 年 7 月 1 日，记录互换收益：

借：衍生工具——互换 476

贷：公允价值变动损益 476

（2）2007 年 12 月 31 日，记录根据互换合同支付的现金以及互换公允价值变动：

借：银行存款 250

公允价值变动损益 227

贷：衍生工具——互换 227

财务费用 250

（3）2008 年 6 月 30 日，记录根据互换合同收取的现金以及互换合同到期：

借：银行存款 275

公允价值变动损益 249

贷：衍生工具——互换 249

财务费用 275

第三节　衍生工具的套期保值

一、套期保值概述

企业在风险管理实务中，经常会运用套期保值方法。比如，外商投资企业自主运用外汇远期合同锁定汇率，防范汇率风险；从事境内外商品期货交易来锁定价格风险等，都属于套期保值的运用。

（一）套期保值的概念

套期保值，是指企业为规避外汇风险、利率风险、商品价格风险、股票价格风险、信用风险等，指定一项或一项以上套期工具，使套期工具的公允价值或现金流量变动，预期抵销被套期项目全部或部分公允价值或现金流量变动。

企业运用商品期货进行套期时，其套期保值策略通常是，买入（卖出）与现货市场数量相当、但交易方向相反的期货合同，以期在未来某一时间通过卖出（买入）期货合同来补偿现货市场价格变动所带来的实际价格风险。

相对于非金融企业，金融企业面临较多的金融风险，如利率风险、外汇风险、信用风险等，对套期保值有更多的需求。例如，某上市银行为规避汇率变动风险，与某金融机构签订外币期权合同对现存数额较大的美元敞口进行套期保值。

套期保值者的目的在于减少他们所面临的风险。由于风险是一种不确定，因而减少风险意味着降低不确定。套期保值的目的虽然是使最终结果更加确定，但他不一定会改进最终结果。

（二）套期保值的分类

为运用套期会计方法，套期保值按套期关系（即套期工具和被套期项目之间的关系）可划分为公允价值套期、现金流量套期和境外净投资套期。

1. 公允价值套期，是指对已确认资产或负债、尚未确认的确定承诺，或该资产或负债、尚未确认的确定承诺中可辨认部分的公允价值变动风险进行的套期。该类价值变动源于某类特定风险，且将影响企业的损益。

例如，某企业对承担的固定利率负债的公允价值变动风险进行套期。航空公司签订了一项3个月后以固定外币金额购买飞机的合同（未确认的确定承诺），为规避外汇风险对该确定承诺的外汇风险进行套期。

2. 现金流量套期，是指对现金流量变动风险进行的套期。该类现金流量变动源于与已确认资产或负债、很可能发生的预期交易有关的某类特定风险，且将影响企业的损益。

例如，某企业对承担的浮动利率债务的现金流量变动风险进行套期。某航空公司为规避3个月后预期很可能发生的与购买飞机相关的现金流量变动风险进行套期。

对确定承诺的外汇风险进行的套期，企业可以作为现金流量套期或公允价值套期。

3. 境外经营净投资套期，是指对境外经营净投资外汇风险进行的套期。境外经营净投资，是指企业在境外经营净资产中的权益份额。

例如，某企业在美国拥有一家子公司，净投资额为100万美元，即期汇率为1美元＝6.57元人民币，并且估计美元汇率在半年后会下跌。为了防止因汇率下跌而造成经济损失，该企业与某金融机构签订了一份6个月远期外汇合同，卖出100万美元，其远期汇率为1美元＝6.37元人民币。

企业既无计划也无可能于可预见的未来会计期间结算的长期外币货币性应收项目（含贷款），应当视同境外经营净投资的组成部分。因销售商品或提供劳务等形成的期限较短的应收账款不构成境外经营净投资。

二、套期工具和被套期项目

（一）套期工具

1. 可以作为套期工具的金融工具

套期工具，是指企业为进行套期而指定的、其公允价值或现金流量变动预期可抵销被套期项目的公允价值或现金流量变动的衍生工具，对外汇风险进行套期还可以将非衍生金融资产或非衍生金融负债作为套期工具。

（1）衍生工具通常可以作为套期工具。衍生工具包括远期合同、期货合同、互换和期权，以及具有远期合同、期货合同、互换和期权中一种或一种以上特征的工具。例如，某企业为规避库存铜价格下跌的风险，可以卖出一定数量铜期货合同。其中，铜期货合同即是套期工具。

但是，某项衍生工具无法有效地对冲被套期项目风险的，不能作为套期工具。例如，企业发行的期权就不能作为套期工具，因为该期权的潜在损失可能大大超过被套期项目的潜在利得，从而不能有效地对冲被套期项目的风险。对于利率上下限期权，或由一项发行的期权和一项购入的期权组成的期权，其实质相当于企业发行一项期权的（即企业收取了净期权费），不能将其指定为套期工具。而购入期权的一方可能承担的损失最多就是期权费，而可能拥有的利得通常等于或大大超过被套期项目的潜在损失，因而购入期权的一方可以将购入的期权作为套期工具。

（2）非衍生金融资产或非衍生金融负债通常不能作为套期工具，但被套期风险为外汇风险时，某些非衍生金融资产或非衍生金融负债可以作为套期工具。例如，某种外币借款可以作为对同种外币结算的销售（确定）承诺的套期工具；又如，持有至到期投资可以作为规避外汇风险的套期工具。

（3）无论是衍生工具还是某些非衍生金融资产或非衍生金融负债，其作为套期工具的基本条件就是其公允价值应当能够可靠地计量。因此，在活跃市场上没有报价的权益工具投资，以及与该权益工具挂钩并须通过交付该权益工具进行结算的衍生工具，由于其公允价值难以可靠地计量，不能作为套期工具。企业自身的权益工具既非企业的金融资产也非金融负债，因而也不能作为套期工具。

（4）在运用套期会计方法时，只有涉及报告主体以外的主体的工具（含符合条件的衍生工具或非衍生金融资产或非衍生金融负债）才能作为套期工具。这里所指报告主体，指企业集团或集团内的各企业，也指提供分部信息的各分部。因此，在分部或集团内各企业的财务报表中，只有涉及这些分部或企业以外的主体的工具及相关套期指定，才能在符合套期保值准则规定条件时运用套期会计方法，而在集团合并财务报表中，如果这些套期工具及相关套期指定并不涉及集团外的主体，则不能对其运用套期会计方法进行处理。

2. 对套期工具的指定

企业在指定某些金融项目为套期工具时，应当注意以下几种情形：

（1）企业对套期工具进行计量时，通常以该工具整体为对象，采用单一的公允价值基础对其进行计量；同时，由于引起套期工具公允价值变动的因素具有相互关联性，因此，企业应当将其整体或其一定比例（例如，其名义金额的50%）指定为套期工具。

但是，由于期权的内在价值和远期合同的升水通常可以单独计量，为便于提高某些套期策略的有效性，套期保值准则允许企业在对套期工具进行指定时，就期权和远期合同作出例外处理，即：对于期权，企业可以将期权的内在价值和时间价值分开，只就内在价值变动将期权指定为套期工具；对于远期合同，企业可以将远期合同的利息和即期价格分开，只就即期价格变动将远期合同指定为套期工具。

（2）企业通常可将单项衍生工具指定为对一种风险进行套期，但同时满足下列条件的，也可以指定为对一种以上的风险进行套期：

各项被套期风险可以清晰辨认；套期有效性可以证明；可以确保该衍生工具与不同风险头寸之间存在具体指定关系。

其中，套期有效性，是指套期工具的公允价值或现金流量变动能够抵消被套期风险引起的被套期项目公允价值或现金流量变动的程度。

例如，甲企业的记账本位币是人民币，承担了一项5年期美元浮动利率负债。为规避该金融负债的外汇风险和利率风险，甲企业可以与某金融机构签订一项交叉货币利率互换合同，使该互换合同的条款与该金融负债的条款相"匹配"，并将该互换合同指定为套期工具。根据该互换合同，甲企业可以定期收取按美元浮动利率计算确定的利息，同时支付按人民币固定利率计算确定的利息。

（3）企业可以将两项或两项以上衍生工具的组合或该组合的一定比例指定为套期工具。对于外汇风险套期，企业可以将两项或两项以上非衍生工具的组合或该组合的一定比例，或将衍生工具和非衍生工具的组合或该组合的一定比例指定为套期工具。

（4）企业虽然可以将整体套期工具的一定比例指定为套期工具，但不能在套期关系中将套期工具剩余期限内的某一时段进行套期指定。

例如，某公司拥有一项支付固定利息、收取浮动利息的互换合同，打算将其用于对所发行的浮动利率债券进行套期。该互换合同的剩余期限为10年，而债券的剩余期限为5年。在这种情况下，甲公司不能在互换合同剩余期限中的某5年将互换指定为套期工具。

（二）被套期项目

1. 被套期项目的定义

被套期项目，是指使企业面临公允价值或现金流量变动风险，且被指定为被套期对象的下列项目：

（1）单项已确认资产、负债、确定承诺、很可能发生的预期交易，或境外经营净投资；

（2）一组具有类似风险特征的已确认资产、负债、确定承诺、很可能发生的预期交易，或境外经营净投资；

（3）分担同一被套期利率风险的金融资产或金融负债组合的一部分（仅适用于利率风险公允价值组合套期）。

确定承诺，是指在未来某特定日期或期间，以约定价格交换特定数量资源、具有法律约束力的协议；预期交易，是指尚未承诺但预期会发生的交易。

库存商品、持有至到期投资、可供出售金融资产、贷款、长期借款、预期商品销售、预期商品购买、对境外经营净投资等项目使企业面临公允价值或现金流量风险变动的，均可被指定为被套期项目。

2. 被套期项目的解析

在理解被套期项目的定义时，应当注意以下几点：

（1）作为被套期项目，应当使企业面临公允价值或现金流量变动风险（即被套期风险），在本期或未来期间会影响企业的损益。与之相关的被套期风险，通常包括外汇风险、利率风险、商品价格风险、股票价格风险、信用风险等。企业的一般经营风险（如固定资产毁损风险等）不能作为被套期风险，因为这些风险不能具体辨认和单独计量。同样地，企业合并交易中，与购买另一个企业的确定承诺相关的风险（不包括外汇风险）也不能作为被套期风险。

（2）衍生工具不能作为被套期项目，但对于外购的、嵌在另一项金融工具（主合同）中的期权，如果其与主合同存在紧密关系，且混合工具没有被指定为以公允价值计量且其变动计入当期损益的金融工具，则可以作为被套期项目。

（3）对于信用风险或外汇风险，企业可以将持有至到期投资作为被套期项目，而对于利率风险或提前还款风险，则不可以作为被套期项目。

（4）采用权益法核算的股权投资不能在公允价值套期中作为被套期项目，因为权益法下，投资方只是将其在联营企业或合营企业中的损益份额确认为当期损益，而不确认投资的公允价值变动。与之相类似，在母公司合并财务报表中，对子公司投资也不能作为被套期项目，但对境外经营净投资可以作为被套期项目，因为相关的套期指定针对的是外汇风险，而非境外经营净投资的公允价值变动风险。

（5）只有涉及报告主体以外的主体的资产、负债、确定承诺或很可能发生的预期交易才能作为被套期项目。因此，企业集团内的各组成企业或分部之间发生的套期活动，只能在各组成企业的财务报表或分部的分部报告中运用套期会计方法，而不能在企业集团合并财务报表中对其予以反映。但是，发生在企业集团内两个组成企业或两个分部之间的外币交易形成的外币货币性项目（例如，外币应收款项），如果其外币汇兑损益不能相互抵消，则可以在企业集团合并财务报表中运用套期会计方法。例如，按照《企业会计准则第19号——外币折算》的规定，当企业集团内的两个关联企业采用不同的记账本位币时，它们之间形成的应收（应付）款项产生的外汇汇兑损益通常不能全额抵消。与之类似，企业集团内部两个关联企业之间很可能发生的预期交易，按照进行此项交易的主体的记账本位币以外的货币标价（即按外币标价），且相关的外汇风险将影响合并利润或损失的，该很可能发生的预期交易（外汇风险）可以在合并财务报表中作为被套期项目。

3. 对被套期项目的指定

（1）将金融项目指定为被套期项目

对于金融资产或金融负债而言，将其指定为被套期项目具有较多选择。只要被套期风险可以辨认且套期有效性可以计量，仅与金融资产或金融负债现金流量或公允价值的一部分相关的风险，均可以作为被套期风险。相应地，相关金融资产或金融负债可以指定为被套期项目。例如，某附息金融资产或金融负债全部利率风险中的可辨认且可单独计量的部分（如无风险利率组成部分），就可以作为被套期风险，与之相关的金融资产和金融负债可以指定为被套期项目。

金融资产和金融负债现金流量的一部分指定为被套期项目时，被指定部分的现金流量应当少于该金融资产或金融负债现金流量总额。但是，企业可以仅就一项特定风险（LIBOR 变动形成的风险等），将金融资产或金融负债整体的所有现金流量进行指定。例如，假定企业有一项实际利率为 LIBOR – 1% 的附息金融负债，则其不能将债务本金和以 LIBOR 确定的利息指定为被套期项目，也不能将 – 1% 指定为被套期项目，但企业可以就 LIBOR 变动引起的该金融负债整体（即债务本金和以 LIBOR – 1% 确定的利息）公允价值或现金流量变动，将该金融负债整体指定为被套期项目。

在金融资产或金融负债组合利率风险的公允价值套期中（也仅限于这种套期），企业可以将某种货币金额（如人民币、美元或欧元金额）而不是单项资产或负债指定为被套期项目，并对与其相关的利率风险部分进行套期。在风险管理实务中，一项组合中可能既包括金融资产，也包括金融负债，但指定的货币金额应当是一项金融资产或负债金额。

（2）将非金融项目指定为被套期项目

通常情况下，企业难以区分和计量与非金融项目特定风险（不包括外汇风险）相关的公允价值或现金流量变动。因此，企业在将非金融资产或非金融负债指定为被套期项目时，对应的被套期风险只限于与该非金融资产或非金融负债相关的全部风险或外汇风险。

例如，甲公司预期从乙公司购买一批轮胎。甲公司和乙公司的记账本位币分别为美元和人民币。由于轮胎是非金融项目，因此，甲公司只能将与轮胎有关的所有风险或其中的外汇风险指定为被套期风险。

（3）将若干项目的组合指定为被套期项目

对具有类似风险特征的资产或负债组合进行套期时，该组合中的各单项资产或负债应当同时承担被套期风险，且该组合内各单项金融资产或单项金融负债由被套期风险引起的公允价值变动，应当预期与该组合由被套期风险引起的公允价值整体变动基本成比例。例如，当被套期组合因被套期风险形成的公允价值变动为 10% 时，该组合中各单项金融资产或单项金融负债因被套期风险形成的公允价值变动应当限制在 9% 至 11% 之间较小的范围内。

套期有效性是通过比较套期工具（或一组类似的套期工具）和被套期项目（或一组类似的被套期项目）的公允价值或现金流量变动而确定的，因此，在运用套期会计方法时，企业不能将金融资产和金融负债形成的净头寸指定为被套期项目。例如，企业不能将具有类似期限的固定利率金融资产和固定利率金融负债形成的净头寸指定为被套期项目。在这种情况下，企业往往可以通过其他办法达到几乎相同的规避风险效果。例如，某商业银行有承担类似风险和到期期限的金融资产和金融负债分别为 1 亿元和 9 000 万元，两者形成的净头寸为 1 000 万元。对此，该商业银行可以仅将金融资产总额中的 1 000 万元指定为被套期项目。进而言之，如果相关的资产和负债是固定利率项目，对应的套期关系是公允价值套期；如果是浮动利率项目，则对应的套期关系是现金流量套期。

三、运用套期保值会计的条件

套期会计方法，是指在相同会计期间将套期工具和被套期项目公允价值变动的抵消结果计入当期损益的方法。

（一）运用套期保值会计方法应遵循的原则

套期保值准则规定，公允价值套期、现金流量套期或境外经营净投资套期同时满足下列条件的，才能运用套期会计方法进行处理：

第一，在套期开始时，企业对套期关系（即套期工具和被套期项目之间的关系）有正式指定，并准备了关于套期关系、风险管理目标和套期策略的正式书面文件。该文件至少载明了套期工具、被套期项目、被套期风险的性质以及套期有效性评价方法等内容。套期必须与具体可辨认并被指定的风险有关，且最终影响企业的损益。

第二，该套期预期高度有效，且符合企业最初为该套期关系所确定的风险管理策略。

第三，对预期交易的现金流量套期，预期交易应当很可能发生，且必须使企业面临最终将影响损益的现金流量变动风险。

第四，套期有效性能够可靠地计量，即被套期风险引起的被套期项目的公允价值或现金流量以及套期工具的公允价值能够可靠地计量。

第五，企业应当持续地对套期有效性进行评价，并确保该套期在套期关系被指定的会计期间内高度有效。

（二）高度有效套期的认定

套期只有满足下列全部条件时，企业才能认定其为高度有效：

1. 在套期开始及以后期间，该套期预期会高度有效地抵消套期指定期间被套期风险引起的公允价值或现金流量变动。

2. 该套期的实际抵消结果在80%至125%的范围内。例如，某企业套期的实际结果是，套期工具公允价值变动形成的损失为120万元，而被套期项目的公允价值变动形成的利得为100万元，两者相互抵消的程度可以计算如下：120/100，即120%；或者，100/120，即83.33%。如果该套期也满足以上条件（一），那么该企业可以认定该套期是高度有效的。

企业至少应当在编制中期报告或年度财务报告时对套期有效性进行评价。

（三）套期有效性评价方法

运用套期会计方法的条件实际上隐含了两项套期有效性评价要求：（1）预期性评价，即评价套期在未来会计期间是否高度有效。这就要求企业在套期开始时，以及至少在中期报告或年度财务报告日对套期有效性进行评价。（2）回顾性评价，即评价套期在以往的会计期间实际上是否高度有效。这就要求企业至少在中期报告或年度财务报告日对套期有效性进行评价。

一般情况下，企业难以实现套期工具和被套期项目的公允价值或现金流量变动完全抵消，因而会出现套期无效的较小金额范围。无效套期的形成源于多方面的因素。

这些因素通常包括：（1）套期工具和被套期项目以不同的货币表示；（2）套期工具和被套期项目有不同的到期期限；（3）套期工具和被套期项目内含不同的利率或权益指数变量；（4）套期工具和被套期项目使用不同市场的商品价格标价；（5）套期工具和被套期项目对应不同的交易对手；（6）套期工具在套期开始时的公允价值不等于零等。

套期有效性评价方法应当与企业的风险管理策略相吻合，并在套期开始时就在风险管理有关的正式文件中详细加以说明。在这些正式文件中，企业应当就套期有效性评价的程序和方法、评价时是否包括套期工具的全部利得或损失、是否包括套期工具的时间价值等做出说明。

常见的套期有效性评价方法有三种：主要条款比较法，比率分析法，回归分析法。

1. 主要条款比较法

主要条款比较法，是通过比较套期工具和被套期项目的主要条款，以确定套期是否有效的方法。如果套期工具和被套期项目的所有主要条款均能准确地匹配，可认定因被套期风险引起的套期工具和被套期项目公允价值或现金流量变动可以相互抵消。套期工具和被套期项目的"主要条款"包括：名义金额或本金、到期期限、内含变量、定价日期、商品数量、货币单位等。

企业在以利率互换对利率风险进行套期时，可以采用主要条款比较法。此外，以远期合同对很可能发生的预期商品购买进行套期保值，也可以采用主要条款比较法，当以下全部条件同时符合时，可以认定该套期是高度有效的：

（1）远期合同与被套期的预期商品购买交易，在商品购买时间、地点、数量、质量等方面条款相同。

（2）远期合同初始确认时的公允价值为零。

（3）进行套期有效性评价时，不考虑远期合同溢价或折价变动对其价值的影响，或预期商品购买交易的预计现金流量变动以商品的远期价格为基础确定。

值得注意的是，采用这种方法对套期有效性评价虽然不需要进行计算，但适用的情形往往有限，而且只能用于套期预期性评价。即使是套期工具和被套期项目的主要条款均能准确地匹配，企业依然需要进行套期的回顾性评价。因为在这种情况下，套期无效仍可能出现。例如，套期工具的流动性或其交易对手的信用等级发生变化时，通常会导致套期无效。

2. 比率分析法

比率分析法，也称金额对冲法，是通过比较被套期风险引起的套期工具和被套期项目公允价值或现金流量变动比率，以确定套期是否有效的方法。运用比率分析法时，企业可以根据自身风险管理政策的特点进行选择，以累积变动数（即自套期开始以来的累积变动数）为基础比较，或以单个期间变动数为基础比较。如果上述比率没有超过80%至125%的范围，可以认定套期是高度有效的。

应当注意的是，以累积变动数和单个期间变动数分别作为比较基础，可能会得出不同结论。即如果以单个期间变动数为基础，套期可能不是高度有效的，但若以累积变动数为基础，套期却可能是高度有效的。

表 9 – 7   以单个期间为基础比较

	3 月 31 日	6 月 30 日	9 月 30 日	12 月 31 日
当季套期工具公允价值变动	（100）	（50）	110	140
当季被套期项目预计未来现金流量现值变动	90	70	（110）	（140）
当季套期有效程度	111%	71.4%	100%	80%
评价	80% ~125%	非高度有效	80% ~125%	

说明：以单季为基础比较，第二季度非高度有效；带"括号"的数据，表明是净减少额。

表 9 – 8   以累积变动数为基础比较

	3 月 31 日	6 月 30 日	9 月 30 日	12 月 31 日
至本月止套期工具公允价值累积变动	（100）	（150）	（40）	100
至本月止被套期项目预计未来现金流量现值累积变动	90	160	50	（90）
至本月止累积套期有效程度	111%	93.8%	80%	111%
评价	80% ~125%			

说明：以累积数为基础比较，第二季度高度有效。

3. 回归分析法

回归分析法是一种统计学方法，它是在掌握一定量观察数据基础上，利用数理统计方法建立自变量和因变量之间回归关系函数的方法。将此方法运用到套期有效性评价中，需要研究分析套期工具和被套期项目价值变动之间是否具有高度相关性，进而判断确定套期是否有效。运用回归分析法，自变量反映被套期项目公允价值变动或预计未来现金流量现值变动，而因变量反映套期工具公允价值变动。相关回归模型如下：

$$y = kx + b + \varepsilon$$

其中 y：因变量，即套期工具的公允价值变动；

k：回归直线的斜率，反映套期工具价值变动与被套期项目价值变动的比率；

b：y 轴上的截距；

x：自变量，即被套期风险引起的被套期项目价值变动；

ε：均值为零的随机变量，服从正态分布。

企业运用线性回归分析确定套期有效性时，套期只有满足以下全部条件才能认为是高度有效的：

（1）回归直线的斜率必须为负数，且数值应在 $-0.8 \sim -1.25$ 之间；

（2）相关系数（R^2）应大于或等于 0.96，该系数表明套期工具价值变动由被套期项目价值变动影响的程度。当 $R^2 = 96\%$ 时，说明套期工具价值变动的 96% 是由于某特定风险引起被套期项目价值变动形成的。R^2 越大，表明回归模型对观察数据的拟合越好，用回归模型进行预测效果也就越好；

（3）整个回归模型的统计有效性（F—测试）必须是显著的。F 值也称置信程度，表示自变量 x 与因变量 y 之间线性关系的强度。F 值越大，置信程度越高。

第四节　套期保值的会计处理

套期工具的初始计量、后续计量按照金融工具的确认和计量处理。

一、公允价值套期会计

（一）公允价值套期会计处理原则

1. 基本要求

公允价值套期满足运用套期会计方法条件的，应当按照下列规定处理：

（1）套期工具为衍生工具的，公允价值变动形成的利得或损失应当计入当期损益；套期工具为非衍生工具的，账面价值因汇率变动形成的利得或损失应当计入当期损益。

（2）被套期项目因被套期风险形成的利得或损失应当计入当期损益，同时调整被套期项目的账面价值。被套期项目为按成本与可变现净值孰低进行后续计量的存货、按摊余成本进行后续计量的金融资产或可供出售金融资产的，也应当按此规定处理。

2. 被套期项目利得或损失的具体处理要求

（1）对于金融资产或金融负债组合一部分的利率风险公允价值套期，企业对被套期项目形成的利得或损失可按下列方法处理：

①被套期项目在重新定价期间内是资产的，在资产负债表中资产项下单列项目反映，待终止确认时转销；

②被套期项目在重新定价期间内是负债的，在资产负债表中负债项下单列项目反映，待终止确认时转销。

（2）被套期项目是以摊余成本计量的金融工具的，对被套期项目账面价值所作的调整，应当按照调整日重新计算的实际利率在调整日至到期日的期间内进行摊销，计入当期损益。

对利率风险组合的公允价值套期，在资产负债表中单列的相关项目，也应当按照调整日重新计算的实际利率在调整日至相关的重新定价期间结束日的期间内摊销。采用实际利率法进行摊销不切实可行的，可以采用直线法进行摊销。此调整金额应当于金融工具到期日前摊销完毕；对于利率风险组合的公允价值套期，应当于相关重新定价期间结束日前摊销完毕。

（3）被套期项目为尚未确认的确定承诺的，该确定承诺因被套期风险引起的公允价值变动累计额应当确认为一项资产或负债，相关的利得或损失应当计入当期损益。

（4）在购买资产或承担负债的确定承诺的公允价值套期中，该确定承诺因被套期风险引起的公允价值变动累计额（已确认为资产或负债），应当调整履行该确定承诺所取得的资产或承担的负债的初始确认金额。

3. 终止运用公允价值套期会计方法的条件

套期满足下列条件之一的，企业应终止运用公允价值套期会计：

（1）套期工具已到期、被出售、合同终止或已行使。

套期工具展期或被另一项套期工具替换时，展期或替换是企业正式书面文件所载明的套期策略组成部分的，不作为已到期或合同终止处理。

（2）该套期不再满足运用套期会计方法的条件。

（3）企业撤销了对套期关系的指定。

（二）公允价值套期会计处理举例

【例 9 – 5】 2011 年 1 月 1 日，ABC 公司为规避所持有存货 X 公允价值变动风险，与某金融机构签订了一项衍生工具合同（即衍生工具 Y），并将其指定为 2011 年上半年存货 X 价格变化引起的公允价值变动风险的套期。衍生工具 Y 的标的资产与被套期项目存货在数量、质次、价格变动和产地方面相同。

2011 年 1 月 1 日，衍生工具 Y 的公允价值为零，被套期项目（存货 X）的账面价值和成本均为 1 000 000 元，公允价值是 1 100 000 元。2011 年 6 月 30 日，衍生工具 Y 的公允价值上涨了 25 000 元，存货 X 的公允价值下降了 25 000 元。当日，ABC 公司将存货 X 出售，并将衍生工具 Y 结算。

ABC 公司采用比率分析法评价套期有效性，即通过比较衍生工具 Y 和存货 X 的公允价值变动评价套期有效性。ABC 公司预期该套期完全有效。

假定不考虑衍生工具的时间价值、商品销售相关的增值税及其他因素，ABC 公司的账务处理如下：

（1）2011 年 1 月 1 日：

借：被套期项目——库存商品 X 　　　　　　　　　　1 000 000
　　贷：库存商品——X 　　　　　　　　　　　　　　　　1 000 000

（2）2011 年 6 月 30 日

借：套期工具——衍生工具 Y 　　　　　　　　　　　25 000
　　贷：套期损益 　　　　　　　　　　　　　　　　　　25 000

借：套期损益 　　　　　　　　　　　　　　　　　　25 000
　　贷：被套期项目——库存商品 X 　　　　　　　　　　25 000

借：应收账款或银行存款 　　　　　　　　　　　　1 075 000
　　贷：主营业务收入 　　　　　　　　　　　　　　　1 075 000

借：主营业务成本 　　　　　　　　　　　　　　　975 000
　　贷：被套期项目——库存商品 X 　　　　　　　　　975 000

借：银行存款 　　　　　　　　　　　　　　　　　25 000
　　贷：套期工具——衍生工具 Y 　　　　　　　　　　25 000

注：由于 ABC 公司采用了套期策略，规避了存货公允价值变动风险，因此其存货

公允价值下降没有对预期毛利额 100 000 元（即 1 100 000 - 1 000 000）产生不利影响。

假定 2011 年 6 月 30 日，衍生工具 Y 的公允价值上涨了 22 500 元，存货 X 的公允价值下降了 25 000 元。其他资料不变，ABC 公司的账务处理如下：

(1) 2011 年 1 月 1 日

借：被套期项目——库存商品 X	1 000 000	
贷：库存商品——X		1 000 000

(2) 2007 年 6 月 30 日

借：套期工具——衍生工具 Y	22 500	
贷：套期损益		22 500
借：套期损益	25 000	
贷：被套期项目——库存商品 X		25 000
借：应收账款或银行存款	1 075 000	
贷：主营业务收入		1 075 000
借：主营业务成本	975 000	
贷：被套期项目——库存商品 X		975 000
借：银行存款	22 500	
贷：套期工具——衍生工具 Y		22 500

说明：两种情况的差异在于，前者不存在"无效套期损益"，后者存在"无效套期损益" 2 500 元，从而对 ABC 公司当期利润总额的影响相差 2 500 元。本例中，套期工具公允价值变动 22 500 元与被套期项目公允价值变动 25 000 元的比率为 90%（22 500/25 000），这一比率在 80% 至 125% 之间，可以认为该套期是高度有效的。

【例 9 - 6】2010 年 1 月 1 日，GHI 公司以每股 50 元的价格，从二级市场上购入 MBI 公司股票 20 000 股（占 MBI 公司有表决权股份的 3%），且将其划分为可供出售金融资产。为规避该股票价格下降风险，GHI 公司于 2010 年 12 月 31 日支付期权费 120 000 元购入一项看跌期权。该期权的行权价格为每股 65 元，行权日期为 2012 年 12 月 31 日。

表 9 - 9　　　GHI 公司购入的 MBI 股票和卖出期权的公允价值　　　单位：元

	2011 年 12 月 31 日	2012 年 12 月 31 日	2013 年 12 月 31 日
MBT 股票			
每股价格	65	60	57
总价	1 300 000	1 200 000	1 140 000
看跌期权			
时间价值	120 000	700 000	0
内在价值	0	100 000	160 000
总价	120 000	170 000	160 000

GHI 公司将该卖出期权指定为对可供出售金融资产（MBI 股票投资）的套期工具，在进行套期有效性评价时将期权的时间价值排除在外，即不考虑期权的时间价值变化。

假定 GHI 公司于 2012 年 12 月 31 日行使了卖出期权，同时不考虑税费等其他因素的影响。

据此，GHI 公司套期有效性分析（见表 9 – 10）及账务处理如下所示：

1. 套期有效性分析

表 9 – 10　　　　　　　　　　**套期有效性分析的结果**　　　　　　　　单位：元

日期	期权内在价值变化 （利得）损失	MBI 股票市价变化 （利得）损失	套期有效率
2011 年 12 月 31 日	（100 000）	100 000	100%
2012 年 12 月 31 日	（60 000）	60 000	100%

2. 账务处理

（1）2010 年 1 月 1 日，确认购买 MBI 股票时：

借：可供出售金融资产——成本　　　　　　　　　　　　　1 000 000
　　贷：银行存款　　　　　　　　　　　　　　　　　　　　　　1 000 000

（2）2010 年 12 月 31 日，确认 MBI 股票价格上涨时：

借：可供出售金融资产——公允价值变动　　　　　　　　　　300 000
　　贷：资本公积——其他资本公积　　　　　　　　　　　　　　300 000

（3）2010 年 12 月 31 日，指定可供出售金融资产为被套期项目时：

借：被套期项目——可供出售金融资产　　　　　　　　　　1 300 000
　　贷：可供出售金融资产——成本　　　　　　　　　　　　　1 000 000
　　　　　　　　　　　　　——公允价值变动　　　　　　　　　300 000

（4）2010 年 12 月 31 日，购入看跌期权并指定为套期工具时：

借：套期工具——看跌期权　　　　　　　　　　　　　　　　120 000
　　贷：银行存款　　　　　　　　　　　　　　　　　　　　　　120 000

（5）2011 年 12 月 31 日，确认套期工具公允价值变动中的内在价值变动时：

借：套期工具——看跌期权　　　　　　　　　　　　　　　　100 000
　　贷：套期损益　　　　　　　　　　　　　　　　　　　　　　100 000

（6）2011 年 12 月 31 日，确认被套期项目公允价值变动时：

借：套期损益　　　　　　　　　　　　　　　　　　　　　　100 000
　　贷：被套期项目——可供出售金融资产　　　　　　　　　　　100 000

（7）2011 年 12 月 31 日，确认套期工具公允价值变动中的时间价值变动时：

借：套期损益　　　　　　　　　　　　　　　　　　　　　　　50 000
　　贷：套期工具——看跌期权　　　　　　　　　　　　　　　　　50 000

（8）2012 年 12 月 31 日，确认套期工具公允价值变动中的内在价值变动时：

借：套期工具——看跌期权　　　　　　　　　　　　　　　　　60 000

　　贷：套期损益　　　　　　　　　　　　　　　　　　　　　60 000

（9）2012 年 12 月 31 日，确认被套期项目公允价值变动时：

　　借：套期损益　　　　　　　　　　　　　　　　　　　　　60 000

　　　　贷：被套期项目——可供出售金融资产　　　　　　　　　　60 000

（10）2012 年 12 月 31 日，确认套期工具公允价值变动中的时间价值变动时：

　　借：套期损益　　　　　　　　　　　　　　　　　　　　　70 000

　　　　贷：套期工具——看跌期权　　　　　　　　　　　　　　　70 000

（11）2012 年 12 月 31 日，确认看跌期权的行权时：

　　借：银行存款　　　　　　　　　　　　　　　　　　　1 300 000

　　　　贷：套期工具——看跌期权　　　　　　　　　　　　　　160 000

　　　　　　被套期项目——可供出售金融资产　　　　　　　　1 140 000

（12）2012 年 12 月 31 日，将直接计入资本公积的可供出售金融资产价值变动转出，计入当期损益时：

　　借：资本公积——其他资本公积　　　　　　　　　　　　300 000

　　　　贷：套期损益　　　　　　　　　　　　　　　　　　　300 000

【例9-7】甲公司为境内商品生产企业，采用人民币作为记账本位币。2011 年 2 月 3 日，甲公司与某境外公司签订了一项设备购买合同（确定承诺），设备价格为外币 X（本题下称 FCX）270 000 元，交货日期为 2011 年 5 月 1 日。

2011 年 2 月 3 日，甲公司签订了一项购买外币 Y（本题下称 FCY）240 000 元的远期合同。根据该远期合同，甲公司将于 2011 年 5 月 1 日支付人民币 147 000 元购入 FCY 240 000 元，汇率为 1FCY = 0.612 5 元人民币（即，2011 年 5 月 1 日的现行远期汇率）。

甲公司将该远期合约指定为对由于人民币元/FCX 汇率变动可能引起的、确定承诺公允价值变动风险的套期工具，且通过比较远期合同公允价值总体变动和确定承诺人民币元公允价值变动评价套期有效性。假定最近 3 个月，人民币元对 FCY、人民币元对 FCX 之间的汇率变动具有高度相关性。2011 年 5 月 1 日，甲公司履行确定承诺并以净额结算了远期合约。与该套期有关的远期汇率资料如表 9-11。

表9-11　　　　　　　　　　相关时点的汇率数据

日　期	2011 年 5 月 1 日 FCY/元人民币的远期汇率	2011 年 5 月 1 日 FCX/元人民币的远期汇率
2011 年 2 月 3 日	1FCY = 0.612 5 元人民币	1FCX = 0.545 4 元人民币
2011 年 3 月 31 日	1FCY = 0.598 3 元人民币	1FCX = 0.531 7 元人民币
2011 年 5 月 1 日	1FCY = 0.577 7 元人民币	1FCX = 0.513 7 元人民币

根据上述资料，甲公司进行如下分析和账务处理：

1. 套期有效性评价

甲公司预期该套期高度有效，原因在于：第一，2011 年 2 月 3 日，FCY240 000 元与FCX270 00元按2011年5月1日的远期汇率换算，相差（仅为258元人民币）不大；第二，远期合约和确定承诺将在同一日期结算；第三，最近3个月，人民币元对FCY、元人民币对FCX之间的汇率变动具有高度相关性。

但是，该套期并非完全有效，因为与远期合同名义金额FCY240 000元等值人民币元的变动，与将支付的FCX270 000元等值人民币元的变动存在差异。另外，应注意，即期汇率与远期汇率之间的差异无须在评价套期有效性时考虑，因为确定承诺公允价值变动是以远期汇率来计量的。远期合约和确定承诺的公允价值变动如表9-12。

表9-12　　　　　　远期合约和确定承诺的公允价值变动

	2月3日	3月31日	5月1日
A. 远期合同			
5月1日结算用的元人民币/FCY的远期汇率	0.6125	0.5983	0.5777
金额单位：FCY	240 000	240 000	240 000
远期价格（FCY240 000元折算成元人民币）	147 000	143 592	138 648
合同价格（元人民币）	(147 000)	(147 000)	(147 000)
以上两项的差额（元人民币）	0	(3 408)	(8 352)
公允价值（上述差额的现值，假定折现率为6%）	0	(3 391)	(8 352)
本期公允价值变动		(3 391)	(4 961)
B. 确定承诺			
5月1日结算用的元人民币/FCX 远期汇率	0.5454	0.5317	0.5137
金额单位：FCX	270 000	270 000	270 000
远期价格（FCX270 000元折成元人民币）	(147 258)	(143 559)	(138 699)
初始远期价格（元人民币）（270 000×0.5454）	147 258	147 258	147 258
以上两项的差额（元人民币）	0	3 699	8 559
公允价值（上述差额的现值，假定折现率为6%）	0	3 681	8 559
本期公允价值变动		3 681	4 878
C. 无效套期部分（以FCY标价的远期合同和以FCX标价的确定承诺两者公允价值变动的差额）	290	(83)	

2. 账务处理如下（单位：元人民币）：

（为简化核算，假定不考虑设备购买有关的税费因素、设备运输和安装费用等）

（1）2011年2月3日

无须进行账务处理。因为远期合约和确定承诺当日公允价值均为零。

（2）2011 年 3 月 31 日

借：被套期项目——确定承诺   3 681

    贷：套期损益   3 681

借：套期损益   3 391

    贷：套期工具——远期合约   3 391

（3）2011 年 5 月 1 日，确定被套期项目和套期工具的公允价值变动部分：

借：被套期项目——确定承诺   4 878

    贷：套期损益   4 878

借：套期损益   4 961

    贷：套期工具——远期合约   4 961

（4）2011 年 5 月 1 日，确定远期合约结算：

借：套期工具——远期合约   8 352

    贷：银行存款   8 352

（5）2011 年 5 月 1 日，确认履行确定承诺购入固定资产：

借：固定资产——设备   147 258

    贷：银行存款   138 699

        被套期项目——确定承诺   8 559

注：甲公司通过运用套期策略，使所购设备的成本锁定在将确定承诺的购买价格 FCX270 000 元按 1FCX = 0.545 4 元人民币（套期开始日的远期合约汇率）进行折算确定的金额上。

二、现金流量套期

（一）现金流量套期会计处理原则

1. 现金流量套期的初始计量

现金流量套期满足运用套期会计方法条件的，应当按照下列规定处理：

（1）套期工具利得或损失中属于有效套期的部分，应当直接确认为所有者权益，并单列项目反映。该有效套期部分的金额，按照下列两项的绝对额中较低者确定：

①套期工具自套期开始的累计利得或损失；

②被套期项目自套期开始的预计未来现金流量现值的累计变动额。

（2）套期工具利得或损失中属于无效套期的部分（即扣除直接确认为所有者权益后的其他利得或损失），应当计入当期损益。

（3）在风险管理策略的正式书面文件中，载明了在评价套期有效性时将排除套期工具的某部分利得或损失或相关现金流量影响的，被排除的该部分利得或损失的处理适用《企业会计准则第 22 号——金融工具确认和计量》。

2. 套期工具利得或损失的后续处理要求

（1）被套期项目为预期交易，且该预期交易使企业随后确认一项金融资产或一项金融负债的，原直接确认为所有者权益的相关利得或损失，应当在该金融资产或金融负债影响企业损益的相同期间转出，计入当期损益。但是，企业预期原直接在所有者权益中确认的净损失全部或部分在未来会计期间不能弥补时，应当将不能弥补的部分转出，计入当期损益。

（2）被套期项目为预期交易，且该预期交易使企业随后确认一项非金融资产或一项非金融负债的，企业可以选择下列方法处理：

①原直接在所有者权益中确认的相关利得或损失，应当在该非金融资产或非金融负债影响企业损益的相同期间转出，计入当期损益。但是，企业预期原直接在所有者权益中确认的净损失全部或部分在未来会计期间不能弥补时；应当将不能弥补的部分转出，计入当期损益。

②将原直接在所有者权益中确认的相关利得或损失转出，计入该非金融资产或非金融负债的初始确认金额。

非金融资产或非金融负债的预期交易形成了一项确定承诺时，该确定承诺满足运用套期保值准则规定的套期会计方法条件的，也应当选择上述两种方法之一处理。

企业选择了上述两种处理方法之一作为会计政策后，应当一致地运用于相关的所有预期交易套期，不得随意变更。

（3）不属于以上（1）或（2）所指情况的，原直接计入所有者权益中的套期工具利得或损失，应当在被套期预期交易影响损益的相同期间转出，计入当期损益。

3. 终止运用现金流量套期会计方法的条件

（1）套期工具已到期、被出售、合同终止或已行使。

在套期有效期间直接计入所有者权益中的套期工具利得或损失不应当转出，直至预期交易实际发生时，再按有关规定处理。

套期工具展期或被另一项套期工具替换，且展期或替换是企业正式书面文件所载明套期策略组成部分的，不作为已到期或合同终止处理。

（2）该套期不再满足运用套期保值准则规定的套期会计方法的条件。

在套期有效期间直接计入所有者权益中的套期工具利得或损失不应当转出，直至预期交易实际发生时，再按有关规定处理。

（3）预期交易预计不会发生。

在套期有效期间直接计入所有者权益中的套期工具利得或损失应当转出，计入当期损益。

（4）企业撤销了对套期关系的指定。

对于预期交易套期，在套期有效期间直接计入所有者权益中的套期工具利得或损失不应当转出，直至预期交易实际发生或预计不会发生。预期交易实际发生的，应按有关规定处理；预期交易预计不会发生的，原直接计入所有者权益中的套期工具利得或损失应当转出，计入当期损益。

（二）现金流量套期会计处理举例

【例9-8】2011年1月1日，DEF公司预期在2011年6月30日将销售一批商品X，数量为100 000吨。为规避该预期销售有关的现金流量变动风险，DEF公司于2011

年 1 月 1 日与某金融机构签订了一项衍生工具合同 Y，且将其指定为对该预期商品销售的套期工具。衍生工具 Y 的标的资产与被套期预期商品销售在数量、质次、价格变动和产地等方面相同，并且衍生工具 Y 的结算日和预期商品销售日均为 2011 年 6 月 30 日。

2011 年 1 月 1 日，衍生工具 Y 的公允价值为零，商品的预期销售价格为 1 100 000 元。2011 年 6 月 30 日，衍生工具 Y 的公允价值上涨了 25 000 元，预期销售价格下降了 25 000 元。当日，DEF 公司将商品 X 出售，并将衍生工具 Y 结算。

DEF 公司采用比率分析法评价套期有效性，即通过比较衍生工具 Z 和商品 X 预期销售价格变动评价套期有效性。DEF 公司预期该套期完全有效。

假定不考虑衍生工具的时间价值、商品销售相关的增值税及其他因素，DEF 公司的账务处理如下（单位：元）：

（1）2011 年 1 月 1 日，DEF 公司不作账务处理。

（2）2011 年 6 月 30 日，确认衍生工具的公允价值变动时：

借：套期工具——衍生工具 Y	25 000
贷：资本公积——其他资本公积（套期工具价值变动	25 000

（3）2011 年 6 月 30 日，确认商品 X 的销售时：

借：应收账款或银行存款	1 075 000
贷：主营业务收入	1 075 000

（4）2011 年 6 月 30 日，确认衍生工具 Y 的结算时：

借：银行存款	25 000
贷：套期工具——衍生工具 Y	25 000

（5）2011 年 6 月 30 日，确认将原计入资本公积的衍生工具公允价值变动转出，调整销售收入时：

借：资本公积——其他资本公积（套期工具价值变动）	25 000
贷：主营业务收入	25 000

【例 9 - 9】ABC 公司于 2011 年 11 月 1 日与境外 DEF 公司签订合同，约定于 2012 年 1 月 30 日以外币（FC）每吨 60 元的价格购入 100 吨橄榄油。ABC 公司为规避购入橄榄油成本的外汇风险，于当日与某金融机构签订一项 3 个月到期的远期外汇合约，约定汇率为 1FC = 45 人民币元，合同金额 FC6 000 元。2012 年 1 月 30 日，ABC 公司以净额方式结算该远期外汇合约，并购入橄榄油。

假定：（1）2011 年 12 月 31 日，1 个月 FC 对人民币远期汇率为 1FC = 44.8 元人民币，人民币的市场利率为 6%；（2）2012 年 1 月 30 日，FC 对人民币即期汇率为 1FC = 44.6 元人民币；（3）该套期符合运用套期保值准则所规定的运用套期会计的条件；（4）不考虑增值税等相关税费。

（简要提示：根据套期保值准则，对外汇确定承诺的套期既可以划分为公允价值套期，也可以划分为现金流量套期。）

情形 1：ABC 公司将上述套期划分为公允价值套期

（1）2011 年 11 月 1 日，远期合约的公允价值为零，不做账务处理，将套期保值进行表外登记。

（2）2011年12月31日，远期外汇合约的公允价值为1194元人民币［(45 – 44.8) × 6 000/(1 + 6% × 1/12)］。

借：套期损益 1 194
　　贷：套期工具——远期外汇合约 1 194
借：被套期项目——远期外汇合约 1 194
　　贷：套期损益 1 194

（3）2012年1月30日，远期外汇合约的公允价值2400元人民币［(45 – 44.6) × 6000］。

借：套期损益 1 206
　　贷：套期工具——远期外汇合约 1 206
借：套期工具——远期外汇合约 2 400
　　贷：银行存款 2 400
借：被套期项目——确定承诺 1 206
　　贷：套期损益 1 206
借：库存商品——橄榄油 267 600
　　贷：银行存款 267 600

将被套期项目的余额调整橄榄油的入账价值；

借：库存商品——橄榄油 2 400
　　贷：被套期项目——确定承诺 2 400

情形2：ABC公司将上述套期划分为现金流量套期

（1）2011年11月1日，不做账务处理，将套期保值进行表外登记。

（2）2011年12月31日，远期外汇合约的公允价值1 194元人民币［(45 – 44.8) × 6 000/(1 + 6% × 1/12)］。

借：资本公积——其他资本公积（套期工具价值变动） 1 194
　　贷：套期工具——远期外汇合约 1 194

（3）2012年1月30日，远期外汇合约的公允价值2 400元人民币［(45 – 44.6) × 6 000］。

借：资本公积——其他资本公积（套期工具价值变动） 1 206
　　贷：套期工具——远期外汇合约 1 206
借：套期工具——远期外汇合约 2 400
　　贷：银行存款 2 400
借：库存商品——橄榄油 167 600
　　贷：银行存款 167 600

ABC公司将套期工具于套期期间形成的公允价值变动累计额（净损失）暂记在所有者权益中，在处置橄榄油影响企业损益的期间转出，计入当期损益。该净损失在未来会计期间不能弥补时，将全部转出，计入当期损益。

三、境外经营净投资套期

（一）境外经营净投资套期会计处理原则

境外经营净投资是指境外经营实体的资产扣除负债后的净额，它不是具体的资产或负债，因而也无法按照公允价值套期处理，只能比照现金流量套期进行会计处理。

境外经营净投资的套期，应按类似于现金流量套期会计的规定处理：

1. 套期工具形成的利得或损失中属于有效套期的部分，应当直接确认为所有者权益，并单列项目反映。

处置境外经营时，上述在所有者权益中单列项目反映的套期工具利得或损失应当转出，计入当期损益。

2. 套期工具形成的利得或损失中属于无效套期的部分，应当计入当期损益。

（二）境外经营净投资套期会计处理举例

【例9-10】2011年10月1日，XYZ公司（记账本位币为人民币）在其境外子公司FS有一项境外净投资外币5000万元（即FC5 000万元）。为规避境外经营净投资外汇风险，XYZ公司与某境外金融机构签订了一项外汇远期合同，约定于2012年4月1日卖出FC5 000万元。XYZ公司每季度对境外净投资余额进行检查，且依据检查结果调整对净投资价值的套期。其他有关资料如表9-13。

表9-13　　　　　　汇率波动及远期合同公允价值的变动

日　期	即期汇率 （FC/人民币）	远期汇率 （FC/人民币）	远期合同的 公允价值
2011年10月1日	1.71	1.70	0元
2011年12月31日	1.64	1.63	3 430 000元
2012年3月31日	1.60	不适用	5 000 000元

XYZ公司在评价套期有效性时，将远期合同的时间价值排除在外。假定XYZ公司的上述套期满足运用套期会计方法的所有条件。

XYZ公司的账务处理如下（单位：人民币元）：

（1）2011年10月1日，将长期股权投资转入被套期项目：

借：被套期项目——境外经营净投资　　　　　　　　　　　　85 500 000

　　贷：长期股权投资　　　　　　　　　　　　　　　　　　　85 500 000

外汇远期合约的公允价值为零，不作账务处理。

（2）2011年12月31日，确认远期合约的公允价值变动：

借：套期工具——外汇远期合约　　　　　　　　　　　　　　3 430 000

　　财务费用——汇兑损失　　　　　　　　　　　　　　　　　70 000

  贷：资本公积——其他资本公积（套期）   3 500 000

（3）2011 年 12 月 31 日，确认对子公司净投资的汇兑损益：

  借：外币报表折算差额   3 500 000

   贷：被套期项目——境外经营净投资   3 500 000

（4）2012 年 3 月 31 日，确认远期合约的公允价值变动：

  借：套期工具——外汇远期合约   1 570 000

    财务费用——汇兑损益   430 000

   贷：资本公积——其他资本公积（套期）   2 000 000

（5）2012 年 3 月 31 日，确认对子公司净投资的汇兑损益：

  借：资本公积——其他资本公积（套期）   2 000 000

   贷：被套期项目——境外经营净投资   2 000 000

（6）2012 年 3 月 31 日，确认外汇远期合同的结算：

  借：银行存款   5 000 000

   贷：套期工具——外汇远期合约   5 000 000

  注：境外经营净投资套期（类似现金流量套期）产生的利得在所有者权益中列示，直至子公司被处置。

四、套期保值的信息披露

《企业会计准则第 37 号——公允价值列报》对应当披露的与套期保值有关的信息做出了规定。

（一）一般要求

按照规定，企业对于每一类套期活动，都应该披露如下信息：（1）套期关系的描述；（2）套期工具的描述及其在资产负债表日的公允价值；（3）被套期风险的性质。

（二）特殊要求

此外，针对不同的套期保值，还有特殊的披露要求：

1. 公允价值套期

企业应披露本期套期工具形成的利得或损失，以及被套期项目因被套期风险形成的利得或损失。

2. 现金流量套期。

企业应当披露的信息包括：

（1）现金流量预期发生及其影响损益的期间；

（2）以前运用套期会计处理但预期不会发生的预期交易的描述；

（3）本期在所有者权益中确认的金额；

（4）本期从所有者权益中转出、直接计入预期交易形成的非金融资产或者非金融负债初始确认金额的金额；

（5）本期无效套期形成的利得或损失。

3. 境外经营净投资套期

企业应披露本期无效套期形成的利得和损失。

【思考题】

1. 远期合约与期货合约有何区别？
2. 什么是套期工具？什么是被套期项目？
3. 运用套期保值会计应满足哪些条件？
4. 请说明公允价值套期与现金流量套期的区别。
5. 对境外经营净投资的套期应如何进行会计处理？

【练习题】

一、单项选择题

1. 以下属于衍生金融工具的有（　　）。

    A. 股票　　　　　　B. 金融期货　　　　　C. 债券　　　　　　D. 外币应付账款

2. 美式期权可能的交易时间在（　　）。

    A. 合同规定的到期日

    B. 事先约定的日期

    C. 合同到期日前的某一天

    D. 合同规定的到期日或合同到期日前的某一天

3. 可转换债券不同于普通债券，可以在约定的期限内按约定的价格转换成公司的股票。从衍生金融工具的分类来看，可转换债券属于（　　）。

    A. 远期合约　　　　B. 期货合约　　　　　C. 互换　　　　　　D. 期权

4. "套期工具"科目核算企业开展会期保值业务套期工具公允价值变动形成的资产或负债。从科目的性质看，属于（　　）。

    A. 资产类科目　　　B. 共同类科目　　　　C. 负债类科目　　　D. 损益类科目

5. 期货合约是标准化的远期交易合约。在期货合约中，唯一的变量是（　　）。

    A. 交易价格　　　　B. 交易品种　　　　　C. 交易数量　　　　D. 交割地点

6. 我国套期保值准则对套期有效性标准的规定是：对有效的套期关系，被套期项目的可预期公允价值或现金流量的变动应全部为套期工具的相应变动所抵消，且实际结果应在（　　）的范围内。

    A. 80%～125%　　B. 85%～120%　　C. 100%　　　　　D. 80%～120%

7. 对境外经营净投资套期保值的会计处理与（　　）会计处理基本相同。

    A. 公允价值套期保值　　　　　　　B. 长期股权投资

    C. 交易性衍生金融工具　　　　　　D. 现金流量套期保值

8. 对于期权交易双方的权利和义务而言，下列（　　）说法错误。

    A. 看涨期权的买方有权在到期日或到期日前按合同中的协定价格购买某种资产

    B. 看涨期权的卖方有义务在到期日或到期日前应买方要求按合同中的协定价格卖出

某种资产

  C. 看跌期权的买方有义务在到期日或到期日前按合同中的协定价格卖出某种资产

  D. 看跌期权的卖方有义务在到期日或到期日前应买方要求按合同中的协定价格买入某种资产

9. 以下（ ）不是选择权交易性质的衍生金融工具。

  A. 期汇合约   B. 可转换债券

  C. 期权合约   D. 利率上限、利率下限

10. 如果一项衍生金融工具被指定为对多项风险进行会期，准则规定必须满足三个条件。以下（ ）不是条件之一。

  A. 各项被套期风险可以清晰辨认

  B. 能够证明套期的有效性

  C. 被套期项目必须是衍生金融工具

  D. 可以确保该衍生金融工具与不同风险头寸之间存在具体指定关系

二、多项选择题

1. 衍生金融工具的价值随着基础变量的变动而变动，可能成为基础变量的是（ ）。

  A. 商品价格   B. 利率指数

  C. 汇率   D. 股票价格指数

  E. 信用指数

2. 衍生金融工具一般具有以下特征（ ）。

  A. 价值取决于标的物变量的变化   B. 不要求初始净投资

  C. 要求一定要有初始投资   D. 属于未来的交易

  E. 都需要支付一定比例的保证金

3. 外汇市场中的衍生金融工具是指合约双方的交易被限定于与外汇有关的各类跨期业务，主要包括（ ）。

  A. 外汇远期   B. 货币互换   C. 认股权证   D. 外汇期权

  E. 外汇期货

4. 关于"衍生工具"会计科目说法正确的有（ ）。

  A. 既可以核算资产，也可以核算负债

  B. 属于"资产类科目"

  C. 资产负债表日，公允价值的变动计入会期损益

  D. 属于"共同类科目"

  E. 期末借方余额，反映企业衍生金融工具形成的资产的公允价值

5. 套期保值活动涉及（ ）要素。

  A. 被套期项目   B. 衍生工具   C. 套期工县   D. 衍生金融工具

  E. 套期损益

6. 关于作为套期工具的金融工具，以下（ ）说法是正确的。

  A. 金融衍生工具可以作为套期工具

  B. 非金融衍生工具可以作为套期工具

C. 只有涉及报告主体以外的主体的工具才能作为套期工具

D. 企业自身的权益工具可以作为套期工具

E. 作为套期工具的基本条件是其公允价值应当能够可靠地计量

7. 可以指定为公允价值套期的被套期项目包括（　　　）。

A. 尚未确认的确定承诺　　　　　　B. 已确认负债

C. 已确认资产　　　　　　　　　　D. 很可能发生的预期交易

E. 尚未确认的确定承诺中的可辨认部分

8. 企业运用套期会计的条件（　　　）。

A. 在套期开始时，对于套期关系有正式的指导

B. 存在关于套期关系、风险管理目标和套期策略的正式书面文件

C. 套期预期高度有效，且符合企业最初为该套期关系所确定的风险管理策略

D. 套期有效性能够可靠地计量

E. 在套期关系被指定的会计期间内，套期持续高度有效

9. 采用衍生金融工具进行公允价值套期保值符合运用套期保值会计条件的，应按（　　　）方法进行处理。

A. 衍生金融工具公允价值变动形成的利得计入资本公积

B. 衍生金融工具公允价值变动形成的损失应计入当期损益

C. 被套期项目因被套期风险形成的利得或损失也应计入当期损益

D. 被套期项目因被套期风险形成的利得或损失调整被套期项目的账面价值

E. 套期工具利得或损失中属于无效套期的部分，应当直接确认为所有者权益

10. 关于境外经营净投资套期保值的会计处理，以下说法错误的有（　　　）。

A. 套期工具形成的利得中属于有效套期的部分，应当直接确认为所有者权益

B. 套期工具形成的损失中属于有效套期的部分，应当直接计入当期损益

C. 套期工具形成的利得中属于无效套期的部分，应当直接确认为所有者权益

D. 套期工具形成的损失中属于无效套期的部分，应当计入当期损益

E. 处置境外经营时，在所有者权益中单列项目反映的套期工具利得或损失应当转出，计入当期损益

三、判断题

1. 套期工具一般被限定于衍生金融工具。非衍生的金融资产和金融负债，只有在被套期风险是外汇风险时才能指定为套期工具。　　　　　　　　　　　（　　　）

2. 对于交易性衍生金融工具，资产负债表日，衍生工具的公允价值高于其账面余额的差额，借记"衍生工具"，同时贷记"资本公积"账户。　　　　　　　（　　　）

3. 套期有效性，是指套期工具的公允价值或现金流量变动能够抵消被套期风险引起的被套期项目公允价值或现金流量变动的程度。　　　　　　　　　　（　　　）

4. 对于套期有效性的评价，只需要在套期开始前做预期套期有效性评价，无须在以后期间再做套期有效性评价。　　　　　　　　　　　　　　　　　（　　　）

5. 企业在确立套期关系时，可以将套期工具整体或其一定比例进行指定，也可以将套期工具剩余期限内的某一时段进行套期关系的指定。　　　　　　　（　　　）

6. 对外汇风险进行套期不仅可以将衍生金融资产作为套期工具，也可以将非衍生金融资产或非衍生金融负债作为套期工具。　　　　　　　　　　　　　　（　　）

7. 对于套期关系的指定，企业不可以将期权的内在价值和时间价值分开，仅就内在价值变动将期权指定为套期工具。　　　　　　　　　　　　　　（　　）

8. "套期工具"账户若为期末贷方余额，反映企业套期工具形成的负债的公允价值。
　　　　　　　　　　　　　　　　　　　　　　　　　　　　　　（　　）

9. 可以将一项衍生金融工具的一定比例，如其名义金额的 50% 指定为套期工具，也可以在套期关系中将套期工具剩余期限内的某一时段进行套期指定。　　（　　）

10. 某项衍生工具无法有效地对冲被套期项目风险的，不能作为套期工具，如企业发行的期权就不能作为套期工具。但购入期权的一方可以将购入的期权作为套期工具。
　　　　　　　　　　　　　　　　　　　　　　　　　　　　　　（　　）

四、计算与账务处理题

1. A 公司持有现行时价为 100 000 元的甲类存货（假定存货的入账价值也为 100 000 元），2010 年 12 月 1 日，A 公司为了锁定该类存货 3 个月之后的价格，签订了一份承诺按 100 000 元价格出售该类存货的 3 个月期的远期合约。2010 年 12 月 1 日，该类存货价格下降至 90 000 元，但远期合约因此获利 10 000 元。2010 年 12 月 1 日，该类存货价格上升至 105 000 元，但远期合约因此损失 15 000 元。假定不考虑远期合约的时间价值。

   要求做出 A 公司的相关会计处理。

2. AB 公司决定签订一份衍生合同，即衍生工具 Z，对由 100 000 个单位的甲商品预期销售所产生的现金流量变动进行套期，以规避甲商品价格波动的风险，A 公司预期在期间 1 最后 1 天卖出 100 000 个单位的甲商品。在期间 1 的第 1 天，AB 公司签订了衍生工具 Z，并把其作为对预期销售中现金流量的套期。在衍生工具 Z 上，A 公司既没有收到，也没有支付升水（也就是说该衍生工具 Z 的公允价值为零）。该套期关系适用于现金流量套期。

   A 公司预期该套期交易中不存在无效性，理由在于：①衍生工具 Z 的交易量是 100 000 个单位的甲商品，其预期销售的交易量也是 100 000 个单位的甲商品；②衍生工具的标的是 AB 公司预期销售的同样品种、等级甲商品的价格（假定在 AB 公司的销售临界点送货）；③衍生工具 Z 的结算日是期间 1 的最后一天且预期销售有望在期间 1 的最后一天发生。

   在套期开始时，100 000 个单位的甲商品的预期销售价格是 1 000 000 元，并希望能锁定该销售金额。在期间 1 的最后一天，衍生工具 Z 的公允价值增加了 25 000 元，且 100 000 个单位的甲商品的预期销售价格减少了 25 000 元，因此，该套期关系是完全有效的。另外，100 000 个单位甲商品的出售和衍生工具 Z 的结算均发生在期间 1 的最后一天。

   要求做出 A 公司的相关会计处理。

【案例与分析】

2010 年 4 月 15 日，某机构持有市值 900 万元的股票组合（该组合与沪深 300 指数之间的贝塔系数为 1.2），拟在 5 月上旬股票分红完毕后卖出该组合。由于预期 5 月初市场可能下下跌，于是决定采取套期保值策略。假定此时 IF1005 合约（说明：IF1005 合约中，IF 为沪深 300 股指期货的代码即 Index Future，1005 指的是该合约的交割期为 2010 年 5 月）的价格为 3 000 点，沪深 300 指数为 2 990 点。套期保值的基本操作步骤如下（不计手续费等其他费用）。

（1）确定套期保值及方向：卖出套期保值。

（2）选择合约月份：由于拟在 5 月上旬卖出股票组合，根据"期限接近"原则，并考虑合约流动性，选择 5 月份到期的沪深 300 股指期货合约，即 IF1005 合约。

（3）计算合约数量：根据"数量相当"原则，用于套期保值的期货合约总价值应与现货资产的"修正价值"基本相当。4 月 15 日，该股票组合的修正价值为 900 万元 × 1.2 = 1 080 万元，一手 IF1005 合约的价值为 3 000 × 300 = 900 000 元，因此，应卖出 IF1005 合约的数量为 1 080 万元 ÷ 90 万元/手 = 12 手。于是该机构即以 3 000 点的价格卖出开仓 12 手 IF1005 合约。

（4）结束套期保值：5 月中旬该股票组合分红结束时，沪深 300 指数已下跌至 2 950 点，此时 IF1005 合约价格为 2 940 点。该机构在卖出全部股票组合的同时，以 2 940 点的价格买入平仓 12 手 IF1005 合约。

（5）套期保值效果评估：在结束本次套保后，该机构在股指期货市场实现的盈利为（3 000 − 2 940）× 300 × 12 = 216 000 元。在股票市场，相比 4 月 15 日，5 月中旬卖出股票组合的亏损为（2 950 − 2 990）÷ 2 990 × 1.2 × 900 = − 144 500 元，两者相抵后略有盈利，即 216 000 − 144 500 = 71 500 元，该机构相比于 4 月 15 日更优的价格卖出了股票组合，还如期获得了股票分红，从而达到了套期保值的初衷。反之，如果 5 月中旬股票市场相对 4 月 15 日处于上涨状态，则该机构在股指期货市场将出现亏损，但在现货市场能以更高的价格卖出股票组合，同样也能实现套期保值的目的。

（资料来源：上海证券报）

问题：

1. 本案例中的套期工具属于哪一种金融衍生工具？

2. 该案例中的套期保值是否具有套期有效性？

3. 从套期会计的角度分析，该案例属于何种套期？应如何做相关的会计处理？

分析思路：本案例中的套期工具属于期货合约；可以通过合同条款分析法认定该套期保值具有有效性；该案例属于公允价值套期。

第十章　企业年金基金会计

学习目标

➡ 1. 理解企业年金基金的本质。

➡ 2. 熟悉企业年金基金管理各方当事人。

➡ 3. 掌握企业年金基金资产、企业年金基金负债、企业年金基金收入和费用的确认、计量和记录。

➡ 4. 熟悉企业年金基金财务报表构成和编制方法。

第一节　企业年金基金概述

企业年金基金会计是以企业年金基金准则为依据，着重解决了企业年金基金缴费（供款）、企业年金基金投资运营、企业年金基金收入、企业年金基金费用、企业年金待遇给付等环节的账务处理，以及企业年金基金财务报表编报等问题。

一、企业年金与企业年金基金

（一）企业年金的概念

企业年金，是指企业及其职工在依法参加基本养老保险的基础上，自愿建立的补充养老保险制度，是社会保障体系的重要组成部分。企业年金采取自愿原则，国家给予税收政策支持，实行完全积累制，采用个人账户管理和市场化运作，其费用由企业和职工个人共同缴纳。

根据 2000 年国务院发布的《关于完善城镇社会保障体系试点方案的通知》，将企业参加的补充养老保险统一称为企业年金。2004 年 1 月 6 日劳动和社会保障部发布了《企业年金试行办法》，对参加补充养老保险的条件、管理方式等进行了规范。企业年金不仅是一种企业福利、激励制度，也是一种社会制度，对调动企业职工的劳动积极性，增强企业的凝聚力和竞争力，完善国家多层次养老保障体系，提高和改善企业职工退休后的养老待遇水平，适应人口老龄化的需要，推动金融市场发展、促进社会和谐发展等具有积极的促进作用。

（二）企业年金基金的概念

企业年金基金，是指根据依法制定的企业年金计划筹集的资金及其投资运营收益形成的企业补充养老保险基金。由此可以看出，企业年金基金由两部分组成：一是企业和职工依照企业年金计划规定的缴费，即企业年金基金本金。二是企业年金基金投资运营而形成的收益。根据 2004 年 2 月 23 日劳动和社会保障部、中国银行业监督管理委员会、中国证券监督管理委员会、中国保险监督管理委员会联合发布的《企业年金基金管理试行办法》规定，企业年金基金由企业缴费、职工个人缴费和企业年金基金投资运营而形成的收益组成，实行完全积累，采用个人账户方式进行管理。

我国企业年金采用信托型管理模式，实行以信托关系为核心，以委托代理关系为补充的治理结构。企业和职工作为委托人将企业年金基金财产委托给受托人管理运作，是一种信托行为。企业年金基金作为一种信托财产，独立于委托人、受托人、账户管理人、托管人、投资管理人和其他为企业年金基金提供服务的自然人、法人或其他组织的固有财产及其管理的其他财产，应当作为独立的会计主体，进行确认、计量和披露。

（三）企业年金基金的特征

一是企业年金基金具有长期性、安全性、稳定性，以及追求长期稳定的投资回报；

二是企业年金基金只能用于履行企业补充养老保险的义务，不能支付给企业自己的债权人，也不能返还给企业；

三是企业年金基金必须存入企业年金专户，企业年金基金的管理、运用或其他情形取得的财产和收益，应当归入企业年金基金；

四是企业年金基金不属于委托人等各管理当事人的清算财产；

五是企业年金基金不得与各管理当事人自身债务相抵消。

二、企业年金基金管理各方当事人

企业年金基金管理各方当事人包括：委托人、受托人、账户管理人、托管人、投资管理人和中介服务机构等。其职责简述如下：

（一）企业年金基金委托人

企业年金基金委托人，是指设立企业年金基金的企业及其职工。企业和职工是企业年金计划参与者，作为缴纳企业年金计划供款的主体，按规定缴纳企业年金供款，并作为委托人与受托人签订书面合同，将企业年金基金财产委托给受托人管理运作。

（二）企业年金基金受托人

企业年金基金受托人，是指受托管理企业年金基金的企业年金理事会或符合国家规定的养老金管理公司等法人受托机构，是编制企业年金基金财务报表的法定责任人。经认定的企业年金基金法人受托机构主要有：华宝信托投资有限责任公司、中信信托投资有限责任公司、中诚信托投资有限责任公司、平安养老保险股份有限公司、太平养老保险股份有限公司。

受托人主要职责有：选择、监督、更换账户管理人、托管人、投资管理人以及中介服务机构；制定企业年金基金投资策略；编制企业年金基金管理和财务会计报告；根据合同对企业年金管理进行监督；根据合同收取企业和职工缴费，并向受益人支付企业年金待遇；接受委托人、受益人查询，定期向委托人、受益人和有关监管部门提供企业年金基金管理报告等。

（三）企业年金基金账户管理人

企业年金基金账户管理人，是指受托管理企业年金基金账户的专业机构。企业年金基金账户管理人主要有：中国工商银行、交通银行股份有限公司、上海浦东发展银行、招商银行股份有限公司、中国光大银行、中信信托投资有限责任公司、华宝信托投资有限责任公司、新华人寿保险股份有限公司、中国人寿保险股份有限公司、中国太平洋人寿保险股份有限公司、泰康人寿保险股份有限公司。

账户管理人主要职责有：建立企业年金基金企业账户和个人账户；记录企业、职工缴费以及企业年金基金投资收益；及时与托管人核对缴费数据以及企业年金基金账户财产变化状况；计算企业年金待遇；提供企业年金基金企业账户和个人账户信息查询服务；定期向受托人和有关监管部门提交企业年金基金账户管理报告等。

（四）企业年金基金托管人

企业年金基金托管人，是指受托提供保管企业年金基金财产等服务的商业银行或专业机构。企业年金基金托管人主要有：中国工商银行、中国建设银行股份有限公司、中国银行股份有限公司、交通银行股份有限公司、招商银行股份有限公司、中国光大银行等。

托管人主要职责有：安全保管企业年金基金财产；以企业年金基金名义开设的资金账户和证券账户；根据受托人指令，向投资管理人分配企业年金基金财产；根据投资管理人投资指令，及时办理清算、交割事宜；负责企业年金基金会计核算和估值，复核、审查投资管理人计算的基金财产净值；及时与账户管理人、投资管理人核对有关数据，按照规定监督投资管理人的投资运作；定期向受托人提交企业年金基金托管报告和财务会计报告；定期向有关监管部门提交企业年金基金托管报告；保存企业年金基金托管业务活动记录、账册、报表和其他资料等。

（五）企业年金基金投资管理人

企业年金基金投资管理人，是指受托管理企业年金基金投资的专业机构。投资管理人主要职责有：对企业年金基金财产进行投资；及时与托管人核对企业年金基金会计核算和估值结果；建立企业年金基金投资管理风险准备金；定期向受托人和有关监管部门提交投资管理报告；保存企业年金基金会计凭证、会计账簿、年度财务会计报告和投资记录等。

企业年金基金投资管理人主要有：海富通基金管理有限公司、华夏基金管理有限公司、南方基金管理有限公司、易方达基金管理有限公司、嘉实基金管理有限公司、招商基金管理有限公司等。

（六）中介服务机构

企业年金基金中介服务机构，是指为企业年金基金管理提供服务的投资顾问公司、信用评估公司、精算咨询公司、会计师事务所、律师事务所等专业机构。

三、企业年金基金会计科目名称和编号

为了规范企业年金基金的核算，财政部于 2006 年 2 月发布了《企业会计准则第 10 号——企业年金基金》，随后发布了应用指南，具体规范了企业年金基金的确认、计量和报告。

企业年金基金受托人、托管人、投资管理人应当根据各自的职责，按照企业年金基金准则及其应用指南的规定，设置相应会计科目和会计账簿，对企业年金基金发生的有关交易或者事项进行会计处理和报告。企业年金基金会计科目名称和编号参见表 10 – 1。

表 10 – 1　　　　　　企业年金基金会计科目名称和编号

顺序号	编号	会计科目名称	顺序号	编号	会计科目名称
一、资产类			三、共同类		
1	101	银行存款	20	301	证券清算款
2	102	结算备付金	四、基金净值类		
3	104	交易保证金	21	401	企业年金基金
4	113	应收利息			——个人账户结余
5	114	应收股利			——企业账户结余
6	115	应收红利			——净收益
7	118	买入返售证券			——个人账户转入
8	125	其他应收款			——个人账户转出
9	128	交易性金融资产			——支付受益人待遇
10	131	其他资产	22	410	本期收益

续表

顺序号	编号	会计科目名称	顺序号	编号	会计科目名称
二、负债类			五、损益类		
11	201	应付受益人待遇	23	501	存款利息收入
12	204	应付受托人管理费	24	503	买入返售证券收入
13	205	应付托管人管理费	25	505	公允价值变动收益
14	216	应付投资管理人管理费	26	531	投资收益
15	215	应交税费	27	533	其他收入
16	218	卖出回购证券款	28	534	交易费用
17	221	应付利息	29	539	受托人管理费
18	223	应付佣金	30	540	托管人管理费
19	229	其他应付款	31	541	投资管理人管理费
			32	552	卖出回购证券支出
			33	566	其他费用
			34	570	以前年度损益调整

第二节　企业年金基金缴费

一、企业年金基金缴费的流程

根据规定，企业年金基金由企业缴费、职工个人缴费和企业年金基金投资运营而形成的收益组成。现行法规制度规定，企业缴费每年不超过上年度工资总额的1/12，企业和职工个人缴费合计一般不超过上年度工资总额的1/6。企业可以根据自身的经济效益情况和目标，在国家统一规定的范围内，自主决定企业缴费的具体比例，并按照企业年金计划约定的参保范围、企业年金种类和缴费方式，定期进行缴费。对企业来说，企业按照企业年金计划进行的缴费，属于企业职工薪酬范围，其确认、计量及报告适用《企业会计准则第9号——职工薪酬》。

企业年金基金缴费业务在委托人、受托人、托管人、账户管理人之间进行，一般流程如下：

（1）企业年金计划开始时，委托人将相关职工缴费总额及明细情况通知受托人，受托人将相关信息提供给账户管理人。账户管理人据此进行系统设置和信息录入。

（2）缴费日前，账户管理人计算缴费总额及明细情况，生成企业缴费和职工个人缴费账单，报受托人确认。

（3）受托人收到账户管理人提供的缴费账单后，与委托人核对确认，核对无误后，将签字确认的缴费账单反馈给账户管理人。

（4）缴费日，受托人向委托人下达缴费指令，委托人向托管人划转缴费账单所列缴款总额，并通知受托人。

（5）受托人向托管人送达收账通知及企业缴费总额账单。托管人收到款项后，核对实收金额与受托人提供的缴费总额账单，并向受托人和账户管理人送达缴费到账通知单。

（6）受托人核对托管人转来数据后，通知账户管理人进行缴费的财务处理。账户管理人将缴费明细数据和托管人通知的缴费总额核对无误后，根据企业年金计划的约定在已建立的个人账户之间进行分配。

二、企业年金基金缴费的会计核算

在实际业务中，为了核算企业年金基金收到缴费等业务，企业年金基金应当设置"企业年金基金"、"银行存款"等科目。"企业年金基金"科目核算企业年金基金资产的来源和运用，应按个人账户结余、企业账户结余、净收益、个人账户转入、个人账户转出，以及支付受益人待遇等设置相应明细科目，本科目期末贷方余额，反映企业年金基金净值。企业年金基金银行账户主要有资金账户、证券账户等。资金账户包括银行存款账户、结算备付金账户等，其中银行存款账户又包括受托财产托管账户、委托投资资产托管账户；证券账户包括证券交易所证券账户和全国银行间市场债券托管账户等。

收到企业及职工个人缴费时，按实际收到的金额，借记"银行存款"科目，贷记"企业年金基金——个人账户结余"、"企业年金基金——企业账户结余"科目。

【例10-1】2009年1月5日，某企业年金基金收到缴费500万元，其中企业缴费300万元、职工个人缴费200万元，存入企业年金账户，实收金额与提供的缴费总额账单核对无误。按该企业年金计划约定，企业缴费300万元中，归属个人账户金额为250万元，另50万元的权益归属条件尚未实现。根据上述事项，该企业年金基金于2009年1月5日需做如下账务处理：

借：银行存款   3 500 000
  贷：企业年金基金——个人账户结余（个人缴费） 1 500 000
       ——个人账户结余（企业缴费） 1 100 000
       ——企业账户结余（企业缴费） 900 000

企业年金基金收到缴费后，如需账户管理人核对后确认，可先通过"其他应付款——企业年金基金供款"科目核算，确认后再转入"企业年金基金"科目。

第三节 企业年金基金投资运营

一、企业年金基金投资运营原则和范围

为了对企业年金基金进行稳健管理，根据现行制度的规定，企业年金基金投资运营应当选择具有良好流动性的金融产品，其投资范围，限于银行存款、国债和其他具有良好流动性的金融产品，包括短期债券回购、信用等级在投资级以上的金融债和企业债、可转换债、投资性保险产品、证券投资基金、股票等。

为了确保企业年金基金投资运营的安全性和流动性，《企业年金基金管理试行办法》规定，企业年金基金的投资，按市场价计算应当符合下列规定：

（1）投资银行活期存款、中央银行票据、短期债券回购等流动性产品及货币市场基金的比例，不低于基金净资产的20%；

（2）投资银行定期存款、协议存款、国债、金融债、企业债等固定收益类产品及可转换债、债券基金的比例，不高于基金净资产的50%，其中投资国债的比例不低于基金净资产的20%；

（3）投资股票等权益类产品及投资性保险产品、股票基金的比例，不高于基金净资产的30%。其中，投资股票的比例不高于基金净资产的20%。

企业年金基金有关监管部门将根据金融市场变化和投资运营情况，适时对企业年金基金投资产品和比例等进行调整。

二、企业年金基金投资运营的流程

根据目前对企业年金基金管理的内容，企业年金基金投资运营一般流程如下：

（1）受托人通知托管人和投资管理人企业年金基金投资额度。

（2）托管人根据受托人指令，向投资管理人分配基金资产，并将资金到账情况通知投资管理人。

（3）投资管理人进行投资运作，并将交易数据发送托管人；同时，对企业年金基金投资进行会计核算、估值。

（4）托管人将投资管理人发送的数据和交易所及中国证券登记结算公司发送的数据进行核对无误后，进行清算、会计核算、估值和投资运作监督，并将清算及估值结果反馈给投资管理人，托管人将交易数据、账务数据和估值数据发送受托人。

如果发现投资管理人的违规行为，应立即通知投资管理人，并及时向受托人和有关监管部门报告。

（5）托管人复核投资管理人的估值结果，以书面形式通知投资管理人。

（6）托管人将估值结果（企业年金基金净值和净值增长率）通知受托人和账户管理人。

（7）账户管理人根据企业年金基金净值和净值增长率，将基金投资运营收益按日或按周足额记入企业年金基金企业账户和个人账户。

三、企业年金基金投资运营的会计核算

根据《企业会计准则第 10 号——企业年金基金》规定，企业年金基金在投资运营中，根据国家规定的投资范围取得的国债、信用等级在投资级以上的金融债等具有良好流动性的金融产品，其初始取得和后续估值应当以公允价值计量。企业年金基金投资公允价值的确定，适用《企业会计准则第 22 号——金融工具确认和计量》。

企业年金基金投资运营的会计核算一般需要设置"交易性金融资产"、"公允价值变动收益"、"证券清算款"、"结算备付金"、"交易保证金"、"投资收益"、"交易费用"、"应收利息"、"应收股利"、"应收红利"、"本期收益"等科目。

（一）初始取得投资时的账务处理

企业年金基金初始取得投资的交易日，以支付的价款（不含支付的价款中所包含的、已到付息期但尚未领取的利息或已宣告但尚未发放的现金股利、基金红利）计入投资的成本，借记"交易性金融资产——成本"，按发生的交易费用及相关税费直接计入当期损益，借记"交易费用"科目，按支付的价款中所包含的、已到付息期但尚未领取的利息或已宣告但尚未发放的现金股利、红利，借记"应收利息"、"应收股利"或"应收红利"科目，贷记"证券清算款"、"银行存款"等科目。

资金交收日，按实际清算的金额，借记"证券清算款"科目，货记"结算备付金"、"银行存款"等科目。

【例 10－2】2009 年 9 月 1 日，某企业年金基金通过证券交易所购入分期付息，一次还本国债 500 手，每手债券面值为 1 000 元，成交金额 600 000 元（含已到付息期但尚未领取的利息 40 000 元），另发生手续费、佣金等相关税费 2 000 元。票面年利率 3.56%。

该企业年金基金账务处理如下：

（1）交易日（T 日，即 9 月 1 日）与证券登记结算机构清算应付证券款时：

借：交易性金融资产——成本（债券）   560 000

    应收利息   40 000

    交易费用   2 000

    贷：证券清算款   602 000

（2）资金交收日（T＋1，即 9 月 2 日）与证券登记结算机构交收资金时：

借：证券清算款   602 000

    贷：结算备付金   602 000

【例 10－3】2009 年 4 月 1 日，某企业年金基金通过证券交易所以 10.3 元的价格购公司 10 万股（其中每股含已经宣告但尚未发放的现金股利 0.3 元），成交金额 103 万元，另发生券商佣金、印花税等 2 万元。

该企业年金基金账务处理如下：

（1）交易日（T日，即4月1日）与证券登记结算机构清算应付证券款时：

借：交易性金融资产——成本（A股票）   1 000 000

    应收股利——A股票   30 000

    交易费用   20 000

    贷：证券清算款   1 050 000

（2）资金交收（T+1日，即4月2日）与证券登记结算机构交收资金时：

借：证券清算款   1 050 000

    贷：结算备付金   1 050 000

（二）投资持有期间及估值日的账务处理

1. 投资持有期间的账务处理

企业年金基金投资持有期间，被投资单位宣告发放的现金股利，或资产负债表日按债券票面利率计算的利息收入，应确认为投资收益，借记"应收股利"、"应收利息"或"应收红利"科目，贷记"投资收益"科目。期末，将"投资收益"科目余额转入"本期收益"科目。

【例10-4】沿用【例10-2】，该企业年金基金持有国债期间，按债券票面价值和票面利率计提债券利息。假设一年按365计算，每日计提利息，票面年利率3.56%。

该企业年金基金账务处理如下：

每日应计利息 = 500 000 × 3.56% ÷ 365 = 48.77（元）

每日计提利息时

借：应收利息   48.77

    贷：投资收益   48.77

债券除息日（T日），借记"证券清算款"、贷记"应收利息"。资金交收日（T+1日），借记"结算备付金"、贷记"证券清算款"。

【例10-5】沿用【例10-3】，2009年4月5日，企业年金基金收到购买A股票时已宣告的现金股利，该上市公司发放A股票的现金股利每股0.3元，合计3万元。

该企业年金基金账务处理如下：

借：结算备付金   30 000

    贷：应收股利   30 000

2. 估值日的账务处理

根据《企业会计准则第10号——企业年金基金》规定，企业年金基金的投资应当按日估值，或至少按周进行估值。也就是说，每个工作日结束时，或者每周四或周五工作日结束时为估值日。

估值日对投资进行估值时，应当以估值日的公允价值计量。公允价值与上一估值日公允价值的差额，计入当期损益，并以此调整原账面价值。借记或贷记"交易性金融资产（公允价值变动）"，贷记或借记"公允价值变动损益"。

【例10-6】沿用【例10-5】，20×9年4月12日，企业年金基金持有的A股票证券交易所收盘价为每股11元。在估值日和资产负债表日，企业年金基金持有的上市流通的债券、基金、股票等交易性金融资产，以其估值日在证券交易所挂牌的市价（平均价或收盘价）估值；估值日无交易的以最近交易日的市价估值。估值日公允价值与上一估值日公允价值的差额 = (11 - 10) × 10 万股 = 100 000（元）

该企业年金基金账务处理如下：

借：交易性金融资产——公允价值变动（A 股票）　　　　100 000

　　贷：公允价值变动损益　　　　　　　　　　　　　　　　　100 000

（三）投资处置的账务处理

企业年金基金的投资在处置时，应在交易日按照卖出投资所取得的价款与其账面价值（买入价）的差额，确定为投资损益。

出售股票、债券、基金等证券时，按应收金额，借记"证券清算款"科目，按买入时原账面价值（初始买价），贷记"交易性金融资产——成本"科目，按出售股票成交价总额与原账面价值（初始买价）的差额，作为投资处置收益金额，贷记或借记"投资收益"科目。同时，将原计入该投资的公允价值变动转出，借记或贷记"公允价值变动损益"科目，贷记或借记"投资收益"科目。

因债券、基金、股票的交易比较频繁，出售债券、基金、股票等证券时，其投资成本应一并结转。出售证券成本的计算方法可采用加权平均法、移动加权平均法、先进先出法等，成本计算方法一经确定，不得随意变更。

【例 10 - 7】沿用【例 10 - 6】，20 ×9 年 5 月 30 日，该企业年金基金出售 A 股 5 万股，每股市价 13 元，成交总额为 65 万元，另发生券商佣金、印花税等 1 800 元。

本例中，成交总额扣减佣金、印花税等为应收证券清算款，共计金额 648 200 元（650 000 - 1 800）。

该企业年金基金账务处理如下：

（1）交易日（T 日，即 5 月 30 日）与证券登记结算机构清算应收证券款时：

借：证券清算款　　　　　　　　　　　　　　　　　　648 200

　　交易费用　　　　　　　　　　　　　　　　　　　　1 800

　　　贷：交易性金融资产——成本（A 股票）　　　　　　　500 000

　　　　　　　　　　　——公允价值变动（A 股票）　　　　50 000

　　　　投资收益　　　　　　　　　　　　　　　　　　　100 000

借：公允价值变动损益　　　　　　　　　　　　　　　50 000

　　贷：投资收益　　　　　　　　　　　　　　　　　　　　50 000

（2）资金交收日（T + 1 日，即 5 月 31 日）与证券登记结算机构交收资金时

借：结算备付金　　　　　　　　　　　　　　　　　　648 200

　　贷：证券清算款　　　　　　　　　　　　　　　　　　　648 200

第四节 企业年金基金收入

一、企业年金基金收入的构成

企业年金基金收入，是指企业年金基金在投资营运中所形成的经济利益的流入。企业年金基金收入能够带来企业年金基金资产的增加，也可能使企业年金基金负债减少，或二者兼而有之。企业年金基金应每日或每周计算、确认基金收入，并进行账务处理。

企业年金基金收入由以下项目构成：①存款利息收入；②买入返售证券收入；③公允价值变动收益；④投资收益；⑤风险准备金补亏等其他收入。

二、企业年金基金收入的账务处理

企业年金基金收入项目中，公允价值变动收益、投资收益有关内容及其账务处理已在第三节"企业年金基金投资运营"中进行了介绍。下面主要介绍存款利息收入、买入返售证券收入、其他收入账务处理有关内容。

（一）存款利息收入的账务处理

存款利息收入包括活期存款、定期存款、结算备付金、交易保证金等利息收入。根据企业年金基金会计准则及其应用指南的规定，企业年金基金应按日或至少按周确认存款利息收入，并按存款本金和适用利率计提的金额入账。按日或按周计提银行存款、结算备付金存款等利息时，借记"应收利息"科目，贷记"存款利息收入"科目。

【例10-8】2009年9月1日，某企业年金基金在商业银行的存款本金为350万元，假设一年按365天计算，银行存款年利率为1.98%，每季末结息，该企业年金基金逐日估值。

每日银行存款应计利息 = 存款本金 × 年利率 ÷ 365

$$= 3\,500\,000 \times 1.98\% \div 365 = 189.86\,（元）$$

该企业年金基金账务处理如下：

（1）每日计提存款利息时

借：应收利息   189.86

    贷：存款利息收入   189.86

（2）每季收到存款利息时（假设每季收息17 100元）

借：银行存款   17 100

    贷：应收利息   17 100

（二）买入返售证券收入的账务处理

买入返售证券业务，是指企业年金基金与其他企业以合同或协议的方式，按一定价格买入证券，到期日再按合同规定的价格将该批证券返售给其他企业，以获取利息收入的证券业务。根据企业年金基金准则及其应用指南的规定，企业年金基金应于买入证券时，按实际支付的价款确认为一项资产，在融券期限内按照买入返售证券价款和协议约定的利率逐日或每周计提的利息确认买入返售证券收入。

企业年金基金应设置"买入返售证券"、"买入返售证券收入"等科目，对买入返售证券业务进行账务处理。

买入证券付款时，按实际支付的款项，借记"买入返售证券——××证券"科目，贷记"结算备付金"科目。

计提利息时，借记"应收利息"科目，贷记"买入返售证券收入"科目。

买入返售证券到期时，按实际收到的金额，借记"结算备付金"科目；按买入时的价款，贷记"买入返售证券"科目；按已计未收利息，贷记"应收利息"科目；按本期应计利息，贷记"买入返售证券收入"科目。

期末将"买入返售证券收入"科目余额转入"本期收益"科目。

（三）其他收入的账务处理

其他收入，是指除上述收入以外的收入，如风险准备金补亏。根据《企业年金基金管理试行办法》的规定，投资管理人应当按当期收取的投资管理人管理费的一定比例提取企业年金基金投资管理风险准备金，由托管人专户存储，专项用于弥补企业年金基金投资亏损。企业年金基金投资管理风险准备提取比例为20%，余额达到投资管理企业年金基金净资产的10%时可不再提取。企业年金基金取得投资管理风险准备金用于补亏时，应当按照实际收到金额计入其他收入。

【例10-9】20×9年1月10日，某企业年金基金估值时确认当日亏损25万元。按规定，将企业年金基金投资管理风险准备金25.73万元用于补亏。已知：该企业年金基金按日估值；投资管理人提取的风险准备金结余60万元，

该企业年金基金账务处理如下：

借：银行存款   250 000

    贷：其他收入——风险准备金补亏   250 000

第五节　企业年金基金费用

一、企业年金基金费用的构成

企业年金基金费用，是指企业年金基金在投资营运等日常活动中所发生的经济利益的流出。企业年金基金费用可能表现为企业年金基金资产的减少，或企业年金基金负债的增加，或二者兼而有之。企业年金基金每日或每周确认、计算基金费用，并进行相应的账务处理。

企业年金基金费用由以下项目构成：①交易费用；②受托人管理费；③托管人管

理费；④投资管理人管理费；⑤卖出回购证券支出；⑥其他费用。

企业年金基金费用的开支范围受到法规制度的严格约束。如《企业年金基金管理试行办法》规定，受托人、托管人提取的管理费均不得高于企业年金基金净值的0.2%，投资管理人提取的管理费不得高于企业年金基金净值的1.2%。但账户管理费（每户每月不超过5元）不属于企业年金基金费用，由企业另行缴纳。

二、企业年金基金费用的账务处理

（一）交易费用

交易费用，是指企业年金基金在投资运营中发生的手续费、佣金以及相关税费，包括支付给代理机构、咨询机构、券商的手续费和佣金以及相关税费等其他必要支出。企业年金基金应设置"交易费用"科目，按照实际发生的金额，借记"交易费用"科目，贷记"证券清算款"、"银行存款"等科目。

（二）受托人管理费、托管人管理费和投资管理人管理费

受托人管理费、托管人管理费和投资管理人管理费，是指根据企业年金计划或合同文件规定的比例，提取的相应管理费。根据《企业年金基金管理试行办法》的规定，受托人、托管人提取的管理费均不得高于企业年金基金净值的0.2%，投资管理人提取的管理费不得高于企业年金基金净值的1.2%。企业年金基金应当设置"受托人管理费"、"托管人管理费"、"投资管理人管理费"、"应付受托人管理费"、"应付托管人管理费"、"应付投资管理人管理费"等科目，对发生的上述管理费，分别进行账务处理。

企业年金基金计提相关费用时，应当按照应付的实际金额，借记"受托人管理费"、"托管人管理费"、"投资管理人管理费"科目，同时确认为负债，贷记"应付受托人管理费"、"应付托管人管理费"、"应付投资管理人管理费"科目。支付相关管理费用时，借记"受托人管理费"、"托管人管理费"、"投资管理人管理费"科目，贷记"银行存款"等科目。期末，将"受托人管理费"、"托管人管理费"、"投资管理人管理费"科目的借方余额全部转入"本期收益"科目。

【例10-10】2009年4月1日，某企业年金基金市值为10 000 000元。投资管理合同中约定：投资管理费年费率为基金净值（市值）的1.2%；一年按365天计算，按日估值。

当日应计提的投资管理费 = 基金净值 × 年费率 ÷ 当年天数

= 10 000 000 × 1.2% ÷ 365 = 328.77（元）

该企业年金基金账务处理如下：

借：投资管理人管理费——××投资管理人　　　　　328.77

　　贷：应付投资管理人管理费　　　　　　　　　　　328.77

【例10-11】2009年4月1日，某企业年金基金市值为10 000 000元。受托管理合同和托管合同中均约定：受托人管理费和托管人管理费年费率均为基金净值（市值）的0.2%；假设一年按365天计算，按日估值。

当日应计提的受托人管理费 = 基金净值 × 年费率 ÷ 当年天数
$$= 10\,000\,000 \times 0.2\% \div 365 = 54.79\,（元）$$

当日应计提的托管人管理费 = 基金净值 × 年费率 ÷ 当年天数
$$= 10\,000\,000 \times 0.2\% \div 365 = 54.79\,（元）$$

该企业年金基金账务处理如下：

借：受托人管理费——××受托人	54.79	
贷：应付受托人管理费		54.79
借：托管人管理费——××托管人	54.79	
贷：应付托管人管理费		54.79

（三）卖出回购证券支出

卖出回购证券业务，是指企业年金基金与其他企业以合同或协议的方式，按照一定价格卖出证券，到期日再按合同约定的价格买回该批证券，以获得一定时期内资金的使用权的证券业务。

根据《企业年金基金准则及其应用指南》的规定，企业年金基金应在融资期限内，按照卖出回购证券价款和协议约定的利率每日或每周确认、计算卖出回购证券支出。

企业年金基金应设置"卖出回购证券支出"、"卖出回购证券款"等科目，对卖出回购证券业务进行账务处理。

卖出证券收到款时，按实际收到价款，借记"结算备付金"科目，同时确认一笔负债，贷记"卖出回购证券款——××证券"科目。证券持有期内计提利息时，按计提的金额，借记"卖出回购证券支出"科目，贷记"应付利息"科目。到期回购时，按卖出证券时实际收款金额，借记"卖出回购证券款——××证券"科目，按应计提未到期的卖出回购证券利息，借记"应付利息"科目，按借贷方差额，借记"卖出回购证券支出"科目，按实际支付的款项，贷记"结算备付金"科目。期末将"卖出证券支出"科目余额转入"本年收益"科目。

（四）其他费用

其他费用，是指除上述（一）、（二）、（三）费用以外的其他各项费用，包括注册登记费、上市年费、信息披露费、审计费用、律师费用等。

根据现行法律制度的规定，基金管理各方当事人因未履行义务导致的费用支出或资产的损失以及处理与基金运作无关的事项发生的费用不得列入企业年金基金费用。

企业年金基金应当设置"其他费用"等科目，按费用种类设置明细账，对发生的其他费用进行账务处理。发生其他费用时，应按实际发生的金额，借记"其他费用"科目，贷记"银行存款"等科目。如发生的其他费用金额较大，比如大于基金净值十万分之一，也可以采用待摊或预提的方法，待摊或预提计入基金损益，但一经采用，不得随意变更，且年末一般无余额。

（1）采用待摊方法的，发生时，借记"待摊费用"科目，贷记"银行存款"科目；摊销时，借记"其他费用"科目，贷记"待摊费用"科目。

（2）采用预提方法的，预提时，借记"其他费用"科目，贷记"预提费用"科目；支付费用时，借记"预提费用"科目，贷记"银行存款"科目。期末，应将"其他费用"科目的借方余额全部转入"本期收益"科目。

【例10-12】2009年1月1日，某企业年金基金市值为3.5亿元，该日发生信息披露费3 000。假设按日估值。

该企业年金基金账务处理如下：

借：其他费用　　　　　　　　　　　　　　　　　　　　　　　3 000
　　贷：银行存款　　　　　　　　　　　　　　　　　　　　　3 000

第六节　企业年金待遇给付及企业年金基金净资产

一、企业年金待遇给付及其账务处理

（一）企业年金待遇的概念

企业年金待遇，是指企业年金计划受益人符合退休年龄等法定条件时，应当享受的企业年金养老待遇。企业年金计划受益人，是指参加企业年金计划并享有受益权的职工及其继承人。企业年金养老待遇支付水平受到缴费金额、缴费时间、投资运营收益情况等因素影响。企业年金待遇给付方式，由企业年金计划约定，分次或一次支付。

（二）企业年金待遇给付一般流程如下：

1. 委托人向受托人发送企业年金待遇支付或转移的通知。

2. 受托人通知账户管理人计算支付企业年金待遇。

3. 账户管理人将计算支付企业年金待遇结果反馈受托人，并与受托人核对。

4. 受托人核对后通知托管人和投资管理人进行份额赎回。

5. 受托人根据账户管理人提供的待遇支付表，通知托管人支付或转移金额，托管人将相应资金划入受托人指定专用账户，并向受托人和账户管理人报告。

6. 受托人指令账户管理人进行待遇支付的账户处理，账户管理人与托管人提供的支付结果核对，扣减个人账户资产，并向受益人提供年金基金的最终账户数据或向新年金计划移交账户资料。

（三）企业年金待遇给付的账务处理

企业年金基金应设置"企业年金基金——支付受益人待遇"、"应付受益人待遇"等科目，按受益人设置明细账进行账务处理。给付企业年金待遇时，按应付金额，借记"企业年金基金——支付受益人待遇"科目，贷记"应付受益人待遇"科目；支付款项时，借记"应付受益人待遇"科目，贷记"银行存款"科目。

此外，根据企业年金基金准则的规定，因职工调离企业而发生的个人账户转出金额，相应减少基金净资产。因职工调入企业而发生的个人账户转入金额，相应增加基金净资产。企业年金基金应设置"企业年金基金——个人账户转入"、"企业年金基金——个人账户转出"等科目，按受益人设置明细账进行账务处理。

【例 10 - 13】2009 年 11 月 5 日，某企业年金基金根据企业年金计划和委托人指令，支付退休人员企业年金待遇，金额共计 70 000 元。该企业年金基金账务处理如下：

1. 计算、确认给付企业年金待遇时

借：企业年金基金——支付受益人待遇　　　　　　　　　70 000

　　贷：应付受益人待遇　　　　　　　　　　　　　　　　　70 000

2. 支付受益人待遇时

借：应付受益人待遇　　　　　　　　　　　　　　　　　70 000

　　贷：银行存款　　　　　　　　　　　　　　　　　　　　70 000

二、企业年金基金净资产、净收益及其账务处理

（一）企业年金基金净资产的概念

企业年金基金净资产，又称年金基金净值，是指企业年金基金受益人在企业年金基金财产中享有的经济利益，其金额等于企业年金基金资产减去基金负债后的余额；

企业年金基金净资产 = 期初净资产 + 本期净收益 + 收取企业缴费 + 收取职工个人缴费 + 个人账户转入 – 支付受益人待遇 – 个人账户转出

（二）企业年金基金净收益的概念

企业年金基金净收益，是指企业年金基金在一定会计期间已实现的经营成果，其金额等于本期收入减本期费用的余额。其中，本期收入包括：存款利息收入、买入返售证券收入、公允价值变动收益、投资收益、其他收入等。

本期费用包括：交易费用、受托人管理费、投资管理人管理费、卖出回购证券支出、其他费用等。企业年金基金净收益直接影响基金净值的变动。

需要说明的是，企业年金基金资产不仅包括委托给投资管理人管理的资产，还包括未委托给投资管理人管理的其他现金资产。

企业年金基金净值增长率，是当期基金净值与前期企业年金基金净值的差额除以前期基金财产净值的比例。计算公式如下：

企业年金基金净值增长率 = [（当期基金净资产 – 前期基金净资产）/前期基金净资产] ×100%

企业年金基金账户管理人根据企业年金基金净值和净值增长率，按日或按周足额记入企业年金基金企业账户和个人账户。在收益记入日，账户管理人根据托管人提供的、经受托人复核的企业年金基金净值和净值增长率，并根据企业账户和职工个人账户前期余额，计算本期各账户应记入的投资运营收益。

其计算公式如下：

个人账户本期余额 = 个人账户前期余额 × (1 + 企业年金基金净值增长率)

企业账户本期余额 = 企业账户前期余额 × (1 + 企业年金基金净值增长率)

根据企业年金基金准则的规定，资产负债表日，应当将当期企业年金基金各项收入和费用结转至净资产，并根据企业年金计划按期将运营收益分配计入企业和职工个人账户。

(三) 企业年金基金净收益的账务处理

企业年金基金应设置"本期收益"等科目。"本期收益"科目核算本期实现的基金净收益（或净亏损）。期末，结转企业年金基金净收益时，将"存款利息收入"、"买入返售证券收入"、"公允价值变动收益"、"投资收益"、"其他收入"等科目的余额转入"本期收益"科目贷方；将"交易费用"、"受托人管理费"、"托管人管理费"、"投资管理人管理费"、"卖出回购证券支出"、"其他费用"等科目的余额转入"本期收益"科目借方。"本期收益"科目余额，即为企业年金基金净收益（或净亏损）。

净收益转入企业年金基金时，借记"本期收益"科目，贷记"企业年金基金——净收益"科目；如为净亏损，做相反分录。将净收益按企业年金计划约定的比例转入个人和企业账户时，借记"企业年金基金——净收益"，贷记"企业年金基金——个人账户结余"、"企业年金基金——企业账户结余"科目。

第七节 企业年金基金财务报表

一、企业年金基金财务报表编报主体

根据《企业年金基金管理试行办法》的规定，受托人负责编制企业年金基金管理和财务会计报告。这就是说，受托管理企业年金基金的企业年金理事会或符合国家规定的养老金管理公司等法人受托机构是编报企业年金基金财务报表的法定责任人，应当按照企业年金基金会计准则的规定，负责编制和对外报告企业年金基金财务报表。现行相关法规规定，受托人应当在年度结束后 45 日向委托人和监管机构提交经会计师事务所审计的企业年金基金年度财务报告。

此外，为了保证企业年金基金财务报表的真实和完整，托管人、投资管理人还要定期向受托人提供相关信息。现行相关法规规定，托管人在每季度结束 10 日内向受托人提交季度企业年金基金财务报告，并在年度结束后 30 日内向受托人提交经会计师事务所审计的年度企业年金基金财务报告。投资管理人在每季度结束后 10 日内向受托人提交经托管人确认的季度企业年金基金投资组合报告；并应当在年度结束后 30 日内向受托人提交经托管人确认的年度企业年金基金投资管理报告。账户管理人应当在每季度结束后 10 日内向受托人提交季度企业年金基金账户管理报告，并应当在年度结束后 30 日内向受托人提交年度企业年金基金账户管理报告。

二、企业年金基金财务报表构成

企业年金基金财务报表，是指企业年金基金对外提供的反映基金某一特定日期财务状况和一定会计期间的经营成果；净资产变动情况的书面文件。企业年金基金财务报表包括以下内容：

（一）资产负债表

资产负债表，是指反映企业年金基金在某一特定日期的财务状况，应当按资产；负债和净资产分类列示，具体格式见表 10－2。资产类项目至少应当列示下列信息：①货币资金；②应收证券清算款；③应收利息；④买入返售证券；⑤其他应收款；⑥债券投资；⑦基金投资；⑧股票投资；⑨其他投资；⑩其他资产。

负债类项目至少应当列示下列信息：①应付证券清算款；②应付受益人待遇；③应付受托人管理费；④应付托管人管理费；⑤应付投资管理人管理费；⑥应交税金；⑦卖出回购证券款；⑧应付利息；⑨应付佣金；⑩其他应付款。

净资产类项目列示企业年金基金净值。

（二）净资产变动表

净资产变动表，是指反映企业年金基金在一定会计期间的净资产增减变动情况的会计报表，具体格式见表 10－3。净资产变动表应当列示下列信息：①期初净资产；②本期净资产增加数；③本期净资产减少数；④期末净资产。其中，本期净资产增加数包括：本期收入、收取企业缴费、收取职工个人缴费、个人账户转入、本期收入由存款利息收入、买入返售证券收入、公允价值变动收益、投资处置收益、其他收入构成。本期净资产减少数，包括本期费用、支付受益人待遇、个人账户转出。其中，本期费用由交易费用、受托人管理费用、托管人管理费用、卖出回购证券支出、其他费用构成。

（三）附注

附注是指对资产负债表、净资产变动表中列示项目的文字描述或明细资料，以及对未能在报表中列示其他业务和事项进行的说明。

企业年金基金资产负债表、净资产变动表和附注的格式、列示内容参见企业年金基金准则。

三、企业年金基金财务报表编制

下面分别说明年金基金资产负债表、净资产变动表和附注的编制。

表 10 - 2　　　　　　　　　**企业年金基金资产负债表**

2009 年 12 月 31 日　　　　　　　　　　　单位：元

资　产	年初数	期末数	负债和净资产	年初数	期末数
资产：			负债：		
货币资金			应付证券清算款		
应收证券清算款			应付受益人待遇		
应收利息			应付受托人管理费		
买入返售证券			应付托管人管理费		
其他应收款			应付投资管理人管理费		
债券投资			应交税金		
基金投资			卖出回购证券款		
股票投资			应付利息		
其他投资			应付佣金		
其他资产			其他应付款		
			负债合计		
			净资产：		
			企业年金基金净值		
资产总计			负债及净资产总计		

（一）资产负债表的编制说明

1. "货币资金"项目，反映期末存放在金融机构的各种款项，应根据"银行存款"、"结算备付金"、"交易保证金"等科目的期末余额填列。

2. "应收证券清算款"项目，反映期末尚未收回的证券清算款，应根据"证券清算款"科目所属明细科目期末借方余额填列。

3. "应收利息"项目，反映期末尚未收回的各项利息，应根据"应收利息"科目期末余额填列。

4. "买入返售证券"项目，反映期末已经买入但尚未到期返售证券的实际成本，应根据"买入返售证券"科目期末余额填列。

5. "其他应收款"项目，反映除应收证券清算款、应收利息、应收红利、应收股利以外的，期末尚未收回的其他各种应收款、暂付款项等，应根据"其他应收款"等科目的期末余额分析计算填列。

6. "债券投资"项目，反映期末持有债券投资的公允价值，应根据"交易性金融资产"及其明细科目的期末余额分析填列。

7. "基金投资"项目，反映期末持有基金投资的公允价值，应根据"交易性金融资产"及其明细科目的期末余额分析填列。

8. "股票投资"项目，反映期末持有股票投资的公允价值，应根据"交易性金融资产"及其明细科目的期末余额分析填列。

9. "其他投资"项目，反映期末持有的除上述投资以外的资产的公允价值，应根据"交易性金融资产"等相关科目的期末余额分析填列。

10. "其他资产"项目，反映除上述资产以外的其他资产，应根据"交易性金融资产"等相关科目的期末余额分析填列。"应收红利"、"应收股利"科目期末余额也填列在此项目。

11. "应付证券清算款"项目，反映期末尚未支付的证券清算款，应根据"证券清算款"科目所属明细科目期末余额填列。

12. "应付受益人待遇"项目，反映期末尚未支付受益人待遇的款项，应根据"应付受益人待遇"科目所属明细科目期末余额填列。

13. "应付受托人管理费"项目，反映期末尚未支付受托人的管理费用，应根据"应付受托人费用"科目期末余额填列。

14. "应付托管人管理费"项目，反映期末尚未支付托管人的管理费用，应根据"应付托管人管理费"科目期末余额计算填列。

15. "应付投资管理人管理费"项目，反映期末尚未支付投资管理人的管理费用，应根据"应付投资管理人管理费"科目期末余额计算填列。

16. "应交税金"项目，反映期末应交未交的相关税费，应根据"应交税金"科目的期末余额填列。

17. "卖出回购证券款"项目，反映已经卖出但尚未到期回购的证券款，应根据"卖出回购证券款"科目的期末余额填列。

18. "应付利息"项目，反映期末尚未支付的各项利息，应根据"应付利息"科目期末余额填列。

19. "应付佣金"项目，反映期末尚未支付券商的佣金，应根据"应付佣金"科目的期末余额填列。

20. "其他应付款"项目，反映除上述负债以外的其他负债，如暂收款、多收的款项等，应根据"其他应付款"等有关科目期末余额分析填列。

21. "企业年金基金净值"项目，反映期末企业年金基金净值，应根据"企业年金基金"及其明细科目分析填列。

（二）企业年金基金净资产变动表的编制说明

表 10 - 3   企业年金基金净资产变动表

2009 年 12 月 31 日   单位：元

项　目	本月数	本年累计数
一、期初净资产		

续 表

项 目	本月数	本年累计数
二、本期净资产增加数		
（一）本期收入		
1. 存款利息收入		
2. 买入返售证券收入		
3. 公允价值变动收益		
4. 投资处置收益		
5. 其他收入		
（二）收取企业缴费		
（三）收取职工个人缴费		
（四）个人账户转入		
三、本期净资产减少数		
（一）本期费用		
1. 交易费用		
2. 受托人管理费		
3. 托管人管理费		
4. 投资管理人管理费		
5. 卖出回购证券支出		
6. 其他费用		
（二）支付受益人待遇		
（三）个人账户转出		
四、期末净资产		

1. "期初净资产"项目，反映企业年金基金期初净值，应根据上期末"企业年金基金"及其明细科目贷方余额分析填列。

2. "存款利息收入"项目，反映本期存放金融机构各种存款的利息收入，应根据"利息收入"科目期末结转"本期收益"科目的数额填列。

3. "买入返售证券收入"项目，反映本期买入返售证券业务而实现的利息收入，应根据"买入返售证券收入"科目期末结转"本期收益"科目的数额填列。

4. "公允价值变动收益"项目，反映本期持有债券、基金、股票等投资的公允价值变动情况，应根据"公允价值变动收益"科目期末结转"本期收益"科目的数额填列。

5. "投资处置收益"项目，反映本期投资处置时实现的收益，以及投资持有期间收到被投资单位发放的现金股利、红利，或按债券票面利率计算的利息收入。应根据"投资收益"科目期末结转"本期收益"科目的数额分析填列。

6. "其他收入"项目，反映本期除以上收入外的其他收入，应根据"其他收入"科目期末结转"本期收益"科目的数额填列。

7. "收取的企业缴费"项目，反映本期收到的企业缴费，应根据"企业年金基金"及其明细科目的余额分析填列。

8. "收取的职工个人缴费"项目，反映本期收到的职工个人缴费，应根据"企业年金基金"及其明细科目的余额分析填列。

9. "个人账户转入"项目，反映本期从其他企业调入本企业职工个人账户转入的金额，应根据"企业年金基金——个人账户转入"科目的余额填列。

10. "交易费用"项目，反映本期投资运营中发生的手续费、佣金及其他必要支出，应根据"交易费用"科目期末结转"本期收益"科目的数额填列。

11. "受托人管理费"项目，反映本期按照合同约定计提的受托人管理费用，应根据"受托人管理费"科目期末结转"本期收益"科目的数额填列。

12. "托管人管理费"项目，反映本期按照合同约定计提的托管人管理，应根据"托管人管理费"科目期末结转"本期收益"科目的数额填列。

13. "投资管理人管理费"项目，反映本期按照合同约定计提的投资管理人管理费用，应根据"投资管理人管理费"科目期末结转"本期收益"科目的数额填列。

14. "卖出回购证券支出"项目，反映本期发生的卖出回购证券业务的支出，应根据"卖出回购证券款"科目期末结转"本期收益"科目的数额填列。

15. "其他费用"项目，反映本期除上述费用之外的其他各项费用，应根据"其他费用"科目期末结转"本期收益"科目的数额填列。

16. "支付受益人待遇"项目，反映本期支付受益人待遇的金额，应根据"企业年金基金"及其明细科目的期末余额填列。

17. "个人账户转出"项目，反映本期企业职工调出、离职等原因从个人账户转出的金额，应根据"企业年金基金——个人账户转出"科目的期末余额填列。

（三）附注披露内容和要求

根据企业年金基金准则及其应用指南的规定，企业年金基金在附注中应当披露下列内容。

1. 企业年金计划的主要内容及重大变化。

2. 企业年金基金管理各方当事人（包括委托人、受托人、托管人、投资管理人、账户管理人、中介机构等）名称、注册地、组织形式、总部地址、业务性质、主要经营活动。

3. 财务报表的编制基础。

4. 遵循企业年金基金准则的声明。

5. 重要会计政策和会计估计。

6. 会计政策和会计估计变更及差错更正的说明。包括会计政策、会计估计变更和差错更正的内容、理由、影响数或影响数不能合理确定的理由等。

7. 投资种类、金额及公允价值的确定方法。

8. 各类投资占投资总额的比例。

9. 报表重要项目的说明，包括货币资金、买入返售证券、债券投资、基金投资、股票投资、其他投资、卖出回购证券款、收取企业缴费、收取职工个人缴费、个人账户转入、支付受益人待遇、个人账户转出等。在具体编制时，可参照财务报表列报应用指南列示的"证券公司报表附注"的披露格式和要求。

10. 企业年金基金净收益，包括本期收入、本期费用的构成。

11. 资产负债表日后事项、关联方关系及其交易的说明等。

12. 企业年金基金投资组合情况、风险管理政策，以及可能使投资价值受到重大影响的其他事项。

【思考题】

1. 企业年金基金的特征是什么？

2. 试分析委托人、受托人、账户管理人、基金托管人、投资管理人在企业年金基金运营过程中的作用及其相互之间的关系。

3. 试分析为何相关监管机构要对企业年金基金的投资渠道进行严格的规定。

4. 企业年金基金收入和费用主要包括什么内容？收益如何核算？

5. 企业年金基金财务报表有哪些？

【练习题】

一、单项选择题

1. 企业年金，在我国长期以来被称为（　　）

　　A. 职业年金　　　　　　　　　　B. 个人账户养老基金

　　C. 雇主年金　　　　　　　　　　D. 企业补充养老保险

2. 根据我国 2004 年《企业年金试行办法》规定，建立企业年金计划的企业必须满足三个基本条件，以下不属于这三个基本条件的是（　　）。

　　A. 依法参加基本养老保险并按时足额缴纳

　　B. 经营比较稳定，经济效益较好

　　C. 必须是国有企业

　　D. 企业内部管理制度健全

3. 根据世界银行对于各国社会保障体系发展的指引，企业年金是"三支柱养老体系中"的（　　）。

　　A. 第一支柱　　　　B. 第二支柱　　　　C. 第三支柱　　　　D. 第一和第三支柱

4. 根据不同的标准可以将企业年金划分为不同的类型，其中按管理模式的差异可以将企业年金划分为（　　　）。

  A. 收益确定型计划、缴费确定型计划和混合计划

  B. 信托基金型、基金会型、契约型、公司型、互助型、内部管理型等

  C. 强制性企业年金计划和自愿性企业年金计划

  D. 公积金制和年金保险制

5. 企业年金基金投资运营收益，按（　　　）计入企业年金个人账户。

  A. 净收益率   B. 毛收益率   C. 预定利率   D. 保证利率。

6. （　　　）对企业年金基金管理进行监管。

  A. 企业和职工   B. 企业年金理事会

  C. 劳动保障部   D. 劳动保障行政部门

7. 我国企业年金管理运作中涉及了多个主体，其中处于法律关系的核心地位的应该是
（　　　）。

  A. 委托人   B. 受托人   C. 受益人   D. 投资管理人

8. 受托人应当定期向委托人、受益人和有关监管部门提供企业年金（　　　）。

  A. 基金管理报告   B. 财务会计报告

  C. 基金托管报告   D. 投资管理报告

9. 开设企业年金基金财产证券账户的是（　　　）。

  A. 受托人   B. 账户管理人   C. 托管人   D. 投资管理人

10. 作为企业年金基金投资管理人，要求（　　　）注册资本不少于 10 亿元人民币，且
在任何时候都维持不少于 10 亿元人民币的净资产。

  A. 基金管理公司   B. 保险资产管理公司

  C. 信托投资公司   D. 综合类证券公司

11. 企业年金基金财产市场价值大幅度波动时，投资管理人应及时向（　　　）报告。

  A. 受托人和托管人   B. 委托人和受托人

  C. 委托人和有关监管部门   D. 受托人和有关监管部门

12. 我国目前企业年金计划账户管理费的收取方式是（　　　）。

  A. 企业额外缴纳

  B. 从企业年金资产中扣除

  C. 可以从企业年金资产中扣除，也可以企业额外缴纳

  D. 没有具体规定

13. 我国目前 20 号令及 23 号令规定的企业年金缴费主体是（　　　）。

  A. 企业和个人共同缴纳   B. 企业可全部缴纳

  C. 特定的企业可由企业全部缴纳   D. 没有规定

14.《企业年金试行办法》规定受托费、投资管理费、托管费必须（　　　）。

  A. 企业额外缴纳

  B. 从企业年金资产中扣除

  C. 可以从企业年金资产中扣除，也可以企业额外缴纳

  D. 没有具体规定

15. 企业年金基金的投资策略是由（   ）制定。
   A. 受托人   B. 委托人   C. 投资管理人   D. 托管人

16. 企业年金基金的投资风险准备金账户财产属于（   ）。
   A. 受托人财产   B. 委托人财产
   C. 投资管理人财产   D. 企业年金计划资产

17. 政策规定投资管理人应从当期收取的管理费中，提取（   ）作为企业年金基金投资管理风险准备金。
   A. 10%   B. 15%   C. 20%   D. 25%

18. 根据国家规定，企业年金管理机构保存企业年金基金财产会计凭证、会计账簿、年度财务会计报告等资料至少（   ）年。
   A. 10   B. 15   C. 20   D. 25

19. 投资管理人管理的企业年金基金财产投资于（   ）须经受托人同意。
   A. 股票   B. 债券
   C. 自己管理的金融产品   D. 基金

20. 投资管理人从当期收取的管理费中提取的企业年金基金投资管理风险准备金，可用于（   ）。
   A. 再投资   B. 弥补企业年金基金投资亏损
   C. 直接转化为投资管理人的收入   D. 转化为企业年金基金财产收益

21. 根据政策规定，企业年金基金财产投资流动性产品和货币市场基金的比例不得高于基金净资产的（   ）。
   A. 20%   B. 30%   C. 50%   D. 80%

22. 企业年金作为人力资源管理的一种重要手段，其在人力资源管理中具有重要作用，以下不属于企业年金在人力资源管理中的作用的是（   ）。
   A. 能提高企业薪酬体系的吸引力   B. 能增加员工的企业归属感
   C. 能提高企业资金利用效率   D. 能提高员工工作的积极性

23. 我国企业年金治理机制中既可以通过市场来监管当事人，有效防范违法、违规行为的发生，又可以降低监管部门的监管成本的机制是（   ）。
   A. 内控机制   B. 委托限定   C. 信息披露   D. 中介机构监督

24. 我国企业年金的管理运作中涉及了多个主体，其中处于法律关系的核心地位的应该是（   ）。
   A. 委托人   B. 受托人   C. 受益人   D. 投资管理人

25. 企业年金计划设计服务要满足一系列的基本原则，以下不在这五大基本原则之列的是（   ）。
   A. 合法原则   B. 适宜的缴费水平原则
   C. 公平优先原则   D. 风险管理原则

二、多项选择题

1. 在企业年金探索发展阶段，有关政策尚未要求或确定（   ）。
   A. 实行市场化运营和管理   B. 采用个人账户方式进行管理

C. 企业年金缴费来源　　　　　　　　D. 管理和运作的明细规定

E. 管理机构资格的具体要求

2. 发展企业年金可以（　　）。

A. 增强企业和个人的社会责任感　　　B. 免除政府养老保障责任

C. 有利于促进劳动力合理流动　　　　D. 促进长期储蓄

E. 缩小企业与行政事业单位职工退休收入差距

3. 关于企业年金，以下说法正确的是（　　）。

A. 企业年金是基本养老保险的补充

B. 企业年金建立在自愿的基础上

C. 建立企业年金，需向劳动和社会保障部门备案

D. 企业年金已具有全国统一的税优政策

E. 企业年金可采用信托型和契约型两种形式

4. 根据政策规定，以下应当包括在企业年金方案中的内容有（　　）。

A. 企业年金建立的条件　　　　　　　B. 参加人员范围

C. 资金筹集方式　　　　　　　　　　D. 计发办法和支付方式

E. 离退休人员补偿办法

5. 根据《企业年金试行办法》对缴费的规定，以下正确的有（　　）。

A. 企业缴费每年不超过上年度职工工资总额的 1/12

B. 职工个人缴费不超过上年度职工工资总额的 1/12

C. 企业和职工个人缴费合计不超过上年度职工工资总额的 1/6

D. 企业缴费在工资总额的 1/12 以内可以享受税收优惠

E. 企业和职工缴费在工资总额的 1/6 以内可以享受税收优惠

6. 建立企业年金计划，应当确定企业年金受托人，受托人可以是（　　）。

A. 企业年金理事会　　　　　　　　　B. 人力资源部门

C. 工会部门　　　　　　　　　　　　D. 法人受托机构

E. 职工代表大会

7. 企业年金基金的组成，包括（　　）。

A. 企业缴费　　　　　　　　　　　　B. 企业福利补贴

C. 企业年金基金投资运营收益　　　　D. 地方政府补贴

E. 职工个人缴费

8. 企业年金计划实施后，按照现行政策，职工在符合以下（　　）条件可以办理个人账户资金的支取。

A. 达到国家规定的退休年龄　　　　　B. 退休前身故

C. 因病住院　　　　　　　　　　　　D. 出境定居

E. 离职

9. 《企业年金基金管理试行办法》的制定依据有（　　）。

A. 劳动法　　　　B. 信托法　　　　C. 合同法　　　　D. 证券法

E. 证券投资基金法

10. 企业年金基金财产的债权不得与（　　　）财产的债务相抵消。

　　A. 本企业年金基金　　　　　　　　B. 本企业

　　C. 本企业职工　　　　　　　　　　D. 企业年金受益人

　　E. 企业年金管理机构

11. （　　　）财产承担的债务，不得对企业年金基金财产强制执行。

　　A. 企业　　　　　B. 企业职工　　　　C. 受托人　　　　D. 企业年金基金

　　E. 受益人

12. 在为企业年金基金提供管理服务中，（　　　）必须各尽职守，履行诚实、信用、谨慎、勤勉的义务。

　　A. 委托人　　　　B. 受托人　　　　C. 托管人　　　　D. 中介服务机构

　　E. 企业年金监管机构

13. 企业年金理事会理事（　　　）。

　　A. 应当诚实守信　　　　　　　　　B. 应当承担投资风险

　　C. 应当无重大违法记录　　　　　　D. 不得领取工资

　　E. 不得收取费用

14. 受托人应当负责编制企业年金（　　　）。

　　A. 基金管理报告　　　　　　　　　B. 基金托管报告

　　C. 基金投资管理报告　　　　　　　D. 基金账户管理报告

　　E. 基金财务会计报告

15. 下面属于受托人的职责有（　　　）。

　　A. 制定企业年金基金投资策略　　　B. 对企业年金基金财产进行投资

　　C. 对企业年金基金管理进行监督　　D. 计算企业年金待遇

　　E. 编制企业年金基金财务会计报告

16. 有下列情形之一的，法人受托机构职责终止（　　　）。

　　A. 违反与委托人合同约定的

　　B. 被依法取消企业年金基金受托管理业务资格的

　　C. 委托人有证据认为更换受托人符合受益人利益的

　　D. 有关监管部门有充分理由和依据认为更换受托人符合委托人利益的

　　E. 国家规定和合同约定的其他情形

17. 受托人职责终止的，（　　　）。

　　A. 受托人应及时选择新受托人

　　B. 委托人应及时委任新受托人

　　C. 在业务移交前，受托人应当妥善保管企业年金基金受托管理资料

　　D. 受托人应及时向委托人办理受托管理业务移交手续

　　E. 在移交新受托人前，委托人应暂时保管受托管理资料

18. 下面属于账户管理人的职责有（　　　）。

　　A. 建立企业年金基金企业账户和个人账户

　　B. 根据合同收取企业和职工缴费

C. 记录企业、职工缴费以及企业年金基金投资收益

D. 与托管人核对缴费数据

E. 与托管人核对企业年金基金账户财产变化状况

19. 托管人必须定期（　　　）。

A. 向受托人提交企业年金基金托管报告

B. 向受托人提交企业年金基金财务会计报告

C. 向有关监管部门提交企业年金基金托管报告

D. 向有关监管部门提交企业年金基金财务会计报告

E. 向委托人提交企业年金基金管理报告

20. 下面属于投资管理人应当履行的职责有（　　　）。

A. 制定企业年金基金投资策略

B. 开设企业年金基金财产证券账户

C. 对企业年金基金财产进行投资

D. 计算企业年金基金财产净值

E. 及时与托管人核对企业年金基金会计核算和估值结果

21. 有责任接受企业年金受益人信息查询的有（　　　）。

A. 受托人　　　　B. 账户管理人　　　　C. 托管人　　　　D. 投资管理人

E. 有关监管机构

22. 政策要求，企业年金基金投资管理应当遵循谨慎、分散风险的原则，充分考虑企业年金基金财产的（　　　）。

A. 安全性　　　　B. 收益性　　　　　C. 流动性　　　　　D. 安全性和收益性

E. 收益性和流动性

23. 根据政策规定，企业年金基金（　　　）。

A. 不能投资高风险债券　　　　　　　B. 不能投资高风险股票

C. 不得用于信用交易　　　　　　　　D. 不得用于向他人贷款

E. 不得做承担无限责任的投资

24. 企业年金基金管理过程中，（　　　）是从企业年金基金财产中支付的。

A. 受托费　　　　B. 账户管理费　　　　C. 投资管理费　　　　D. 托管费

E. 计划审计费

25. 企业年金权益类投资品种包括：（　　　）

A. 股票　　　　　B. 协议存款　　　　　C. 股票型基金　　　　D. 国债

E. 企业债

三、判断题

1. 企业年金基金的管理包含两层法律关系和六个法律主体：第一层是信托关系，涉及的法律主体为委托人、受托人和受益人；第二层次是委托代理关系，涉及的法律主体为受托人与账户管理人、投资管理人、托管人。（　　　）

2. 税收优惠等激励性因素，是激发我国大多数民营企业的企业年金需求的关键因素，是民营企业建立企业年金计划的最大动因。（　　　）

3. 企业年金的中介服务在企业年金计划的运营过程中有很重要的作用，因为企业年金的中介服务有利于提高企业年金计划的运作效率，有利于保障企业年金计划的安全运作。 （　　）

4. 企业年金的操作风险是指由于制度上存在缺陷、人员素质上存在不足，或者技术支持没有到位等原因使企业年金基金面临损失的风险，具体包括制度风险、人员风险和独立性风险。 （　　）

5. 我国保险公司在企业年金的受托管理方面有一定限制，表现为长期以来保险公司一直按照保险合同方式来处理其与投保人、受益人之间的关系，保险公司要获得从事信托管理服务的许可就要修改保险法。 （　　）

6. 企业年金政府监管的主要方法根据采取行动地点的不同，可以划分为非现场监管和现场监管。 （　　）

7. 企业年金政府监管的主要方法根据采取行动地点的不同，可以划分为非现场监管和现场监管。 （　　）

8. 企业年金计划中的投资管理人管理的企业年金基金财产投资于自己管理的金融产品须经受托人同意；企业年金基金不得用于信用交易，不得用于向他人贷款和提供担保；投资管理人不得从事使企业年金基金财产承担无限责任的投资。 （　　）

9. 在企业年金社会监督机制中，信用评级机构属于行业自律主体。 （　　）

10. 企业年金托管人，是指受托提供保管企业年金基金财产等服务的商业银行或专业机构。 （　　）

11. 企业年金托管人，应受委托人、受益人查询，定期向委托人、受益人和有关监管部门提供企业年金基金管理报告。 （　　）

12. 企业年金基金不得与各管理当事人自身债务相抵消。 （　　）

13. 客观上要求企业年金基金的日常管理和投资运营必须遵循谨慎、分散风险的原则，确保企业年金基金的安全和保值增值。 （　　）

14. 企业年金基金投资银行活期存款、中央银行票据、短期债券回购等流动性产品及货币市场基金的比例，不低于基金净资产的30%。 （　　）

15. 企业年金基金投资管理风险准备提取比例为30%，余额达到投资管理企业年金基金净资产的20%时可不再提取。 （　　）

16. 根据企业年金基金管理试行办法的规定，委托人负责编制企业年金基金管理和财务会计报告。 （　　）

17. 企业年金仅是一种激励制度和社会福利。 （　　）

18. 企业年金基金的受托人，是指受托管理企业年金基金的企业年金理事会或符合国家规定的养老管理公司等法人机构，是编制企业年金基金财务报表的法定责任人。 （　　）

19. 我国企业年金采用信托型管理模式，实行以信托关系为核心，以委托代理关系为补充的治理结构。 （　　）

20. 企业年金基金的中介服务机构，是指为企业年金基金管理提供服务的投资顾问公司，信用评估公司、精算咨询公司、会计师事务所、律师事务所等专业机构。 （　　）

四．计算题与账务处理

1. 2008 年 4 月 1 日，某企业年金基金通过证券交易所以 10.3 元的价格购入 A 公司 10 万股（其中每股含已经宣告但尚未发放的现金股利 0.3 元），成交金额 103 万元，另发生券商佣金、印花税等 2 万元；2008 年 4 月 5 日，企业年金基金收到购买 A 股票时已宣告的现金股利，该上市公司发放 A 股票的现金股利每股 0.3 元，合计 3 万元；2008 年 4 月 12 日，企业年金基金持有的 A 股票证券交易所收盘价为每股 11 元；2008 年 5 月 30 日，该企业年金基金出售 A 股 5 万股，每股市价 13 元，成交总额为 65 万元，另发生券商佣金、印花税等 1800 元。

   要求：编制该企业年金基金持有 A 公司股票的相关会计分录。

2. 2008 年，甲公司的企业年金的投资管理人用甲公司的年金进行了如下投资：

   1 月 1 日，购买乙公司股票 10 万股，每股 3 元，手续费率 1.5‰；购买股票投资基金 10 万元，手续费率 1.5‰；按面值购买 5 年期国债 50 万元，票面利率 6%，按面值购买 3 年期企业债券 20 万元，票面利率 9%；2008 年 5 月 30 日，根据乙公司股票公告，每股分配现金股利 0.3 元，6 月 20 日该红利到达托管账户；6 月末，乙公司股票的市价为 32 万元，期末按公允价值计价；2008 年 10 月 3 日，投资管理人将乙公司股票全部售出，取得价款 33 万元；2008 年 12 月 31 日，企业年金托管人按年金计划向甲公司收取年金缴费 15 万元，全部收到；甲公司年金基金的受托人根据合同计提应支付给托管人的托管费 1 万元，计提应支付给投资管理人的管理费 2 万元。根据规定向收益人支付年金待遇，总额 10 万元。

   要求：编制甲公司企业年金相关会计分录。

【案例与分析】

联想集团实施企业年金计划

一、联想集团有限公司实施企业年金的背景

联想集团有限公司（以下简称联想）实施企业年金是由于内外各方面因素共同作用的结果。首先，实施企业年金是联想的国际化战略的需要。联想通过收购 IBM PC 部门一跃成为全球性 PC 领导企业之后，国内外员工退休保障的巨大差异，让联想的管理层意识到了中国员工养老问题的重要性和紧迫性。在欧美、日本、中国香港等地，员工都有配套的补充养老机制，例如，中国香港的强积金计划，而中国内地员工的补充养老却是一片空白。

其次，现有的社会保障无法满足联想退休员工的生活水平需求。在建立企业年金之前，联想已经为员工建立优厚的福利保障制度，但是一直以来联想员工退休前后的收入差距问题没有得到解决——员工在职期间收入越高，退休后的生活落差将越大。

再次，联想保留和吸引员工的需要。联想成功的关键是人才。联想之所以能够一步一步走到今天，正是因为联想一直都注重对优秀人才的发现和保留，注重激发员工的工作积极性。联想企业年金的建立有利于激发内部员工工作积极性，吸引外部优秀人才加盟，为公司的长远发展提供坚实的保障。

最后，国家对企业年金法律、法规体系的完善，为联想解决薪酬结构性问题提供了思路。《企业年金试行办法》的颁布为联想探索补充养老方式提供了思路和解决方案。

2005 年 6 月，联想企业年金计划内部正式立项，经确立方案，并通过甄选供应商、员工沟通等途径实施高效有序的推进，2006 年 4 月通过劳动和社会保障部年金方案备案，同年 6 月又通过了基金合同报备。至此，联想企业年金计划成为《企业年金试行办法》颁布之后，劳动和社会保障部全国第 0001 号备案的企业年金计划。

正是在这些相关政策的指导下，联想企业年金计划才得以如此顺利地进行。可以说，联想企业年金计划的实施是联想国际化人力资源战略的一个重要组成部分，不仅对保留和激励现有员工将起到巨大的作用，而且对吸引外界的优秀人才加盟，尤其是国际化人才的加盟，都将起到重要的作用。

二、联想企业年金计划的主要内容

1. 运作机制。联想依据年金管理的相关政策法规，本着公平、公正、公开的原则，对获得企业年金资格的专业服务机构进行了公开招标。最终，平安养老保险公司成为联想企业年金计划的受托人；招商银行成为联想企业年金的账户管理人和基金托管人；嘉实基金成为联想企业年金的投资管理人。

2. 缴费方式。联想企业年金属于缴费确定型计划（DC），公司与员工共同缴费。企业缴费部分按国家规定从公司福利费中列支，员工以个人定级工资为缴费基数，税后缴纳；企业缴费每年不超过本企业上年度职工工资总额的 1/12，企业和职工个人缴费合计不超过本企业上年度职工工资总额的 1/6。公司缴费比例与公司上年度的经营业绩挂钩。联想集团所有符合加入资格的正式员工均可自愿加入。对工龄超过 3 年以上的员工，联想还在计划启动当期为其启动了一次性特别缴费，以奖励他们对联想的历史贡献。

3. 投资策略。联想年金的投资策略主要是以员工自愿为原则，具有安全性、稳定性和收益性的特点。也就是说，要在保证年金基金安全的前提下，保证年金基金运作的稳定性和收益性。因此，在投资品种上，根据我国政府对年金投资的严格限量监管模式，进行差异化的投资比例限制，并为不同风险偏好和收益追求的员工设计了两种不同风险与收益的组合以供选择：保本组合和稳定增长组合。由公司来设计具体投资组合，员工可以根据自己的风险偏好自由选择，最大化满足了不同员工的需求和风险承受能力。

4. 收益测算。在实行企业年金计划之后，联想员工退休后收入将达到退休前 3 年平均工资的 60% ~70%，即替代率 60% ~70%。例如，假如一个员工在退休之前他的平均工资为 6000 元/月，如果未加入联想年金计划，他每个月能得到的养老金可能只有 1320 元（22% 的替代率）。但是，如果他加入联想年金计划，他退休之后预计每个月大约可以拿到 3960 元/月（66% 的替代率）；这个替代率水平已经达到国际上公认的比较令人满意的水平。一般来说，替代率达到 60% 以上才能保证退休后的生活水平不下降。（注：以上数据仅仅是预期估计测算，不代表真实达到的水平。）

上述联想集团企业年金计划资料来源：中国养老金网，http://www.Cnpenson.net。

［要求］

请根据上述资料，回答以下问题：

（1）对于员工来说，参加企业年金计划的收益是什么，成本是什么？在什么情况下，参加企业年金计划的员工是获益的？

（2）如何保证企业年金计划实施过程中的安全性、稳定性与收益性？

（3）与企业股权激励制度相比，企业年金计划在保障员工长远利益、实现企业价值最大化等方面存在什么样的差别？

（4）您有什么好的建议来进一步改进这项企业年金计划？

参 考 文 献

1. 企业会计准则编审委员会. 企业会计准则案例讲解. 上海：立信会计出版社, 2014

2. 刘永泽, 傅荣. 高级财务会计. 大连：东北财经大学出版社, 2014

3. 耿建新, 戴德明. 高级会计学. 北京：中国人民大学出版社, 2014

4. 杨良. 高级会计学. 北京：化学工业出版社, 2013

5. 企业会计准则编审委员会. 企业会计准则案例讲解. 上海：立信会计出版社, 2012

6. 刘永泽, 傅荣. 高级财务会计. 大连：东北财经大学出版社, 2012

7. 陈信元. 高级财务会计. 上海：财经大学出版社, 2011

8. 张晓岚, 邬展霞. 高级财务会计. 上海：上海财经大学出版社, 2011

9. 陈信元, 钱逢胜, 朱红军. 高级财务会计. 上海：上海财经大学出版社, 2011

10. 陈玲娣, 花爱梅. 高级财务会计理论与实务. 北京：清华大学出版社, 2011

11. 耿建新, 戴德明. 高级会计学. 北京：中国人民大学出版社, 2010

12. 财政部会计司. 企业会计准则讲解. 北京：人民出版社, 2009

13. 郑庆华, 赵耀. 高级财务会计. 北京：化学工业出版社, 2009

14. 杨有红. 高级财务会计. 北京：经济科学出版社, 2008

15. 余国杰. 高级财务会计. 北京：清华大学出版社, 2008

16. 罗绍德. 高级财务会计. 成都：西南财经大学出版社, 2008

17. 社兴强. 高级财务会计. 厦门：厦门大学出版社, 2007

18. 中华人民共和国财政部. 企业会计准则 2006. 北京：中国财政经济出版社, 2006

19. 中华人民共和国财政部. 企业会计准则——应用指南. 北京：中国财政经济出版社, 2006